Prokop

Der Vandalenkrieg
Der Gotenkrieg

PROKOP

DER VANDALENKRIEG

———————

DER GOTENKRIEG

———————

nebst Auszügen aus Agathias,
sowie Fragmenten des Anonymus Valesianus
und des Johannes von Antiochia

PHAIDON

Nach der Übersetzung von David Costa
bearbeitet und ergänzt von Alexander Heine (Gotenkrieg)
und Andreas Schaefer (Vandalenkrieg, Anhang)

Anmerkung des Übersetzers:
Stellen, an denen Streichungen vorgenommen wurden, sind durch (. . .)-Punkte
angezeigt, Zusammenfassungen durch runde, Zusätze durch eckige Klammern
gekennzeichnet.

© Copyright by Phaidon Verlag, Essen
Satzherstellung: Typobauer, Scharnhausen
Druck und Bindung: Ueberreuter, Wien
ISBN 3-88851-030-9

INHALT

EINLEITUNG

Prokop wurde zwischen 490 und 507 n. Chr. in Caesarea, der Hauptstadt der römischen Provinz Palästina geboren. Über seine Herkunft
haben wir keine genauen Angaben, seine Geschichtsauffassung verbot es ihm, autobiographische Angaben in seine Werke einzustreuen,
wenn er nicht selbst an den Abläufen beteiligt war. Seine Nachfolger
als Geschichtsschreiber, Agathias, Menandros oder Euagrios, geben
uns auch nur einige wenige, aber lobende Angaben. Prokop selbst
betont seine rein römische Abkunft und seinen römischen Adel.
Seine Schriften zeigen eine sorgfältige und umfassende Ausbildung
und Erziehung, die damals nicht ohne einen größeren Wohlstand
möglich war. Seine juristischen Studien – Prokop war von Beruf
Rhetor, also Rechtsanwalt – erfolgten in Berytus oder in Byzanz.
Seine historische Bildung ruht auf Homer, Herodot und Thukydides,
zu denen in den historischen Büchern des Prokop zahlreiche Paralle-
len nachzuweisen sind. Es sind Übereinstimmungen in der Wort-
wahl, in der Syntax, in einzelnen Phrasen und manchmal sogar im
dramatischen Aufbau der Situations-Beschreibungen zu finden.

Im Frühjahr 527 wurde er von Kaiser Justin, dem Vorgänger Justinians zum ξύμβουλος, zum Consiliarius des Belisar ernannt, der damals Oberbefehlshaber in Mesopotamien und Stadtkommandant
von Dara war. Als Consiliarius war er Rechtsbeistand ohne Exeku-
tivgewalt seines Feldherrn und hatte dessen Urteile, Beschlüsse und
Erlasse vorzubereiten.
Als Consiliarius des Belisar machte er 528 bis 531 dessen ersten Feldzug gegen die Perser mit. Auch in den Vandalenkrieg 533 bis 534
begleitete er Belisar noch in seiner offiziellen Position, später um 535
ist er wahrscheinlich aus dem Staatsdienst ausgeschieden, um Belisars
Privatsekretär zu werden. Nach Beendigung des Vandalenkrieges
blieb Prokop wahrscheinlich noch als Privatmann in Afrika, um von
dort aus 536 direkt Belisar in den Gotenkrieg nach Italien zu folgen.
Im Jahr 540 verließ er vermutlich mit dem zurückberufenen Feldherrn Italien und ging mit ihm nach Byzanz zurück. Danach verlieren sich die Spuren des Prokop im Dunkel der Geschichte, 542 ist
nochmals seine Anwesenheit in Byzanz nachzuweisen. Vermutlich
wohnte er dort auch die ganze Zeit bis zu seinem Tod gegen 560, um

seine Werke auszuarbeiten. Um 545 wird sich auch sein Vertrauens-
verhältnis zu Belisar, den er 15 Jahre begleitet hat, langsam gelöst
haben.

Prokop schrieb drei Werke. Sein bekanntestes sind die acht historischen Bücher namens BELLA über die Kriege Ostroms gegen die
Perser, gegen die Vandalen und die Goten. Diese Bücher schrieb er
hauptsächlich in den Jahren zwischen 542 und 545, Ergänzungen
kamen noch in den Jahren 551 und 553 hinzu.
Im Jahr 550 verfaßte er die ANEKDOTA, eine Geheimschrift, von
der wir nicht wissen, ob sie überhaupt zu seinen Lebzeiten veröffentlicht worden ist. In dieser Schrift überliefert uns Prokop den Klatsch
und Tratsch über Antonina, die Gattin Belisars und insbesondere
über den Kaiser Justinian und seine Gattin Theodora, die eine frühere
Hetäre gewesen war, auf sehr abfällige und oft in seinem Haß über
jedes Maß hinausschießende Art und Weise. Zwischen die Jahre 553
und 555 fällt die Arbeit an den AEDIFICIA, einem Werk, in dem die
Bauten Justinians in Konstantinopel und in den Provinzen beschrieben und mit überschwenglichem Lob überhäuft werden. Diese
Schrift fällt gegenüber den anderen Werken Prokops sehr stark ab, sie
kann in ihrer Lobhudelei schon fast als charakterlos bezeichnet werden.

Die BELLA schrieb Prokop innerhalb weniger Jahre und in einheitli-
chem Aufbau. Sie wurden bis auf das letzte Buch, das 553 folgte, auch
zusammen 551 veröffentlicht. Die Einteilung in die Bücher I bis VIII
stammt von Prokop selbst, die Kapiteleinteilung von späteren Her-
ausgebern.
Es ist unbestritten, daß Prokop in seiner Beschreibung nach größt-
möglicher Objektivität strebte. Trotz allem kann das Werk aber nicht
ganz den Charakter einer Rechtfertigungsschrift für seinen ehemali-
gen Vorgesetzten Belisar verleugnen, der 542 von Kaiser Justinianus
abberufen worden und in Ungnade gefallen war. Belisars Erfolge an
allen Kriegsschauplätzen werden begeistert gefeiert und mitreißend
geschildert, worunter die Objektivität doch manchmal leidet. Im Gegensatz dazu ist seine Einstellung der kaiserlichen Politik Justinianus
gegenüber unduldsam, ja sogar von Haß getrieben. Er hält sie
schlichtweg oft für falsch. Aber er kritisiert nicht das Kaisertum an
sich, sondern nur die Person Justinianus. Das erste wäre bei seiner tief
konservativen und standesbewußten Einstellung unmöglich gewesen.

Die Bücher I und II der BELLA beschäftigen sich mit den Perserkriegen, sie sind in unserer Ausgabe nicht mit aufgenommen, da diese sich auf die Auseinandersetzung Ostroms mit den germanischen Völkern beschränkt. Die Bücher III und IV stellen die Geschichte des Vandalenkrieges sowie den weiteren Verlauf der Geschichte der nun wiederum römischen Provinz Afrika bis zum Jahr 548 dar. Die Bücher V bis VII beschreiben den Krieg mit den Ostgoten in Italien bis zum Frühjahr 550 n. Chr. Im Buch VIII faßt Prokop die Geschichte am westlichen und am östlichen Kriegsschauplatz zusammen. Das Buch wurde ja nachträglich geschrieben und veröffentlicht, und Prokop hätte eigentlich die Ereignisse in die anderen, schon erschienenen Bände einarbeiten müssen. In unserer Ausgabe sind die Stellen, die sich mit dem Krieg gegen die Perser beschäftigen, weggelassen und statt dessen durch Zusammenfassungen ersetzt. Dafür sind zur Abrundung des geschichtlichen Bildes des Kampfes mit den Goten einige weitere Texte aufgenommen, Auszüge aus dem Geschichtswerk des Agathias und zwei Fragmente anderer Schriftsteller.

Agathias setzte die Geschichtsschreibung des Prokop über den Gotenkrieg fort. Er ist 536 oder 537 n. Chr. geboren und starb kurz vor 582. Von sich selbst sagt er: »Ich heiße Agathias, Myrina[1]) ist meine Vaterstadt, mein Vater Memmonius, mein Beruf römische Jurisprudenz und Prozeßführung«. Bevor Agathias seine historischen Werke schrieb, hatte er sich mit der Poesie beschäftigt. Von ihm sind etwa 100 Gedichte erhalten. Seine Historien umfassen fünf Bücher, die einen Zeitraum von etwa sieben Jahren beschreiben. Sie brechen ganz plötzlich ab, so daß anzunehmen ist, daß Agathias mitten in der Arbeit daran starb.
Agathias schrieb etwa zwanzig Jahre nach dem Ende des Gotenkrieges, er war also kein Augenzeuge mehr. Dazu fällt seine Fähigkeit als Geschichtsschreiber stark gegenüber der des Prokop ab, er kann sich nicht so gut in die Lage der Dinge vertiefen und versucht, die Dürftigkeit der Darstellung mit einem unendlichen Wortschwall zu überdekken. Er war in erster Linie Rhetoriker und erst danach Historiker. Wir nehmen den Anfang seines Geschichtswerkes trotz all seiner Schwächen hier mit auf, weil es die Geschichte des Gotenkrieges zu einem Abschluß führt.

---

[1] Myrina, eine alte äolische Kolonie in Kleinasien an der Mündung des Pythicus.

Aus den gleichen Gründen einer Abrundung der Darstellung sind auch die Fragmente des Johannes von Antiochia und des Anonymus Valesianus mit aufgenommen.

Die Bedeutung des Fragments des Anonymus Valesianus – das nach seinem Entdecker Henricus Valesius (1603–1676) benannt ist – liegt in der Beschreibung der Jahre 490 bis 493, also dem Kampf zwischen Theoderich und Odoaker.

Mit Johannes von Antiochia haben wir eine Beschreibung der Niederlage des Odoakers aus römischer Sicht, die im Gegensatz steht zur offiziellen gotischen Version des Prokop.

Zum Abschluß sei noch erwähnt, daß Stellen, an denen etwas weggefallen ist, durch Punkte (. . .), Zusammenfassungen des Übersetzers durch runde Klammern, Zusätze durch eckige Klammern gekennzeichnet werden. Aus herstellungstechnischen Gründen ist die Geschichte des Vandalenkrieges an den Schluß des Buches gerückt und steht nicht am Anfang, wo sie eigentlich der Chronologie nach hingehörte.

Andreas Schaefer

DER GOTENKRIEG

———————

nebst Auszügen aus Agathias,
sowie Fragmenten des Anonymus Valesianus
und des Johannes von Antiochia

ERSTES BUCH

1. (So standen für die Römer die Sachen in Afrika.)

Ich schreite zur Beschreibung des Gotenkrieges und schicke als Einleitung einen Bericht voraus, wie es Goten und Italikern vor diesem Krieg ergangen ist. Zu der Zeit als Zeno in Byzanz Kaiser war, herrschte über den Westen Augustus, den die Römer mit dem Kosenamen Augustulus nannten, weil er in früher Jugend auf den Thron gelangte; für ihn regierte sein Vater Orestes, ein höchst erfahrener Mann. Einige Jahre vorher hatten die Römer Scirren, Alanen und andere gotische[1] Stämme als Bundesgenossen aufgenommen, nach den Niederlagen, die sie durch Alarich und Attila erlitten hatten, von denen ich in früheren Büchern[2] erzählt habe. Längst war der Ruhm der römischen Soldaten geschwunden, und die Barbaren breiteten sich immer mehr in Italien aus; diese Eindringlinge herrschten unbeschränkt unter dem beschönigenden Namen von Bundesgenossen; ohne Scheu griffen sie immer weiter um sich und verlangten schließlich, das ganze Ackerland Italiens sollte unter sie verteilt werden. Zunächst heischten sie von Orestes den dritten Teil, und als er sich nicht willfährig zeigte, töteten sie ihn sofort. Zu diesen Barbaren gehörte auch ein kaiserlicher Doryphor Odoaker, der ihnen die Erfüllung ihrer Wünsche versprach, wenn sie ihn als Herrscher aufstellten. Trotz seiner neuen Würde vergriff er sich nicht an dem Kaiser, sondern ließ ihn als Privatmann ruhig weiterleben. Den Barbaren überließ er das geforderte Drittel aller Ländereien, kettete sie dadurch nur um so fester an sich und regierte unangefochten zehn Jahre hindurch.

Ungefähr zur selben Zeit erhoben die Goten[3], die nach kaiserlicher Anweisung in Thrazien sich niedergelassen hatten, ihre Waffen gegen den Kaiser. Ihr König war Theoderich (geb. 454), der zu Byzanz patrizischen Rang erhalten und sogar als Konsul den kurulischen Sessel eingenommen hatte. Der Kaiser Zeno, ein Meister in der Benutzung politischer Verhältnisse, forderte Theoderich auf, lieber nach Italien zu ziehen, um nach Niederwerfung Odoakers für sich und

474–491

476–493

478
479

---

[1] d. i. germanische. – [2] Vand. I, 2.4. – [3] So nennt Prokop immer das Volk der Ostgoten.

seine Goten das ganze Abendland zu gewinnen; für ihn, der dem römischen Senate angehöre, sei es doch würdiger, einen Gewaltherrscher zu bezwingen und dann über Rom und Italien zu gebieten, als sich in den gefährlichen Kampf mit dem Kaiser einzulassen. Theoderich war über diesen Vorschlag sehr erfreut und schlug den Weg nach

488 Italien ein, mit ihm das ganze Volk der Goten: Auf Wagen führten sie Weiber, Kinder und all ihre bewegliche Habe mit sich. Als sie an das adriatische Meer[1] kamen, hatten sie keine Schiffe, um überzusetzen; daher entschlossen sie sich, durch das Gebiet der Taulantier[2] und

489 deren Nachbarn zu ziehen und so das Meer zu umgehen. Odoaker trat ihnen mit seiner Streitmacht entgegen, wurde aber in mehreren Treffen geschlagen[3] und zog sich mit seinem ganzen Heer nach Ravenna und einigen anderen Festungen zurück. Sofort machten sich

490 die Goten an die Belagerung derselben und nahmen durch Sturm oder Verrat alle bis auf das Kastell Caesena, 30 Stadien von Ravenna[4] und eben diese Stadt, in die sich Odoaker selbst geworfen hatte. Hier war weder mit Güte noch mit Gewalt etwas auszurichten, denn dies Ravenna liegt in blachem Feld, an der innersten Biegung des adriatischen Meeres, zwei Stadien vom eigentlichen Strand ab, so daß man ihm weder zu Wasser noch zu Lande leicht beikommen kann. (Eine feindliche Flotte wird durch die Seichtigkeit des Meeres auf mehr als 30 Stadien hin an einer richtigen Blockade gehindert, ein Landheer kann nicht zu wirksamer Belagerung schreiten wegen der Poarme und Seen, welche die Stadt von allen Seiten einschließen.)

493 Als die Goten unter Theoderich schon im dritten Jahr Ravenna eingeschlossen hielten, wurden sie der Belagerung überdrüssig; anderseits litten Odoakers Scharen bereits Mangel an den notwendigsten Lebensmitteln. Man kam daher unter Vermittlung des Bischofs von

27. 2. Ravenna dahin überein, Theoderich und Odoaker sollten in Ravenna
493 gemeinschaftlich herrschen. Eine Zeitlang hielten sie beide den Ver-
5. 3. trag; dann aber bemächtigte sich Theoderich der Person Odoakers,
493 der ihm angeblich nach dem Leben getrachtet hatte, bei einem Schmause, zu dem er ihn unter der Maske der Freundschaft geladen,

[1] Den Ionischen Meerbusen nennt Prokop das adriatische Meer; das adriatische Meer fängt bei ihm südlich der Straße von Otranto an – also gerade umgekehrt, wie in jetziger Benennung. Vgl. Got. IV, 40. – [2] Ein Volk im römischen Illyrien, zwischen Epidamnus und Dyrrhachium.– [3] Am Isonzo und bei Verona 489, an der Adda 490. – [4] Ungefähr 5,5 Kilometer. 1 Kilometer = 5,45 Stadien. Jetzt Cesena.

und ließ ihn töten. Die noch etwa übrig waren von seinen früheren
Gegnern, gewann er für sich und herrschte von nun an unangefochten
über Goten und Italiker. Namen und Insignien des Kaisers anzunehmen, hielt er nicht für angezeigt, sondern ließ sich zeitlebens »König«
nennen – so pflegen nämlich die Barbaren ihre Heerführer zu
bezeichnen –: in Wirklichkeit war das Verhältnis seiner Untertanen
zu ihm ganz wie zu einem Kaiser. Seine gewaltige Hand sorgte für
Gerechtigkeit allerwegen und war ein starker Schirm für Recht und
Gesetz. Vor Einfällen benachbarter Barbaren bewahrte er sein Land;
seine Weisheit und Tapferkeit waren gefürchtet und geehrt weit in die
Runde. Weder ließ er sich irgendein Unrecht gegen seine Untertanen
zuschulden kommen, noch ließ er einem andern derartiges durchge-
hen; nur den Teil der Landgüter, die Odoaker seinen Parteigängern
zugewiesen hatte, überließ er seinen Goten. So war Theoderich dem
Namen nach ein Tyrann, in Wirklichkeit aber ein rechter Kaiser, nicht
um Haaresbreite geringer als irgendeiner von denen, welche sonst
diese Würde bekleidet haben. Obgleich es dem menschlichen Charakter zu widersprechen scheint, liebten und verehrten ihn tatsächlich
Goten und Italiker ohne jeglichen Unterschied ... Nach einer Regierung von 37 Jahren[1] starb er, der Schrecken seiner Feinde, von seinen
Untertanen aufs tiefste betrauert. Das kam aber so.

Symmachus und sein Schwiegersohn Boëtius, beide patrizischen
Geschlechts und Konsularen, nahmen im Senat zu Rom die erste Stelle
ein. Sie beschäftigten sich eifrig mit Philosophie und trachteten nach
dem Ruhm der Gerechtigkeit. Mit ihren reichen Mitteln suchten sie
Bürgern wie Fremden aus der Not zu helfen und standen deshalb in
hohem Ansehen, zogen sich aber auch den Neid böswilliger Menschen zu. Theoderich lieh deren Einflüsterungen sein Ohr, ließ sie als
Hochverräter hinrichten und zog ihr Vermögen ein. Einige Tage
später[2] trugen beim Mahl die Diener den Kopf eines großen Fisches
auf. Da kam es Theoderich so vor, als sei es das Haupt des jüngst
gerichteten Symmachus: mit verzerrten Zügen und rollenden Augen
schien er ihm schauerlich zu drohen. Der Schreck über das furchtbare
Gesicht übermannte ihn; vom Schüttelfrost gepackt, zog er sich
schleunigst in sein Schlafgemach zurück und vergrub sich ganz in

493–
526

524

---

[1] Ungenau: über Italien herrschte Theoderich 33 Jahre; seit 481, in welchem
Jahre der ältere Theoderich, mit dem Beinamen Strabo (der Schieler) starb, war
Theoderich als Herrscher über das ganze Volk der Ostgoten anerkannt. –
[2] Vgl. die Zahlen am Rande.

warme Decken. Dann erzählte er seinem Leibarzt Elpidius die ganze
Begebenheit und beklagte laut das Unrecht, das er dem Symmachus
und Boëtius getan. Von heftigen Gewissensbissen geplagt, gab er kurz
darauf seinen Geist auf. Es war das die erste und letzte Untat, deren er

sich gegen seine Untertanen schuldig machte, und diese war nur
dadurch möglich geworden, daß er, ganz gegen seine Gewohnheit,
ohne sorgfältige Untersuchung das Urteil über jene beiden gesprochen
hatte.

2. Nach Theoderichs Tode kam zur Regierung Atalarich, sein Tochtersohn, ein Knabe von acht Jahren, der unter der Vormundschaft
seiner Mutter Amalasuntha stand – sein Vater war nämlich schon tot.

Kurze Zeit darauf bestieg zu Byzanz Justinian den Thron. Amalasuntha führte als Vormünderin die Heerschaft gerecht und weise – ein
Mann hätte es nicht besser machen können. Solange sie am Ruder
war, wurde kein Römer an seinem Leibe oder Vermögen gestraft.
Auch wehrte sie den Goten, jenen etwas zuleide zu tun, wozu sie
nicht übel Lust hatten, und gab sogar den Kindern des Symmachus
und Boëtius ihr väterliches Vermögen zurück. Amalasuntha wollte
ihren Sohn so erziehen, daß er den römischen Fürsten gleichstand,
und hielt ihn dazu an, eine richtige Schule zu besuchen. Von den
greisen Goten suchte sie drei aus, die nach ihrer Ansicht die weisesten
und mildesten waren, und gesellte sie ihrem Sohne zu. Das alles paßte
den Goten nun durchaus nicht. Sie wollten von ihrem König nach
Barbarenweise regiert sein, um ihrerseits ungestraft die Unterworfenen drücken zu können. Einst hatte die Mutter im Frauengemach dem
Knaben wegen einer Unart einen Schlag versetzt, und er war weinend
in den Männersaal gelaufen. Die Goten, die gerade anwesend waren,
nahmen diese Behandlung des jungen Königs gewaltig übel, schalten
auf Amalasuntha und äußerten sogar laut, sie wolle das Kind beiseite
schaffen, um dann einen anderen Mann zu nehmen und mit ihm über
Goten und Italiker zu herrschen. Die Fürsten traten vor Amalasuntha
und machten ihr Vorstellungen, der König werde nicht nach altem
Brauch erzogen und das gereiche ihm und ihnen zum Schaden.
(»Schulmeister und alte Leute taugen nicht dazu, einen Gotenprinzen
zu erziehen. Wer sich vor dem Bakel fürchtet, wird nie ein furchtlo-
ser Kriegsmann werden. Theoderich hat ein so großes Reich erobert,
und doch schätzte er die Wissenschaft nicht einen Deut. Daher
gib den Lehrern den Laufpaß, o Königin, und laß Atalarich

mit seinen Altersgenossen aufwachsen; dann wird er ein rechter König nach unserer Art werden.« So ungefähr war der Sinn ihrer Rede.)

Als Amalasuntha das vernahm, billigte sie es keineswegs, aber sie fürchtete den Haß der Leute und tat deshalb so, als wäre ihr das Gesagte ganz recht: Sie gab in allen Punkten nach und tat nach dem Willen der Barbaren. Die greisen Erzieher wurden sofort entlassen und dem Atalarich junge Leute zugesellt, die nicht viel älter waren als er; kaum war er nun mannbar geworden, so verführten sie ihn zum Trinken und zum Umgang mit Weibern. So wurde er unter ihrer Einwirkung bald ganz sittenlos und entzog sich törichterweise dem Einfluß der Mutter gänzlich; ja er kümmerte sich gar nicht mehr um sie, obgleich die Barbaren schon offen gegen sie Front machten und laut die Forderung aussprachen, die Frau solle die Regierung niederlegen. Amalasuntha ließ sich durch den Haß der Goten keineswegs schrecken oder nach Weiberart einschüchtern, sondern im Vollbewußtsein ihrer königlichen Würde griff sie drei der hervorragendsten Barbaren, welche ihr die Häupter der Bewegung zu sein schienen, heraus und schickte sie nach den entferntesten Gegenden Italiens, und zwar nicht zusammen, sondern so weit voneinander entfernt wie möglich: Offiziell hieß es, sie sollten das Land vor einem feindlichen Einfall schützen. Die drei, obgleich räumlich weit getrennt, setzten sich durch die Vermittlung von Freunden und Verwandten doch ins Einvernehmen und sannen auf Rache an Amalasuntha. Die Königin wollte aber nicht untätig dabei zusehen und ersann folgendes. Sie schickte nach Byzanz und ließ beim Kaiser Justinian anfragen, ob es 534 ihm genehm sei, die Tochter Theoderichs bei sich zu sehen: sie wolle nämlich Italien so bald wie möglich verlassen. Hocherfreut erwiderte Justinian, sie möge nur kommen, und stellte ihr den prachtvollen kaiserlichen Palast in Epidamnus zur Verfügung: dort solle sie verweilen, solange es ihr beliebe, um dann nach Byzanz zu kommen. Als Amalasuntha diese Antwort bekommen hatte, wählte sie entschlossene und ihr treu ergebene Goten aus und gab ihnen den Auftrag, jene drei Häupter der Verschwörung umzubringen. Sie selbst ließ 40 Zentner Gold und ihre anderen Kostbarkeiten auf ein Schiff bringen, das sie mit ihren getreuesten Dienern bemannte, denen sie den Auftrag gab, nach Epidamnus zu fahren und dort im Hafen vor Anker zu gehen, aber die Ladung nicht eher zu löschen, als bis sie es ausdrücklich befehle. So glaubte sie für alle Fälle gesorgt zu haben: kam die Nachricht vom Tode jener drei, blieb sie und ließ das Schiff

534 zurückkehren, da sie nun nichts mehr zu befürchten hatte; entkam
einer von ihren Feinden, so mußte sie alle Hoffnung aufgeben, konnte
schnell absegeln und mit ihren Schätzen auf kaiserlichem Boden sich
in Sicherheit bringen. In dieser Absicht schickte Amalasuntha das
Schiff nach Epidamnus, und als es dort angekommen war, handelten
die Wächter des Schatzes ihren Befehlen gemäß. Als bald darauf ihr
Anschlag geglückt war, konnte sie das Schiff zurückkommen lassen
und in Ravenna bleiben. Ihre Herrschaft stand fester denn je.

3. Es war aber unter den Goten ein gewisser Theodat, der Sohn von
Theoderichs Schwester Amalafrida. Er stand schon in vorgerückte-
rem Alter, war römisch gebildet und der platonischen Philosophie
ergeben, verstand vom Kriegswesen ganz und gar nichts und besaß
nicht einmal persönlichen Mut; dafür war er aber im höchsten Grade
habgierig. Dieser Theodat war Herr des größten Teils von Tuscien[1]
und eifrig dabei beschäftigt, nötigenfalls auch mit Gewalt, die Besitzer
des Restes zu verdrängen; denn Nachbarn zu haben erschien dem
Theodat sozusagen als ein Unglück. Diesen zwang nun Amalasuntha,
von seinen bösen Absichten abzustehen; seitdem war er ihr bitterster
Feind und suchte sich zu rächen. Er gedachte nun, Tuscien an
Justinian auszuliefern gegen eine große Geldsumme und die Zusage
senatorischen Ranges, um dann ungestört in Byzanz leben zu können.
Während er nun solche Absicht hegte, kamen nach Rom zum Papst
aus Byzanz Gesandte, nämlich die Bischöfe Hypatius von Ephesus
und Demetrius von Philippi in Macedonien wegen einer dogmati-
schen Streitigkeit. (Prokop erklärt es für vermessen, das Wesen Gottes
bis ins kleinste bestimmen zu wollen und schweigt absichtlich über
jene Streitigkeit; Gott ist allgütig und allmächtig – weiter will er nichts
wissen.) Mit diesen Gesandten hatte Theodat eine geheime Unterredung, in der er ihnen auftrug, dem Kaiser Justinian zu vermelden, was
er vorhabe – dasselbe, was ich schon oben von seinen Plänen erzählt
habe.

Zu dieser Zeit erkrankte Atalarich, der den Taumelkelch des Lasters
bis zur Hefe leerte, an der Auszehrung. Das war für Amalasuntha sehr
schlimm; denn einerseits konnte sie sich auf den guten Willen ihres
Sohnes, der so ganz verkommen war, gar nicht mehr verlassen;
andererseits, im Falle seines Todes, mußte sie geradezu für ihr Leben
fürchten, da sie sich die Gotenhäuptlinge so bitter verfeindet hatte. So
ergriff sie den Gedanken, um ihre Person zu retten, die Herrschaft

[1] Etrurien.

über Goten und Italiker an Justinian zu übertragen. Nun war dort in 534
Begleitung von Demetrius und Hypatius der Senator Alexander
eingetroffen. Als nämlich der Kaiser vernommen hatte, das Schiff
Amalasunthas liege bei Epidamnus vor Anker, ihre eigene Ankunft
aber verzögere sich, so schickte er, obgleich schon geraume Zeit
verstrichen war, den Alexander ab, mit dem geheimen Auftrage,
Amalasunthas Verhältnisse auszukundschaften und darüber Bericht
zu erstatten; offiziell hatte er Beschwerde zu führen über folgende
Punkte: erstens fühlte sich der Kaiser durch die Vorgänge in Lilybäum[1] verletzt (wie ich bereits erzählt habe[2]); zweitens waren zehn
Hunnen vom afrikanischen Heer als Überläufer nach Kampanien
gekommen und hatten bei Uliaris, dem Kommandanten von Neapel,
nicht ohne Vorwissen Amalasunthas, Aufnahme gefunden; drittens
endlich hatten die Goten im Krieg mit den Gepiden in der Gegend von
Sirmium[3] die Stadt Gratiana[4], die hart an der nördlichen Grenze
Illyriens liegt, als feindlich behandelt. Den Brief an Amalasuntha, in
dem diese Vorwürfe enthalten waren, überbrachte Petrus. Dieser ließ
nach seiner Ankunft in Rom die Priester ihren Angelegenheiten
nachgehen und begab sich selbst weiter nach Ravenna, wo er, von
Amalasuntha vorgelassen, seine geheimen Aufträge vom Kaiser aus-
richtete und öffentlich den Brief übergab. In diesem stand folgendes:
»Die Feste Lilybäum, die unser ist, hast Du mit Gewalt an Dich
gebracht und behalten; Barbaren, meinen Sklaven, die mir entlaufen
sind, hast Du Aufnahme gewährt und denkst auch jetzt noch nicht
daran, sie auszuliefern, sondern hast vielmehr meine Stadt Gratiana
auf unerhörte Weise mißhandelt, wozu Du ganz und und gar kein
Recht hast. Bedenke nun, wohin das führen soll.« Die Königin nahm
den Brief in Empfang, las ihn und antwortete folgendermaßen: »Ein
großer Kaiser, der sich seiner Tugend rühmt, sollte einem vaterlosen
Knaben, der noch nicht das Gefühl der Verantwortlichkeit für sein
Tun hat, eher seinen Beistand gewähren, als daß er ohne jeden Grund
ihm feind ist. Denn für jeden Menschen ist nur der Sieg über einen
ebenbürtigen Gegner rühmlich. Drohend hältst Du dem Atalarich den
Besitz von Lilybäum vor und zehn Überläufer und ein Versehen, das
sich Soldaten, die wider ihre Feinde auszogen, gegen eine befreundete
Stadt haben zuschulden kommen lassen. Nicht also, mein Kaiser,
nicht also! Denke vielmehr daran, daß damals, als Du gegen die

---

[1] Im Nordwesten Siziliens, jetzt Marsala. – [2] Vand. II, 5. – [3] Mitrovitz an der
Save in Kroatien. – [4] Ort in Dalmatien.

534   Vandalen auszogst, wir Dir nicht nur nichts in den Weg gelegt haben,
sondern vielmehr Dir den Weg gezeigt und freien Markt mit großem
Eifer gewährt haben, wo Du besonders Pferde in Menge kaufen
konntest, deren Besitz für die Niederwerfung der Feinde geradezu
Hauptsache war.« (Dem Kaiser wird weiter vorgehalten, wie diese
wohlwollende Neutralität der Goten seinen Sieg überhaupt möglich
gemacht hat, und sie dafür Lilybäum, wenn sie es nicht schon
besaßen, geradezu als Belohnung hätten erhalten müssen.) So antwortete Amalasuntha dem Kaiser öffentlich, heimlich aber versprach sie
ihm die Auslieferung von ganz Italien. Als die Gesandten nach Byzanz
zurückgekommen waren, berichteten sie alles an Justinian: Alexander, was für Pläne Amalasuntha hege, Demetrius und Hypatius, was
sie aus Theodats Munde vernommen hatten, und ferner, wie er ohne
Zweifel wohl imstande sei, seine Zusagen wahrzumachen, da er in
Tuscien großen Einfluß besitze und Herr des größten Teiles dieses
Landes geworden sei. Darüber war der Kaiser sehr erfreut und sandte
sofort den Petrus nach Italien, von illyrischer Abkunft, aus Thessalonike[1], der zu Byzanz Advokat war, ein Mann von scharfem Verstande,
feinen Sitten und großer Überredungskunst.

4. Während nun dies vorging, wurde Theodat von einer großen
Anzahl Tuscier bei Amalasuntha verklagt: er vergewaltige die Einwohner jener ganzen Gegend und reiße ihre Landgüter an sich ohne
jeden Rechtsgrund; außerdem vergreife er sich sogar an dem Eigentum des königlichen Hauses, welches man »Patrimonium« nennt. Die
Königin zog ihn deshalb zur Rechenschaft und zwang ihn, da er von
seinen Anklägern gänzlich überführt wurde, alles herauszugeben, was
er sich widerrechtlich angeeignet hatte. Dann entließ sie ihn. Seit
dieser Zeit glaubte er sich von ihr schwer beleidigt und wurde hinfort
ihr ärgster Feind; die Habsucht ließ ihm keine Ruhe, da er nicht mehr
ungestraft um sich greifen durfte.

Zu der Zeit erlag Atalarich der Krankheit, welche ihn verzehrte,
nachdem er acht Jahre lang regiert hatte. Amalasuntha – augenscheinlich vom Schicksal dem Verderben geweiht – nahm gar keine Rücksicht auf den Charakter Theodats und das, was sie ihm soeben
angetan hatte, sondern meinte vor ihm völlig sicher zu sein, wenn sie
ihm eine ganz besondere Wohltat erwiese. Sie ließ ihn also zu sich
laden, nahm ihn bei seiner Ankunft sehr freundlich auf und erklärte
ihm, sie habe längst gewußt, daß ihr Sohn bald sterben müsse – das

---

[1] Saloniki in Macedonien am Golf gleichen Namens.

hätten die Ärzte ihr einstimmig versichert, und sie selbst habe ja auch 534
das immer zunehmende Siechtum Atalarichs mit angesehen. Da sie
nun bemerkt habe, daß Theodat bei Goten und Italikern nicht in
gutem Rufe stehe, er, der allein vom Geschlecht Theoderichs noch
übrig sei, so sei sie eifrig bemüht gewesen, ihn von diesem schlechten
Ruf zu befreien, damit ihm nichts im Wege stände, wenn er auf den
Thron berufen würde. Für diese Handlungsweise habe sie auch den
triftigen Grund gehabt, daß es denjenigen, die von ihm Unrecht
erlitten zu haben behaupteten, nicht mehr möglich sein sollte zu
sagen, sie hätten niemand, dem sie ihre Klage vortragen könnten, und
ihr Herr sei ihnen übelgesinnt. Deshalb rufe sie ihn jetzt, wo er ganz
rein dastehe, auf den Thron. Er müsse aber mit den heiligsten Eiden
schwören, daß er nur den königlichen Namen führen würde, sie aber
die königliche Macht nicht anders als früher ausüben sollte. Als
Theodat das vernommen hatte, beschwor er alles, was Amalasuntha
von ihm verlangte; im Herzen aber dachte er ganz anders, denn er
hatte nicht vergessen, was sie ihm vorher angetan hatte. Auch
Amalasuntha verpflichtete sich durch Eidesschwur dem Theodat und
meinte es aufrichtig damit. Sie war also die Betrogene, als sie ihn zum
König machte. Dem Kaiser Justinian tat sie durch eine Gesandtschaft
gotischer Männer nach Byzanz ihren Entschluß kund.
Sobald Theodat auf den Thron gelangt war, tat er das gerade
Gegenteil von dem, was sie erwartet und er versprochen hatte: Er
umgab sich mit den Verwandten jener Goten, die sie hatte töten lassen
– sie waren zahlreich und standen unter dem Gotenvolk in hohem
Ansehen; von den Freunden der Amalasuntha ließ er plötzlich einige
ermorden und hielt sie selbst in Gewahrsam, ehe ihre Gesandten noch
in Byzanz angekommen waren. In Tuscien liegt ein See, der Bolsener-
see genannt, in dem eine ganz kleine Insel mit einem starken Kastell
liegt. Dort hielt Theodat die Königin in enger Haft. Da er aber
befürchten mußte, daß der Kaiser sich hierdurch beleidigt fühlte, wie
es auch wirklich der Fall war, schickte er die römischen Senatoren
Liberius und Opilio mit einigen anderen ab, die dem Kaiser die
bündigsten Versicherungen überbringen sollten, er werde der Amalasuntha nichts zuleide tun, obgleich sie zuerst ihn selbst auf das
schändlichste behandelt habe. In diesem Sinne schrieb er selbst an den
Kaiser und zwang auch Amalasuntha, die sich sehr dagegen sträubte,
ebenso zu schreiben. Dies ging nun so zu. Petrus aber hatte vom Kaiser
den Auftrag, einerseits mit Theodat, ohne daß irgend jemand es
merkte, zu verhandeln, ihm über den Gegenstand der Besprechung

534 das strengste Stillschweigen eidlich aufzuerlegen und den Vertrag wegen Tuscien endgültig mit ihm abzuschließen[1]; andererseits sollte er in einer geheimen Zusammenkunft mit Amalasuntha über ganz Italien verhandeln und festsetzen, was ihnen beiden ersprießlich erscheinen würde. Offiziell sollte er über Lilybäum und die anderen vorerwähnten Punkte[2] verhandeln; denn vom Tode Atalarichs, der Thronbesteigung Theodats und den Schicksalen Amalasunthas war dem Kaiser noch nichts zu Ohren gekommen. Unterwegs nun stieß Petrus zuerst auf die Gesandten Amalasunthas und erfuhr von ihnen die näheren Umstände von der Erhebung Theodats. Als er bald darauf in Aulon[3], einer Stadt am adriatischen Meer, eintraf, fand er dort die Gesandtschaft des Liberius und Opilio, von denen er alles erfuhr, was inzwischen vorgefallen war. Er berichtete darüber an den Kaiser und wartete dort das Weitere ab.

Als Kaiser Justinian von diesen Dingen Kunde erhielt, sann er darauf, Theodat und den Goten Verlegenheiten zu bereiten, und schrieb an Amalasuntha einen Brief des Inhalts, er würde ihr, so viel in seinen Kräften stünde, seinen Schutz angedeihen lassen; dem Petrus aber befahl er, diese Absicht keineswegs zu verheimlichen, sondern sie dem Theodat selbst und den Goten ganz offen zu erklären. Von den Gesandten aus Italien berichteten alle, als sie nach Byzanz geleitet waren, dem Kaiser den wahren Hergang, besonders Liberius, ein hervorragend braver Mann, der sich angelegen sein ließ, die Wahrheit zu reden; nur Opilio versicherte hoch und teuer, Theodat habe sich in keiner Beziehung gegen Amalasuntha etwas zuschulden kommen 535 lassen. Als aber Petrus in Italien ankam, weilte Amalasuntha nicht mehr unter den Lebenden. Denn die Verwandten derjenigen, die sie hatte ermorden lassen, wurden nicht müde, dem Theodat zu versichern, weder er noch sie könnten in Frieden leben, wenn nicht Amalasuntha so schnell wie möglich aus dem Wege geräumt würde. Als er ihnen nachgab, eilten sie auf die Insel und töteten Amalasuntha ohne Zögern; eine Tat, die alle Italiker und die übrigen Goten über die Maßen betrübte, denn sie war eine nach allen Richtungen hin hochbedeutende Frau, wie ich das schon kurz zuvor berichtet habe. Petrus erklärte Theodat und den übrigen Goten gegenüber laut, daß nach Vollendung dieser Schandtat der Kaiser mit ihnen einen Krieg ohne Gnade und Erbarmen führen werde. Obgleich nun Theodat in

[1] s.o. S. 18. – [2] s.o. S. 17. – [3] In Albanien, jetzt Avlona oder Valona.

seiner Verblendung die Mörder Amalasunthas in hohen Ehren hielt, 535
bemühte er sich dennoch, Petrus und dem Kaiser die Meinung
beizubringen, als hätte er die Tat keinswegs gebilligt, sondern sie sei
sehr gegen seinen Willen von den Goten vollbracht.

5. In dieser Zeit hatte Belisar seine Großtaten gegen Gelimer und die 534
Vandalen verrichtet. Als aber der Kaiser erfahren, was mit Amalasun-
tha geschehen war, rüstete er sofort zum Krieg im neunten Jahr seiner
Herrschaft. Er ließ Mundus, den Heermeister von Illyrien[1], nach
Dalmatien vorgehen, welches den Goten gehörte, und einen Hand-
streich auf Salonae[2] versuchen. Mundus war seiner Abkunft nach ein
Barbar, dem Kaiser aufrichtig ergeben und ein wackerer Kriegsmann.
Über die Flotte aber ward Belisar gesetzt: Er führte mit sich 4000
Mann, teils Ausgehobene, teils Foederati[3], und an 3000 Isaurier. Die
bedeutendsten Obersten waren Konstantin und Bessas, die Thraker,
Peranius, ein iberischer Prinz von der medischen Grenze, der aus Haß
gegen die Perser zu den Römern übergegangen war; an der Spitze der
Reitergeschwader standen Valentinus, Magnus und Innocentius; das
Fußvolk befehligten Herodian, Paulus, Demetrius und Ursicinus, die
Isaurier Ennes. Als Bundesgenossen gingen mit 200 Hunnen und 300
Mauren. Oberfeldherr mit unumschränkter Vollmacht war Belisar,
den ein zahlreiches Gefolge ausgesuchter Doryphoren und Hypaspisten[4] umgab. Ihn begleitete auch Photius, der Sohn seiner Gemahlin
Antonina aus einer früheren Ehe, noch ein junger Milchbart, doch
von großer Begabung und einer Verstandsreife, die weit über sein
Alter hinausging. Der Kaiser erteilte Belisar den Auftrag, so zu tun, als
ob er nach Karthago segele; wenn aber Sizilien erreicht sei, scheinbar
der Not gehorchend, zu landen und die Insel zu überrumpeln. Wenn
möglich, sollte er sie, ohne Aufsehen zu erregen, besetzen, festhalten
und nicht loslassen; stieße er dagegen auf Hindernisse, sollte er
schleunigst nach Afrika segeln, so daß niemand seine wahre Absicht
merken könnte.

Justinian sandte auch zu den Frankenfürsten und schrieb ihnen
folgendes: »Die Goten haben Italien, unser Eigentum, gewaltsam an
sich gerissen und denken nicht daran, es zurückzugeben, sondern

---

[1] Magister militum per Illyricum. – [2] Salonae oder Salona, Hauptstadt von
Dalmatien, der Meerbusen führt noch jetzt diesen Namen. – [3] Bundesgenossen, d.h. Barbaren. – [4] Letztere bilden die eigentliche Leibwache; erstere sind
Offiziere, die als Adjutanten, Ordonnanzen, auch zur Übernahme von Kommandos je nach Bedarf verwandt werden.

535 haben uns noch obendrein in unerhörter und unerträglicher Weise beleidigt. So sehen wir uns gezwungen, wider sie zu Felde zu ziehen, und es liegt auf der Hand, daß ihr uns darin Vorschub leisten müßt; denn uns verbindet der wahre Glaube, der die arianische Ketzerei von sich abschüttelt, und der gemeinschaftliche Haß gegen die Goten.« Solches schrieb der Kaiser und fügte Geldgeschenke hinzu, versprach auch, mehr zu geben, wenn sie erst am Werke wären. Sie sagten ihm auch mit großer Bereitwilligkeit ihre Bundesgenossenschaft zu. — Mundus brach mit seinem Heere in Dalmatien ein, wurde mit den Goten, die sich ihm entgegenstellten, handgemein, schlug sie in einem Treffen und nahm Salonae. Belisar aber landete auf Sizilien und nahm Catana[1]. Von dort fuhr er nach Syrakus, das sich ihm, wie auch die anderen Städte, ohne Umstände ergab. Nur die Goten, welche in Panormus[2] lagen, wollten sich im Vertrauen auf die Festigkeit des Ortes, welche sehr bedeutend war, dem Belisar nicht ergeben und ließen ihm sagen, er möge samt seinem Heer sich schleunig wegbegeben. Belisar, welcher wohl einsah, daß es unmöglich sei, vom Land aus den Platz zu nehmen, ließ seine Flotte in den Hafen einfahren, der bis dicht an die Mauern reichte. Derselbe befand sich nämlich außerhalb der Befestigungswerke und war von Verteidigern gänzlich entblößt. Als nun die Schiffe einfuhren, zeigte es sich, daß die Mastbäume über die Brustwehren hinwegragten. Sofort bemannte Belisar alle Schiffsböte mit Bogenschützen und ließ sie bis zur Spitze der Mastbäume hinaufhissen. Die Feinde, welche nun von oben beschossen wurden, waren vor Schrecken wie gelähmt und übergaben ihm sogleich Panormus. Seitdem war ganz Sizilien dem Kaiser steuerpflichtig. Belisar aber hatte damals wirklich ganz unaussprechlich großes Glück. Da er nämlich das Konsulat angetreten hatte nach seinem Sieg über die Vandalen, war er noch in Besitz dieser Würde, als er ganz Sizilien unterwarf, und am letzten Tage seines Amtes ritt er in Syrakus ein, von seinen Soldaten und den Sizilianern mit lautem Jubel begrüßt und Goldmünzen unter die Menge werfend. Das hatte er nicht etwa mit Absicht so eingerichtet, sondern das Schicksal wollte, daß der Mann, welcher die ganze Insel für die Römer wiedergewonnen hatte, gerade an jenem Tage in Syrakus einzog und sein Amt als Konsul nicht, wie es gewöhnlich geschah, in der Kurie[3] zu Byzanz, sondern dort niederlegte und Konsular wurde.
Solches Glück ward Belisar zuteil.

[1] Catania. — [2] Palermo. — [3] Sitzungssaal des Senats.

6. Als aber Petrus hiervon Kunde erhielt, drängte und drohte er noch 535
viel mehr und umstrickte Theodat völlig. Dieser verlor allen Mut und
war so bestürzt, als ob er selbst mit Gelimer zugleich in Gefangenschaft geraten wäre. Er hatte mit Petrus eine geheime Unterredung
unter vier Augen, in welcher folgender Vertrag verabredet wurde:
Theodat räumt dem Kaiser Justinian ganz Sizilien ein; er schickt ihm
jährlich eine goldene Krone im Gewicht von 300 Pfund und 3000
streitbare gotische Männer, sobald der Kaiser es verlangt; Theodat
darf keinen Priester oder Senator töten oder sein Vermögen einziehen,
außer wenn es der Kaiser gestattet. Wenn Theodat jemand zum
Patricius machen oder ihm ein anderes senatorisches Amt geben will,
so darf er es nicht selbständig tun, sondern muß beim Kaiser die
Verleihung nachsuchen. Wenn im Theater, der Rennbahn oder wo
sonst dergleichen geschieht, das Volk dem Herrscher zuruft, soll
zuerst der Name des Kaisers, dann erst Theodats gerufen werden. Ein
Standbild von Erz oder anderem Material darf nie mehr dem Theodat
allein errichtet werden, sondern immer nur in Verbindung mit dem
Kaiser, und zwar so, daß dieser jedesmal rechts, Theodat links zu
stehen kommt. – Diesen Vertrag unterschrieb Theodat und entließ
damit den Gesandten.
Bald darauf erfaßte Angst und Schrecken die Seele des Mannes, und
seine grenzenlosen Befürchtungen brachten ihn dahin, daß er fast den
Verstand verlor. Schon das bloße Wort »Krieg« machte ihn zittern
und der Gedanke, daß der Krieg unmittelbar bevorstehe, wenn seine
Verabredung mit Petrus des Kaisers Beifall nicht finde. Sofort ließ er
jenen, der schon in Albanien war, zurückrufen und fragte ihn in
heimlicher Unterredung, ob er glaube, daß der Vertrag nach dem
Sinne des Kaisers sein würde. Petrus antwortete, er glaube es wohl.
»Wenn er nun aber gar nicht seinen Beifall finden sollte?« fragte
Theodat weiter. »Dann wirst du Krieg führen müssen, hoher Herr!«
versetzte Petrus. »Aber liebster Gesandter, ist das denn gerecht?«
»Wie sollte es nicht gerecht sein, die Lebensanschauung eines jeden
genau zu beobachten?« »Wie soll ich das verstehen?« fragte Theodat.
»Dein höchstes Streben geht dahin, Philosoph zu sein; Justinians aber,
ein echter Römerkaiser zu sein. Daraus ergibt sich nun folgender
Unterschied: Jemandem, der sich der Philosophie befleißigt, dürfte es
nicht wohl anstehen, Tod und Verderben über die Menschen zu
bringen, noch dazu über so viele. Plato lehrt wenigstens so, und du,
der du ja sein Schüler bist, mußt deine Hände durchaus rein von
Menschenblut halten. Für Justinian hingegen ist es ganz natürlich,

535 daß er sich eines Landes bemächtigt, das noch dazu von Rechts wegen
zu seiner Herrschaft gehört.« Durch diese Gründe ließ sich Theodat
bestimmen, dem Kaiser Justinian seine Herrschaft abzutreten. Und
das beschwor er mit seiner Gemahlin. Den Petrus aber verpflichtete er
gleichfalls durch Eidschwur, diese letzte Abmachung nicht eher
kundzugeben, als er bemerkt hätte, daß der Kaiser den ersten Vertrag
nicht annehmen wolle. Für diese Unterhandlung schickte er mit Petrus
einen seiner Vertrauten, den römischen Priester Rusticus. Diesen
beiden gab er einen Brief mit.

Petrus und Rusticus gaben bei ihrer Ankunft in Byzanz zunächst den
ersten Vertragsentwurf kund, wie ihnen Theodat aufgetragen hatte.
Als diesen aber der Kaiser durchaus nicht annehmen wollte, traten sie
mit dem zweiten hervor. Der Brief lautete also: »Ich bin, o Kaiser, kein
Fremdling am Hofe, denn ich bin im Palast meines königlichen Ohms
geboren und meiner Abkunft würdig erzogen. Krieg und Waffenlärm
bin ich wenig gewöhnt. Denn da ich von Liebe zu den Wissenschaften
beseelt bin und mich ausschließlich mit diesen beschäftigt habe, so bin
ich dem Schlachtengetöse bis jetzt gänzlich ferngeblieben. So paßt es
mir gar nicht, mich in Gefahren zu stürzen um Krone und Kriegsruhm, da es mir möglich ist, beide zu meiden. Denn an jenen liegt mir
gar nichts: der Ruhm wird mit Übersättigung erkauft; die Herrschaft
stürzt den, der nicht daran gewöhnt ist, in Unruhe. Wenn ich nur
Güter habe, die nicht weniger als 1200 Pfund Gold jährlich einbrin-
gen, so wäre mir das lieber als die Königskrone, und ich werde dann
sofort die Herrschaft über Goten und Italiker in Deine Hände legen.
Ich ziehe es vor, ohne Sorgen meinen Acker zu bestellen, als mit der
Krone Sorgen zu tragen, die eine Gefahr nach der anderen im Geleite
haben. Sende mir baldigst jemand, in dessen Hände ich Italien und die
königlichen Geschäfte legen kann.« Der Kaiser war hierüber höchst
erfreut und antwortete folgendermaßen: »Schon immer war ich der
Ansicht, daß Du ein sehr verständiger Mann wärest; jetzt habe ich den
Beweis dafür in Händen und weiß es dadurch, daß Du beschlossen
hast, den Ausgang eines Krieges nicht abzuwarten; (und das ist sehr
weise von Dir, denn) mancher hat sich schon darauf verlassen und ist
bitter enttäuscht worden. Es wird Dich sicher nicht gereuen, daß Du
uns aus Feinden zu Freunden gemacht hast. Was Du forderst, sollst
Du von uns bekommen, und außerdem sollst Du die höchsten
römischen Ehrenstellen erhalten. Ich schicke Petrus und Athanasius
ab, um den Vertrag für uns beide gültig abzuschließen. Bald wird auch
Belisar zu Dir kommen, der noch die letzte Hand an alles legen soll,

was etwa zwischen uns verabredet wird.« So schrieb der Kaiser und 535
schickte Athanasius ab, den Bruder jenes Alexander, der, wie schon
erwähnt, zu Atalarich als Gesandter gegangen war, und zum andern-
mal den Advokaten Petrus, von dem schon die Rede war, mit dem
Auftrag, die Güter des königlichen Hauses, das sogenannte Patrimonium, dem Theodat zuzuerteilen, den Vertrag durch Unterschrift und
Eidschwur festzumachen und Belisar aus Sizilien herbeizuholen,
damit er von der Königsburg und Italien Besitz ergreife und die
Verteidigung davon übernehme. Und dem Belisar befahl er, auf
Ansuchen jener sofort herbeizueilen.

7. Während nun der Kaiser dies anordnete und die genannten
Gesandten nach Italien abgingen, fielen die Goten unter der Führung
des Asinarius, Grippas und anderer mit zahlreicher Mannschaft in
Dalmatien ein. Als sie ganz nahe an Salonae waren, kam ihnen
Mauritius, der Sohn des Mundus, nicht um ein Treffen zu liefern,
sondern auf Kundschaft mit wenigen Leuten entgegen. Es erfolgte ein
heftiger Zusammenstoß; von den Goten fielen die edelsten und
tapfersten, die Römer fast alle und mit ihnen ihr Anführer Mauritius.
Als das Mundus vernahm, ergriff ihn heftiger Schmerz über das
traurige Ereignis, der Schmerz verwandelte sich in Wut, und so zog er
sofort ohne Vorsichtsmaßregeln blind auf den Feind los. Es wurde
heftig gekämpft; der Sieg aber, den die Römer erfochten, war ein
Kadmeischer[1]. Von den Feinden fielen nämlich die meisten, und ihre
Flucht war schon allgemein geworden; da erhielt Mundus, der in
zügellosem Schmerz über den Verlust seines Sohnes blindlings drauf-
losritt und alles vor sich niederhieb, von einem der Fliehenden eine
Wunde und sank zu Boden. Nun hörte die Verfolgung auf, und beide
Heere ließen voneinander ab. (So ging ein Spruch der Sibylle in
Erfüllung, der bis dahin unenträtselt geblieben war: »Nach Afrikas
Eroberung wird Mundus mit seinem Sohn umkommen.« Bis dahin
hatte man nämlich »mundus« mit »Welt« übersetzt und den Zusammenhang sich nicht erklären können.) Nach Salonae hinein ging
niemand; denn die Römer, welche ganz führerlos geworden waren,
zogen sich in ihre Heimat zurück, und die Goten, welche ihre besten
Streiter verloren hatten, hielten sich aus Furcht in ihren Kastellen; in

---

[1] Insofern, als die Römer nach Prokops Auffassung siegen, ihr Anführer aber
den Tod findet, wie einst Etnokles, der Enkel des Kadmus, im Kampf seinem
Bruder Polyneikes den Tod gab, selbst aber auch von dessen Hand fiel, worauf
die Belagerer sich zurückziehen.

535 Salonae fühlten sie sich trotz der Festungswerke nicht sicher, besonders weil die dort angesessenen Römer ihnen keineswegs freundlich
gesonnen waren.

Als Theodat hiervon Kunde erhielt, behandelte er die Gesandten,
welche schon bei ihm angekommen waren, ganz geringschätzig. Er
war nämlich von Natur durchaus treulos und wankelmütig; je nach
den Glücksumständen war er entweder gegen alle Vernunft und ohne
Rücksicht auf seine persönliche Würde maßlos feige und furchtsam
oder unsagbar übermütig. Als er nun damals die Botschaft vom Tode
des Mauritius und Mundus empfangen hatte, verfiel er in einen
Hochmut, der in gar keinem Verhältnis zu den vorliegenden Tatsachen stand, und hielt es für angezeigt, die Gesandten, als sie vor ihn
traten, zu höhnen. Und als Petrus ihm einmal Vorwürfe machte, daß
er den Vertrag mit dem Kaiser verletze, ließ er sie beide vor sich
kommen und sprach so: »Das Amt der Gesandten ist heilig und steht
bei allen Menschen hoch in Ehren. Diese ihre Unantastbarkeit wohnt
den Gesandten inne, solange sie durch ihr eigenes Betragen sich ihres
Amtes würdig zeigen. Denn einen Gesandten zu töten, halten die
Menschen für recht, wenn er gegen den Herrscher sich vergangen hat
oder mit der Frau eines anderen Ehebruch getrieben hat.« Theodat
richtete diesen Vorwurf gegen Petrus, nicht als ob dieser mit einer
Frau sich vergangen hätte, sondern um die Behauptung aufzustellen,
daß es Anklagegründe gebe, die zum Todesurteil über einen Gesandten führen könnten. Die Gesandten antworteten also: »Dies verhält
sich nicht so, o König der Goten, wie du gesagt hast; auch kannst du
nicht mit sinnlosen Vorwänden Leuten, wie Gesandte sind, ruchlose
Taten anhängen. Ein Gesandter kann gar nicht zum Ehebrecher
werden, selbst wenn er wollte, denn er kann nicht einmal Wasser
bekommen ohne die Zustimmung derer, die ihn bewachen. Wenn die
Worte, die er im Sinne seines Auftraggebers spricht, nicht angenehm
klingen, so kann er billigerweise nicht die Verantwortung dafür
übernehmen, sondern jener mag sie tragen, denn der Gesandte wird
nur seines Dienstes walten. Daher werden wir alles sagen, wozu wir
durch den Mund des Kaisers beauftragt sind; du aber höre es ruhig an
– Gesandte zu mißhandeln wird dir nur möglich sein, wenn dein
Verstand sich verwirrt – und erfülle jetzt, was du dem Kaiser
versprochen hast. Denn gerade dazu sind wir hier. Den Brief, welchen
er dir geschrieben, hast du schon in Händen; den, welchen er an die
ersten Männer unter den Goten abgesandt hat, werden wir niemand
anders als ihnen selbst einhändigen.« Als die anwesenden Gotenfür

sten hörten, was die Gesandten sagten, veranlaßten sie, daß der Brief 535
an sie dem Theodat eingehändigt wurde. Er lautete so: »Es liegt uns
am Herzen, daß Ihr in unseren Staat aufgenommen werdet. Das kann
Euch nur lieb sein; denn nicht um erniedrigt, sondern um erhöht zu
werden, sollt Ihr zu uns kommen. Übrigens laden wir die Goten nicht
nach fremden oder unbekannten Wohnsitzen ein, sondern als unsere
Landsleute, die sich nur eine Zeitlang von uns getrennt haben.
Deshalb haben wir jetzt Athanasius und Petrus geschickt, die Euch in
jeder Beziehung hilfreich zu Seite stehen sollen.« Das besagte der
Brief. Nachdem aber Theodat alles vorgelesen hatte, dachte er gar
nicht daran, zu tun, was er dem Kaiser versprochen hatte, sondern
hielt vielmehr die Gesandten in strenger Haft.

Als der Kaiser Justinian vernommen hatte, was sich hier und in
Dalmatien zugetragen hatte, sandte er seinen Hofstallmeister[1] Konstantian nach Illyrien mit dem Auftrag, ein Heer zu sammeln und
womöglich Salonae zu entsetzen; Belisar erhielt den Befehl, sofort
nach Italien hinüberzugehen und die Goten als Feinde zu behandeln.
Konstantian begab sich nach Epidamnus[2], wo er einige Zeit verweilte,
um ein Heer zu sammeln. Unterdessen kamen die Goten unter
Grippas mit einem anderen Heer nach Dalmatien und besetzten
Salonae. Konstantian, welcher aufs sorgfältigste seine Rüstungen
vollendet hatte, segelte mit seiner ganzen Flotte von Epidamnus nach
Epidaurus[3], das auf der rechten Seite liegt, wenn man in das adriatische Meer einfährt. Dort befanden sich gerade Kundschafter, die
Grippas ausgesandt hatte. Als diese Konstantians Schiffe und Lager
erblickten, schien ihnen alles zu Wasser und zu Lande voll von
Soldaten zu sein; sie kehrten zu Grippas zurück und versicherten,
Konstantian führe nicht wenige Myriaden mit sich. Jener verfiel in
große Angst und hielt es nicht für rätlich, den Heranrückenden
entgegenzuziehen oder von dem kaiserlichen Heer, das der See schon
völlig Herr war, sich belagern zu lassen. Am meisten machte ihn der
Zustand der Festungswerke von Salonae bestürzt, die größtenteils
verfallen waren; endlich war die Gesinnung der Bewohner sehr
verdächtig. Daher brach er mit seinem ganzen Heer von dort schleunigst auf und lagerte in der Ebene zwischen Salonae und Skardone[4].
Konstantian fuhr nun mit seiner ganzen Flotte von Epidaurus nach

---

[1] ὃς τῶν βασιλικῶν ἱπποκόμῳ ἦρχε, sacri stabuli comes. — [2] Oder Dyrrhachium, Durazzo in Albanien. — [3] Ragusa vecchia in Dalmatien. — [4] Ort in
Dalmatien.

535 Lissa, einer Insel im innersten Teil der Adria. Von dort schickte er einige Leute von seinem Gefolge aus, um zu erkunden, wie es mit Grippas stehe. Sobald er durch diese hinlänglich unterrichtet war, segelte er gerade auf Salonae los. Als er dicht davor war, schiffte er seine Truppen aus und machte Halt; nur 500 auserlesene Soldaten unter Siphyllas, einem seiner Doryphoren, schickte er voraus, um den Hohlweg zu besetzen, der sich hart vor der Stadt befinden sollte. Siphyllas führte seinen Auftrag aus. Konstantian und sein ganzes Heer zogen am folgenden Tage in Salonae ein, und die Flotte ging im Hafen vor Anker. Er richtete sein Hauptaugenmerk darauf, die verfallenen Teile der Befestigung sorgsam wiederaufzubauen. Am siebenten Tage der Einnahme Salonaes durch die Römer zog sich Grippas mit seinem Gotenheer aus seiner Stellung nach Ravenna zurück. So fiel ganz Dalmatien und Liburnien in Konstantians Hände, der auch alle Goten, die dort wohnten, auf seine Seite zog. So standen die Dinge in Dalmatien. Der Winter ging zu Ende und mit ihm das erste Jahr des Krieges, den Prokop beschrieben hat.

536 8. Belisar ließ Besatzungen in Syrakus und Panormus zurück und setzte mit dem übrigen Heer von Messana nach Rhegium[1] über (dorthin setzen die Dichter Scylla und Charybdis), und täglich strömten ihm die Bewohner jener Gegenden zu; diese legten nämlich auf die Bewachung ihrer Städte, die von altersher mauerlos waren, gar keinen Wert, besonders aus Haß gegen die Goten, deren Herrschaft sie natürlich nur widerwillig trugen. Von den Goten selbst ging zu Belisar über Ebrimuth mit seinen Kindern, Theodats Schwiegersohn, der dessen Tochter Theodenantha zur Frau hatte. Er wurde sogleich zum Kaiser geschickt und erhielt außer anderen Ehrengeschenken die Würde eines Patricius. – Das Heer zog nun zu Lande von Rhegium aus durch Bruttien und Lukanien[2], ganz nahe der Küste bewegte sich mit ihm auf gleicher Höhe die Flotte. Als man aber nach Kampanien kam, stieß man auf eine Stadt, am Meere gelegen, die den Namen Neapel führt, eine starke Festung mit zahlreicher gotischer Besatzung. Belisar ließ die Schiffe im Hafen außer Schußweite vor Anker gehen und schlug selbst nahe bei der Stadt ein Lager auf, nachdem er das Kastell in der Vorstadt gütlich zur Übergabe gebracht hatte. Dann gestattete er denen, welche in der Stadt waren, auf ihre Bitte, einige angesehene Leute ins Lager zu schicken, welche ihm ihre Wünsche vortragen, seine Vorschläge entgegennehmen und sie dann dem versammelten

[1] Messina, Reggio. – [2] Die südlichsten Landschaften Italiens.

Volk mitteilen sollten. Sofort schickten die Neapolitaner Stephanus 536
ab, der vor Belisar erschien und also sprach: »Du tust nicht recht, o
Feldherr, wenn du gegen römische Männer, die nichts Böses verübt
haben, zu Felde ziehst. Wir bewohnen eine kleine Stadt und haben
eine Besatzung von Barbaren, die uns beherrschen, so daß, selbst
wenn wir wollten, wir nichts unternehmen können. Diese Wächter
sind bei uns eingerückt, indem sie ihre Kinder, Weiber und Schätze in
Theodats Händen zurückgelassen haben. Wenn sie nun mit uns
gemeinschaftliche Sache machen wollten, so würden sie durch ihren
Verrat nicht die Stadt, sondern ihr eigenes Interesse preisgeben. Wenn
wir aber die Wahrheit ohne Hehl sagen sollen, so handelt Ihr gegen
Euer Interesse, wenn Ihr unsere Stadt berennt: denn wenn Ihr Rom
genommen habt, wird sich auch Neapel ohne Anstand Euch unterwerfen; könnt Ihr aber jenes nicht nehmen, werdet Ihr schwerlich im
Besitz unserer Stadt Euch halten können. So werdet Ihr bei dieser
Belagerung Eure Zeit unnütz verbringen.«

So redete Stephanus; Belisar aber antwortete, man solle ihm nur
glauben, daß er mit seinem Heer zur Befreiung Italiens gekommen sei.
Der gotischen Besatzung stellte er frei, in den Dienst des Kaisers
überzutreten oder unbehelligt abzuziehen; wenn die Neapolitaner
sich ergäben, würden sie ebenso gnädig behandelt werden wie die
Sizilianer. Stephanus kehrte in die Stadt zurück, berichtete über
Belisars Vorschlag und äußerte selbst seine Ansicht dahin, es sei nicht
ratsam, gegen den Kaiser zu kämpfen. Ihm stand zur Seite Antiochus,
ein Syrer, der aber schon lange in Neapel wohnte und Seehandel trieb,
auch wegen seiner Klugheit und Rechtschaffenheit sich einer geachte-
ten Stellung erfreute. Die besten Freunde der Goten dagegen waren
zwei hochangesehene Sachwalter, Pastor und Asklepiodot, die an den
herrschenden Zuständen nichts geändert wissen wollten. Diese beiden hatten die Absicht, die Verhandlungen zum Scheitern zu bringen.
Sie veranlaßten daher die Volksmenge, eine große Anzahl von
Bedingungen aufzustellen und von Belisar einen Eid zu verlangen, daß
er sie sofort erfüllen werde. Sie schrieben alle Forderungen auf und
gaben das Verzeichnis an Stephanus – schwerlich dachte jemand
daran, Belisar würde das alles annehmen. Stephanus begab sich
sogleich ins kaiserliche Lager, zeigte dem Feldherrn das Schriftstück
und fragte, ob er willens sei, alles zu erfüllen, was die Neapolitaner
forderten, und einen Eid darauf zu leisten. Er versprach, alles zu tun,
und entließ ihn. Als die Neapolitaner das hörten, wollten sie schon
den Vertrag annehmen und das kaiserliche Heer in die Stadt einlassen.

536 Sie riefen laut, es könne ihnen nichts Böses geschehen, das beweise das Beispiel der Sizilianer. Diese hätten soeben für die Tyrannei der Barbaren die kaiserliche Herrschaft Justinians eingetauscht, seien frei und aller Unbill ledig. Und sie begaben sich mit lautem Jubel zu den Toren, um sie zu öffnen. Diese Vorgänge waren gar nicht nach dem Geschmack der Goten; weil sie aber zum Widerstande zu schwach waren, wollten sie sich entfernen. Da riefen Pastor und Asklepiodot die Goten und das Volk auf einen Platz zusammen und redeten also: »(Jetzt, bei Beginn des Kampfes sich zu ergeben, ist verkehrt und schädlich: siegen die Goten, werden sie uns als ihre schlimmsten Feinde behandeln; siegt Belisar, so wird man uns, die wir bereitwillig unsere Stadt an den Kaiser verraten haben, wie alle Verräter, beständig mit Mißtrauen betrachten. Leisten wir aber Widerstand, werden uns die Goten, wenn sie siegen, dankbar sein; im anderen Fall bekommen wir immer noch anständige Bedingungen von Belisar. Wir sind gut verproviantiert, haben starke Festungswerke und hinlängliche Besatzung: was haben wir zu befürchten? Belisar mag sich erst mit Theodat und seinen Goten messen, dann fällt Neapel ihm von selbst zu.)« So redeten die beiden und führten die Juden auf, welche beteuerten, daß die Stadt nicht im geringsten werde Mangel leiden; die Goten versicherten ebenfalls, daß sie den Wall aufs beste verteidigen würden. So ließen sich die Neapolitaner bereden und forderten Belisar auf, schnellstens das Feld zu räumen; der aber schritt zur Belagerung. Wiederholte Stürme wurden abgeschlagen; viele Soldaten, darunter gerade die tapfersten, verloren dabei das Leben. Denn die Stadtmauer von Neapel ist nach der einen Seite durch das Meer, auf der anderen durch Abhänge begrenzt und besonders wegen ihrer Steilheit gar nicht zu ersteigen. Durch die Zerstörung der Leitung, welche die Stadt mit Wasser versorgte, störte Belisar die Neapolitaner nicht sehr, da sich Brunnen innerhalb der Mauer befanden, die reichlich Wasser gaben und dadurch den Verlust wenig fühlbar machten.

9. Die Belagerten schickten nun heimlich Gesandte nach Rom an Theodat und baten um schleunige Hilfe. Theodat aber rüstete gar nicht zum Kriege, da er von Natur ein Feigling war, wie ich schon früher gesagt habe. Man sagt, daß ihm auch sonst etwas begegnet sei, das ihn sehr erschreckt und in noch größere Furcht versetzt habe – ich glaube es zwar nicht, will es aber dennoch erzählen. Theodat, welcher schon früher nicht uneingeweiht gewesen war in bezug auf Dinge, welche die Zukunft verkündeten, und ihnen Glauben schenkte, war

eben damals wegen eines Entschlusses in größter Verlegenheit – 536
gerade solche Lage treibt die Menschen aber am meisten an, ihre
Zuflucht zu Orakeln zu nehmen – und wandte sich daher an einen
Hebräer, der im Rufe eines großen Propheten stand, mit der Frage,
welches das Ende des Krieges sein würde. Der hieß ihn dreimal zehn
Schweine in drei Ställe stecken und je zehn mit den Namen der
Soldaten der Goten, der Römer und des Kaisers belegen. Dann sollte
er eine bestimmte Anzahl Tage warten. Theodat tat also. Als der
verabredete Tag gekommen war, betraten sie beide die Ställe und
besahen die Schweine. Da fanden sie die als Goten bezeichneten tot bis
auf zwei, die Soldaten des Kaisers lebendig bis auf wenige; die
»Römer« benannten hatten alle Haare verloren, und es lebte von
ihnen nur die Hälfte. Da Theodat das sah und daraus den Ausgang des
Krieges erschloß, soll ihn eine große Furcht befallen haben, denn er
begriff ganz gut, die Römer würden zur Hälfte umkommen und all
ihre Habe verlieren, von den Goten würden nur wenige übrigbleiben,
der Kaiser aber werde mit geringem Verlust als Sieger aus dem
Kampfe hervorgehen. Und deshalb soll Theodat gar keinen Mut
gehabt haben, sich mit Belisar in einen Kampf einzulassen. Hierüber
kann nun jeder reden, wie er dazu sich in Glauben oder Unglauben
verhält.

Belisar ärgerte sich über die Neapolitaner, welche er zu Wasser und zu
Lande belagerte. Denn er glaubte einerseits nicht, daß sie sich
gutwillig ergeben würden, andererseits konnte er nicht hoffen, die
Stadt zu nehmen, da er nur zu gut wußte, daß ihre ausgezeichnete
Lage für ihn das größte Hindernis war. Auch verdroß ihn der
Aufwand an Zeit, da er auf diese Weise sich gezwungen sah, zur
Winterszeit gegen Theodat und Rom zu ziehen. Schon hatte er dem
Heer den Befehl gegeben aufzupacken, da er so bald als möglich von
dort wegrücken wollte. Als er sich so in der größten Verlegenheit
befand, trat folgender unverhoffte Glücksfall für ihn ein. Ein Isaurier
bekam Lust, sich den Bau der Wasserleitung anzusehen und auf
welche Weise sie das Wasser der Stadt zuführe. Fern von der Stadt, an
dem Punkt, wo Belisar sie hatte durchbrechen lassen, betrat er sie und
ging ohne Schwierigkeit weiter, da das Wasser wegen des Durch-
bruchs ganz abgeflossen war. Als er aber dicht an die Stadtmauer
gekommen war, stieß er auf einen großen Felsblock, der nicht durch
Menschenhände, sondern durch die Natur an diese Stelle gekommen
war. Die Erbauer der Wasserleitung hatten diese durch den Fels
gelegt, so daß zwar ein Mann durch die Öffnung nicht gut, das Wasser

536 aber bequem seinen Weg hindurch nehmen konnte. Und deswegen hatte die Wasserleitung hier nicht die Breite wie sonst überall, sondern es war ein enger Gang, der für einen Mann in voller Rüstung mit dem Schilde unpassierbar war. Dem Isaurier, der die Sachlage prüfte, schien es nicht unmöglich, dem Heer einen Eingang in die Stadt zu verschaffen, wenn man den Durchgang durch den Felsen ein wenig erweitere. Weil er selbst aber ein einfacher Soldat war, mit dem noch niemals einer der höheren Offiziere gesprochen hatte, so brachte er die Sache zunächst an einen Isaurier Paukaris, der unter den Hypaspisten Belisars mit Auszeichnung diente. Dieser berichtete sogleich die ganze Geschichte an Belisar. Der atmete förmlich auf vor Vergnügen über diese Erzählung, versprach dem Mann eine hohe Belohnung und trieb ihn zu raschem Handeln an. Er befahl ihm, gemeinschaftlich mit einigen anderen Isauriern möglichst schnell den Durchgang zu erweitern und dabei achtzugeben, daß niemand etwas davon merke. Paukaris suchte sich die tauglichsten Isaurier aus und schlüpfte mit ihnen in die Wasserleitung. An dem Punkt, wo sich die Enge im Felsen befand, machten sie sich ans Werk, nicht mit Äxten und Beilen, sondern, damit nicht die Feinde durch das Geräusch auf das, was vorging, aufmerksam gemacht würden, feilten sie mit scharfen Eisen auf das Emsigste. In kurzer Zeit war das Werk soweit vollendet, daß ein Mann in voller Rüstung mit dem Schilde hindurchgehen konnte.

Als nun alles so in schönster Ordnung war, bedachte Belisar, daß, wenn Neapel mit Sturm genommen würde, viele Menschen ums Leben kommen und auch sonst allerlei passieren könnte, was bei der Eroberung einer Stadt sich zu ereignen pflegt. Er ließ sogleich Stephanus holen (hielt ihm alle Schrecken der Eroberung und Plünderung vor, versicherte, es täte ihm leid, gegen Christen und Römer so vorgehen zu müssen; bei der Eroberung, die ihm jetzt zweifellos gelingen würde, könne er die Wut seiner Soldaten, die zum Teil Barbaren wären, nicht mehr zügeln. Daher fordere er sie nochmals auf, nicht blind ins Verderben zu rennen.) Nach diesen Worten entließ Belisar den Stephanus, der den Neapolitanern unter vielen Tränen und Seufzern, was er gehört hatte, berichtete. Die aber waren guten Mutes und dachten nicht daran, sich Belisar zu ergeben – es war ihnen nämlich bestimmt, nicht ohne empfindliche Strafe dem Kaiser untertan zu werden.

10. Nun traf Belisar seine Vorbereitungen zum Sturm. Bei Einbruch der Dunkelheit suchte er ungefähr 400 Mann aus, die er unter den

Befehl des Reiterobersten Magnus und des Isauriergenerals Ennes 536
stellte. Er ließ sie Panzer anlegen und mit Schild und Schwert auf
seinen Wink sich bereithalten. Dann wurde Bessas herbeigeholt, der
bei ihm bleiben sollte, weil er sich mit ihm wegen der weiteren
Maßregeln beraten wollte. Gegen Mitternacht erteilte er dem Magnus
und Ennes ihren Auftrag und zeigte ihnen den Punkt, wo er anfangs
die Wasserleitung hatte durchstechen lassen: sie sollten die vierhundert unter Fackelschein in die Stadt hineinführen. Und mit ihnen
schickte er zwei tüchtige Trompeter, die, wenn sie innerhalb der
Mauern angekommen wären, durch ihr Blasen einerseits die Bürger in
Verwirrung bringen, andererseits ein Zeichen geben sollten, daß der
Handstreich geglückt sei. Er selbst hielt eine sehr große Zahl von
Leitern, die schon vorher angefertigt waren, in Bereitschaft. Die nun
in die Wasserleitung eingedrungen waren, gingen auf die Stadt los; er
selbst blieb mit Bessas und Photius davor und traf die weiteren
Anordnungen. Im Lager ließ er alarmieren und befahl, kampfbe-
reit das weitere abzuwarten. Die, welche er für die Mutigsten hielt,
hatte er in seiner nächsten Umgebung. Von denen aber, die gegen die
Stadt vorgehen sollten, verlor über die Hälfte den Mut und kam zum
Feldherrn zurück; mit ihnen Magnus, der sie trotz aller Ermahnungen
nicht hatte vorwärtsbringen können. Belisar fuhr sie an, suchte aus
seiner Umgebung 200 Mann aus und schickte sie unter Magnus vor.
Photius, der sich an ihre Spitze stellen wollte, war schon in die Leitung
hineingesprungen, aber Belisar rief ihn zurück. Aus Beschämung über
die Schmähreden des Belisar und Photius gingen nun auch die, welche
zuerst vor der Gefahr geflohen waren, mit vor, um sie jetzt zu
bestehen. Da Belisar aber fürchtete, die Feinde, welche auf dem Turm
ganz dicht bei der Wasserleitung Wache hielten, möchten bemerken,
was vorging, eilte er dorthin und befahl dem Bessas, mit den
Barbaren, die dort standen, in gotischer Sprache sich zu unterhalten,
damit keinem das Geklirr der Waffen in die Ohren falle. Bessas rief zu
ihnen hinauf und forderte sie dringend auf, sich an Belisar zu ergeben
und versprach ihnen alle möglichen Vorteile. Die aber verhöhnten ihn
und stießen allerlei Schimpfreden gegen Belisar und den Kaiser aus.
Also taten Belisar und Bessas.
Die Wasserleitung von Neapel ist aber nicht nur bis zur Stadtmauer
gedeckt, sondern läuft noch ein ganzes Stück in die Stadt hinein unter
einem Gewölbe von gebrannten Ziegeln, so daß Magnus und Ennes
mit ihren Begleitern, die sich in der Wasserleitung befanden, gar nicht
mehr ahnen konnten, wo sie eigentlich steckten, und noch viel

536 weniger konnten sie herauskommen. Da gelangten die ersten an einen
Ort, wo die Leitung unbedeckt war und sich ein völlig verfallenes
Haus befand. Darin wohnte eine Frau, ganz allein, in bitterer Armut.
Und ein Ölbaum war über die Leitung herübergewachsen. Als jene
nun den Himmel über sich sahen und merkten, daß sie mitten in der
Stadt waren, wollten sie gern herauskommen, sahen aber kein Mittel,
besonders mit den Waffen, die Leitung zu verlassen, denn der Bau
hatte hohe Wände und nirgends war eine Treppe. Während die
Soldaten in arger Verlegenheit waren und sich schon zusammendrän-
gen mußten, denn bereits waren von den hinten Befindlichen viele
nachgekommen, verfiel einer auf den Gedanken, den Aufstieg zu
versuchen. Er legte sogleich die Waffen ab, kletterte mit Händen und
Füßen hinauf und trat in das Haus der Frau. Sobald er sie erblickte,
bedrohte er sie mit dem Tod, wenn sie sich nicht ganz ruhig verhielt.
Vor Schrecken blieb sie stumm. Nun band er unten an den Stamm des
Ölbaumes einen starken Riemen, dessen anderes Ende er in die
Leitung hinabgleiten ließ. Da faßte nun jeder Soldat an und kam so
mit Mühe empor. Als alle oben waren, übrigte nur noch das letzte
Viertel der Nacht. Sofort begeben sie sich auf die Mauer und töten die
ahnungslosen Wächter zweier Türme auf der Nordseite, wo Belisar
mit Bessas und Photius in höchster Spannung aufpaßten, was geschehen würde. Kaum hatten sie das Trompetensignal vernommen, da ließ
Belisar die Leitern an die Mauern legen und befahl den Soldaten
hinaufzustürmen. Aber die Leitern reichten alle nicht bis an die
Brustwehr; denn da die Zimmerleute sie ohne Augenmaß hatten
anfertigen müssen, waren sie unter der nötigen Länge geblieben. Es
wurden nun zwei aneinander gebunden, und mit deren Hilfe kamen
die Soldaten glücklich über die Brustwehr.
So ging es auf Belisars Seite zu.
Auf der Seeseite aber, wo nicht die Barbaren, sondern die Juden
Wache hielten, konnten die Soldaten weder Leitern anlegen noch
sonst die Mauern erklimmen. Denn die Juden, welche ihren Feinden
besonders verhaßt waren, weil sie die Mitschuld trugen, daß die Stadt
sich nicht ohne Schwertstreich ergab, hatten für sich alle Hoffnung
aufgegeben, kämpften tapfer, obgleich die Stadt schon erstürmt war,
und leisteten gegen alle Erwartung dem Angriff erfolgreichen Widerstand. Als es aber Tag geworden war und sie von den Eingedrungenen
im Rücken angegriffen und beschossen wurden, wandten sie sich zur
Flucht. So wurde Neapel mit Sturm genommen, und durch die
mittlerweile geöffneten Tore strömte das ganze römische Heer hinein.

— Diejenigen aber, welche gegen die östlichen Tore vorgegangen 536
waren, hatten gar keine Leitern; da sie jedoch jene ganz unbewacht
vorfanden, legten sie Feuer an, denn dort war die Mauer von
Verteidigern entblößt, weil die Wächter davongelaufen waren. Nun
ward ein furchtbares Blutbad angerichtet. Alle wüteten, besonders die,
welche beim Sturm auf die Mauern einen Bruder oder Verwandten
verloren hatten, und schlugen jeden, der ihnen in den Weg kam,
ohne Rücksicht auf das Alter erbarmungslos nieder. Sie drangen in die
Häuser ein und schleppten Kinder und Weiber als Sklaven mit; alles
wurde ausgeplündert. Am schlimmsten trieben es die Massageten[1],
die selbst von denen, die sich in die Kirchen geflüchtet hatten, viele
umbrachten, bis Belisar, der hin und her eilte, sie davon abhielt. Er rief
die Soldaten zusammen (und forderte sie auf, nunmehr die Besiegten
zu schonen. Die Beute sollten sie behalten, Weiber und Kinder aber
wieder herausgeben). Nach solchen Worten ließ Belisar die Weiber,
Kinder und die übrigen Sklaven frei, denen noch nichts Schlimmes
geschehen war, und versöhnte die Soldaten mit ihnen. So geschah es
den Neapolitanern, daß sie an einem Tage Kriegsgefangene und an
demselben wieder frei und Herren ihrer köstlichen Besitztümer
wurden. Denn diejenigen, welche Gold oder andere Wertsachen
besaßen, hatten es schon vorher in die Erde vergraben und bekamen es
nun, da es die Feinde nicht aufgefunden hatten, zugleich mit ihren
Häusern wieder. So endete die Belagerung, welche ungefähr zwanzig
Tage gedauert hatte.
(Den Pastor, welcher die Bevölkerung aufgehetzt hatte, rührte der
Schlag, als er sah, daß die Stadt verloren war. Seinen Freund
Asklepiodot führte man mit dem Rest der Vornehmen vor Belisar, der
ihn freiließ. Das Volk aber, welches in ihm den Urheber seines
Unglücks sah, ergriff ihn und riß ihn in Stücke; den Leichnam des
Pastor schlug man vor der Stadt ans Kreuz.) Dann baten sie Belisar für
das, was sie in gerechtem Zorn getan hätten, um Straflosigkeit, und da
er sie gewährte, zerstreuten sie sich. So kamen die Neapolitaner noch
gnädig davon.
11. Die Goten in Rom und dessen Umgebung hatten sich zunächst
über Theodats ruhiges Zusehen gewundert, daß er, wo doch die
Feinde schon so nahe herangekommen waren, nicht zum Kampf
schritt, und es war in ihnen öfters der Verdacht rege geworden, er
verrate ohne weiteres das Gotenreich an Kaiser Justinian, da ihm

Hunnen.

536 nichts mehr am Herzen liege, als selbst ruhig im Besitz eines möglichst großen Vermögens zu leben. Als aber die Kunde vom Fall Neapels kam, ließen sie diese Vorwürfe ganz laut werden und versammelten sich an einem Ort, 280 Stadien[1] von Rom, den die Römer Regeta nennen. Hier schien ihnen für ein Lager der günstigste Punkt zu sein, denn es sind daselbst viele Pferdeweiden. Es fließt dort ein Fluß, den die Anwohner auf Lateinisch Decemnovius[2] nennen, weil er an neunzehn Meilensteinen – so viel wie 113 Stadien[3] – vorbeifließt, ehe er sich bei Tarracina, dicht beim Circäischen[4] Vorgebirge ins Meer ergießt.

Als die Goten nach Regeta zusammengekommen waren, wählten sie zum König über sie und die Italiker Witichis, der nicht aus einem edlen Hause stammte, aber in den Kämpfen um Sirmium[5], als Theoderich mit den Gepiden Krieg führte, sich sehr ausgezeichnet hatte. Als Theodat das vernahm, rüstete er sich zur Flucht und machte sich auf den Weg nach Ravenna. Sofort schickte ihm Witichis den Goten Optaris nach, mit dem Befehl, ihn lebend oder tot zu bringen. Dieser Optaris hatte gegen Theodat einen alten Haß aus folgendem Grund: Optaris hatte sich um eine schöne und wohlhabende Erbtochter beworben. Theodat, durch Geld bestochen, hatte sie ihm ab- und einem anderen Freier zugesprochen. Optaris folgte also nicht sowohl dem Befehl des Witichis, als seiner eigenen Rachgier, wenn er mit Eifer und Ausdauer, ohne sich bei Tag noch bei Nacht Ruhe zu gönnen, Theodat verfolgte. Er trifft ihn wirklich noch unterwegs, wirft ihn hintenüber zu Boden und schlachtet ihn wie ein Opfertier ab. Das war Theodats trauriges Ende, nachdem er drei Jahre lang König gewesen.

Witichis aber ging mit den Goten, die gerade da waren, nach Rom. Als er hörte, wie es Theodat ergangen war, freute er sich und hielt seinen Sohn, Theodegisel, in Gewahrsam. Und da er einsah, daß die Rüstungen der Goten ganz unzulänglich waren, hielt er es für besser, zuerst nach Ravenna zu gehen, dort alles aufs sorgfältigste vorzubereiten und dann wieder den Krieg zu unternehmen. (Um diesen Schritt zu rechtfertigen, hielt er seinen Goten eine Rede folgenden Inhalts: »Die Hauptmenge der Goten und ihre Arsenale sind in Gallien, Venetien, überhaupt in den nördlichen Gegenden. Außerdem haben wir noch Krieg mit den Franken. Wir müssen uns auf Ravenna zurückziehen,

---

[1] 51,38 Kilometer. – [2] Sisio. – [3] 20,75 Kilometer. – [4] Folgt ein unerheblicher Exkurs über diesen Namen; Kap Circello. – [5] Mitrovitz an der Save in Kroatien.

mit den Franken Frieden machen, um uns dann mit ganzer Kraft auf 536
Belisar werfen zu können. Um Rom braucht ihr nicht in Sorge zu sein.
Wenn die Römer uns wirklich treu sind, werden sie sich schon selbst
verteidigen; sind sie aber im geheimen unsere Gegner, dann werden
sie uns weniger schaden, wenn sie ihre Tore dem Feinde öffnen. Denn
es kämpft sich besser gegen offene, als gegen versteckte Feinde.
Außerdem werde ich für diesen letzteren Fall einen tüchtigen Führer
mit hinreichender Mannschaft hier lassen, so daß uns aus unserem
Rückzug gewiß kein Schaden erwachsen kann.«)

So sprach Witichis. Die Goten billigten seine Ansicht und rüsteten alle
zum Abmarsch. Silverius, den Bischof von Rom, den Senat und das
Volk ermahnte Witichis noch vielfach: Er erinnerte sie an Theoderichs
Herrschaft, legte ihnen allen ans Herz, dem Gotenvolk günstig gesinnt
zu bleiben, und verpflichtete sie dazu mit den schwersten Eiden.
Außerdem las er 4000 Mann aus und stellte sie unter den Befehl des
Leutharis, eines bejahrten Mannes, der für sehr verständig galt: Diese
sollten Rom bewachen. Mit dem übrigen Heer zog er nach Ravenna
und nahm die meisten Senatoren als Geiseln mit sich fort. Als er dort
angekommen war, nahm er Matasuntha, Amalasunthas Tochter, die
zur Jungfrau herangewachsen war, zur Frau, obgleich sie nicht wollte,
um durch diese Verbindung mit Theoderichs Geschlecht seine Herrschaft zu befestigen. Dann rief er von allen Seiten die Goten herbei,
entwarf die Stammrollen und teilte sie den Regimentern zu, gab
jedem, wie ihm gebührte, Waffen und Pferde; nur die Goten, welche
in Gallien auf Wache standen, konnte er aus Besorgnis vor den
Franken nicht heranziehen. Diese Franken wurden in alten Zeiten
Germanen genannt. Wo sie zu Anfang wohnten, wie sie nach Gallien
eindrangen und in Feindschaft mit den Goten kamen, das will ich jetzt
erzählen.

12. (In ganz allgemeinen Zügen wird die Lage von Europa zu Afrika,
ferner von Spanien und Gallien besprochen.)

In Gallien fließen außer anderen Flüssen Rhône und Rhein. Sie
machen einen ganz verschiedenen Weg: Der eine mündet ins Tyrrhenische Meer, der andere in den Ozean. Dort befinden sich Sümpfe, in
denen zu alten Zeiten die Germanen wohnten, ein barbarisches Volk,
zu Anfang wenig beachtet, das jetzt Franken heißt. An diese grenzten
die Arborycher[1], die mit dem übrigen Gallien und Spanien von alters
den Römern untertan waren. Von ihnen nach Osten saß das Barba-

[1] Wahrscheinlich die Bataver.

renvolk der Thüringer, die vom ersten Kaiser, Augustus, ihr Land
bekommen hatten. (?) Nicht weit von ihnen nach Süden gewandt,
536 wohnten die Burgunden, südlich von den Thüringern die kräftigen
Volksstämme der Schwaben und Alamannen. Diese waren seit unvor-
denklichen Zeiten sämtlich freie Völker.

403– In späterer Zeit bezwangen die Westgoten das römische Reich[1], sie
410 unterwarfen ganz Spanien und Gallien jenseits des Rhôneflusses und
412– machten sich diese Länder tributpflichtig. Damals waren die Arbory-
419 cher Soldaten im römischen Dienst. Diese wollten die Germanen, weil
sie ihre Nachbarn waren und ihre alte Verfassung geändert hatten,
sich unterwerfen: Sie machten zuerst Raubzüge und gingen dann zum
offenen Krieg über. Die Arborycher, welche sich wacker und wohlwollend gegen die Römer benommen hatten, zeigten sich in diesem
Kriege sehr tapfer, und da die Germanen sie nicht bezwingen konnten,
boten sie ihnen Bündnis und Blutsfreundschaft an. Das nahmen die
Arborycher mit Freuden an, denn beide Völker waren Christen; sie
wurden durch diese Verschmelzung sehr mächtig. Auch andere
römische Soldaten standen im äußersten Teil Galliens als Besatzung.
Da diese sich sagen mußten, daß sie niemals nach Rom zurückkehren
würden und andererseits den Feinden, welche Arianer waren, sich
nicht anschließen wollten, ergaben sie sich und das Land, das sie für
den römischen Staat bewachen sollten, mit ihren Feldzeichen an die
Arborycher und Franken. Sie überlieferten an ihre Nachkommen die
väterlichen Sitten, welche diese bis auf meine Zeit ehren und heilig
halten. Sie sind heute noch geradeso eingeteilt, wie sie einst im
römischen Dienst standen, ziehen mit denselben Feldzeichen in den
Kampf und gehorchen immer noch ihren alten Gesetzen. Sie sehen
auch ganz wie Römer aus, besonders durch die Kopfbinden, welche
sie tragen.

Solange der römische Staat erhalten blieb, gehörte Gallien diesseit der
476 Rhône dem Kaiser; als aber Odoaker an Stelle der Kaiserherrschaft
die Tyrannis setzte, besetzten die Westgoten mit Erlaubnis des
Tyrannen ganz Gallien bis zu den Alpen, die Gallien von Ligurien
493 trennen. Wie nun Odoaker gefallen war, lebten die Thüringer und
Westgoten in Furcht vor der stets wachsenden Macht der Franken –
die außerordentlich zahlreich geworden und jedem Gegner augenscheinlich überlegen waren – und waren eifrig bedacht, mit den Goten

[1] Alarich unterwirft Italien 403–410, Athaulf 412 Gallien, Wallia 419
Spanien.

und Theoderich ein Bündnis zu schließen. Da Theoderich sie sich
verbinden wollte, trug er kein Bedenken, sich mit ihnen zu verschwägern. Alarich dem Jüngeren, der damals König der Westgoten war, 484–
gab er seine eigene jungfräuliche Tochter Theudichusa, dem Thürin- 507
gerkönig Hermenefrid aber Ameloberga, die Tochter seiner Schwester Amalafrida[1]. Seit dieser Zeit unternahmen die Franken[2] aus
Furcht vor Theoderich nichts gegen diese beiden Völker, wandten sich
vielmehr gegen die Burgunden[3]. Darauf schlossen Franken und Goten
ein Bündnis gegen jene, um das Volk zu unterwerfen und ihr Land in
Besitz zu nehmen; wenn einer ohne des anderen Hilfe siegte, so sollte
er von diesem als Buße eine bestimmte Summe erhalten, das eroberte
Land aber zwischen beide geteilt werden. Die Franken zogen nun dem
Vertrag gemäß mit einem großen Heer gegen die Burgunden; Theoderich rüstete freilich auch zum Schein, schob aber absichtlich den
Abmarsch immer weiter hinaus, indem er den Gang der Ereignisse
abwartete. Nachdem er endlich das Heer hatte ausrücken lassen, trug
er den Befehlshabern auf, recht langsam zu marschieren und, wenn
die Kunde von einer Niederlage der Franken käme, nicht weiter
vorzugehen, wenn sie aber gesiegt hätten, dann eiligst vorzurücken.
Die taten, wie Theoderich sie geheißen hatte, die Franken aber
schritten allein zum Kampf mit den Burgunden. Es kam zu einer
großen Schlacht, in der von beiden Seiten viele getötet wurden, denn
sie blieb lange unentschieden. Als die Franken ihre Feinde in die
Flucht geschlagen hatten, trieben sie dieselben in die entferntesten
Gegenden ihres Reichs, wo sie viele Befestigungen hatten, und
nahmen das übrige für sich. Kaum hatten die Goten hiervon Kunde,
als sie schleunig heranmarschierten. Auf die Vorwürfe ihrer Bundesgenossen entschuldigten sie sich mit der Schwierigkeit des Marsches;
sie erlegten die Buße dem Vertrag gemäß und teilten das Land mit den
Siegern. Hier zeigte sich recht deutlich die kluge Vorsicht des Theoderich, der ohne einen Mann von den Seinen zu verlieren mit wenigem
Gold die Hälfte des feindlichen Landes erwarb.
So hatten zu Anfang die Goten und die Franken einen Teil Galliens
inne. Später aber, als die Macht der letzteren wuchs, schätzten sie
Theoderich nicht mehr so hoch und fürchteten ihn nicht mehr,
sondern zogen gegen Alarich und die Westgoten zu Felde. Als Alarich 507

---

[1] Und des Vandalenkönigs Thrasamund. — [2] Unter Chlodwig 481–511,
dessen Schwester Theoderichs Gattin war. — [3] Dieser Feldzug ist später als der
Krieg Chlodwigs gegen die Westgoten; nach seinem Tod zerstörten seine
Söhne das Burgundenreich 523.

das erfuhr, bat er sogleich Theoderich um Hilfe, und der kam zu seinem Beistand mit einem großen Heer herbei. Die Westgoten aber, welche gehört hatten, die Franken zögen gegen die Stadt Carcasso[1], traten ihnen entgegen und bezogen ein festes Lager, um das Weitere abzuwarten. Als sie ziemlich lange in dieser Verschanzung gesessen hatten, wurden sie ungeduldig und ärgerten sich, daß ihr Land von den Feinden ausgeplündert wurde. Schließlich machten sie dem Alarich heftige Vorwürfe, beschuldigten ihn der Furcht vor dem Feind und schalten auf das Zögern seines Schwiegervaters. Denn sie glaubten, den Franken durchaus gewachsen zu sein und sie ganz allein überwältigen zu können. So sah sich Alarich gezwungen, obgleich die Goten noch nicht da waren, den Feinden die Schlacht[2] anzubieten. In dieser trugen die Franken den Sieg davon, die meisten Westgoten und ihr König Alarich kamen um. Jene hatten nun fast ganz Gallien in ihrer Gewalt und belagerten eifrig Carcasso, woselbst sich der königliche Schatz befinden sollte, den in früheren Zeiten der ältere Alarich von der Plünderung Roms mitgebracht hatte. Darin befanden sich auch die Geräte des Hebräerkönigs Salomon, die außerordentlich sehenswert waren. Smaragde bildeten ihren Hauptschmuck. Die Römer hatten sie einst aus Jerusalem mitgebracht. Die übriggebliebenen Westgoten wählten Giselich[3], einen unehelichen Sohn Alarichs, zu ihrem Herrscher, weil Amalarich, der Sohn von Theoderichs Tochter, noch sehr jung war. Als darauf Theoderich[4] mit dem
508 Gotenheer sich nahte, hoben die Franken aus Furcht vor ihm die Belagerung auf. Sie zogen sich auch aus jener Gegend zurück, blieben aber im Besitz des Teils von Gallien von der Rhône bis zum Ozean. Von dort sie zu vertreiben war Theoderich nicht imstande und überließ es ihnen; den Rest von Gallien rettete er aus ihren Händen. Nach Wegschaffung Giselichs übertrug er die Herrschaft über die Westgoten an seinen Tochtersohn Amalarich, für den er selbst die Vormundschaft führte, weil er noch ein Knabe war. Auch nahm er den ganzen Schatz, der in der Stadt Carcasso lag, und führte ihn in Eile nach Ravenna mit sich, und dadurch, daß er stets Befehlshaber und Truppen in Gallien und Spanien hielt, sorgte er dafür, die Macht seiner Herrschaft auch für die Zukunft zu sichern. Die Obersten, welche er dort hatte, mußten den Tribut an ihn abführen. Er ließ ihn

---

[1] Carcassonne im Languedoc am Canal du Midi. — [2] Auf den vocladischen Gefilden (Vouillé) bei Poitiers. — [3] Sonst Gesalich. — [4] Vielmehr sein Feldherr Ibbas.

sich jedes Jahr zahlen; um aber auch den Schein des Geizes abzuwenden, machte er damit dem Heer der Goten und Westgoten ein Jahrgeschenk. Seit seiner Zeit gewöhnten sich Goten und Westgoten, die ja von einem und demselben Manne beherrscht wurden und ein und dasselbe Land bewohnten, durch wechselseitige Heirat ihrer Kinder sich zu verschwägern.

Etwas später heiratete Theudes, ein gotischer Mann[1], den Theoderich als Obersten zum Heer hatte abgehen lassen, eine Spanierin, die nicht aus westgotischem, sondern einem eingeborenen reichen Hause stammte und außer vielen anderen Gütern einen großen Landbesitz in Spanien hatte. Von dort sammelte er 2000 Soldaten, umgab sich mit einer Leibwache und übte dem Namen nach die ihm von Theoderich gegebene gotische Macht aus; in Wirklichkeit war er ein ganz bedeutender Gewaltherrscher. Theoderich nun, welcher ein überaus kluger und erfahrener Herrscher war, besorgte, wenn er wider seinen Untergebenen Krieg führte, würden entweder, was sehr wahrscheinlich war, die Franken ihm gegenübertreten oder auch die Westgoten einen Aufstand machen, und enthob daher Theudes seines Kommandos nicht, sondern ließ ihm den Oberbefehl für alle Kriegszüge. Nur mußten ihm die vornehmen Goten schreiben, er würde richtig und seiner Klugheit gemäß handeln, wenn er nach Ravenna käme, um Theoderich zu begrüßen. Theudes aber tat alles, was ihm Theoderich auftrug, und bezahlte den jährlichen Tribut stets pünktlich; nach Ravenna aber zu kommen, dazu ließ er sich nicht bewegen und versprach es auch nicht denen, die ihn dazu aufgefordert hatten.

13. Als aber Theoderich nicht mehr unter den Lebenden weilte, brauchten die Franken keinen Gegner mehr zu fürchten und zogen gegen die Thüringer, töteten ihren König Hermenefrid und unterwarfen sich das ganze Land. Hermenefrids Gemahlin[2] floh mit ihren Kindern zu ihrem Bruder Theodat, der damals[3] König der Goten war. Darauf machten sich die Franken an die Burgunden, die noch übrig waren, schlugen sie aufs Haupt und setzten ihren König in einem Schloß jener Gegend gefangen, sie selbst aber machten sie untertan und zwangen sie, als im Krieg Unterworfene ihnen auf künftigen Kriegszügen Heeresfolge zu leisten; das ganze Land, welches einst die Burgunden bewohnten, war ihnen nun zinspflichtig.

Als nun der Westgotenkönig Amalarich mündig geworden war,

[1] Also Ostgote. – [2] s. S. 41. – [3] Erst 534.

heiratete er aus Furcht vor der Macht der Franken die Schwester ihres
Königs Theodebert[1] und teilte Gallien mit den Goten und seinem
Vetter Atalarich, so daß die Goten das Land diesseits, die Westgoten
das Land jenseits der Rhône beherrschten. Die beiden kamen überein,
daß der Tribut, den Theoderich auferlegt hatte, nicht mehr gezahlt
werden sollte; auch gab Atalarich die Schätze, die jener aus Carcasso
mitgenommen hatte, richtig und ehrlich an Amalarich wieder heraus.
Da nun aber diese beiden Völker sich eng miteinander verschwägert
hatten, so stellten sie jedem Mann, der eine Gattin aus dem anderen
Volk genommen hatte, die Wahl frei, ob er seinem Weibe folgen oder
sie zu seinem Volk mit hinübernehmen wolle. Es waren sowohl viele,
die das letztere taten, als solche, die von ihren Frauen sich hinüberführen ließen. Nachher ging es Amalarich, welcher den Bruder seiner
Gattin beleidigt hatte, sehr übel. Diese war nämlich rechtgläubig,
während er selbst der arianischen Ketzerei anhing: Er begnügte sich
nun nicht damit, sie an ihren gewohnten Gebräuchen zu hindern und
ihr die Vollziehung der heiligen Handlungen nach ihrer Väter Sitte zu
verbieten, sondern verlangte sogar, sie sollte sich seiner Weise fügen,
und da sie des sich weigerte, behandelte er sie höchst verächtlich. Da
sie das zu ertragen nicht vermochte, klagte sie alles ihrem Bruder.

531 Deswegen nun kam es zum Kampf zwischen den Franken und
Westgoten. Eine gewaltige Schlacht[2] ward geschlagen, in der schließ-
lich Amalarich nicht nur geschlagen wurde, sondern mit vielen der
Seinigen das Leben verlor[3]. Theodebert[4] bekam dadurch außer der
Schwester mit allen ihren Schätzen Gallien, soweit es die Westgoten
besaßen[5]. Die nach der Niederlage von ihnen noch übrig waren,
erhoben sich mit Weib und Kind und zogen zum Theudes nach
Spanien, der dort schon ganz offen die Herrschaft ausübte.

So waren die Goten und Franken im Besitz Galliens.

536 Als bald darauf der Gotenkönig Theodat Belisars Ankunft auf Sizilien
erfuhr, machte er mit den Franken ein Bündnis, wonach ihre Könige
selbst gegen Auslieferung des gotischen Teils von Gallien und 2000
Pfund Gold ihm in diesem Krieg zu Hilfe ziehen sollten. Ehe aber noch
der Vertrag vollzogen wurde, hatte ihn schon sein Schicksal ereilt.
Deshalb standen dort viele Goten, und zwar die tapfersten, unter
Markjas' Führung auf der Grenzwacht. Diese konnte Witichis einer-

---

[1] Childebert, der seinen Neffen Theodebert an Sohnes statt annahm. – [2] Bei
Narbonne. – [3] Er wird in Spanien, wohin er zu Schiff geflüchtet war, erschlagen,
vielleicht auf Theudes' Anstiften. – [4] Childebert. – [5] Mit Ausnahme der
Landschaft Septimanien am Golf du Lion.

seits nicht abberufen, andererseits hielt er sie nicht für stark genug, um 536
den Franken erfolgreichen Widerstand zu leisten, falls diese, was sehr
wahrscheinlich war, sich auf Gallien und Italien stürzten, während er
selbst mit seinem ganzen Heer auf Rom marschierte. Er berief daher
die vornehmsten Goten (und schlug ihnen vor, den Vertrag mit den
Franken, wie ihn Theodat geplant hatte, abzuschließen). Als die
Häupter der Goten seine Worte vernahmen, überzeugten sie sich von
der Nützlichkeit des Vorschlags und wurden einig, demgemäß sofort
zu handeln. Sogleich werden Gesandte an das Volk der Franken
geschickt, um ihnen Gallien samt dem Gold zu übergeben und das
Schutz- und Trutzbündnis abzuschließen. Könige der Franken waren
damals Childebert, Theodebert und Chlothar, die Gallien und das
Geld annahmen und unter sich nach Verhältnis verteilten. Sie versprachen auch, den Goten sich auf das freundschaftlichste zu bezeigen und
ihnen unter der Hand Hilfstruppen zu schicken, zwar keine Franken,
aber doch von den unterworfenen Völkerschaften. Ein offenes
Schutz- und Trutzbündnis mit der Spitze gegen die Römer konnten sie
nämlich nicht abschließen, weil sie kurz vorher dem Kaiser versprochen hatten, ihm in diesem Krieg beizustehen. Die Gesandten kehrten
nach Erfüllung ihrer Auftrags nach Ravenna zurück und Witichis rief
den Markjas mit seinen Leuten aus seiner Stellung ab.

14. Während Witichis hiermit beschäftigt war, rüstete sich Belisar,
auf Rom zu ziehen. Zunächst las er 300 Mann zu Fuß aus und
beauftragte Herodian, mit ihnen Neapel zu bewachen. Auch nach
Cumae schickte er eine Besatzung, wie sie der dortigen Burg entsprach. Außer Cumae und Neapel gab es nämlich in Kampanien keine
Festung. Hier in Cumae zeigen die Einwohner die Grotte der Sibylle,
in der sie ihre Orakel gegeben haben soll. Cumae liegt am Meer, 128
Stadien[1] von Neapel. Belisar rüstete sich nun zum Abmarsch. Die
Römer aber waren in Angst, es möchte ihnen ebenso ergehen wie den
Neapolitanern, überlegten sich die Sache und kamen zu dem Schluß,
es sei besser, das kaiserliche Heer in die Stadt aufzunehmen. Am
meisten bestimmte sie dazu Silverius, der Bischof dieser Stadt. Sie
ordneten daher Fidelius ab aus Mailand in Ligurien, der unter
Atalarich Paredros[2] gewesen war – die Römer nennen diesen Magi-
strat Quaestor –, riefen Belisar nach Rom und versprachen, die Stadt
ohne Schwertstreich zu übergeben. Belisar rückte auf der Latinischen
Straße vor, indem er die Appische links liegen ließ[3] ...

[1] 23,5 Kilometer westlich von Neapel, gegenüber der Insel Procida. – [2] Asses-
sor. – [3] Folgt eine Beschreibung der Appischen Straße.

536 Als die gotische Besatzung bemerkte, daß der Feind schon ganz nahe
war, wurde sie sehr bestürzt, da ihnen nicht entging, was die Römer
im Schilde führten, und sie gar nicht daran denken konnten, allein die
Stadt zu verteidigen oder einen Ausfall auf die Anrückenden zu
machen. Da die Römer ihnen nichts in den Weg legten, verließen sie
alle die Stadt und zogen auf Ravenna mit Ausnahme von Leutharis,
ihrem Anführer, der, wie ich beinahe glaube, sich über seine Lage
10. 12. schämte und dort blieb. An jenem Tag zog zu derselben Zeit Belisar
536 mit dem kaiserlichen Heer durch das Asinarische Tor in Rom ein, und
die Goten durch ein anderes Tor, welches das Flaminische heißt,
hinaus. So wurde Rom am 9. Dezember des 60. Jahres nach seiner
Eroberung, des elften[1] der Regierung Kaiser Justinians, wiedergewonnen. – Den Gotenfürsten Leutharis und die Schlüssel der Tore schickte
Belisar an den Kaiser; er selbst aber wandte seine ganze Sorgfalt der
Befestigung zu, die an vielen Stellen verfallen war. Die Brustwehren
ließ er alle winkelrecht herstellen und immer auf der linken Flanke
eine Befestigung hinzufügen, damit die, welche dort gegen die Stürmenden kämpften, von den Geschossen der von links Angreifenden
nicht getroffen werden könnten, und um die Mauer zog er einen tiefen
und breiten Graben. Die Römer lobten die Fürsorge des Feldherrn
und besonders die Erfahrenheit, welche er betreffs der Brustwehren
gezeigt hatte; zugleich fragten sie aber in ängstlicher Verwunderung,
wie er hätte Rom betreten dürfen, in dem Gedanken dort belagert zu
werden, Rom, welches eine Belagerung nicht aushalten könne wegen
der Schwierigkeit der Zufuhr, da es ja nicht am Meere liege, wegen des
ungeheuren Umfangs seiner Mauern, Rom, das den Angreifern wegen
seiner Lage im Blachfeld so leichten Zugang biete. Er hörte dergleichen Äußerungen wohl, traf aber nichtsdestoweniger alle Vorbereitungen für den Fall einer Belagerung, schüttete das Getreide, welches
er auf seinen Schiffen aus Sizilien kommen ließ, in öffentlichen
Speichern auf und zwang sogar alle Römer zu deren großem Entsetzen, ihre ganzen Vorräte vom freien Feld in die Stadt zu schaffen.

537 15. Um diese Zeit ergab sich auch Pitzas, ein gotischer Mann, der aus
Samnium kam, mit allen Goten, die mit ihm angesessen waren, und
brachte Belisar in Besitz von der Hälfte des samnischen Küstenlandes
bis an den Fluß, der mitten durch das Land fließt[2]. Die Goten aber,
welche jenseits des Flusses saßen, wollten nicht dem Beispiele des

---

[1] Des zehnten. – [2] Volturno.

Pitzas folgen und dem Kaiser untertan sein. Belisar gab ihm nun eine 537
kleine Abteilung, um mit ihr jene Landschaft zu beschützen. Vorher
hatten schon die Kalabrier und Apulier, von der Küste wie aus dem
Innern, da unter ihnen keine Goten angesiedelt waren, sich aus
eigenem Antrieb dem Belisar ergeben…

So hatte Belisar ganz Italien diesseits des adriatischen Meeres bis nach
Rom und Samnium hin unterworfen; das Land jenseits desselben bis
nach Liburnien[1] hielt, wie schon erwähnt, Konstantin besetzt[2].

16. Belisar befestigte die ganze Umgegend von Rom bis an den
Tiberfluß, und als alles in bester Ordnung war, gab er an Konstantin
eine große Anzahl seiner Hypaspisten und einige Doryphoren, darunter die Massageten Zanter, Chorsoman und Aischman, ferner noch
andere Truppen mit dem Befehl, nach Tuscien zu gehen und die Plätze
dort einzunehmen. Bessas erhielt den Auftrag, Narnia zu nehmen, die
festeste Stadt Tusciens. Dieser Bessas war von Geburt ein Gote von
denen, die seit langer Zeit in Thrazien wohnten und Theoderich nicht
gefolgt waren, als er das Gotenvolk nach Italien führte. Er war ein
wackerer Mann und gut im Krieg zu brauchen, denn er war ein
tüchtiger Anführer und zugleich von großer persönlicher Tapferkeit
und Gewandtheit. Bessas besetzte im Einverständnis mit den Bewohnern Narnia, Konstantin Spoletium, Perusia[3] und einige andere Plätze
ohne Schwierigkeit, denn die Tuscier übergaben ihre Städte unaufge-
fordert. Konstantin ließ in Spoletium eine Besatzung zurück und blieb
selbst mit dem übrigen Heer in Perusia, der Hauptstadt Tusciens. Auf
die Kunde hiervon schickte Witichis gegen sie ein Heer unter Unilas
und Pitzas. Ihnen zog Konstantin entgegen und lieferte ihnen vor
Perusia ein Treffen. Da die Barbaren in der Überzahl waren, blieb der
Kampf lange unentschieden, dann aber gewannen die Römer durch
ihre Tapferkeit die Oberhand und schlugen die Feinde, die auf der

[1] Küstenlandschaft Illyriens zwischen Istrien und Dalmatien. – [2] Folgt eine
Beschreibung Italiens, aus der uns hier nur folgendes interessiert: »Nördlich
von den Venetern wohnen landeinwärts die Siscier und Schwaben (nicht die
den Franken unterworfenen, sondern neben diesen noch andere). Über diesen
wohnen die Karnier und Noriker, von diesen rechts die Daker und Pannonen,
die außer andern Städten Singedunum (bei Belgrad) und Sirmium (bei
Mitrowitz) besitzen, bis zum Donaufluß hin. Über diese Völkerschaften
jenseits des adriatischen Meeres herrschten die Gothen zu Anfang dieses
Krieges.« – [3] Narnia (Narni) am Nar, Nebenfluß des Tiber. Spoletium (= to),
beide in Umbrien; Perusia (Perugia) nahe am Tiber, auf der Grenze zwischen
Etrurien und Umbrien.

537 regellosen Flucht fast alle den Tod fanden. Die feindlichen Führer
nahm man gefangen und sandte sie an Belisar. Als das Witichis
vernahm, hielt er es in Ravenna nicht mehr aus, wo er auf Markjas
und die Seinen, die noch immer nicht aus Gallien gekommen waren,
bis dahin gewartet hatte. Er schickte nach Dalmatien ein zahlreiches
Heer unter Asinarius und Willegisel, um Dalmatien der gotischen
Herrschaft wiederzugewinnen. Er gab ihnen den Auftrag, sich aus den
schwäbischen Landschaften durch ein Barbarenheer zu verstärken
und dann gerade auf Dalmatien und Salonae loszugehen. Er selbst
beeilte sich, mit seinem ganzen Heer gegen Belisar und Rom loszuzie-
hen. Er hatte nicht weniger als 150000 Mann Reiterei und Fußvolk;
die meisten Pferde waren gleich ihren Reitern gepanzert.

Asinarius nun begab sich nach Schwaben und sammelte dort das
Barbarenheer, und Willegisel führte allein die Goten nach Liburnien.
Bei Scardo wurden sie mit den Römern handgemein, erlitten eine
Niederlage und zogen sich auf die Stadt Burnum[1] zurück. Dort
erwartete Willegisel seinen Mitbefehlshaber. Als aber Konstantin von
der Rüstung des Asinarius Kunde erhielt, ward er für Salonae besorgt
und zog alle Besatzungen der festen Plätze jener Gegend an sich, ließ
um die ganze Mauer einen Graben ausheben und zog aufs beste alle
Vorbereitungen für eine Belagerung. Asinarius zog mit einem gewaltigen Barbarenheer in die Stadt Burnum ein, vereinigte sich dort mit
Willegisel und dessen Gotenschar und zog gegen Salonae. Um die
Mauer warf er einen Wall auf, bemannte Schiffe mit seinen Soldaten
und sperrte damit auch die Seeseite. So wurde Salonae zu Wasser und
zu Land belagert. Da machten die Römer plötzlich einen Ausfall auf
die feindlichen Schiffe, schlugen sie in die Flucht, versenkten eine
große Anzahl mit der Besatzung und bemächtigten sich noch vieler,
die von der Mannschaft verlassen waren. Doch hoben die Goten die
Belagerung nicht auf, sondern schlossen die Römer in der Stadt nur
noch enger ein. — So standen sich Römer und Goten in Dalmatien
einander gegenüber. — Als Witichis aber von Römern, die aus der
Hauptstadt selbst kamen, hörte, daß Belisar mit seinem Heer eine
unerträgliche Last sei, reute es ihn, daß er Rom aufgegeben hatte: Er
konnte es nicht mehr aushalten stillzuliegen, und voll Grimm machte
er sich auf. Unterwegs begegnete ihm ein Priester, der aus Rom kam.
Den soll Witichis mit lautem Poltern gefragt haben, ob Belisar noch in
Rom wäre, weil er nämlich befürchtete, er würde ihn dort nicht mehr

[1] Ebenfalls in Liburnien.

zu fassen bekommen, sondern er würde ihm entschlüpfen. Der 537
Priester antwortete, darum brauche er sich gar keine Sorge zu
machen; er stehe dafür, daß Belisar nicht fliehe, sondern bleibe, wo er
sei. Witichis habe darauf seinen Marsch nur noch mehr beschleunigt
und laut versichert, Roms Mauern eher zu sehen, als Belisar davon
sich fortmache.

17. Wie Belisar nun vernahm, daß gegen ihn die Goten mit all ihrem
Volk loszögen, sah er sich in nicht geringer Verlegenheit. Denn
einerseits mochte er die Truppen des Konstantin und Bessas nicht
entbehren, da sowieso sein Heer nur recht schwach war, andererseits
schien es ihm nicht richtig, die festen Plätze in Tuscien aufzugeben,
weil sonst die Goten sie als Stützpunkte gegen die Römer gebrauchen
konnten. Nach sorgfältiger Überlegung gab er Konstantin und Bessas
den Befehl, in den wichtigsten jener Plätze eine zur Verteidigung
ausreichende Besatzung zu lassen und mit der übrigen Mannschaft
schleunig nach Rom zu kommen. Konstantin handelte demgemäß,
denn er ließ in Perusia und Spoletium eine Besatzung und eilte mit
allen anderen nach Rom. Bessas aber ließ sich in Narnia mehr Zeit,
und so kam es, daß die Ebene vor der Stadt, da die Feinde durch jene
Gegend zogen, mit Goten sich bedeckte. Es war das nämlich der
Vortrab des ganzen Heeres. Bessas griff ihn an und brachte ihn wider
Erwarten zum Weichen, wobei die Feinde starken Verlust erlitten.
Dann mußte er sich, von der Übermacht gedrängt, nach Narnia
zurückziehen. Dort ließ er eine Wache, wie ihm Belisar befohlen hatte,
und machte sich schnell auf den Weg nach Rom, wo er meldete, daß
die Feinde sehr bald da sein würden. Denn Narnia ist von Rom nur
350 Stadien[1] entfernt. Witichis ließ sich gar nicht darauf ein, Perusia
und Spoletium anzugreifen; diese Plätze sind nämlich sehr fest, und er
wollte vor ihnen keine Zeit verlieren. Ihm stand der Sinn lediglich
darauf, Belisar in Rom vorzufinden, ehe er sich hätte zurückziehen
können. Als er nun erfuhr, daß auch Narnia von den Feinden besetzt
gehalten werde, wollte er selbst hier nicht zur Belagerung schreiten, da
ihm wohl bekannt war, daß der Ort schwer zugänglich und auf steiler
Höhe gelegen war[2]...

Witichis, der seine kostbare Zeit nicht verlieren wollte, rückte von
dort mit seinem ganzen Heer schnell weiter vor auf Rom zu und nahm
seinen Marsch durch das Sabinerland. Als er nahe bei Rom angekommen war, auf eine Entfernung von nicht mehr als vierzehn Stadien,

[1] 64 Kilometer. – [2] Beschreibung der Lage und einer wundervollen Brücke.

537 stieß er auf eine Brücke[1]. Dort hatte Belisar kurz zuvor einen
Brückenkopf errichtet, ihn mit einem Tor verschlossen und eine
Wache hineingelegt, nicht als ob dies der einzige Übergangspunkt für
die Feinde gewesen wäre – denn es gibt an vielen Stellen des Flusses
Fähren oder Brücken –, sondern weil er wünschte, daß die Feinde
möglichst viel Zeit auf dem Marsch verlören; er erwartete nämlich
sowohl Verstärkung vom Kaiser, als er auch den Römern Zeit
verschaffen wollte, noch mehr Lebensmittel in die Stadt zu bringen.
Wenn nämlich die Barbaren an diesem Punkt zurückgeworfen wurden und den Übergang auf einer anderen Brücke versuchen wollten,
brauchten sie dazu nach seiner Schätzung nicht weniger als zwanzig
Tage, und wenn sie gar die der Größe des Heeres entsprechende Zahl
Schiffe auf den Tiber bringen wollten, dann ging noch mehr Zeit
darüber hin. In solcher Absicht hatte Belisar den Wachtposten an
diesem Punkt aufgestellt, vor dem die Goten an jenem Tag die Nacht
zubrachten in der unangenehmen Voraussicht, am anderen Morgen
den Brückenkopf stürmen zu müssen. Zu ihnen kamen 22 Überläufer,
römische Soldaten, aber barbarischer Abkunft, von dem Reiterregi-
ment, welches Innocentius befehligte. An jenem Tage kam dem
Belisar der Gedanke, am Tiberfluß ein Lager aufzuschlagen, um die
Feinde noch besser am Übergang zu hindern und ihnen einen Begriff
vom Mut seiner Soldaten zu geben. Aber die Soldaten, welche, wie
schon erzählt, an der Brücke auf Posten standen, ließen sich durch die
ungeheure Menge der Goten schrecken, verloren vor der Größe der
Gefahr den Kopf, verließen bei Nacht den Brückenkopf, den sie
verteidigen sollten, und machten sich davon. Nach Rom selbst wagten
sie nicht zu gehen, entweder aus Furcht vor der Strafe durch den
Feldherrn oder aus Scham vor den Kameraden; daher entwichen sie
nach Kampanien.

18. Am folgenden Tage schlugen die Goten ohne Mühe die Tore des
Brückenkopfes ein und bewerkstelligten unbehelligt den Übergang.
Belisar, der von dem, was mit der Wache vorgefallen war, noch keine
Ahnung hatte, begab sich unter Bedeckung von 1000 Reitern an die
Brücke, um einen Platz ausfindig zu machen, der für ein Lager
tauglich wäre. Als sie ziemlich nahe heran waren, begegneten sie
schon den Feinden, die den Fluß überschritten hatten, und wurden mit
ihnen, ohne es eigentlich zu wollen, handgemein. Auf beiden Seiten
kämpften nur Reiter. An diesem Tage hielt sich Belisar, der sonst

---

[1] Pons Milvius. Ungefähr 2½ Kilometer.

vorsichtig war, nicht in seiner Stellung als oberster Feldherr, sondern 537
focht unter den Vordersten wie ein gemeiner Soldat. Und durch ihn
kam der römische Staat in die größte Gefahr, denn seine Person war
für den ganzen Krieg ausschlaggebend. Er ritt damals ein Pferd, das
sehr mutig war und es ausgezeichnet verstand, seinen Reiter durch alle
Gefahren hindurchzutragen; es war am ganzen Körper grau, nur der
Kopf von der Stirn bis zu den Nüstern schneeweiß. Solch ein Pferd
nennen die Griechen Phalios, die Barbaren Balas. Die Goten warfen
nun ihre Spieße und anderen Geschosse zumeist auf dies Pferd und
Belisar. Und zwar kam das so: Die Überläufer, die am Tage vorher zu
den Goten gegangen waren, sahen, wie Belisar in der vordersten Reihe
kämpfte; sie wußten nun, daß, wenn er zu Fall käme, es um die Sache
der Römer sehr schlecht bestellt sei – deshalb schrien sie laut, man
solle auf den Balas zielen. Von dem Augenblick an ging dies Wort
durch das ganze gotische Heer, um die Bedeutung aber kümmerte
man sich mitten in dem Schlachtgetümmel gar nicht, und man wußte
auch nicht, daß es sich auf Belisar bezog. Da man aber annahm, daß
das Wort nicht bloß von ungefähr durch alle Reihen töne, so ließen die
Goten von allen übrigen ab und zielten nur auf Belisar. Gerade die
Tapfersten ritten, von Ruhmbegier getrieben, so nahe wie möglich an
ihn heran, versuchten ihn zu ergreifen und mit Speer oder Schwert zu
treffen. Belisar selbst wandte sich bald hier-, bald dorthin, um die
anstürmenden Gegner zu töten, und er fand außerdem in dieser
Gefahr tatkräftige Unterstützung durch die treue Anhänglichkeit
seiner Doryphoren und Hypaspisten. Sie kämpften nämlich mit einer
Tapferkeit, wie sie meines Wissens bis dahin niemals vorgekommen
ist: alle waren dicht um ihn geschart, deckten den Feldherrn und sein
Roß mit ihren Schilden, fingen alle Geschosse ab und stießen die
immer von neuem Anstürmenden zurück. So drehte sich das ganze
Gefecht um die Person des einen Mannes. Damals kamen von den
Goten über 1000 Mann um, darunter die tapfersten Krieger; es fielen
aber auch eine ganze Anzahl von Belisars Leibwächtern, darunter
auch der Doryphor Maxentius, nachdem er aufs tapferste gegen die
Feinde gestritten hatte. Belisar hatte an diesem Tag das Glück, weder
durch Hieb noch durch Stich verwundet zu werden, obgleich er die
Hauptperson in dem ganzen Gefecht gewesen war. Schließlich schlu-
gen die Römer mit der ihnen eigenen Tapferkeit die Feinde in die
Flucht, und der ganze große Barbarenschwarm floh, bis er an sein
Lager kam. Denn dort hielt das gotische Fußvolk, das noch frisch war,
dem Angriff der Gegner stand und wies ihn mit Leichtigkeit ab. Da

537 auch neue Reitergeschwader zum Angriff vorrückten, flohen nun die
Römer in Eile, bis sie auf einem Hügel haltmachten. Die Reiter der
Barbaren waren ihnen auf den Fersen, so daß es zu einer neuen
Reiterschlacht kam. Hier gab Valentius, der Stallmeister des Photius,
Antoninas Sohn, einen außerordentlichen Beweis von Tapferkeit:
Dadurch, daß er mitten in den Haufen der Feinde hineinsprengte,
brachte er ihren Angriff zum Stehen und rettete dadurch seine
Begleiter. Die Flucht ging weiter bis an die Mauern von Rom, und die
nachsetzenden Barbaren kamen bis dicht an dieselben heran bei dem
Tor, welches jetzt das Belisarische heißt. Die Römer fürchteten nun,
daß die Feinde zugleich mit den Fliehenden in die Stadt eindringen
möchten, und wollten deshalb das Tor nicht öffnen, obgleich Belisar
ihnen wiederholt den drohenden Befehl zurief. Diejenigen nämlich,
welche oben vom Turm herabsahen, konnten den Mann nicht
erkennen, da sein Gesicht und der ganze Kopf vor Staub und Schweiß
unkenntlich war; auch konnte man überhaupt nicht gut sehen, weil
die untergehende Sonne blendete. Außerdem glaubten die Römer, der
Feldherr sei gar nicht mehr am Leben, denn diejenigen, welche bei
dem ersten Anprall geflohen waren, hatten die Nachricht mitgebracht, Belisar sei, heldenmütig in der vordersten Reihe kämpfend,
gefallen. Die Barbaren, welche in hellen Haufen herbeiströmten und
von Kampfbegier brannten, machten sich schon daran, stracks durch
den Graben zu gehen und diejenigen, welche dahinter zurückgegangen waren, anzugreifen; die Römer aber, welche sich zwischen Mauer
und Graben zusammengedrängt hatten, standen so dicht, daß einer
den anderen hinderte. Diejenigen endlich, welche sich auf der Mauer
befanden, waren ganz ungerüstet und ohne jeglichen Führer, zitterten
für sich selbst und die Stadt und wußten gar nicht, wie sie den Ihrigen
helfen sollten, obgleich diese in äußerster Gefahr schwebten.
Da kam dem Belisar ein kühner Gedanke, der wider Erwarten die
Römer rettete: schnell rief er alle zusammen, die sich in seiner Nähe
befanden, und machte plötzlich einen energischen Vorstoß. Nun
waren die Feinde auf der Verfolgung und in der Dunkelheit sehr in
Unordnung gekommen, und als sie sahen, daß die, welche bis dahin
geflohen waren, plötzlich wieder zum Angriff übergingen, meinten sie
nicht anders, als daß aus der Stadt ein zweites Heer zur Unterstützung
herangerückt sei; das machte ihnen große Angst und trieb sie zu
schleuniger Flucht. Belisar gab sofort die Verfolgung auf und wandte
sich zur Mauer zurück; die Römer, welche jetzt zur Besinnung
gekommen waren, ließen ihn mit seiner ganzen Schar ein. In solch eine

Gefahr war Belisar und die Sache des Kaisers geraten. Der Kampf, 537
welcher am Morgen begonnen hatte, endigte erst nach Sonnenuntergang. In dieser Schlacht zeichnete sich von den Römern am meisten
Belisar aus, von den Goten Wisand der Bandalarius[1], der in dem
Kampf um Belisar diesen zuerst angefallen hatte und nicht eher von
ihm abließ, als bis er, mit dreizehn Wunden bedeckt, niedersank. Da
seine Gefährten ihn für tot hielten, ließen sie ihn liegen, obgleich sie
gesiegt hatten, und er lag da mitten unter den Leichen. Als am dritten
Tage die Barbaren dicht an Roms Mauern ihr Lager aufgeschlagen
hatten, wurden einige Leute ausgeschickt, um die Leichname zu
bestatten und ihnen ein christliches Begräbnis zu verschaffen. Als sie
dabei die Körper untersuchen, finden sie, daß in Wisand dem
Bandalarius noch Leben ist, und einer von seinen Kameraden bat ihn,
doch irgendeinen Laut von sich zu geben: das hatte er nämlich noch
nicht getan, da er durch Durst und Fieberhitze innerlich völlig
versengt war. Da bat er denn, ihm Wasser einzuflößen. Als er
getrunken hatte und wieder zu sich gekommen war, nahmen sie ihn
auf und brachten ihn ins Lager. Von dieser Begebenheit her hatte
Wisand der Bandalarius einen großen Namen bei den Goten und lebte
mit hohem Ruhm noch lange Zeit.

Dies ereignete sich am dritten Tage nach der Schlacht. Als sich nun
Belisar mit den Seinen in Sicherheit befand, trieb er die Soldaten und
fast alle römischen Bürger auf die Mauern, ließ zahlreiche Feuer
anzünden und gab den Befehl, die ganze Nacht zu wachen. Er selbst
umging die Umwallung in ihrer ganzen Ausdehnung, traf alle nötigen
Maßregeln und gab jedem Tor einen besonderen Befehlshaber.
Bessas, der am Pränestinischen Tor die Wache hatte, ließ dem Belisar
durch einen Boten sagen, die Stadt sei bereits in den Händen der
Feinde, die durch ein anderes Tor eingedrungen seien, das jenseits des
Tiber liegt und nach dem heiligen Pankratius benannt ist. Als das
Belisars Umgebung hörte, beschwor man ihn, durch ein anderes Tor
schleunigst Rettung zu suchen. Er blieb aber unerschütterlich und
versicherte, das könne nicht wahr sein. Sofort mußten einige Reiter
gestreckten Laufs über den Tiber sprengen, die jene Gegend abstreif-
ten und mit der Meldung zurückkamen, daß dort der Stadt nichts
Böses widerfahren sei. Er ließ nun sofort dem Befehlshaber jedes
einzelnen Tores den Befehl zukommen, sie dürften, wenn sie die

[1] Träger des Bandum, des großen Banners, der Reichsfahne, vgl. Vand. II 3.

537 Meldung bekämen, die Feinde seien an einer anderen Stelle der Umwallung eingebrochen, weder zu Hilfe kommen noch ihren Posten verlassen, sondern müßten ruhig aushalten, denn er selbst würde für alles aufkommen. Er traf diese Anordnung, damit nicht aus einem falschen Gerücht weitere Beunruhigungen entständen. Als die Römer sich noch in großer Unruhe befanden, schickte Witichis einen seiner Offiziere namens Wachis, einen Mann von edler Abkunft, an das Salarische Tor. Der trat dorthin, warf den Römern ihren Abfall von den Goten vor und schmähte sie wegen ihres Verrats, den sie nach seiner Behauptung am Vaterland und an sich selbst verübt hatten. Gegen die Gotenherrschaft hätten sie die der Griechen eingetauscht, die nicht einmal ihrer eigenen Haut sich wehren könnten und von denen sie früher in Italien nur Schauspieler, Mimen und diebische Matrosen gesehen hätten. Solches und noch vieles ähnliche rief ihnen Wachis zu; als ihm aber niemand antwortete, ging er wieder zu den Goten und Witichis zurück. Die Römer lachten Belisar geradezu aus, daß er, der kaum den Feinden entkommen war, schon so guten Mutes sei, sie die Barbaren verachten hieß und versicherte, er werde jene ganz ohne Zweifel im Felde besiegen. Wie er dies selbst erfahren hat, wird später erzählt werden. Es war schon tief in der Nacht, als Belisar, der noch keinen Bissen gegessen hatte, sich endlich durch die Bitten seiner Gemahlin und der vertrauten Freunde, die gerade um ihn waren, mit Mühe bestimmen ließ, ein kleines Stück Brot zu essen. – So brachte man auf beiden Seiten diese Nacht zu. –

19. Am folgenden Tage nahmen die Goten, welche Rom wegen seines großen Umfangs ohne besondere Anstrengung durch Belagerung erobern zu können glaubten, und die Römer, welche sich gegen sie zur Wehr setzten, folgende Stellungen ein. Die Umwallung der Stadt hat zweimal sieben größere und einige kleinere Tore. Die Goten waren nun nicht fähig, die ganze Mauer mit ihrem Lager zu umklammern; sie bauten daher sechs Schanzen, von denen aus sie ihren Angriff auf den Raum zwischen fünf Toren richteten, vom Flaminischen bis zum Pränestinischen, und alle diese Schanzen lagen auf dem diesseitigen[1] Tiberufer. Da die Barbaren ferner befürchteten, daß die Feinde die Brücke, welche die Milvische heißt, zerstören und dadurch ihnen das ganze Gebiet jenseits des Flusses bis zum Meer hin unzugänglich machen würden, so daß sie dann von den Schrecken der Belagerung so gut wie nichts merkten, warfen sie eine siebente Schanze jenseits des

---

[1] Linken.

Tiber auf dem Neronischen Felde auf, um die Brücke zwischen den 537
Schanzen mitten inne zu haben. So waren noch zwei andere Tore von
den Feinden bedroht, nämlich das Aurelische, welches jetzt den
Namen des Petrus trägt, des ersten Apostels Christi, der dort in der
Nähe begraben liegt, und das Transtiberinische[1]. Auf diese Weise
umgaben die Goten gut die Hälfte der Mauer mit ihrem Lagerwerk,
waren durch den Fluß nirgends in ihren Bewegungen gehemmt und
konnten die Umwallung angreifen, an welchem Punkt des Kreises sie
wollten. (Jenseits des Flusses liegen auf einem Hügel die Mühlen,
welche durch eine in den Tiber mündende Wasserleitung [Aqua
Traiana] getrieben werden. Sie sind mit in die Befestigung hineingezo-
gen, damit sie vor Zerstörung sicher sind und damit nicht der Feind
vom Fluß aus angreifen kann. Eine Brücke verbindet die beiden
Stadtteile, und die Mauern gehen auf beiden Ufern bis dicht an sie
heran.)
Die Goten zogen tiefe Gräben um sämtliche Schanzen und verwandten die ausgehobene Erde, um den Wall hinter den Gräben so hoch
wie möglich aufzuschütten; den oberen Rand verstärkten sie noch
durch eine dichte Reihe von Palisaden. Die Lager selbst wurden mit
derselben Sorgfalt befestigt wie die vorgeschobenen Belagerungs-
werke. In der Schanze auf dem Neronischen Feld befehligte Markjas,
der aus Gallien mit seiner Schar bereits zurückgekehrt war und mit
ihnen dort lagerte. Die übrigen Schanzen kommandierte Witichis
selbst. Denn jede Schanze hatte ihren eigenen Kommandanten.
Nachdem sich die Goten so aufgestellt hatten, zerstörten sie alle
Wasserleitungen, damit aus diesen kein Wasser mehr in die Stadt
gelangen könne – es gibt nämlich in Rom nicht weniger als vierzehn
Wasserleitungen, in alter Zeit aus gebrannten Ziegeln erbaut, so hoch
und breit, daß bequem ein Mann zu Roß in ihnen reiten kann. –
Belisar aber richtete die Verteidigung der Stadt folgendermaßen ein.
Er selbst hielt das Pincianische Tor und das Salarische, welches rechts
von jenem liegt. Dort war nämlich die schwächste Stelle der Umwal-
lung, und von dort mußten die Römer ihre Ausfälle gegen die Feinde
machen. Das Pränestinische Tor gab er dem Bessas. Über das
Flaminische, auf der anderen Seite von dem Pincianischen, setzte er
Konstantin. Die Tore selbst hatte er schließen und von innen durch
Aufhäufen von großen Steinen so fest verbarrikadieren lassen, daß sie
niemand aufsprengen konnte. Denn da eine von den feindlichen

[1] Jenseits des Tiber, auf dem rechten Ufer.

537 Schanzen ganz nahe daran war, mußte er befürchten, daß von dort die
Feinde einen Sturm auf die Stadt wagen würden. Die übrigen Tore
vertraute er den Obersten der Infanterieregimenter zur Verteidigung
an.

Da alle Wasserleitungen, wie schon bemerkt, zerstört waren, so trieb
das Wasser auch nicht mehr die Mühlen, und sie durch Zugtiere
bewegen zu lassen, war deshalb nicht möglich, weil nicht genug Futter
in der Stadt war, so daß man kaum für die nötigen Dienstpferde genug
schaffen konnte. Da ersann Belisar folgendes. Vor[1] der Brücke, bis an
welche sich die Umwallung hinzieht, wie ich oben erwähnte, ließ er
von einem Ufer zum anderen Stricke spannen und fest anziehen; an
diese ließ er zwei Kähne befestigen, die zwei Fuß voneinander
Abstand hatten, so daß durch diesen Zwischenraum das Wasser aus
dem Brückenbogen hindurchschoß. Auf beide Kähne kamen zwei
Mühlen so zu stehen, daß ihre Räder mitten inne ins Wasser
hinabhingen. An diese ersten Kähne schloß er nun eine ganze Reihe
anderer an, auf denen die Mühlwerke in derselben Art angebracht
waren. Wenn nun das Wasser hindurchströmte, drehten sich sämtliche Räder und trieben jedes seine Mühle und mahlten so viel, wie für
die Stadt nötig war. Das erfuhren die Feinde durch Überläufer und
machten auf folgende Weise die Mühlenwerke unbrauchbar. Sie
schleppten große Baumstämme und die Leichname der jüngst getöteten Römer herbei und warfen sie in den Fluß. Diese trieben nun mit
der Strömung zumeist mitten zwischen die Kähne und zerbrachen die
Räder. Als aber Belisar das bemerkte, erfand er auch hierfür eine
Gegenvorkehrung. Vor der Brücke ließ er über die ganze Breite des
Tiber lange eiserne Ketten ziehen. Dahinein geriet alles, was der Strom
mit sich führte, staute sich und konnte nicht unter der Brücke
hindurch. Die bei dieser Arbeit Angestellten zogen nun immer alles
heraus bis ans Ufer. Dies tat Belisar nicht sowohl der Mühlen halber,
als weil in ihm die Besorgnis aufgestiegen war, die Feinde könnten auf
zahlreichen Nachen unter der Brücke hindurch mitten in die Stadt
unbemerkt eindringen. So mußten die Barbaren von ihrer Maßregel,
von der sie sich nun weiter keinen Vorteil versprechen konnten,
abstehen. Und die Römer benutzten für die übrige Zeit diese Mühlen;
aber baden konnten sie bei dem Mangel an Leitungswasser gar nicht
mehr. Trinkwasser dagegen hatten sie reichlich, da selbst in den
Häusern, welche am weitesten vom Fluß entfernt waren, es Brunnen

---

[1] Wir würden sagen: ›hinter‹, wie das Folgende beweist.

zum Schöpfen gab. – Auf die Kloaken, welche den Unrat aus der Stadt   537
herausschaffen, brauchte Belisar nicht besonders aufzupassen, da sie
alle in den Tiberstrom münden und deshalb der Feind sie zu einem
Anschlag wider die Stadt nicht benutzen konnte.

20. So hatte Belisar alles für die Belagerung vorbereitet. Viele
samnitische Knaben aber weideten einmal auf ihrem Felde die Schafe.
Sie wählten nun zwei aus ihrer Mitte, die sich durch Körperkraft
auszeichneten, nannten den einen Belisar, den anderen Witichis und
bestimmten, sie sollten miteinander ringen. Als die beiden mit großem
Eifer rangen, kam Witichis zu Fall. Der Knabenschwarm knüpfte ihn
zum Scherz an einem Baum auf. Da zeigte sich plötzlich ein Wolf, und
die Knaben liefen alle davon; Witichis aber, der am Baume hängen-
geblieben war, mußte mit dem Tode büßen. Als dies unter den
Samniten ruchbar ward, bestraften sie die Knaben nicht, sondern
legten den Vorfall so aus, daß Belisars Sieg ganz sicher sei. Also
geschah dies. –

Unterdes murrte das Volk der Römer, ganz und gar ungewohnt der
Strapazen des Krieges und der Belagerung: sie empfanden schmerzlich
den Mangel der Bäder und Lebensmittel, durften die Nacht kein Auge
zutun, sondern mußten auf den Wällen Wache stehen. Sie glaubten,
die Stadt werde sich doch nicht lange mehr halten können; sie sahen,
wie die Feinde die Felder und all ihr Besitztum ausplünderten, und das
nahmen sie gewaltig übel: sie hätten doch gar nichts getan und
würden nun belagert und schwebten in so gräßlicher Gefahr! Sie
steckten die Köpfe zusammen und schimpften laut auf Belisar, der,
ohne eine genügende Heeresmacht vom Kaiser bekommen zu haben,
es auf sich genommen hätte, gegen die Goten zu Felde zu ziehen. Selbst
der Rat oder Senat, wie die Römer sagen, schalt insgeheim auf Belisar.
Das erfuhr Witichis durch Überläufer und beschloß, das Feuer noch
zu schüren und die Verhältnisse in Rom möglichst zu verwirren; er
schickte daher Gesandte unter Albes an Belisar. Als diese vor Belisars
Angesicht traten, sprachen sie in Gegenwart des Senats und aller
Obersten so: »Von jeher, o Feldherr, haben die Menschen gewisse
Dinge scharf voneinander unterschieden, so z.B. Tollkühnheit und
Mut. Wer sich mit jener befaßt, gerät leicht in eine Gefahr, die ihn um
Leben und Ehre bringt; dieser bringt den herrlichen Ruhm der
Mannestugend. Eins von beiden hat dich gegen uns geführt; welches,
wird sich bald zeigen. Wenn du im Vertrauen auf deinen Mut gegen
die Goten gezogen bist, so kannst du, erlauchter Mann, ihn hinläng-
lich beweisen: von der Mauer aus kannst du das Lager deiner Feinde

537 sehen; trieb dich aber die Tollkühnheit wider uns, so wird dich ganz
     gewiß dein vergebliches Unterfangen reuen – die Unbesonnenen
     lieben es zu bereuen, wenn's zum Kampf geht. Jetzt nun verlängere ja
     nicht die Leiden dieser Römer hier, die Theoderich in bequemem
     Lebensgenuß sich ihrer Freiheit hat erfreuen lassen, und stelle dich
     nicht dem Herrn der Goten und Italiker fürder in den Weg. Ist es denn
     nicht etwa wunderlich, daß du hier eingeschlossen bist und aus Furcht
     vor den Feinden in Rom hockst, während der rechtmäßige König
     davorliegt und seinen eigenen Untertanen die Leiden des Krieges
     bereitet? Wir werden dir und den Deinen freien Abzug bewilligen, mit
     allem, was euch gehört. Denn wir halten es nicht für recht und billig,
     Leuten, die ihren Sinn ändern und einen vernünftigen Entschluß
     fassen wollen, irgend etwas in den Weg zu legen. Gern möchten wir
     auch diese Römer fragen, was für Vorwürfe sie den Goten zu machen
     hatten, daß sie uns und sich selbst verrieten, sie, die so lange unserer
     Milde sich erfreut haben und auch jetzt sehen sollen, daß wir ihnen zu
     helfen bereit sind.«

Solches sprachen die Gesandten. Belisar aber antwortete folgendes:
»Es steht euch nicht zu, uns einen guten Rat zu geben. Denn nach der
Ansicht ihrer Feinde pflegen sich die Menschen nicht zu richten, wenn
sie Krieg führen, sondern jeder betreibt seine eigenen Angelegenheiten, wie es ihm am besten scheint. Ich aber sage euch: Es wird eine Zeit
kommen, da ihr werdet eure Häupter unter den Dornensträuchern
verbergen wollen und werdet es nicht können. Wenn wir uns Roms
bemächtigt haben, so nehmen wir damit kein fremdes Gut, sondern
ihr hattet in Besitz genommen, was euch nicht gehörte, und habt es
jetzt, freilich wider euren Willen, an die alten Besitzer zurückgegeben.
Wer von euch sich aber mit der Hoffnung schmeichelt, Rom ohne
Kampf zu betreten, der irrt sich; denn solange Belisar lebt, wird er von
Rom nicht lassen.« Solches sprach er. Die Römer aber fürchteten sich
sehr und saßen ganz still da, wagten auch nicht, den Gesandten zu
entgegnen, obgleich ihnen schwere Vorwürfe wegen des Verrats an
den Goten ins Gesicht geschleudert waren. Nur Fidelius hielt es für
passend, ihnen höhnisch zu antworten. Diesen hatte nämlich Belisar
gerade zum Praefectus Praetorio ernannt, und seitdem war er von
allen am eifrigsten für den Kaiser.

21. So kehrten die Gesandten in ihr Lager zurück. Und als sie Witichis
fragte, was für ein Mann Belisar sei und wie er sich zu dem Ansinnen
des Abzugs gestellt habe, da antworteten sie, die Goten gäben sich
törichten Hoffnungen hin, wenn sie glaubten, daß Belisar einer

Regung von Furcht zugänglich sei. Als aber Witichis das vernommen 537
hatte, dachte er enstlich an einen Sturm und rüstete dazu folgendermaßen: Er ließ hölzerne Türme anfertigen, von derselben Höhe wie
die Mauern der Feinde, und hatte das richtige Maß dafür durch
häufige Vergleiche mit den Steinlagen erhalten. Unten an diesen
Türmen befanden sich an jeder Ecke Räder, welche durch ihre
Drehungen jede von den Stürmenden beliebte Wendung ermöglichen
sollten, und Ochsen wurden vorgespannt, um die Türme zu ziehen.
Außerdem hatte er eine große Menge Sturmleitern anfertigen lassen,
die bis an die Brustwehr reichten, und vier Maschinen, welche Widder
genannt werden[1]... Ferner verfertigten die Goten und hielten in
Bereitschaft eine gewaltige Menge von Reisig- und Rohrbündeln, um
damit den Graben auszufüllen und ebenzumachen, so daß die
Maschinen bequem darüber hinweggehen könnten. Nach solchen
Zurüstungen machten sich die Goten zum Sturm bereit. (Belisar aber
besetzte die Türme mit Ballisten[2]... Auf die Mauerzinnen wurden
andere Maschinen gestellt, welche Steine werfen und Onagri[3] heißen.
Sie sehen ähnlich wie Schleudern aus. Außen über den Toren wurden
Lupi angebracht[4].)

22. Am achtzehnten Tage der Belagerung gegen Sonnenaufgang
schritten die Goten unter Witichis Führung zum Sturm, und der
gänzlich ungewohnte Anblick der Türme und Widder, die sich
vorwärtsbewegten, erfüllte alle Römer mit Entsetzen. Als aber Belisar
die Schlachtordnung der Feinde, wie sie mit ihren Maschinen vor-
rückte, besah, lachte er auf und befahl seinen Soldaten, sich ruhig zu
verhalten und nicht eher sich in den Kampf einzulassen, als bis er das
Zeichen dazu gegeben habe. Warum er damals lachte, verriet er in
jenem Augenblick nicht, später aber wurde es bekannt. Die Römer
hielten sein Lachen für Verstellung, schalten auf ihn, nannten ihn
unverschämt und machten ihm Vorwürfe, daß er die anrückenden
Feinde nicht aufhielte. Als aber die Goten ziemlich nahe an den
Graben gekommen waren, spannte als erster der Feldherr seinen
Bogen und streckte einen geharnischten Führer jener durch einen
Schuß in den Hals nieder. Tödlich getroffen schlug er hintenüber; das

---

[1] Folgt die Beschreibung dieser Widder (Sturmböcke). – [2] Folgt die Beschreibung. Sie schleudern im Bogen große Pfeile mit solcher Gewalt, daß diese, wie
Prokop sagt, Bäume und Steine zerschmettern. – [3] Eigentlich Waldesel. –
[4] Balken, mit Klingen besetzt, die von der Brustwehr auf die unmittelbar
unterhalb befindlichen Stürmenden nach Art des Fallbeils herabgelassen
werden; Lupus = Wolf.

537 Volk der Römer aber schrie über die Maßen laut auf, da sie meinten,
das sei eine ausgezeichnete Vorbedeutung. Zum zweitenmal schoß
Belisar, und wieder mit demselben Erfolg. Da tönte noch lauteres
Geschrei von der Mauer, und die Römer meinten, die Feinde seien
bereits geschlagen. Jetzt ließ Belisar für das ganze Heer das Signal
geben, die Bogen zu rühren, seine nächste Umgebung wies er an,
ausschließlich auf die Ochsen zu zielen. Wie auf einen Schlag stürzten
alle Ochsen, und die Feinde waren nicht mehr imstande, die Türme
weiter vorwärtszubewegen: gänzlich ratlos standen sie da und sahen
ihren Anschlag mitten in der Ausführung vernichtet. Jetzt war klar,
wie weise Belisar damals gehandelt, als er sich weigerte, gegen die
Feinde etwas zu unternehmen, wie sie noch ganz weit ab waren, und
daß er über die Einfalt der Barbaren gelacht hatte, die unüberlegter-
weise die Hoffnung gehegt hatten, die Ochsen bis dicht an die
feindliche Mauer treiben zu können. Dies geschah beim Tore Belisars.
Nachdem aber Witichis abgewiesen war, ließ er hier eine zahlreiche
Mannschaft stehen, die er mit Sorgfalt in einer tiefen Phalanx
aufstellte. Den Obersten stellte er die Aufgabe, keinen Sturmversuch
auf die Mauer zu machen, sondern in Reih und Glied zu bleiben und
nur fleißig gegen die Brustwehren zu schießen und Belisar so zuzusetzen, daß er gar keine Zeit fände, an einer anderen Stelle Hilfe zu
leisten, wo er selbst mit noch größerer Macht einen Sturm wagen
wollte. So ging er mit zahlreichem Volk zum Angriff in der Gegend des
Pränestinischen Tors gegen einen Teil der Umwallung vor, den die
Römer Vivarium[1] nennen, wo die Mauer eine sehr schwache Stelle
hatte. Dort waren auch schon andere Maschinen von Türmen und
Widdern und Sturmleitern in Bereitschaft.
Unterdes machten die Goten einen anderen Angriff am Aurelischen
Tor auf folgende Weise. Außerhalb desselben befindet sich das
Grabmal des Kaisers Hadrian[2], von der Umwallung einen Steinwurf
weit entfernt, ein sehenswertes, hochbedeutendes Werk. Es ist näm-
lich aus Parischem Marmor gefertigt und die Steine sind ohne
jegliches Bindemittel aufeinandergefügt. Seine vier Seiten sind einan-
der gleich, jede ungefähr einen Steinwurf lang, an Höhe überragt es
die Stadtmauer. Obenauf steht eine unglaublich große Zahl von
Bildsäulen aus demselben Material, Männer und Pferde. Dieses
Grabmal nun hatten die Menschen früherer Zeiten, weil es zum
Schutz für die Stadt wie gemacht erschien, durch zwei Mauerschenkel

[1] Zwinger. – [2] Die Engelsburg.

mit der Stadtmauer verbunden und so in die Befestigung mit hineinge- 537
zogen. Denn es war nun wie ein hoher Turm, der zum Schutz jenes
Tores dient, und zwar war es außerordentlich stark. Den Befehl über
seine Besatzung hatte Belisar dem Konstantin gegeben und ihm
zugleich aufgetragen, auch auf den anstoßenden Teil der Stadtmauer
zu achten, der nur eine schwache und schlechte Besatzung hatte.
Dieser Teil der Umwallung war nämlich wegen der Nähe des vorüber-
strömenden Flusses fast unangreifbar, so daß Belisar von hier keinen
Sturm erwartete, und deshalb hatte er hier nur eine geringe Besatzung
für nötig gehalten. Denn da er nur wenig Soldaten hatte – an
kaiserlichen Truppen waren in Rom am Anfang dieser Belagerung
höchstens 5000 – brauchte er bei weitem die größte Zahl für die
gefährdetsten Punkte. Konstantin aber, der die Meldung erhalten
hatte, die Feinde versuchten den Fluß zu überschreiten, hegte für die
Mauer nach jener Seite hinaus starke Besorgnis und warf sich selbst
mit einer kleinen Schar dorthin; dem größeren Teil seiner Leute
überließ er die Verteidigung des Tores und des Grabmals. Da griffen
auch schon die Goten das Aurelische Tor und den Hadrianssturm an,
und zwar ganz ohne Maschinen, nur mit einer sehr großen Anzahl von
Leitern und unter einem Hagel von Pfeilen: Sie glaubten, die Feinde
dadurch ziemlich leicht in Verwirrung setzen und die dort befindliche
Besatzung wegen ihrer kleinen Zahl ohne sonderliche Mühe überwältigen zu können. Von ihren Schilden, die an Größe den persischen
Gerren nichts nachgaben, bildeten sie ein Schutzdach, unter dem sie
vorrückten. Auch waren sie unbemerkt schon ganz dicht an ihre
Feinde herangekommen, denn sie waren durch die Halle gedeckt,
welche zum Tempel des Apostels Petrus gehört. Sobald sie von dort
zum Vorschein kamen, machten sie sich so schnell ans Werk, daß die
Verteidiger weder die Ballisten spielen lassen konnten – denn diese
Maschinen schießen nur im Bogen – noch selbst durch Pfeilschüsse
sich zu wehren imstande waren, da diese gegen das Schilddach nichts
ausrichteten. Als nun die Goten heftig anstürmten, die Brustwehren
mit Geschossen überschütteten, schon die Sturmleitern an das Mauer-
werk legen wollten und die Verteidiger des Grabmals beinahe gänzlich abgeschnitten hatten – denn jedesmal, wenn sie vorrückten,
waren sie ihnen von hinten in die Flanke gefallen –, so waren die
Römer einen Augenblick vor Schrecken wie gelähmt, da sie keine
Hoffnung mehr sahen, durch tapfere Gegenwehr ihr Leben zu retten;
dann aber faßten sie sich schnell, zerschlugen fast alle Bildsäulen, die
übrigens von gewaltiger Größe waren, hoben mit beiden Händen die

537 riesigen Blöcke und schmetterten sie auf die Häupter der Feinde
herab. Diesen Geschossen mußten die Goten weichen. Kaum waren
sie ein wenig zurückgegangen, da atmeten die Römer auf und
schöpften wieder Mut: ihr Schlachtgeschrei wurde lauter, und mit
Pfeilschüssen und Steinwürfen trieben sie die Stürmenden zurück.
Dann ließen sie ihr Geschütz spielen, das den Feinden großen
Schrecken einflößte, und der Sturm war abgeschlagen. Schon kam
auch Konstantin, der die Feinde am Flußübergang mit leichter Mühe
gehindert und sie weggescheucht hatte, da sie die Mauer an jener
Stelle nicht, wie sie geglaubt, ganz ohne Besatzung fanden. So standen
die Dinge am Aurelischen Tore sehr gut.

23. An dem Tor jenseits des Tiber, welches das Pankratianische heißt,
konnte der anrückende feindliche Heerhaufen nichts ausrichten, da
die Position sehr stark war: denn dort ist die Umwallung sehr steil und
bietet für einen Angriff wenig Aussicht. Dort stand Paulus mit seinem
Regiment Fußvolk. Auch am Flaminischen Tor unternahmen sie
nichts, da es hoch liegt und deshalb schwer zu stürmen ist. Diesen
Posten hielt Ursicin mit seinem Regiment, das »die Königlichen«[1]
heißt. Zwischen diesem und dem kleinen Tor, welches rechts liegt und
das Pincianische heißt, klaffte die Mauer an einer Stelle auseinander:
der Riß ist alt und hat sich von selbst gebildet, er geht nicht ganz von
unten herauf, sondern erst von der Mitte an nach oben. Die Mauer ist
nicht eingestürzt oder ganz zerstört, sondern hat sich nach beiden
Seiten so gesenkt, daß sie auf der einen Seite nach außen, auf der
anderen nach innen aus der Richtung der übrigen Mauer weicht.
Seitdem nennen die Römer diese Stelle schon lange in ihrer Sprache
die geborstene Mauer. Diesen Teil wollte nun anfangs Belisar einrei-
ßen und neu aufbauen, aber die Römer hinderten ihn daran, indem sie
versicherten, der Apostel Petrus habe ihnen versprochen, er werde
dort Wache halten. Dieser Apostel ist nämlich der Hauptgegenstand
der ehrfurchtsvollen Bewunderung und Verehrung für die Römer. Es
ging nun an jenem Ort so wie sie gedacht und erwartet hatten; denn
weder an jenem Tag noch sonst, solange die Goten Rom belagerten,
kam eine feindliche Schar dorthin, noch wurde sonst die Ruhe
irgendwie gestört. Und wir wunderten uns, daß wir weder an diesen
Teil der Mauer je dachten, noch die Feinde einen Sturm versuchten
oder einen nächtlichen Überfall, wie sie dergleichen oft unternahmen.
Deshalb wagte auch später niemand, diese Stelle wieder aufzubauen,

[1] Regii.

sondern bis auf den heutigen Tag ist jener Teil der Mauer geborsten. 537
Soweit hiervon.

Am Salarischen Tor stand ein edler Gote, ein sehr großer und tapferer
Mann, mit Helm und Harnisch angetan, nicht in Reih und Glied mit
den anderen, sondern vor einem Baum allein und warf seine
Geschosse gegen die Brustwehr. Diesen Mann traf eine Maschine,
welche auf dem Turm zur Linken stand, auf wunderbare Weise. Das
Geschoß durchbohrte nämlich den Panzer und den Körper des
Mannes und ging noch tief in den Baum hinein, so daß der Leichnam
an den Baum geheftet blieb. Als das die Goten sahen, bekamen sie
große Furcht und begaben sich außer Schußweite. Zwar blieben sie
noch in Schlachtordnung, aber sie belästigten die auf der Mauer nicht
mehr.

Als aber Bessas und Peranius am Vivarium von Witichis aufs heftigste
angegriffen wurden, baten sie Belisar um Unterstützung. Der fürch-
tete für jene Stelle der Mauer, deren Schwäche er, wie gesagt, kannte,
und eilte ihnen zu Hilfe, nachdem er das Kommando am Salarischen
Tor einem seiner Vertrauten übergeben hatte. Und als er sah, daß die
Soldaten am Vivarium durch den heftigen Ansturm der zahlreichen
Feinde ins Wanken kamen, rief er ihnen zu, sie sollten die Barbaren
verachten, und brachte sie wieder zu mutigem Standhalten. Das
Terrain war aber dort sehr eben und deshalb für den Angriff der
Stürmenden günstig. Zufällig war auch die Mauer an jener Stelle sehr
morsch geworden, so daß die Ziegel kaum noch zusammenhielten.
Die alten Römer hatten außerhalb noch eine kleine Mauer angelegt,
nicht als Schutzmaßregel – es waren weder Türme noch Brustwehren
darauf, noch sonst irgend etwas, was zur Abwehr eines feindlichen
Angriffs auf die Umwallung hätte dienen können–, sondern für ein
nicht sehr edles Vergnügen, nämlich Löwen und andere wilde Tiere
darin aufzubewahren. Deswegen heißt dieser Ort auch Vivarium: So
nennen nämlich die Römer einen Platz, wo wilde Tiere gehalten
werden. Witichis stellte nun an verschiedenen Punkten der Mauer
Maschinen auf und ließ die äußere Mauer von den Goten untergraben, da er meinte, wenn sie erst dieser Herr wären, die andere mit
Leichtigkeit nehmen zu können, deren schlechter Zustand ihm wohlbekannt war. Als nun Belisar sah, daß die Barbaren die Mauer des
Vivariums durchbrachen und an vielen Stellen gegen die Stadtumwal-
lung vordrangen, ließ er sie ruhig gewähren und zog die Soldaten bis
auf wenige von den Brustwehren zurück, obgleich er von den
Kerntruppen seines ganzen Heeres umgeben war. Unten an den Toren

537 aber stellte er sie alle auf, im Harnisch und nur mit dem Schwert in der
Hand. Und als die Goten nach Zerstörung der ersten Mauer im
Vivarium waren, schickte er ganz schnell Cyprian mit einiger Mannschaft gegen sie zum Angriff vor. Die Eingedrungenen wehrten sich
vor Schreck kaum, und ihre eigene Menge gereichte ihnen bei der
Enge des Ausgangs zum Verderben; sie wurden sämtlich getötet.
Durch den unerwarteten Angriff waren die Feinde in Furcht gesetzt,
ihre Reihen hatten sich gelöst, der eine eilte hierhin, der andere
dorthin; in diesem Augenblick ließ Belisar die Torflügel öffnen und
machte plötzlich mit seiner ganzen Macht einen Ausfall auf die
Feinde. Die Goten dachten gar nicht mehr an Gegenwehr, sondern
wandten sich, wie jeder gerade die Gelegenheit fand, zur Flucht. Die
Römer setzten ihnen nach und hieben immer die letzten mit Leichtigkeit nieder; die Verfolgung dauerte auch ziemlich lange, weil die
Goten in großer Entfernung von ihren Schanzwerken zum Sturm
vorgerückt waren. Belisar ließ sogleich die Maschinen der Feinde
verbrennen, und die aufprasselnde Flamme vermehrte natürlich noch
den Schrecken der Fliehenden.
Währenddessen ging es am Salarischen Tore ebenso zu; man öffnete
plötzlich die Torflügel und überraschte die Barbaren durch einen
Ausfall: diese wehrten sich nicht, sondern flohen und wurden auf der
Flucht niedergehauen, ihre Maschinen verbrannt, und die Flamme
schlug hoch über die Mauer empor. Schon zogen sich die Goten auf
der ganzen Linie zurück. Auf beiden Seiten erhob sich ein betäubendes
Geschrei: hier ermunterten die Römer, welche auf der Mauer waren,
die Verfolgenden; dort beklagten die Goten in ihren Schanzen die
Größe ihrer Niederlage. Es fielen an jenem Tag 30000 Goten, wie
ihre eigenen Anführer versicherten, und Verwundete waren noch
mehr. Denn in ihre dichten Haufen fiel kein Geschoß von der Mauer
vergeblich, und die Sturmlaufenden erlitten, wenn sie zurückgeworfen wurden und fliehen mußten, furchtbare Verluste. Der Sturm,
welcher morgens früh begonnen hatte, endete am späten Abend. Die
darauffolgende Nacht brachten beide Heere im Freien zu: die Römer
auf den Mauern jubelten, priesen Belisar und freuten sich an den
erbeuteten Rüstungen; die Goten sorgten für die Pflege ihrer Verwundeten und betrauerten die Toten.
24. Darauf schrieb Belisar an den Kaiser einen Brief folgenden Inhalts:
»Wir sind nach Italien gegangen, wie Du befohlen hattest, haben den
größten Teil davon unterworfen und Rom eingenommen, nachdem
wir die Besatzung der Barbaren vertrieben hatten, deren Anführer

Leutharis ich vor ganz kurzer Zeit an Euch sandte. Da wir eine große 537
Anzahl von Soldaten als Besatzungen der festen Plätze in Sizilien und
Italien verwenden mußten, blieben uns nur 5000 Mann zur Verfügung. Die Feinde aber sind gegen uns mit 150000 Mann ausgezogen.
Und zuerst wurden wir auf einem Rekognoszierungsritt am Tiberufer
gezwungen zu fechten und wären beinahe der Menge ihrer Geschosse
erlegen. Darauf machten die Barbaren einen Sturm auf die Stadt mit
ihrem ganzen Heer und griffen mit ihren Maschinen die Mauer auf
allen Seiten an, und es fehlte nicht viel, so hätten sie beim ersten
Angriff uns und die Stadt in ihre Hände bekommen; aber ein
glückliches Geschick bewahrte uns davor. Den Erfolg soll man
nämlich nicht auf menschliche Tüchtigkeit, sondern auf eine höhere
Macht zurückführen. Was wir bis jetzt durch Glück oder eigene
Tapferkeit vollbracht haben, ist vortrefflich; ich möchte aber, daß
das, was noch bevorsteht, für Deine Interessen sich noch günstiger
gestalte. Was mir auszusprechen und Euch auszuführen zukommt,
daraus will ich keinen Hehl machen, da ich wohl weiß, daß die
menschlichen Dinge zwar gehen, wie es Gott gefällt, daß aber die,
welche an der Spitze eines Unternehmens stehen, nach ihren eigenen
Taten getadelt oder gelobt werden. Also Waffen und Soldaten müssen
uns zugeschickt werden, damit wir für den weiteren Verlauf dieses
Krieges unseren Feinden gewachsen seien. Denn man darf nicht alles
dem Schicksal überlassen, weil es sich nicht gleichzubleiben pflegt.
Du, o Kaiser, mußt erwägen, daß, wenn die Feinde uns jetzt schlagen,
wir Dein Italien aufgeben müssen und dazu das Heer verlieren, und
noch obendrein wird uns große Schande treffen, davon zu geschwei-
gen, daß wir den Schein erwecken, als hätten wir's auf das Verderben
der Römer abgesehen, die das Vertrauen auf die kaiserliche Majestät
über ihr persönliches Wohl stellten. Wenn wir Rom und Kampanien
und ganz zu Anfang Sizilien gar nicht bekommen hätten, so wäre
immer noch das am leichtesten zu tragen, daß wir uns mit fremden
Gütern nicht hatten bereichern können. Auch das müßt Ihr bedenken,
daß es niemals möglich gewesen ist, auch mit vielen Myriaden längere
Zeit hindurch Rom zu halten, weil es einen so großen Umfang hat und
fern vom Meere gelegen, von aller Zufuhr abgeschnitten ist. Die
Römer selbst sind jetzt uns wohlgesinnt; wenn aber die Plagen, wie
das unausbleiblich ist, sich in die Länge ziehen, so werden sie sich
nicht besinnen, das bessere Teil für sich zu erwählen. Denn wer sich
eben erst zu guter Gesinnung bekehrt hat, der läßt sich gewöhnlich
eher durch Wohltaten als durch Leiden bei der Treue halten. Vor

537 allem durch den Hunger dürften die Römer wider ihr besseres Wollen
zu mancherlei Entschlüssen getrieben werden. Ich nun weiß, mein
Leben gehört Deiner Majestät, und deshalb wird mich schwerlich
jemand von hier lebendig fortbringen. Siehe aber zu, was für einen
Ruhm Dir solch Ende Belisars bringen könnte.« Das schrieb Belisar.
Der Kaiser war darüber nicht wenig erschreckt, zog eifrigst Truppen
und Schiffe zusammen und befahl Valerian und Martin, sich mit den
Ihrigen schnell auf den Weg zu machen. Diese waren nämlich mit den
Ersatztruppen zur Zeit der Wintersonnenwende nach Italien abgeschickt worden, aber nur bis Griechenland gefahren – weiter konnten
sie die Fahrt nicht machen – und hatten Winterquartiere in Ätolien
und Akarnanien bezogen. Hiervon machte der Kaiser Justinian dem
Belisar Mitteilung und ermahnte ihn sowie alle Römer zu weiterem
mutigen Ausharren.

Zu dieser Zeit trug sich in Neapel folgendes zu. Auf dem Markt
befand sich ein Bild des Gotenkönigs Theoderich, aus lauter kleinen
bunten Steinen zusammengesetzt. Von diesem Bild bröckelte bei
Lebzeiten Theoderichs der Kopf ab, da die Steinchen von selbst sich
gelockert hatten. Und sehr bald darauf starb Theoderich wirklich.
Acht Jahre später bröckelten die Steinchen, welche den Rumpf
bildeten, plötzlich ab, und da starb Atalarich, Theoderichs Tochtersohn. Nach kurzer Zeit fallen die Steine am Unterleib zu Boden, und
Amalasuntha, Theoderichs Tochter, kam ums Leben. Das war also
bereits geschehen. Als nun die Goten Rom belagerten, fielen auch die
Schenkel des Bildes bis zu den Fußspitzen hinunter ab, so daß damit
das ganze Bild von der Mauer verschwunden war. Die Römer legten
das so aus, daß des Kaisers Heer den Sieg davontragen werde, denn
die Füße Theoderichs seien nichts anderes als das Gotenvolk, über das
er König war, und so waren sie noch mehr voll Siegeszuversicht. In
Rom selbst brachten einige Patrizier ein Orakel der Sibylle zum
Vorschein und prophezeiten daraus, die Gefahr für die Stadt werde
nur bis zum Julimonat dauern. Denn um diese Zeit werde ein Kaiser
zu Rom gewählt werden, und von da an hätte Rom von den Geten
nichts mehr zu befürchten. Denn sie sagen, Goten und Geten seien ein
und dasselbe. Der Spruch lautet so: »Im Monat Quinctilis ... soll Rom
nichts Getisches fürchten« ... Das traf aber nicht ein. Denn erstens
wurde damals kein Kaiser von den Römern gewählt, zweitens dauerte
die Belagerung noch länger als ein Jahr, und Rom hatte, als Totilas
König der Goten war, dasselbe Schicksal zu erleiden, wie ich später
berichten werde. Meiner Ansicht wollte das Orakel gar nicht diesen

Zug der Barbaren bezeichnen, sondern einen späteren oder früheren. 537
Denn meiner Meinung nach kann die Sibyllinischen Orakel kein
Mensch vor dem Eintreffen richtig deuten[1] ...

25. Als der Sturm der Goten abgeschlagen war, wachten beide Heere
die Nacht so, wie ich schon erzählt habe. Am folgenden Tage befahl
Belisar den Römern, Weiber und Kinder, sowie die Sklaven, welche
ihnen für die Verteidigung der Mauer überflüssig zu sein schienen,
nach Neapel fortzuschaffen, um dem Mangel an Lebensmitteln
vorzubeugen. Denselben Befehl erhielten die Soldaten, wenn einer
einen Sklaven oder eine Sklavin hatte. Auch erklärte er, ihnen
während der Belagerung nicht mehr die gewöhnlichen Rationen
geben zu können; er sehe sich vielmehr gezwungen, die tägliche
Ration zur Hälfte in Naturalien zu geben, zur Hälfte in Geld. So
geschah es auch. Und sofort ward ein großer Haufe nach Kampanien
fortgeschafft, ein Teil auf Schiffen, die gerade im Hafen vor Rom
lagen, ein anderer auf der Appischen Straße. Weder dem einen noch
dem anderen geschah etwas Böses von seiten der Belagerer, die weder
ganz Rom wegen seines großen Umfangs mit ihren Schanzwerken
einschließen konnten, noch es wagten, in kleinerer Anzahl sich weit
von ihrem Lager zu entfernen, aus Furcht vor den Ausfällen der
Gegner. Und deshalb war es eine Zeitlang für die Belagerten ganz gut
möglich, die Stadt zu verlassen und von außen Nahrungsmittel
hineinzuschaffen. Am meisten bei Nacht waren die Barbaren stets zur
Furcht geneigt, stellten nur Wachen aus und hielten sich sonst ruhig in
ihren Lagern. Auch schlichen sich oft Mauren aus der Stadt, um
schlafende Feinde oder solche, die einzeln des Weges kamen – was bei
einem großen Heer öfters vorkommt, um Pferde oder Maulesel oder
Schlachttiere auf die Weide zu führen, wie auch anderer Bedürfnisse
halber – zu töten und auszuplündern; wenn sie auf eine Überzahl von
Feinden trafen, machten sie sich schnell davon, denn sie sind von
Natur gute Läufer, leicht bewaffnet und auf der Flucht sehr behend.
So konnte die große Menge Rom verlassen: die einen gingen nach
Kampanien, die anderen nach Sizilien oder sonstwohin, wie es ihnen
bequemer und besser schien. Belisar aber sah, daß die Zahl seiner
Soldaten für den Umfang der Mauer keineswegs ausreichte – es waren
nur wenige, wie ich schon oben bemerkt habe, und es konnten nicht
immer dieselben ohne Schlaf Wache halten, sondern natürlich, während die einen der Ruhe pflegten, standen die anderen Posten;

[1] Folgt eine weitere Auseinandersetzung darüber.

537 andererseits war der größte Teil der Bürgerschaft arm und litt schon
Hunger, denn die meisten lebten als kleine Handwerker von der Hand
in den Mund, waren wegen der Belagerung zu feiern gezwungen und
hatten nun nichts mehr zu beißen. Deswegen vereinigte er Soldaten
und Bürger für den Nachtdienst, und jeder Bürger erhielt seine
tägliche Löhnung. So schuf er eine genügende Anzahl Abteilungen;
jede Abteilung hatte ihre bestimmte Nacht auf der Umwallung zu
wachen, so daß alle gleichmäßig herankamen. Auf diese Weise half
Belisar beiden Übelständen [dem Mangel an Wachmannschaften und
der Bedrängnis der unteren Volksklassen] ab.

Der Erzbischof Silverius, welcher sich verdächtig gemacht hatte, auf
Verrat an die Goten zu sinnen, wurde sofort nach Griechenland
verschickt, bald darauf ein anderer Erzbischof, namens Vigilius,
eingesetzt. Auch einige Senatoren verbannte Belisar aus demselben
Grund; als aber die Feinde die Belagerung aufgegeben hatten und
abgezogen waren, setzte er sie wieder in ihr Eigentum ein. Unter
diesen war auch Maximus, ein Nachkomme jenes Maximus, der einst
den Kaiser Valentinian ermordet hatte. Da Belisar ferner befürchten
mußte, es könnte von den Wächtern an den Toren Verrat gesponnen
werden oder jemand von außen sie mit Geld zu bestechen versuchen,
so zog er zweimal in jedem Monat sämtliche Schlüssel ein und ersetzte
sie durch neue von anderer Form; auch schickte er die Wachmannschaften niemals auf dieselben, sondern immer auf möglichst voneinander entfernte Posten und gab den Postenstehenden jede Nacht
andere Vorgesetzte. Diese mußten ein bestimmtes Stück der Mauer
abgehen, die Namen der Wächter der Reihe nach aufschreiben, und
wenn jemand sich entfernt hatte, für den Augenblick einen anderen
dorthin stellen. Am folgenden Tage wurden die Fehlenden dem
Belisar gemeldet, um ihre gebührende Strafe zu erhalten. Auch ließ er
nachts die Musikanten auf den Wällen spielen; ferner schickte er stets
Patrouillen, besonders von Mauren, welche die ganze Nacht den
Graben beobachten mußten, und gab ihnen Hunde mit, so daß auch
nur von ferne sich niemand unbemerkt der Umwallung nähern
konnte. Damals versuchten auch einige Römer ohne jemandes Wissen
gewaltsam die Tore des Janustempels zu öffnen[1] ... Seit die Römer
Christen geworden waren, und zwar sehr fromme Christen, hatten sie
diese Tore auch in Kriegszeiten niemals mehr geöffnet. Während
dieser Belagerung nun versuchten es heimlich einige Leute, die wohl

---

[1] Exkurs über denselben.

dem alten Glauben noch anhingen, erreichten ihren Zweck jedoch 537
ganz und gar nicht: die Türen schlossen nur nicht mehr ganz so fest
wie früher. Die Täter blieben unentdeckt; es wurde gar keine Untersuchung eingeleitet in jener bewegten Zeit, auch war die Sache weder
den Behörden noch der großen Menge, sondern nur sehr wenigen
Leuten bekannt geworden.

26. Witichis schickte in seiner ohnmächtigen Wut einige seiner
Leibwächter nach Ravenna mit dem Befehl, alle Senatoren, die er bei
Beginn des Krieges dorthin hatte bringen lassen, zu töten. Einige
wenige von ihnen wurden rechtzeitig gewarnt und konnten fliehen,
unter ihnen Cerventinus und Reparatus, der Bruder des Erzbischofs
Vigilius: diese beiden eilten nach Ligurien und blieben dort. Die
übrigen wurden alle umgebracht. Darauf beschloß Witichis, da er
bemerkt hatte, daß die Römer ganz ungestraft aus der Stadt herausschaffen konnten, was sie wollten, und Lebensmittel zu Wasser und
zu Lande einführten, den Hafen, welchen die Römer Portus[1] nennen,
zu besetzen. Er liegt 126 Stadien von Rom, denn so weit ist diese Stadt
vom Meere entfernt. (15 Stadien[2]) vor seiner Mündung teilt sich der
Tiber und bildet die heilige Insel, die 15 Stadien breit ist. Beide Arme
sind schiffbar. Der rechte Arm mündet bei dem von altersher befestigten Portus, der linke bei dem unbefestigten Ostia. Eine gute Straße
führt von Rom nach Portus hart am Fluß entlang. Die Kaufleute laden
dort ihre Waren auf Flußkähne um, und diese werden von Ochsen bis
nach Rom getreidelt. Der Weg von Rom nach Ostia führt nicht am
Fluß entlang, sondern durch Gehölze und ist ganz vernachlässigt. Die
Goten fanden die Stadt Portus ohne Besatzung, nahmen sie im ersten
Anlauf, töteten viele von den dort wohnenden Römern und besetzten
Stadt und Hafen. Nach Zurücklassung von 1000 Mann kehrten die
übrigen ins Lager zurück. Seitdem konnten die Belagerten von der See
her nichts mehr hineinbringen, außer auf dem schwierigen und
gefährlichen Weg über Ostia. Und hier konnten die Schiffe nicht
einmal mehr löschen, sondern mußten in Antium[3] vor Anker gehen,
eine Tagereise weit von Ostia. Von dort war der Transport so
schwierig, weil es an den nötigen Arbeitskräften fehlte. – Belisar war
übrigens nicht imstande gewesen, den Hafen zu halten, da seine ganze
Sorge sich auf die Stadtmauer richten mußte. Wenn dort nur eine
Besatzung von 300 Mann gewesen wäre, so hätten sich meiner

---

[1] Portus Augusti oder Portus Romanus. 23,1 Kilometer. – [2] 2,77 Kilometer. –
[3] Torre d'Anzo.

537 Ansicht nach die Barbaren des Platzes nicht bemächtigen können,
     denn er war sehr fest.

27. Dies taten die Goten am dritten Tag, nachdem ihr Sturm
abgeschlagen war. Zwanzig Tage nach der Einnahme von Stadt und
Hafen Portus kamen Martin und Valerian an mit 1600 Reitern, von
denen die meisten Hunnen, Sklavenen und Anten waren, die jenseits
der Donau, nicht weit ab vom Fluß, ihre Wohnsitze haben. Belisar
freute sich über ihre Ankunft und glaubte sie zu Ausfällen auf die
Feinde verwenden zu müssen. Am folgenden Tage also gab er einem
seiner Doryphoren, einem tapferen und mutigen Manne, namens
Trajan, 200 berittene Hypaspisten mit dem Befehl, gerade auf die
Barbaren loszugehen, einen Hügel ziemlich dicht an ihren Verschanzungen, der er selbst bezeichnete, zu besetzen und dort zu halten. Bei
einem Angriff der Feinde sollte er sich auf keinen Nahkampf mit
Schwert und Lanze einlassen, sondern nur die Bogen gebrauchen, bis
er sähe, daß niemand mehr einen Pfeil im Köcher hätte: dann sollten
sie sich nicht scheuen, aus allen Kräften zu fliehen und auf die Mauer
zurückzureiten. Nach diesem Auftrag befahl er den Geschützmei-
stern, ihre Wurfmaschinen fertigzumachen. Trajan ritt mit seinen 200
Mann aus dem Salarischen Tor auf das feindliche Lager los. Die
Goten, durch den plötzlichen Angriff erschreckt, stürzten aus den
Verschanzungen ohne Ordnung, wie jeder zu den Waffen gegriffen
hatte. Trajans Leute hielten auf dem Hügel, welchen ihnen Belisar
bezeichnet hatte, und schossen von dort auf die anrückenden Barbaren, und jeder Pfeil traf Mann oder Roß in dem dichten Haufen. Als
sie alle ihre Pfeile verschossen hatten, wandten sie schnell ihre Pferde,
und die Goten setzten ihnen nach. Sobald sie näher an die Umwallung
gekommen waren, ließen die Geschützmeister ihre Stücke spielen,
und die Barbaren gaben vor Schrecken die Verfolgung auf. In diesem
Gefecht sollen nicht weniger als 1000 Goten gefallen sein. Wenige
Tage später ließ Belisar seinen persönlichen Freund, den Doryphoren
Mundilas und Diogenes, beide ausgezeichnete Krieger, und 300
Hypaspisten mit demselben Auftrag ausreiten, wie die vorigen. Sie
führten ihn auch aus. Wieder setzten ihnen die Barbaren nach und
verloren dabei auf dieselbe Weise eher mehr als weniger Leute wie in
dem ersten Gefecht. Das dritte Mal sandte er den Doryphoren Oïlas
und 300 Mann mit demselben Auftrag, den er auch vollzog. So tötete
er in den drei erwähnten Ausfällen ungefähr 4000 Mann von den
Feinden.

Witichis aber, welcher den Unterschied in der Bewaffnung und

Einübung der beiden Heere noch nicht begriffen hatte, glaubte, nun
auch ganz leicht den Feinden beikommen zu können, wenn er mit
geringer Mannschaft einen Angriff auf sie machte. Er schickte also
500 Reiter aus mit dem Befehl, ganz nahe an die Umwallung
heranzureiten und vor aller Augen das dem feindlichen Heere anzu-
tun, was ihnen selbst durch wenige schon mehrmals geschehen war.
Sie besetzten einen Hügel nicht weit von der Stadt, aber außer
Schußweite. Belisar suchte 1000 Mann aus und befahl ihnen, unter
Bessas gegen die Feinde vorzugehen. Sie umzingelten diese und töteten
viele durch Schüsse in den Rücken, die übrigen warfen sie den Hügel
hinab und zwangen sie, in der Ebene zu kämpfen. Das Handgemenge
mußte bei der Ungleichheit der Zahl zuungunsten der Goten ausfal-
len, von denen die meisten fielen; nur wenige schlugen sich durch und
entkamen zu ihrem Lager. Witichis empfing sie übel und beschuldigte
sie der Feigheit; er vermaß sich, binnen kurzer Zeit mit anderen
Leuten die Scharte wieder auszuwetzen, tat aber an jenem Tage nichts
mehr. Erst drei Tage später suchte er aus allen Schanzen 500 Mann
aus und schickte sie gegen die Feinde vor, um ruhmwürdige Taten zu
vollbringen. Als Belisar sie näherkommen sah, ließ er 1500 Mann
unter Martin und Valerian gegen sie vorgehen. Sofort entspann sich
ein Reitergefecht, in dem die Römer an Zahl ihren Gegnern weit
überlegen waren. Sie schlugen dieselben ohne Anstrengung in die
Flucht und hieben sie fast alle nieder.

Den Barbaren schien es ein seltsames Verhängnis zu sein, daß sie in
großer Anzahl von wenigen Feinden geschlagen wurden, und ebenso,
wenn sie in geringer Zahl vorgingen, eine Niederlage erlitten. Den
Belisar aber priesen die Römer laut wegen seiner Geschicklichkeit und
staunten ihn an, wie sich's auch gehörte. Bei Gelegenheit fragten ihn
auch wohl seine Freunde, was ihn eigentlich an jenem Tage, wo er die
Feinde so gründlich schlug, veranlaßt habe, guten Mutes und des
Sieges über die Feinde gewiß zu sein. Darauf antwortete er, gleich
beim ersten Gefecht, in das er sich mit geringer Begleitmannschaft
eingelassen habe, sei ihm klar geworden, worin der Unterschied
zwischen beiden Heeren bestehe, so daß, wenn nur das Verhältnis der
Streitkräfte einigermaßen das richtige sei, ihnen trotz ihrer geringen
Zahl die Menge der Feinde nichts schaden könnte. Der Unterschied
sei folgender: Fast alle Römer und die verbündeten Hunnen sind
berittene Bogenschützen; die Goten kennen diese Art der Bewaffnung
gar nicht, sondern ihre Reiter wissen sich nur des Schwertes und der
Lanze zu bedienen, und ihre Bogenschützen kämpfen zu Fuß, und

537 zwar hinter den Schwerbewaffneten. Die Reiter nun sind, solange es
nicht zum Handgemenge kommt, gegen ihre pfeilschießenden Gegner
wehrlos und bieten ein bequemes Ziel, so daß sie große Verluste
erleiden müssen; die Bogenschützen zu Fuß hingegen können schwerlich auf Reiter einen Angriff machen. Deswegen, so versicherte
Belisar, müßten die Barbaren in diesen Gefechten den Römern
unterliegen. Die Goten, die ihre unerwarteten Niederlagen nicht
vergessen hatten, wagten seitdem weder in kleinen Scharen sich der
Umwallung Roms zu nähern, noch den plänkelnden Feind zu verfolgen: sie beschränkten sich darauf, ihn von ihren Schanzen abzuweisen.

28. Darauf verlangten alle Römer, welche durch die errungenen
Erfolge sich mächtig gehoben fühlten, laut danach, sich mit dem
ganzen Gotenheer zu messen und ihm in offener Feldschlacht entgegenzutreten. Belisar, der das höchst ungleiche Verhältnis der Streitkräfte wohl kannte, zögerte noch immer, sein ganzes Heer wie auf
einen Wurf zu setzen, betrieb vielmehr die Ausfälle, durch die er den
Feind zu schwächen gedachte, mit um so größerem Eifer. Das gab er
zwar auf, da er zu viel Vorwürfe von seinen Soldaten und den übrigen
Römern hören mußte, und wollte wirklich mit dem ganzen Heer eine
Schlacht liefern, aber er beabsichtigte nichtsdestoweniger den Zusammenstoß durch einen Ausfall herbeizuführen. Dabei wurde er regelmäßig abgewiesen und sah sich dann gezwungen, den allgemeinen
Angriff auf das nächste Mal zu verschieben. Da nämlich die Feinde
durch Überläufer von seinem Vorhaben unterrichtet waren, fand er
sie wider Erwarten in voller Kampfbereitschaft vor. Deshalb faßte er
den Entschluß, demnächst eine Feldschlacht zu liefern, und die
Barbaren ergriffen die Gelegenheit dazu sehr bereitwillig. Auf beiden
Seiten rüstete man sich aufs sorgfältigste. Belisar versammelte das
ganze Heer um sich, (setzte die Gründe seines Zögerns auseinander,
lobte den Kampfesmut der Soldaten, dem er gerne nachgebe, und wies
auf die entscheidende Bedeutung des bevorstehenden Kampfes hin;
sie seien durch die bereits errungenen Erfolge ohnehin den Feinden
überlegen. Er schloß:) »Niemand von euch soll sich bedenken, Pferd
oder Bogen oder irgendeine Waffe aufs Spiel zu setzen; denn ich werde
euch für alles, was in der Schlacht verlorengeht, sofort Ersatz leisten.«
Nach dieser Rede führte Belisar das Heer durch das Pincianische und
Salarische Tor; eine kleine Schar schickte er durch das Aurelische Tor
aufs Neronische Feld. Über sie hatte er den Reiterobersten Valentin
gesetzt und ihm den Befehl gegeben, kein Gefecht zu beginnen, auch

nicht näher an das feindliche Lager heranzugehen, sondern vielmehr 537
nur beständig mit dem Angriff zu drohen, damit nicht die Feinde von
dort über die nahegelegene Brücke gingen und den anderen Schanzen
zu Hilfe kommen könnten. Denn da auf dem Neronischen Felde eine
sehr starke Abteilung Barbaren stand, so hielt es Belisar für besser,
wenn diese alle nicht an der Schlacht teilnähmen, sondern abseits von
ihrem Hauptheer festgehalten würden. Auch eine Anzahl römischer
Bürger hatte freiwillig die Waffen ergriffen und war mit ausgezogen;
er nahm sie nicht in die Angriffskolonne auf, weil er die Besorgnis
hegte, sie könnten mitten im Kampf Angst bekommen und dann das
ganze Heer in Verwirrung setzen: es waren nämlich Handwerksleute,
die vom Kriege so gut wie nichts verstanden. Er stellte sie außerhalb
des Pankratianischen Tores, jenseits des Tiber, in einer Phalanx auf
und befahl, dort zu halten, bis er selbst ihnen eine andere Tätigkeit
anweisen würde. Er berechnete nämlich ganz richtig, wie auch der
Erfolg bewies, die Feinde auf dem Neronischen Felde würden, wenn
sie diese und Valentins Schar sähen, nicht wagen, ihre eigene Schanze
zu verlassen und mit dem anderen Heer zur Schlacht auszurücken.
Denn er hielt es für einen besonders großen Gewinn, daß eine so
bedeutende Mannschaft von dem feindlichen Hauptlager entfernt
blieb.

Belisar hatte die Absicht, an jenem Tage nur eine Reiterschlacht zu
liefern, da die meisten von seinen Fußsoldaten, denen ihr Stand nicht
mehr recht paßte, sich mit Beutepferden beritten gemacht und
nachdem sie sich im Reiten etwas geübt hatten, als Reiter dienten. Den
Rest der Fußsoldaten, der zu gering war, um daraus eine ordentliche
Phalanx zu bilden, hielt er nicht für mutig genug, um ihn gegen den
Feind zu führen, meinte vielmehr, sie würden beim ersten Anprall sich
zur Flucht wenden. Daher hielt er es für sicherer, sie nicht weit von der
Umwallung zu entfernen, sondern dicht an der Mauer aufzustellen,
damit sie, wenn etwa die Reiter geschlagen würden, diesen Aufnahme
gewähren und als frische Truppen mit ihnen Widerstand leisten
könnten. Da trat vor Belisar Principius, einer von seinen Doryphoren,
ein braver Mann, Pisidier von Geburt, und der Isaurier Tarmut, der
Bruder des Isaurierführers Ennes (und baten ihn, auch das Fußvolk
zum Kampf führen zu dürfen, das ebenso tapfer sei wie die Reiter. Die
Offiziere, die immer zu Pferd in die Schlacht gegangen seien, wären
auf der Flucht immer die ersten gewesen. Sie selbst wollten nun mit
Gottes Hilfe ihre Leute zum Siege führen.) Belisar hörte sie an, wollte
es aber zuerst nicht zugeben. Denn er schätzte jene beiden als tapfere

537 Krieger sehr hoch und wollte sie nicht mit wenigen Leuten die große
Gefahr bestehen lassen. Endlich gab er ihren stürmischen Bitten nach:
einige wenige ließ er an den Toren und auf den Brustwehren bei den
Maschinen mit den römischen Bürgern stehen, die übrigen stellte er
unter Principius und Tarmut hinter der Angriffskolonne auf, damit sie
nicht, wenn sie etwa durch das Kampfgetöse in Furcht gerieten, die
anderen in Verwirrung brächten, und damit, wenn eine Schwadron
geschlagen werden sollte, sie nicht zu weit zurückzugehen brauchte,
sondern sich auf das Fußvolk zurückziehen und mit diesem sich der
Verfolgung erwehren könnte.

29. So hatten sich die Römer für die Schlacht gerüstet.

Witichis aber stellte alle Goten unter Waffen und ließ außer den
Kampfuntüchtigen niemand in den Schanzwerken. Markjas und die
Seinen ließ er auf dem Neronischen Felde zur Bewachung der Brücke
stehen, damit nicht über dieselbe der Feind einen Angriff machen
könnte. Das übrige Heer ließ er zusammentreten und hielt ihnen eine
Rede. (Ihm sei wenig an Leben und Krone gelegen, wenn nur ein Gote
diese nach ihm trüge. Sie sollten sich an das Schicksal Gelimers und
seiner Vandalen erinnern und lieber auf dem Schlachtfelde sterben, als
in schimpflicher Gefangenschaft weiterleben. Im Vertrauen auf ihre
Tapferkeit und Überzahl könnten sie wohl die wenigen Griechen, die
auf ihre bisherigen Erfolge pochten, besiegen.) Nach dieser Ermahnung stellte Witichis sein Heer in Schlachtordnung auf, in die Mitte
das Fußvolk, die Reiterei auf die Flügel. Er stellte die Phalanx nicht
weit von seinen Schanzen auf, sondern ganz dicht davor, damit, wenn
die Feinde flöhen, in dem weiten Zwischenraum sie bequem verfolgt
und erlegt werden könnten. Denn er hoffte, wenn die Schlacht zum
Stehen kommen würde, könnten sich die Römer nicht einmal kurze
Zeit halten, da er der Meinung war, ihr Heer sei dem seinigen
durchaus nicht gewachsen.

Am frühen Morgen begannen die Soldaten ihre blutige Arbeit, hier
von Belisar, dort von Witichis im Rücken zur Tapferkeit aufgemun-
tert. Zuerst befanden sich die Römer im Vorteil, und viele Barbaren
wurden durch Pfeilschüsse getötet. Aber an ein weiteres Vordringen
war nicht zu denken, denn bei der großen Menge der Goten traten an
Stelle der Gefallenen sofort andere, so daß man ihren Verlust gar nicht
merken konnte. Da schien es den Römern bei ihrer geringen Anzahl
genügend, den Kampf so lange ausgehalten zu haben, und weil sie
gegen Mittag bis an das feindliche Lager vorgedrungen waren und
schon eine große Anzahl Feinde erschlagen hatten, wollten sie sich

gern zurückziehen, wenn sich dazu eine Gelegenheit bot. In diesem
Kampf zeichneten sich von den Römern am meisten drei Männer aus,
Athenodor der Isaurier, ein erprobter Doryphor Belisars, und Martins
Doryphoren Theodoret und Georgius, beide Kappadozier. Sie sprangen nämlich immerfort aus der Front der Phalanx heraus und
durchbohrten viele Feinde mit ihren Lanzen. So ging es hier zu. Auf
dem Neronischen Felde aber lagen sich beide Heere lange untätig
gegenüber, und nur die Mauren belästigten durch fortwährende
Plänkeleien, wobei sie ihre Speere schleuderten, die Goten. Denn diese
wagten keinen Angriff aus Furcht vor den Römern, die nicht weit
entfernt standen – sie hielten diese nämlich für Soldaten und besorg-
ten, daß ihnen von dort ein Hinterhalt drohe und daß sie nur so ruhig
ständen, um ihnen zu ihrem Verderben in den Rücken zu fallen. Als es
bereits Mittag geworden war, machte das Heer der Römer plötzlich
einen Angriff auf die Feinde, und die Goten, durch das Unerwartete
desselben aus der Fassung gebracht, hielten nicht stand. Sie konnten
nicht einmal in ihr Lager flüchten, sondern zogen sich auf die
nächstgelegenen Hügel zurück, wo sie sich sammelten. Die Römer
waren sehr zahlreich, aber nicht alle Soldaten, sondern ein waffenlo-
ser Haufe. Denn da der Feldherr anderweitig beschäftigt war, so
hatten sich aus dem römischen Lager viele Schiffer und Sklaven jenem
Heerhaufen angeschlossen. Und durch eben diese Menge verwirrten
sie, wie gesagt, die Barbaren und veranlaßten sie zur Flucht, mit ihrer
Zuchtlosigkeit aber schädigten sie die Sache der Römer. Durch ihre
Beimischung nämlich gerieten auch die Soldaten völlig in Unordnung,
und obgleich Valentin schalt und drohte, hörten sie nicht mehr auf
seine Befehle. Deshalb machten sie sich nicht an eine lebhafte
Verfolgung, sondern ließen die Feinde ruhig sich sammeln und
zusehen, was weiter geschah. Auch dachten sie gar nicht daran, die
Brücke zu zerstören – wäre dies geschehen, hätten die Goten jenseits
des Tibers die Belagerung aufgeben müssen. Ebensowenig überschritten sie die Brücke, um denjenigen in den Rücken zu fallen, gegen die
Belisar stritt. Wenn das geschehen wäre, hätten die Goten meiner
Meinung nach nicht mehr an Gegenwehr gedacht, sondern jeder wäre
geflohen, was er nur konnte. Statt dessen nahmen sie das Lager der
Goten ein und beschäftigten sich mit der Plünderung, wobei sie viel
Silberzeug und andere Schätze erbeuteten. Die Barbaren sahen eine
ganze Zeitlang zu und blieben ruhig stehen. Schließlich machten sie
unter zornigem Geschrei einen stürmischen Angriff auf ihre Feinde.
Da sie dieselben ohne jede Ordnung beim Plündern vorfanden,

537 töteten sie ihrer viele und jagten die übrigen vor sich her aus dem Lager. Wer dort nicht gefaßt und niedergehauen wurde, warf schleunigst seine Beute ab und floh.

Während dies auf dem Neronischen Felde vorging, war auch ein anderer Barbarenhaufe ganz dicht am Gotenlager unter dem Schutz seines Schildwalles vorgegangen und hatte viele Leute und noch mehr Pferde getötet. Da nun auf seiten der Römer teils die Verwundeten, teils die, welchen die Pferde gefallen waren, die Reihen verlassen hatten, so wurde der Mangel an Leuten in dem an sich schon kleinen Heer im Gegensatz zu der Menge der Goten recht deutlich. Diese bemerkten es auch, und ihre Reiter brachen vom rechten Flügel auf die gegenüberstehenden Feinde los. Diese konnten den Lanzenangriff nicht aushalten, wandten sich zur Flucht und zogen sich auf die Phalanx des Fußvolks zurück. Aber selbst diese hielt nicht stand und schloß sich der Flucht der Reiter an. Auch das ganze übrige römische Heer kam ins Wanken vor dem stürmischen Angriff der Feinde, und die Flucht ward allgemein. Nur Principius und Tarmutus mit wenigen Fußsoldaten wehrten sich tapfer. Gegen sie, welche weiterkämpften und nicht mit den anderen fliehen mochten, wandten sich die meisten Goten, voll Bewunderung für diese Tapferkeit, und unterdessen konnten sich die übrigen Fußsoldaten und die meisten Reiter retten. Principius, dessen ganzer Körper von Wunden bedeckt war, fiel hier und mit ihm 42 Mann Fußvolk. Tarmutus schwang in jeder Hand einen isaurischen Speer, womit er seine Gegner, sich bald hier- bald dorthin wendend, durchbohrte. Verwundet, mußte er sich zurückziehen. Dadurch, daß sein Bruder Ennes mit einigen Reitern ihm Luft machte, schöpfte er wieder frischen Mut und lief schnellen Laufs, von Wunden und Blut bedeckt, bis an die Umwallung, ohne einen seiner beiden Speere verloren zu haben. Seine natürliche Schnelligkeit vermochte ihn, obgleich er aus vielen Wunden blutete, zu retten; als er aber an das Pincianische Tor selbst kam, sank er zusammen. Einige Freunde, die ihn schon für tot hielten, hoben ihn auf ein Schild und trugen ihn davon. Nach zwei Tagen starb er und hinterließ ein rühmliches Gedächtnis bei seinen Landsleuten und dem ganzen Heer. Voll Schrecken standen die Römer auf der Mauer Wache und ließen, da sie mit vielem Getöse die Tore geschlossen hatten, die Fliehenden nicht mehr ein, aus Furcht, die Feinde könnten mit eindringen. Die also nicht vorher schon in die Umwallung hineingekommen waren, die gingen durch den Graben und lehnten sich mit dem Rücken an die Mauer. So standen sie zitternd da, ohne an Verteidigung zu denken,

konnten sich auch gar nicht gegen die Barbaren wehren, welche auf sie 537
losgingen und den Graben zu überschreiten drohten; denn den
meisten waren im Kampfgetümmel oder auf der Flucht die Speere
zerbrochen, und sie standen so eng aneindergedrängt, daß sie die
Bogen nicht spannen konnten. Solange nicht viele von der Mauer
herunterschauten, setzten die Goten ihren Angriff fort, in der Hoffnung, die Abgeschnittenen alle niederzuhauen und die auf der Mauer
zu vertreiben. Als sie aber viele Soldaten und Bürger zur Verteidigung
bereit an den Brustwehren sahen, gaben sie es auf und zogen sich
zurück, indem sie den Feinden laute Schmähreden zuriefen. Diese
Schlacht, die an den Schanzwerken der Barbaren angefangen hatte,
endete also am Graben und der Stadtmauer.

ZWEITES BUCH

1. Seitdem wagten die Römer nie wieder, mit dem ganzen Heer zur Schlacht auszurücken; auf die frühere Weise aber in Ausfallsgefechten mit der Reiterei besiegten sie häufig die Barbaren. Auch Fußtruppen gingen von beiden Seiten mit, jedoch nicht regimenterweise, sondern als Begleitung der Reiter. Einmal sprengte Bessas beim ersten Angriff mitten in die Feinde und tötete mit dem Speer drei der besten Reiter; die übrigen flohen. Ein andermal war Konstantin mit seinen Hunnen auf dem Neronischen Felde spät am Abend arg ins Gedränge gekommen durch die Überzahl der Feinde. Da tat er folgendes: Es befindet sich dort von altersher eine Rennbahn, wo früher die städtischen Gladiatoren kämpften, und um diese Rennbahn hatten die alten Bewohner viele Häuser gebaut, so daß lauter enge Gäßchen entstanden waren. Weil nun Konstantin sah, er werde der Gotenschar nicht Herr werden, er auch den Rückzug nicht ohne große Gefahr bewerkstelligen konnte, so ließ er alle Hunnen absitzen und faßte, selbst auch zu Fuß, in einem der Gäßchen Posto. Von dort schossen sie aus ihrer gedeckten Stellung und erlegten viele Feinde. Eine Zeitlang hielten die Goten den Pfeilschauer aus, denn sie hofften, die Hunnen würden sich bald verschossen haben, und dann könnten sie dieselben bequem umzingeln und gebunden in ihr Lager führen. Da aber die Hunnen, welche ausgezeichnete Bogenschützen sind, in den dicken Haufen schossen und fast mit jedem Pfeil einen Gegner zu Boden streckten, so sahen sie sich gezwungen, ihre Hoffnung aufzugeben, da die Sonne schon stark zur Rüste ging, und wandten sich zur Flucht, nachdem sie mehr als die Hälfte ihrer Leute verloren hatten. Dabei kamen auch noch viele um, denn die Hunnen, welche selbst im raschen Lauf vorzüglich schießen, setzten ihnen nach und töteten eine große Anzahl durch Schüsse in den Rücken. So kam Konstantin mit den Hunnen beim Einbruch der Nacht glücklich wieder nach Rom.

Als wenige Tage später Peranius mit einigen Römern aus dem Salarischen Tor einen Ausfall auf die Feinde machte, wurden die Goten weit zurückgeworfen; gegen Sonnenuntergang aber drehten sie plötzlich wieder um, so daß die Römer in große Verwirrung gerieten. Dabei fiel ein Römer in eine tiefe Grube, wie sie die früheren Bewohner, meiner Meinung zur Aufbewahrung von Getreide, viel-

537 fach angelegt haben. Er wagte nun weder um Hilfe zu rufen, weil das
feindliche Lager ganz nahe sein mußte, noch konnte er auf irgendeine
Weise aus der Grube herauskommen, da gar keine Stufen da waren.
So war er genötigt, die Nacht darin zuzubringen. Als es Tag wurde,
mußten wieder die Barbaren zurückgehen, und dabei fiel ein Gote in
dieselbe Grube. Da die Notwendigkeit so die beiden zusammengebracht hatte, einigten sie sich in Frieden und Freundschaft und
schwuren sich zu, selbst für ihre Rettung zu sorgen. Dann fingen sie
beide an mächtig zu schreien. Die Goten folgten dem Schall, bückten
sich über die Grube und fragten, wer denn da unten so schreie. Der
Verabredung getreu, war nun der Römer ganz still – der andere sagte
sofort in seiner Muttersprache, er sei bei der letzten abgeschlagenen
Attacke dahinein geraten, und bat, man solle ihm einen Strick
hinablassen, so daß er herauskommen könnte. Die aber ließen sofort
Taue hinunter und glaubten, einen Goten heraufzuziehen. Sofort
faßte der Römer zu und wurde hinaufgewunden. Er sagte nämlich so:
Wenn ich zuerst heraufkomme, werden die Goten ihren Kameraden
nicht sitzenlassen; wenn sie aber hören würden, nur ein Feind säße
noch unten, würde sie das wenig kümmern. Sprach's und schwebte
nach oben. Als ihn nun die Goten zu sehen bekamen, staunten sie und
wußten gar nicht, was sie sagen sollten; als sie aber von ihm die ganze
Geschichte gehört hatten, zogen sie auch den anderen herauf, der
ihnen den geschlossenen Vertrag und dessen Bekräftigung durch
Eidschwur bestätigte. Er ging mit seinen Kameraden ab, und den
Römer ließen sie unbehelligt in die Stadt ziehen. Später gingen von
beiden Seiten oftmals zum Angriff kleine Reiterscharen vor, und diese
Gefechte liefen immer in Einzelkämpfe aus, in denen die Römer
regelmäßig Sieger waren. So verhielt sich dies.

(Bald darauf, in einem Gefecht auf dem Neronischen Felde, verfolgte
ein Doryphor Belisars, der Massagete Chorsomantis, ganz allein
einen Gotentrupp bis an die Verschanzung. In einem anderen Gefecht
wird er am Schienbein durch einen Pfeilschuß verwundet. Dafür
schwört er den Goten Rache. Als nach einigen Tagen das Bein fast
geheilt war, hatte er nach seiner Gewohnheit stark gefrühstückt: er
begibt sich im Rausch an das Pincianische Tor und erklärt, von Belisar
einen Auftrag ins feindliche Lager zu haben. Dem Doryphoren
Belisars wird natürlich das Tor geöffnet. Er reitet auf die Feinde los,
die ihn anfänglich für einen Überläufer halten. Als er aber anfängt zu
schießen, stürmen zwanzig auf ihn los. Er reitet im Schritt zurück,
obwohl die Feinde immer zahlreicher werden. Die Römer auf der

Mauer wissen nicht, daß es Chorsomantis ist, und halten den Mann 537
für wahnsinnig. Er wird umzingelt und empfängt nach tapferer
Gegenwehr den Lohn für seine sinnlose Tollkühnheit. Belisar und das
römische Heer empfinden den Verlust sehr schmerzlich.)

2. Ein gewisser Euthalius kam um die Sommersonnenwende aus
Byzanz nach Tarracina[1], mit dem Geld, das der Kaiser den Soldaten
schuldete. Damit nicht die Feinde ihn unterwegs abfangen, ihm das
Geld abnehmen und ihn töten, schreibt er an Belisar, für ihn den Weg
nach Rom freizumachen. Dieser schickt ihm hundert seiner eigenen
Hypaspisten unter zwei Doryphoren nach Tarracina zur Deckung des
Geldtransports. Den Barbaren aber spiegelte er vor, eine Haupt-
schlacht liefern zu wollen, damit keine Feinde nach jener Richtung hin
fouragierten oder sonst etwas unternähmen. Als er nun erfuhr, daß
Euthalius mit seiner Begleitung am nächsten Tage da sein würde, traf
er alle Anordnungen und stellte das Heer auf wie zur Schlacht, und die
Barbaren standen ebenfalls kampfbereit. Belisar wußte, daß
Euthalius und seine Leute am späten Abend kommen würden. Daher
ließ er die Soldaten den ganzen Morgen an den Toren stehen. Um
Mittag ließ er das Heer frühstücken, und die Goten taten ebenso, in
der Meinung, er schiebe das Treffen auf den folgenden Tag hinaus.
Etwas später schickte Belisar Martin und Valerian mit ihren Leuten
auf das Neronische Feld mit dem Auftrag, das feindliche Heer
möglichst in Atem zu halten. Auch aus dem Pincianischen Tor ließ er
200 Reiter gegen die feindlichen Verschanzungen vorgehen unter drei
Doryphoren, dem Perser Artasines, dem Massageten Buchas und dem
Thrazier Kutilas. Die Feinde traten ihnen in großer Zahl gegenüber.
Lange Zeit dauerte es, bis es zum Handgemenge kam; man begnügte
sich zunächst damit, abwechselnd vor- und zurückzugehen, und es
schien, als ob beide Teile mit diesen Manövern die übrige Zeit des
Tages hinbringen wollten. Allmählich wurden sie aber doch warm
dabei, und es erfolgte ein heftiger Zusammenstoß, in dem viele tapfere
Krieger fielen. Beide erhielten Verstärkung von der Stadt wie von den
Verschanzungen, und dadurch wurde das Kampfgetümmel noch viel
größer. Stadt und Lager hallten von dem Geschrei wieder, das die
Kämpfenden anfeuerte. Endlich trieb die Tapferkeit der Römer ihre
Gegner in die Flucht. Während dieses Kampfes wurde Kutilas von
einem Speer mitten auf den Kopf getroffen, aber obgleich das
Geschoß in der Wunde festsaß, beteiligte er sich an der Verfolgung.

[1] Südlich von Rom am Golf von Gaëta.

537 Als er nachher umkehren mußte, ritt er mit seinen Leuten gegen Sonnenuntergang in die Stadt ein, und immer noch haftete der Speer in seinem Schädel. Das war sehr merkwürdig anzusehen. Auch Arzes, ein Hypaspist Belisars, wurde von einem gotischen Bogenschützen zwischen die Nase und das rechte Auge getroffen. Die Spitze des Pfeils ging durch bis zum Nacken, aber nicht so, daß sie zu sehen war, und der übrige Teil des Schaftes ragte aus dem Gesicht hervor und bewegte sich hin und her beim Reiten. Die Römer staunten gewaltig, als sie ihn und Kutilas reiten sahen, ohne daß sie sich um ihre Verwundung kümmerten.

So ging es dort zu. Auf dem Neronischen Felde aber hatten die Barbaren die Oberhand. Valerian und Martin mit den Ihrigen kämpften zwar tapfer gegen die feindliche Übermacht, hatten jedoch sehr schwere Verluste und kamen in große Bedrängnis. Da erteilte Belisar dem Buchas den Befehl, seine Leute, die ganz ohne Verlust und Anstrengung ihrer Pferde aus dem Gefecht zurückkamen, auf das Neronische Feld zu führen. Es war schon spät am Tage. Durch die Unterstützung, die Buchas brachte, gelang es den Römern plötzlich, die Feinde zu werfen. Buchas war der Hitzigste bei der Verfolgung und sah sich unverhofft von 22 Feinden umringt, die alle zugleich mit ihren Speeren nach ihm stießen. Sein Panzer aber schützte ihn, so daß alle anderen Stöße wenig schadeten; ein Gote aber traf den Jüngling über der rechten Achsel, da, wo der Körper dicht an der Schulter unbedeckt war. Dieser Stoß war noch nicht tödlich oder lebensgefährlich. Da traf ihn ein anderer von vorn in den linken Schenkel, und zwar so, daß er den Muskel nicht gerade, sondern schräg durchschnitt. Als Valerian und Martin das sahen, eilten sie ihm zu Hilfe, schlugen die Feinde zurück, faßten Buchas' Pferd am Zügel und geleiteten ihn so zur Stadt. Die Nacht brach herein und Euthalius kam mit seinem Gelde an.

Als nun alle in der Stadt waren, sorgten sie für ihre Wunden. (Dem Arzes wird glücklich der ganze Pfeil herausgezogen, und er behält nicht einmal eine Narbe im Gesicht. Aus Kutilas' Schädel entfernt man zwar auch mit einiger Mühe den Speer, er verliert aber das Bewußtsein und stirbt bald darauf an Gehirnentzündung. Auch Buchas stirbt nach drei Tagen infolge des großen Blutverlustes.) Während die Römer wegen dieser Ereignisse die ganze Nacht hindurch in großer Trauer waren, ließ sich auch in den Verschanzungen der Goten lautes Wehklagen vernehmen. Darüber wunderten sich die Römer, da anscheinend die Feinde am verflossenen Tage keinen

besonderen Verlust erlitten hatten: in den Gefechten waren nur 537
wenige gefallen, bei früheren Gelegenheiten dagegen bedeutend mehr,
ohne daß dies bei ihrer großen Zahl sie besonders gerührt hätte. Am
folgenden Tage zeigte sich, daß sie Klage erhoben hatten über ihre
Helden aus der Schanze auf dem Neronischen Felde, welche Buchas
bei seinem ersten Angriff getötet hatte. Es kamen noch mehr unbedeu-
tende Gefechte vor, deren Beschreibung mir unnütz erschien. Im
ganzen wurden 67 Gefechte während dieser Belagerung geliefert, und
außer diesen ganz zuletzt noch zwei, von denen ich noch später
erzählen werde. Zu dieser Zeit ging der Winter zu Ende und mit ihm
das zweite Jahr dieses Krieges, den Prokop beschrieben hat.

3. In der Zeit nach der Sommersonnenwende kam Seuche und 538
Hungersnot über die Stadt. Die Soldaten hatten nur noch Brot und
kein anderes Nahrungsmittel mehr; die übrigen Römer aber hatten
auch kein Brot mehr, und Hunger und Seuche setzten ihnen hart zu.
Die Goten merkten das, wollten jedoch keine Schlacht mehr den
Feinden liefern, sondern paßten nur auf, daß nichts in die Stadt
hineinkam.

Bis auf den heutigen Tag befinden sich zwischen der Latinischen und
der Appischen Straße zwei Wasserleitungen, selbst sehr hoch und auf
hohen Bögen ruhend. An einem Punkt, 50 Stadien[1] von Rom entfernt,
treffen diese beiden Leitungen zusammen und wenden sich bald
darauf nach entgegengesetzten Seiten: die vorher nach rechts lief, hat
jetzt die Richtung nach links. Dann stoßen sie zusammen, nehmen
ihre alte Richtung auf und laufen wieder auseinander. Der Raum in
der Mitte ist gewissermaßen befestigt durch die Wasserleitungen. Die
Barbaren füllten nun die unteren Bögen mit Steinen und Dünger so
aus, daß sie eine Art Kastell schufen, in das sie eine Besatzung von
nicht weniger als 7000 Mann legten mit der Absicht, dem Feind
jegliche Zufuhr für die Stadt abzuschneiden. Da sahen sich die Römer
jeglicher günstigen Aussicht beraubt und durch jede Art von Übeln
bedroht. Solange noch das Korn auf dem Halm stand, ritten die
Waghalsigsten unter den Soldaten aus Geldgier bei Nacht in die
Felder nahe bei der Stadt, schnitten die Ähren, bepackten damit die
Pferde, die sie ledig am Zaum mitgenommen hatten, und brachten
ihre Beute, ohne von den Feinden bemerkt zu werden, in die Stadt, wo
selbst sie für schweres Geld dieselbe an die wohlhabenderen Römer
verkauften. Die übrigen lebten von dem Gras, das in den Vorstädten

[1] 9,17 Kilometer.

538   und innerhalb der Stadtmauer reichlich wuchs – es wächst nämlich im
      Winter wie zu jeder anderen Jahreszeit auf römischem Boden und hört
      nie auf zu grünen und zu blühen. Daher litten auch die Belagerten an
      Pferdefutter niemals Mangel. Einige verfertigten auch Würste von
      dem Fleisch der Maulesel, die in Rom fielen, und verkauften sie
      heimlich. Als nun gar das Getreide von den Feldern verschwand und
      alle Römer bitterste Not litten, drängten sie sich um Belisar, forderten
      stürmisch einen Entscheidungskampf mit dem Feinde und versicher-
      ten hoch und teuer, kein Römer werde dabei fehlen. Da er selbst nicht
      recht aus noch ein wußte und tief erschüttert war, sprachen einige aus
      dem Volk sich zu ihm aus, (das Unglück in der Stadt sei so hoch
      gestiegen und die Hungersnot so groß, daß sie nach einer Schlacht
      verlangten, um zu siegen oder den Tod zu finden, jedenfalls also dem
      unerträglichen Zustand ein Ende zu machen). Belisar antwortete, (er
      kenne die Art und Weise des Volkes ganz genau, und es falle ihm gar
      nicht ein, alles aufs Spiel zu setzen; übrigens sei schon ein großes
      Ersatzheer unterwegs und eine Flotte mit reichen Vorräten befinde
      sich bereits an der kampanischen Küste. Mit dieser Hilfe hoffe er
      einen vollständigen Sieg zu erringen; jedenfalls wolle er ihre Ankunft
      möglichst zu beschleunigen suchen.)

      4. Nachdem Belisar durch diese Worte dem römischen Volke wieder
      Mut gemacht hatte, entließ er es und erteilte dem Prokop, der dies
      geschrieben hat, den Befehl, sich sofort nach Neapel zu begeben; denn
      es war das Gerücht laut geworden, der Kaiser habe ein Heer dorthin
      geschickt. Er trug ihm auf, möglichst viele Schiffe mit Getreide zu
      beladen, alle Soldaten, die etwa aus Byzanz angekommen wären, zu
      sammeln, ebenso die, welche zur Pflege der Pferde oder aus irgend-
      einem anderen Grunde dort zurückgeblieben wären: es war ihm
      nämlich zu Ohren gekommen, daß eine ziemlich große Zahl von
      solchen in den Städten Kampaniens sich befänden. Endlich sollte er
      auch einen Teil von der dortigen Besatzung abnehmen und mit allen
      diesen das Getreide schleunigst nach Ostia, Roms Hafen, schaffen.
      Prokop passierte mit dem Doryphoren Mundilas und einigen Reitern
      das Tor, welches seinen Namen vom Apostel Paulus hat, bei Nacht
      und kam glücklich bei der feindlichen Schanze vorbei, die zur
      Beobachtung der Appischen Straße hart an derselben liegt. Als nun
      Mundilas mit seinen Leuten nach Rom zurückkam und meldete,
      Prokop sei schon in Kampanien, ohne von den Barbaren belästigt
      worden zu sein, da diese nachts ihr Lager nicht zu verlassen pflegten,
      so wurden sie alle froher Hoffnung voll. Auch Belisar schöpfte

frischen Mut und traf folgende Maßregeln. Er schickte zahlreiche 538
Reiterscharen in die Verschanzungen nahe am Feinde, mit dem
Befehl, wenn die Feinde in jener Richtung Nahrungsmittel in ihr Lager
zu schaffen versuchten, sie durch Überfälle und Angriffe aus dem
Hinterhalt auf alle Weise daran zu hindern, damit einerseits die Stadt
etwas weniger als in der letzten Zeit den Mangel empfände, anderer-
seits die Barbaren die Empfindung bekämen, nicht zu belagern,
sondern belagert zu werden. Martin und Trajan schickte er mit 1000
Mann nach Tarracina, mit ihnen seine Gemahlin Antonina, die sich
nach Neapel begeben und dort in Sicherheit abwarten sollte, wie sich
die Dinge weiterentwickeln würden. Ungefähr 500 Mann unter
Magnus und dem Doryphoren Sinthues legte er in das Kastell von
Tibur[1], 140 Stadien von Rom. Schon früher hatte er die Stadt der
Albaner, die ebenso weit entfernt an der Appischen Straße liegt, von
Gontharis und einigen Herulern besetzen lassen, die von den Goten
bald darauf vertrieben wurden.

Eine Kirche des Apostels Paulus befindet sich 14 Stadien[2] von der
Stadtmauer entfernt am Tiber. Befestigungswerke befinden sich zwar
dort nicht, aber ein Säulengang führt von der Stadt bis zu der Kirche,
und andere Gebäude befinden sich zu beiden Seiten, so daß der Punkt
leicht zu verteidigen ist. Die Kirchen der Apostel Paulus und Petrus
aber behandelten die Goten mit ganz besonderer Ehrfurcht und haben
während des ganzen Krieges sie unbehelligt gelassen, so daß die
Priester ganz wie im Frieden dort zelebrieren konnten. An diesem
Punkt, und zwar am Tiberufer, ließ Belisar von Valerian mit allen
seinen Hunnen eine Schanze anlegen, damit sie selbst bequemer Futter
für ihre Pferde hätten und die Goten daran behindert würden, sich so
weit es ihnen beliebte von dem Lager zu entfernen. Valerian führte
seinen Auftrag aus und kehrte in die Stadt zurück, nachdem er die
Hunnen einlogiert hatte. Nachdem Belisar diese Maßregeln getroffen
hatte, verhielt er sich ruhig, ohne einen Kampf hervorzurufen, war
aber bereit, jeglichen Angriff auf die Mauer abzuweisen. Einige
Römer konnte er noch mit Getreide unterstützen. — Martin und
Trajan waren glücklich nachts zwischen den feindlichen Schanzen
durchgekommen und in Tarracina angelangt. Von dort schickten sie
Antonina mit kleinem Geleit nach Kampanien; sie selbst setzten sich
in dem Kastell fest und machten von dort aus häufig Ausfälle und
Streifzüge, so daß sie die Goten, welche in der Umgegend umher-

---

[1] Tivoli, 22,5 Kilometer. — [2] 2,55 Kilometer.

538 schwärmten, zum Weichen zwangen. Magnus und Sinthues bauten in
     kurzem die verfallenen Teile des Kastells wieder auf, und, nachdem sie
     so für ihre eigene Sicherheit gesorgt hatten, fügten sie den Feinden
     großen Schaden zu, da ihr Kastell hart am Feinde war und sie daher
     mit größter Leichtigkeit Ausfälle machen konnten, besonders wenn
     die Barbaren mit Proviantzügen vorbeikamen. Leider erhielt Sinthues
     in einem Gefecht einen Lanzenstoß in die rechte Hand, der die Sehnen
     derselben durchschnitt und ihn völlig kampfunfähig machte. Auch die
     Hunnen taten den Goten in der Schanze, in deren Nachbarschaft sie
     sich festgesetzt hatten, nicht geringen Schaden, so daß sie anfingen
     Mangel zu leiden, weil sie nicht mehr wie früher beliebig Zufuhr
     haben konnten. Auch befiel sie eine Pest, die zahlreiche Opfer
     forderte, die meisten in der Schanze, die sie zuletzt an der Appischen
     Straße angelegt hatten. Die wenigen Leute, die übrigblieben, verteil-
     ten sich in die anderen Schanzen. Auch die Hunnen wurden von der
     Krankheit befallen und kehrten in die Stadt zurück. Dies geschah
     dort. Prokop aber, der sich in Kampanien befand, sammelte dort nicht
     weniger als 500 Mann, ließ eine große Anzahl von Schiffen mit
     Getreide beladen und hielt sie segelfertig. Bald kam ihm Antonina
     nach und half ihm bei der Ausrüstung der Flotte. (Folgt eine Beschrei-
     bung des Vesuvs und der Art seiner Ausbrüche.)
     5. In dieser Zeit kamen auch Truppen aus Byzanz an: im Hafen von
     Neapel 3000 Isaurier unter Paulus und Konon, in Hydrus[1] 800
     thrakische Reiter unter Johannes, einem Brudersohn des Usurpators
     Vitalian, und mit ihnen andere 1000 Mann zu Pferde, die unter
     anderen Alexander und Marcentius befehligten. Auch war schon
     Zeno mit 300 Reitern durch Samnium und weiter auf der Latinischen
     Straße nach Rom gekommen. Als nun Johannes mit seiner ganzen
     Macht und vielen Lastwagen, die er aus Kalabrien mitbrachte, nach
     Kampanien kam, vereinigte er sich mit den 500 Mann, von denen
     oben die Rede war. Sie nahmen mit den Wagen den Weg am Strande
     entlang; wenn ihnen die Feinde begegnen sollten, gedachten sie eine
     Wagenburg zu schlagen und so den Angriff abzuweisen. Paulus und
     Konon sollten sich mit ihren Leuten zur See schleunigst nach Ostia,
     dem Hafen Roms, begeben. Die Wagen wurden nur mit Getreide
     vollgeladen; die Schiffe bargen nicht nur dies, sondern auch Wein und
     andere Lebensmittel. Man glaubte, bei Tarracina Martin und Trajan
     mit ihren Leuten zu finden und mit ihnen gemeinschaftlich den Weg

     _____

     [1] Otranto.

fortzusetzen: als man aber dorthin kam, hieß es, sie seien auf Befehl 538
wieder nach Rom gegangen. Als Belisar nun erfuhr, daß Johannes mit
den Seinen unterwegs war, besorgte er, die Feinde möchten ihn mit
Übermacht angreifen und vernichten, und tat folgendes. Er selbst
hatte das Flaminische Tor, in dessen unmittelbarer Nähe die Feinde
ein Schanzwerk hatten, zu Anfang des Krieges, wie ich schon früher
erzählt habe, mit Steinen verrammeln lassen, um den Barbaren einen
Sturm oder Handstreich an diesem Punkt zu erschweren. Es war auch
in der Tat hier kein Gefecht vorgekommen, und die Barbaren
versahen sich von dieser Seite keines Angriffs. Belisar ließ bei Nacht
die steinerne Barrikade von dem Tore hinwegräumen, ohne daß
vorher jemand eine Ahnung davon gehabt hätte, und zog den größten
Teil seines Heeres hierhin zusammen. Bei Tagesanbruch ließ er dann
den Trajan und Diogenes mit 1000 Reitern durch das Pincianische
Tor einen Ausfall machen, mit dem Befehl, bis dicht an die feindlichen
Schanzen vorzugehen, und, wenn die Feinde ihrerseits zum Angriff
übergingen, kehrtzumachen ohne sich zu schämen und bis zur Mauer
zurückzureiten. Einige Mannschaft stellte er auch innerhalb jenes
Tores auf. Trajan und seine Leute reizten nun den Feind, Belisars
Auftrage gemäß, und die Goten strömten aus allen Schanzen herbei,
um sie zurückzuwerfen. Beide Parteien sprengten bald auf die Stadtmauer los, die einen in verstellter Flucht, die anderen vermeintlich auf
der Verfolgung. Als Belisar sah, daß die Feinde dabei nahe genug
herangekommen waren, öffnet er plötzlich das Flaminische Tor und
läßt sein Heer auf die bestürzten Barbaren los. Es war aber eine
Schanze der Goten gerade an diesem Wege, und davor ein enger,
schwer zugänglicher Hohlweg. Hier hatte ein Barbar von großer
Leibesstärke in voller Rüstung Posto gefaßt; als er die Feinde vordringen sah, rief er seine Kameraden an und wollte den Engpaß besetzt
halten und verteidigen. Mundilas aber kam ihm zuvor, streckte ihn
nieder und ließ nun keinen Barbaren mehr durch. So kamen die
Römer ohne Widerstand bis nahe an die Schanze, die sie vergeblich zu
erstürmen suchten, obgleich nur wenige Barbaren darin waren. Das
Werk selbst war aber sehr stark, denn der Graben war sehr tief, und
die ausgehobene Erde bildete auf der Innenseite einen mauerähnli-
chen Wall, der mit Spitzpfählen wie gespickt war. Nun erholten sich
die Barbaren von ihrem Schrecken und wehrten tapfer dem Ansturm
ihrer Feinde. – Einer von Belisars Hypaspisten, Aquilinus mit Namen,
ein sehr tapferer Mann, nahm sein Pferd fest im Zügel und kam mit
einem Satz mitten in die feindliche Verschanzung, wo er etliche Mann

538 niederhieb. Sofort wurde er umzingelt und mit Geschossen überschüttet; sein Pferd stürzte tot zusammen, er selbst hieb wider aller Erwarten sich glücklich durch die Feinde durch und zog sich zu Fuß mit den anderen auf das Pincianische Tor zurück. Dabei wehrten sie sich tapfer gegen die nachdrängenden Barbaren und töteten mehrere durch wohlgezielte Speerwürfe. Als Trajan und die Seinen dies sahen, gingen sie, unterstützt von den Reitern, die dort angriffsbereit hielten, im Trabe gegen die Verfolger vor. Da sahen sich die Goten überlistet und von allen Seiten angegriffen. Sie wurden haufenweise niedergemetzelt, nur wenige entkamen in die Verschanzungen. Und da sie für ihre sämtlichen Werke zu fürchten anfingen, hielten sie sich innerhalb derselben und glaubten jeden Augenblick eines Sturms gewärtig sein zu müssen. (In diesem Kampf wird Trajan über dem rechten Auge verwundet; das Geschoß bleibt im Knochen stecken, ohne daß er etwas davon merkt. Fünf Jahre später kam das Eisen wieder zum Vorschein und rückte drei Jahre lang immer weiter vor, so daß es wohl schließlich ganz herausgefallen sein wird. Trajan hatte keine Beschwerden davon.)

6. Jetzt verzweifelten die Barbaren nachgerade an der Belagerung und zogen den Rückzug in Betracht. Die Pest und der Feind hatten sie so dezimiert, daß von vielen Myriaden nur wenige übriggeblieben waren; besonders drückend war für sie der Mangel an Lebensmitteln, da sie dem Scheine nach zwar belagerten, in Wirklichkeit von ihren Gegnern aber belagert und von aller Zufuhr abgeschnitten waren. Als sie nun gar erfuhren, daß ein Entsatzheer zu Lande und zu Wasser von Byzanz den Feinden zu Hilfe komme, dessen Stärke natürlich das Gerücht bedeutend übertrieb, scheuten sie sich vor der Weiterführung des Krieges und dachten ernstlich an den Rückzug. Deshalb schickten sie Gesandte nach Rom, und zwar einen Römer, der bei den Goten in hohem Ansehen stand, mit ihnen. Dieser trat vor Belisar und sprach folgendermaßen: »Jeder von uns, der diese traurige Zeit mit durchgemacht hat, weiß sehr wohl, daß keiner von beiden Parteien der Krieg Segen gebracht hat. Kann denn ein einziger aus beiden Lagern leugnen, was jedermann nur zu gut weiß? Niemand, der bei gesunder Vernunft ist, kann leugnen, daß nur unverständige Leute wegen eines vorliegenden Streitfalls immerfort im Leiden verharren wollen, ohne eine Lösung der Widerwärtigkeiten zu erstreben. Wenn dem aber so ist, müssen die Führer auf beiden Seiten mit Hintansetzung des eigenen Ruhms auf das Heil ihrer Untergebenen bedacht sein und nicht nur ihren eigenen Vorteil, sondern auch die berechtigten

Ansprüche der Feinde in Betracht ziehen und auf diese Weise eine 538
Lösung der vorliegenden Schwierigkeiten herbeiführen. Mit weiser
Mäßigung kann man auch sehr verwickelte Verhältnisse schlichten,
während es dem Ehrgeiz eigentümlich ist, niemals zu einem befriedi-
genden Abschluß zu gelangen. Wir sind nun zu Euch gekommen, da
wir diesem Krieg ein Ende machen wollen, und um nach beiden Seiten
gerecht sein zu können, wollen wir sogar von unserem guten Recht
etwas aufgeben. Möget auch Ihr den Haß gegen uns fahren lassen und
beschließen, was Euch frommt, anstatt ins Verderben zu rennen. Es
empfiehlt sich für beide Teile, nicht hintereinander weg zu reden,
sondern sogleich zu antworten, wenn etwas nicht richtig dargestellt
zu sein scheint. Denn so kann jeder kurz sagen, was er im Sinne hat,
und seiner Pflicht genügen.« Darauf antwortete Belisar: »Meinethal-
ben kann die Unterredung so stattfinden, wie Ihr es sagt; ich wünsche
nur, daß Ihr friedliebend und gerecht sprecht.« Darauf begannen die
gotischen Gesandten: »Ihr habt uns unrecht getan, o Römer, daß Ihr
gegen Recht und Gerechtigkeit uns, Eure Freunde und Bundesgenossen, mit Krieg überzogen habt. Wir wollen nun anführen, was einem
jeden von Euch hinlänglich bekannt sein muß. Die Goten haben nicht
mit Gewalt das italische Land Euch entrissen und in ihren Besitz
genommen, sondern Odoaker hatte den Kaiser gestürzt und das Land
seiner Gewaltherrschaft unterworfen. Nun wollte Zeno, der damals
im Orient herrschte, seinen Mitkaiser an dem Tyrannen rächen und
das Land befreien; da er aber nicht imstande war, die Herrschaft
Odoakers zu brechen, so überredete er unseren Herrscher Theoderich, obgleich dieser gerade den Kaiser und Byzanz belagern wollte,
die Feindschaft gegen ihn fahren zu lassen und sich der Würde zu
erinnern, deren er schon teilhaftig geworden war – er war nämlich
römischer Patricius und Konsul –, den Odoaker für das Unrecht, das
er dem Augustulus angetan hatte, zu strafen und dann mit seinen
Goten in aller Form rechtens von dem Lande Besitz zu ergreifen. So
haben wir die Herrschaft über Italien bekommen und haben die
Gesetze und staatlichen Einrichtungen gerade so erhalten und
gepflegt wie nur irgendein Kaiser; weder von Theoderich noch von
einem seiner Nachfolger ist ein einziges neues Gesetz vorhanden,
weder ein geschriebenes noch ein ungeschriebenes. Was ferner die
Verehrung Gottes und den christlichen Glauben anbetrifft, so haben
wir mit peinlicher Sorgfalt die Interessen der Römer wahrgenommen,
so daß von den Italikern bis auf den heutigen Tag nicht ein einziger,
freiwillig oder gezwungen, seinen Glauben geändert hat, und die

538 Goten, die übergetreten sind, hat man ganz unbehelligt gelassen. Die
Heiligtümer der Römer haben wir sogar in höchsten Ehren gehalten;
denn nie ist irgendwem, der dort ein Asyl suchte, auch nur ein Haar
gekrümmt worden. Ihre Staatsämter haben die Römer ebenfalls ganz
für sich behalten: kein Gote hat je eins bekleidet. Wenn jemand
glaubt, daß dies nicht der Wahrheit gemäß sei, so mag er kommen und
den Gegenbeweis führen. Man könnte vielmehr noch erwähnen, daß
die Goten den Römern gestatteten, Jahr für Jahr ihre Konsuln von
dem Kaiser des Ostens ernennen zu lassen. Trotz dieser Sachlage habt
Ihr Italien nicht für Euch in Anspruch genommen, als es von Odoaker
und seinen barbarischen Scharen geknechtet wurde – und das dauerte
nicht etwa kurze Zeit, sondern volle zehn Jahre –, sondern jetzt geht
Ihr mit Gewalt vor gegen die rechtmäßigen Herrn des Landes, ohne
auch nur einen Schein von Recht zu besitzen. Hebt Euch also weg von
hier; Euer Eigentum und was Ihr zusammengeraubt habt, könnt Ihr
ruhig mitnehmen.« Darauf erwiderte Belisar: »Ihr hattet versprochen, kurz und maßvoll zu sprechen; Eure Rede aber war lang und
nicht fern von Prahlerei. Der Kaiser Zeno hat Theoderich ausgesandt,
Odoaker zu bekriegen, aber nicht, um sich in Italien ein selbständiges
Reich zu gründen: was hätte denn dem Kaiser daran liegen können,
einen Gewaltherrscher an die Stelle des anderen zu setzen? Das Land
sollte vielmehr frei und Eigentum des Kaisers sein. Theoderich aber,
der anfangs gegen den Usurpator ganz richtig vorgegangen war, hat
nachher nicht geringe Undankbarkeit bewiesen, darin, daß er das
Land seinem rechtmäßigen Herrn nicht übergab. Meiner Ansicht
nämlich ist ein Räuber und derjenige, welcher das Gut, das dem
Nächsten gehört, nicht gutwillig hergibt, völlig gleichzuachten. Ich
würde jedenfalls ein Land, das des Kaisers ist, an niemand anders
ausliefern. Wenn Ihr übrigens sonst noch etwas wollt, so sprecht – ich
habe nichts dagegen.« Die Barbaren antworteten: »Daß wir die reine
Wahrheit geredet haben, kann keinem einzigen von Euch entgangen
sein. Um aber zu zeigen, daß es uns nicht um Streit, sondern um
Frieden zu tun ist, treten wir Euch Sizilien ab, diese große und reiche
Insel, ohne die Ihr des Besitzes von Afrika nicht sicher sein könnt.« Da
sprach Belisar: »Wir aber treten den Goten ganz Britannien ab, das
noch viel größer ist als Sizilien und ehedem den Römern untertan war;
denn wir wollen Euch an Großmut und Wohltat nichts nachgeben.«
»Also wenn wir von Kampanien oder gar Neapel anfingen, würdet Ihr
nicht darauf eingehen?« »Niemals, denn wir dürfen über das Eigentum des Kaisers nicht verfügen, es sei denn sein ausdrücklicher

Wunsch und Wille.« »Auch nicht, wenn wir uns selbst einen jährlich 538
an den Kaiser zu zahlenden Tribut auferlegten?« »Auch dann nicht
einmal, denn wir haben nur Vollmacht, das Land für seinen rechtmäßigen Besitzer zu erhalten.« »Nun, dann gestatte uns wenigstens, an
den Kaiser eine Gesandtschaft abzuordnen, um mit ihm einen endgül-
tigen Frieden abzuschließen. Auch laß uns eine bestimmte Zeit für
einen Waffenstillstand zwischen beiden Heeren festsetzen.« »Zugege-
ben; so sei es, denn wenn Ihr ernstlich den Frieden sucht, so will ich
Euch nichts in den Weg legen.« Nach diesem Gespräch hatte die
Konferenz ein Ende, und die Gesandten der Goten kehrten in ihr
Lager zurück. An den folgenden Tagen ging man geschäftig hin und
her, um die Bedingungen des Waffenstillstandes festzusetzen und für
diesen als Geiseln einige vornehme Leute auszutauschen.

7. Während dieser Verhandlungen war die Flotte der Isaurier im
Hafen von Rom angekommen und Johannes mit den Seinen in Ostia:
weder während der Landung noch während des Lageraufschlagens
hatte der Feind sich blicken lassen. Um aber auch während der Nacht
vor einem feindlichen Überfall sicher zu sein, zogen die Isaurier dicht
am Hafen einen tiefen Graben, bei dessen Bewachung sie sich
ablösten, und Johannes hielt seine Leute in der Wagenburg, die er
hatte aufschlagen lassen, zusammen. Sobald es Nacht geworden war,
kam Belisar mit 100 Reitern nach Ostia, erzählte von der letzten
Schlacht sowie von dem Waffenstillstand, den er mit den Goten
geschlossen hatte, und redete allen gut zu, sie sollten die Vorräte
geleiten und getrost auf Rom marschieren. »Ich werde dafür sorgen,
daß der Weg frei ist, sagte er. Als kaum der erste Morgen graute, ritt er
nach Rom zurück, und bei Tagesanbruch berief Antonina die Obersten zu einer Beratung über den Transport der Vorräte; die Sache
schien nämlich schwierig, ja fast unmöglich: erstens waren die
Zugochsen völlig abgetrieben und lagen beinahe wie tot da, zweitens
war es höchst bedenklich, mit den Lastwagen einen ganz engen Weg
zu fahren, und Flußschiffe den Strom hinaufzuziehen, wie es sonst
immer geschah, war ganz unmöglich, weil der Weg auf der linken
Seite des Flusses, wie oben erwähnt, von den Feinden besetzt, somit
den Römern versperrt, und der Weg auf der rechten Seite, wenigstens
der dicht am Ufer, ganz unbrauchbar war. Deshalb nahmen sie die
Boote von den großen Schiffen, versahen sie ringsumher mit einem
Bollwerk von hohen Planken, damit die Bemannung gegen die
feindlichen Geschosse gedeckt wäre, und füllten sie mit Schiffern
und Bogenschützen, so viel hineingingen, ferner mit Proviant, so viel

538 sie irgend tragen konnten, und machten sich daran, auf dem Tiber
nach Rom zu fahren. Mit günstigem Winde fuhren sie ab, und ein Teil
des Heeres marschierte, zur Hilfe bereit, auf gleicher Höhe am Ufer.
Von den Isauriern blieb eine große Anzahl zurück zur Bewachung der
Flotte. Wo der Strom geradeaus floß, kamen sie mit Hilfe der Segel gut
vorwärts; wo er aber in Windungen sich weit ausbreitete und der
Wind sie im Stiche ließ, mußten sie zu den Rudern greifen und kamen
gegen die Strömung nur mit Mühe vorwärts. Währenddes saßen die
Barbaren ruhig in ihren Verschanzungen und machten gar keine
Anstalten, ihre Feinde zu belästigen, sei es, daß sie die Furcht dazu
bewog, oder der Wahn, daß unmöglich auf diesem Wege die Römer
Lebensmittel in die Stadt schaffen würden, oder weil sie glaubten, es
würde ihnen Schaden bringen, wenn sie aus geringfügiger Ursache die
Aussicht auf einen Waffenstillstand, wie ihn Belisar versprochen
hatte, sich zerstörten. Sogar die Goten in Portus[1], welche die Feinde
fortwährend vorüberfahren sahen, griffen sie nicht an, sondern saßen
ganz still und staunten das Unternehmen der Römer an. Als diese auf
wiederholten Fahrten ganz nach Belieben sämtliche Vorräte in die
Stadt gebracht hatten, fuhren die Schiffer mit ihren Fahrzeugen
schleunigst ab (es neigte sich nämlich das Jahr stark zur Wintersonn-
nenwende), das andere Heer zog in Rom ein, und nur Paulus blieb mit
etlichen Isauriern in Ostia zurück.

Darauf tauschte man die Geiseln für den Waffenstillstand aus: die
Römer stellten Zeno, die Goten Ulias, einen vornehmen Mann. Es
wurde festgesetzt, daß man beiderseits während dreier Monate sich
jeglichen Angriffs enthalten solle, bis die Gesandten von Byzanz
zurückkehrten und den Willen des Kaisers verkündigten. Auch wenn
von der einen oder anderen Seite der Waffenstillstand durch Gewalttat verletzt würde, sollten die Gesandten freie Rückkehr zu ihrem
Volk haben. Unter römischem Geleit gingen nun die Gesandten der
Barbaren nach Byzanz ab.

Aus Afrika kam Ildiger, Antoninas Schwager, mit zahlreichen Reitern
nach Rom. Die Goten, welche Portus besetzt hielten, wurden, da
ihnen die Lebensmittel ausgegangen waren, von Witichis zurückgezogen und kamen auf seinen Befehl ins Lager. Paulus aber machte sich
mit seinen Isauriern von Ostia auf und besetzte den Platz. Daß den
Gothen dort alle Zufuhr abgeschnitten war, lag daran, daß die Römer
das Meer beherrschten und keine neue Verproviantierung zuließen.

---

[1] s. S. 69.

Aus demselben Grunde verließen die Goten auch eine andere wichtige 538
Stadt, die am Meere liegt, nämlich Centumcellae[1] zu derselben Zeit.
Diese große und volkreiche Stadt liegt in Etrurien, 280 Stadien[2]
westlich von Rom. Auch hier rückten die Römer ein (und ebenso
besetzten sie die Stadt der Albaner, östlich von Rom). So wurden die
Barbaren von den Römern rings umschlossen gehalten. Deshalb
sannen die Goten darauf, den Waffenstillstand zu lösen und den
Römern Schaden zuzufügen Sie schickten Gesandte an Belisar und
beklagten sich, ihnen sei trotz des Vertrages Schaden zugefügt
worden. Denn da Witichis aus irgendeinem Grunde die Goten aus
Portus an sich gezogen habe, sei es von Paulus und seinen Isauriern
ohne weiteres besetzt worden. Ebenso beklagten sie sich über Albanum und Centumcellae und drohten, sie würden Repressalien
üben, wenn er ihnen diese Orte nicht wieder ausliefere. Belisar
schickte sie mit Spott heim: diese Beschuldigung sei ein nichtiger
Vorwand, jeder Mensch wisse wohl, warum die Goten jene Punkte
aufgegeben hätten. Seit dieser Zeit beobachteten sich die beiden
Gegner argwöhnisch. Darauf schickte Belisar, da Rom Überfluß an
Soldaten hatte, Reiterscharen in die Ortschaften in weitem Umkreise
um Rom, ferner Johannes, Vitalians Schwestersohn, mit seinen
Reitern, 800 an der Zahl, nach Albanum in Picenum, um dort zu
überwintern, mit ihm 400 von Valerians Reitern unter dem Befehl
Damians, der Valerians Schwesterkind war, und von seinen eigenen
Hypaspisten 800 Mann, lauter auserlesene Krieger unter Sutas und
Abigis, zweien seiner Doryphoren, die aber dem Oberbefehl des
Johannes unterstellt waren. Dieser bekam folgenden Auftrag: Solange
die Feinde den Waffenstillstand hielten, sollte er ganz ruhig bleiben;
sobald sie ihn aber aufgehoben hätten, sollte er mit seiner ganzen
Macht sogleich in raschem Fluge das ganze Picenische Land durcheil-
len und alle Ortschaften absuchen, ehe noch die Kunde von seinem
Zuge ihm vorauseilen könnte. Denn aus jener Landschaft waren
sämtliche Männer nach Rom gezogen, und die Weiber und Kinder der
Feinde und ihre Reichtümer waren dortgeblieben. Er solle nun rauben
und plündern nach Herzenslust und sich nur in acht nehmen, daß
keinem der römischen Einwohner etwas Übles zustoße. Wenn er an
einen Ort käme, der vom Feinde besetzt und befestigt sei, sollte er mit
seiner ganzen Macht ihn durch Handstreich zu nehmen suchen;
könne er ihn nehmen, solle er weitereilen; wenn nicht, sich zurückzie-

[1] Civita vecchia. — [2] 51,37 Kilometer.

538 hen oder davor liegenbleiben (denn ein unbezwungener Platz im
Rücken könne immer gefährlich werden). Die gesamte Beute sollte er
aufheben, damit sich das ganze Heer nach Recht und Gerechtigkeit
darin teilen könnte. Lachend fügte er hinzu: »Denn es wäre ungerecht, wenn die einen mühelos sich allein am Honig letzen dürften,
während die anderen mühselig die Bienenstöcke zerstören.« Mit
solchem Auftrag entließ Belisar den Johannes und dessen Truppen.

Zu derselben Zeit kam Datius, der Bischof von Mailand, mit einigen
angesehenen Bürgern nach Rom und bat sich von Belisar eine geringe
Besatzungsmannschaft aus. Sie beteuerten nämlich, für sich allein
imstande zu sein, nicht nur Mailand selbst, sondern ganz Ligurien
ohne große Mühe von den Goten loszureißen und dem Kaiser
wiederzugewinnen. (Mailand ist von den Städten des Westens nächst
Rom die größte und volkreichste.) Belisar versprach, ihre Bitte zu
erfüllen, und hielt sie den Winter in Rom zurück.

8. (Konstantin, ein hoher Offizier, hat einem edlen Römer zwei
edelsteinbesetzte Schwerter wegnehmen lassen und weigert sich, trotz
vielfacher Aufforderungen Belisars, sie herauszugeben. Als er in
Gegenwart vieler Offiziere dem Belisar in diesem Punkte direkt den
Gehorsam verweigert, will ihn dieser verhaften lassen. Da stürzt
Konstantin mit gezücktem Dolch auf Belisar los und wird nur mit
Mühe überwältigt. Der Feldherr läßt ihn später von seinen Trabanten
umbringen.) »Dies war die einzige unedle Tat, die Belisar je getan«,
sagt Prokop, »und sie entsprach durchaus nicht seinem Charakter, da
er sich sonst gegen jedermann gerecht und billig zeigte.« Dem
Konstantin aber hatte das Geschick ein schlimmes Ende bestimmt.

9. Bald darauf wollten die Goten etwas gegen die Befestigung von
Rom unternehmen. Deshalb schickten sie zunächst einige Leute in
eine der Wasserleitungen hinein, der sie selbst zu Anfang der Belagerung das Wasser abgeschnitten hatten. Mit Laternen und Fackeln
drangen sie ein und suchten von dort aus den Eingang in die Stadt.
Nun hatte dieser Kanal unweit des Pincianischen Tores eine Bresche
in der Wölbung, so daß einer der römischen Wächter den Lichtschim-
mer erblickte und seine Kameraden darauf aufmerksam machte. Die
aber behaupteten, ein Wolf sei vorübergelaufen. Denn an jener Stelle
ragte der Bau der Wasserleitung nicht über den Boden heraus, und da
hielten sie den feurigen Schein für die Augen des Wolfes. Als nun die
Barbaren, welche in der Leitung vorwärtsgingen, mitten in die Stadt
gekommen waren, kamen sei an einen Punkt, wo von altersher ein
Ausgang auf das Palatium war. Denselben fanden sie aber durch eine

Mauer verschlossen, so daß sie nicht weiter vordringen und den 538
Ausgang überhaupt nicht benutzen konnten. Diese Vermauerung
hatte Belisar wohlweislich am Anfang der Belagerung machen lassen,
wie ich seinerzeit berichtet habe. Sie nahmen nun von dort einen
kleinen Stein mit und machten sich sofort auf den Rückweg. Als sie
wieder zu Witichis kamen, zeigten sie den Stein vor und statteten
Bericht ab. Der hielt mit den vornehmsten Goten Rat über den ganzen
Anschlag. Die römischen Wächter aber vom Pincianischen Tor
erzählten sich untereinander am folgende Tage von dem angeblichen
Wolf. Von ihnen ging die Geschichte weiter und kam auch Belisar zu
Ohren. Der Feldherr nahm die Sache sogleich sehr ernst und schickte
augenblicklich erprobte Krieger unter seinem Doryphoren Diogenes
in die Wasserleitung, um sie schleunigst abzusuchen. Da fanden sie
denn Laternen der Feinde und was von ihren Fackeln abgetropft war,
den ganzen Kanal entlang, besahen die Mauer, von der die Goten
einen Stein genommen hatten, und meldeten alles an Belisar. Er ließ
fortan die Leitung scharf bewachen; die Goten merkten das und
standen von weiteren Versuchen ab. Darauf wagten sie aber einen
offenen Handstreich auf die Mauern. Sie nahmen die Zeit der
Mittagsmahlzeit wahr, wo ihre Gegner am wenigsten einen Angriff
erwarteten, und gingen mit Leitern und Fackeln auf das Pincianische
Tor los, in der Hoffnung, die Stadt im ersten Anlauf überrumpeln zu
können, da nicht viele Soldaten an jener Stelle auf Posten standen.
Ildiger hatte gerade mit seinen Leuten an jener Stelle die Wache – die
Offiziere lösten sich nämlich in bestimmter Reihenfolge ab. Als der
den wilden Ansturm der Feinde gewahrte, die nicht in Reih und Glied,
sondern ganz ohne Ordnung angriffen, schlug er die Nächsten ohne
Mühe nieder. In der Stadt aber entstand natürlich ein gewaltiges
Schreien und Lärmen: Die Römer strömten sogleich von allen Seiten
herbei und besetzten die Mauer, so daß die Barbaren sehr bald sich
unverrichteter Sache auf ihr Lager zurückziehen mußten. Nun versuchte Witichis, mit List die Mauer zu nehmen. Und ein Teil davon
war wirklich leicht zu ersteigen, nämlich der am Tiberufer, weil dort
die alten Römer in blindem Vertrauen auf den Schutz, den der Strom
gewährte, sehr nachlässig die Mauer angelegt hatten, sehr niedrig und
ohne Türme, so daß Witichis wohl hoffen konnte, von hier aus, wo
nicht einmal ein ordentliches Wachtgebäude sich befand, in die Stadt
einzudringen. Er bestach also zwei Römer, die an der Peterskirche
wohnten, bei einbrechender Dunkelheit mit einem Schlauch Wein
sich an die Posten, die dort standen, zu machen, und ihnen wie aus

538 reiner Freundschaft Wein zu schenken. Dann sollten sie ihnen bis tief
in die Nacht hinein fleißig zutrinken und schließlich jedem ein
Schlafmittel, das er ihnen selbst aushändigte, in den Becher schütten.
Inzwischen ließ er ohne Geräusch auf dem gegenüberliegenden Ufer
Kähne in Bereitschaft setzen, um darin, sobald die Wächter in Schlaf
verfielen, eine Anzahl Barbaren, mit Leitern versehen, auf ein gegebenes Zeichen über den Fluß zu setzen und einen Sturm auf die Mauer zu
wagen. Das ganze Heer war alarmiert, um dann einen Gesamtangriff
auf die Stadt zu machen. Aber das Schicksal wollte nicht, daß Rom
von diesem Barbarenheer genommen würde. Als schon alles bereit
war, ging einer von den Leuten, die Witichis zu diesem Anschlag
gedungen hatte, von Gewissensbissen ergriffen zu Belisar, offenbarte
ihm alles und verriet seinen Mitschuldigen. Auf die Folter gespannt,
gab dieser alles bis aufs kleineste an und lieferte auch den Schlaftrunk
aus, den ihm Witichis gegeben hatte. Belisar ließ ihm Nase und Ohren
abschneiden und sandte ihn auf einem Esel in das feindliche Lager. Bei
diesem Anblick kamen die Barbaren zu der Erkenntnis, daß Gott alle
ihre Pläne zuschanden werden ließ, und sie deshalb die Stadt nicht
würden nehmen können.

10. Während dies in Rom vorging, schrieb Belisar an Johannes, er
solle jetzt seinen Auftrag ausführen. Da brach Johannes mit seinen
2000 Reitern auf und durchstreifte ganz Picenum; alles wurde verwü-
stet, die Weiber und Kinder der Feinde als Sklaven fortgeschleppt.
Ulitheus, Witichis' Oheim, trat ihm mit einer Gotenschar entgegen,
wurde geschlagen und getötet; mit ihm fielen fast alle seine Leute, so
daß fortan niemand dem Johannes gegenüberzutreten wagte. Als er
nun vor Auximum[1] anlangte, sah er, daß die gotische Besatzung zwar
nur gering, der Platz selbst jedoch fest, ja uneinnehmbar war. Mit
einer Belagerung wollte er sich nicht lange aufhalten, sondern ritt
schnell weiter. Ebenso verfuhr er mit Urbinum und zog auf Bitten der
Römer auf Ariminum[2], das nur eine Tagereise von Ravenna ab liegt.
Die Barbaren, welche darin waren, trauten den Bewohnern der Stadt
nicht und zogen sich auf die Nachricht vom Heranrücken des
feindlichen Heers Hals über Kopf nach Ravenna zurück. So besetzte
denn Johannes Ariminum und ließ hinter sich nur Beobachtungs-
posten vor Auximum und Urbinum – nicht als ob er Belisars Befehle
vergessen hätte oder von unvernünftiger Tollkühnheit getrieben
wäre, denn er besaß Klugheit mit Tapferkeit gepaart –, sondern er

[1] Osimo. – [2] Rimini.

berechnete ganz richtig, die Goten würden auf die Kunde, daß 538
Ravenna bedroht sei, aus Besorgnis für diese Stadt sofort die Belagerung Roms aufheben. Er hatte richtig gerechnet. Denn als Witichis
und das Gotenheer hörten, daß er Ariminum genommen habe,
gerieten sie wegen Ravenna in große Sorge und traten mit Hintansetzung aller anderen Erwägungen sofort den Rückzug an, wie ich
sogleich erzählen werde. Johannes, der schon vorher als tüchtiger
Mann bekannt war, hatte großen Ruhm von dieser seiner Tat. Er war
überhaupt ein kühner und energischer Mann, der jeder Gefahr
furchtlos ins Auge sah, dabei einfach in seinen Bedürfnissen und an
Strapazen gewöhnt wie kein Barbar noch Soldat. Solch ein Mann war
Johannes.

Matasuntha, des Witichis Gemahlin, die ihrem Gatten heftig grollte,
weil er sie anfangs zur Ehe gezwungen hatte, freute sich ingrimmig,
als sie von der Einnahme Ariminums durch Johannes hörte, und
knüpfte sofort geheime Verhandlungen mit ihm an, denn sie sann
auf Verrat und eine eheliche Verbindung mit ihm. Ohne daß
jemand das geringste merkte, gingen Boten zwischen ihnen hin und
her.

Als die Goten den Fall Ariminums erfuhren und gleichzeitig die
Lebensmittel ihnen gänzlich ausgegangen waren, rüsteten sie sich zum
Rückzug, obgleich sie nach Ablauf der drei Monate von den Gesandten [die nach Byzanz gegangen waren] noch keine Botschaft hatten.
Das Jahr näherte sich bereits der Frühlings-Tagundnachtgleiche: ein
volles Jahr und neun Tage waren über der Belagerung verstrichen, als
die Goten all ihre Werke anzündeten und mit Tagesanbruch den
Rückzug antraten. Wie die Römer das sahen, wußten sie zunächst
nicht, was sie tun sollten, denn die meisten Reiter waren, wie
berichtet, hierhin und dorthin verschickt; sie selbst aber glaubten, mit
einer solchen Menge von Feinden es nicht aufnehmen zu können.
Belisar ließ jedoch alles, was an Reiterei und Fußvolk da war, unter
die Waffen treten. Als er dann sah, daß bereits mehr als die Hälfte der
Feinde die Brücke überschritten hatte, führte er sein Heer zum
Pincianischen Tor hinaus, und es entspann sich ein Kampf, der nicht
weniger blutig war als die vorhergehenden. Zunächst leisteten freilich
die Barbaren heftigen Widerstand, und beim ersten Zusammenstoß
verloren viele hüben und drüben das Leben; dann aber wichen die
Goten und stürzten sich selbst in großes Unglück. Jeder wollte
nämlich als der erste die Brücke überschreiten; dabei kam es zu einem
schrecklichen Gedränge, das vielen das Leben kostete, da nicht nur

538 der Feind, sondern sie selbst gegeneinander wüteten. Auch fiel mancher seitwärts von der Brücke herab in den Tiber und wurde durch die Schwere seiner Waffen auf den Grund gezogen. So kamen die meisten um, und nur wenige retteten sich zu ihren Kameraden jenseits des Flusses. In dieser Schlacht zeichneten sich der Isaurier Longinus und Mundilas, von Belisars Doryphoren, am meisten aus. Mundilas tötete im Einzelkampf vier Barbaren und kam glücklich davon; Longinus, der am meisten dazu beigetragen hatte, die Feinde zu werfen, fiel und wurde vom römischen Heer aufrichtig betrauert.

11. Während Witichis mit den Trümmern seines Heeres auf Ravenna marschierte, ließ er unterwegs in den befestigten Plätzen überall starke Besatzung zurück: zu Clusium[1] in Etrurien 1000 Mann unter Gibimer, ebensoviel in Urbs Vetus[2] unter dem Goten Albilas, 400 Mann in Tudertum[3] unter Uligisal. Im Picenischen Lande ließ er 400 Mann in Petra stehen; Auximum, welches die größte Stadt jener Gegend ist, besetzte er mit einer auserlesenen Schar von 4000 Goten unter einem sehr tapferen Führer namens Wisand, 2000 Mann unter Morras in Urbinum. Außerdem sind noch zwei Festungen zu nennen, nämlich Caesena[4] und Monsferetrus[5], deren jede er mit 500 Mann besetzte. Er selbst ging mit dem übrigen Heer gerade auf Ariminum los, um es zu belagern. Belisar hatte aber gleich nach Aufhebung der Belagerung 1000 Reiter unter Ildiger und Martin ausgeschickt, die auf einem anderen Wege noch vor den Feinden nach Ariminum eilen sollten. Sie überbrachten Johannes den Auftrag, mit seinen Leuten Ariminum schleunigst zu räumen und statt dessen als Besatzung die Leute hineinzulegen, welche in Ankon[6], einem Platz am adriatischen Meer, zwei Tagereisen von Ariminum, lagen. Diese Stadt hatte er kurz vorher durch eine starke Abteilung Isaurier und Thrazier unter Konon besetzen lassen. Er ließ sich dabei von dem Gedanken leiten, wenn in Ariminum nur Fußvolk unter weniger namhaften Führern stünde, würden die Goten nicht erst zur Belagerung schreiten, sondern direkt auf Ravenna losgehen; sollten sie hingegen doch davor liegenbleiben, so würde der Proviant für das Fußvolk länger reichen, die 2000 Reiter dagegen mit den übrigen Truppen natürlich den Feinden mehr Abbruch tun und sie bald zur Aufhebung der Belagerung zwingen. In dieser Absicht hatte Belisar Martin und Ildiger abgeschickt, die auf

---

[1] Chiusi. — [2] Orvieto. — [3] Gewöhnlich Tuder, jetzt Todi. — [4] Cesena. — [5] Sasso ferrato. — [6] Ancona.

der Flaminischen Straße vorgingen und bald die Barbaren weit 538
überholt hatten. Denn diesen war ihre eigene Masse hinderlich, und
sie wurden zu großen Umwegen gezwungen durch die Schwierigkeit,
Proviant zu beschaffen, und die Furcht vor den Besatzungen der
Festungen an der Flaminischen Straße, Narnium, Spoletium und
Perusia, die, wie schon erwähnt, in den Händen der Römer sich
befanden.

Als die römischen Truppen auf einem kleinen Umweg vor Petra
ankamen, versuchten sie, es durch einen Handstreich zu nehmen
(obgleich der Platz, auf der einen Seite von einem reißenden Gewässer
umflossen, auf der anderen durch einen steil emporragenden Fels
gedeckt, uneinnehmbar schien. Weil ein Angriff von der Flußseite
keinen Erfolg hatte), erstiegen Martin und Ildiger mit ihren Leuten die
beherrschende Felskuppe und beschossen von dort die Goten. Diese
zogen sich schnell in ihre Häuser zurück und blieben ruhig darin. Da
die Römer den Feinden nun mit ihren Steinwürfen nichts anhaben
konnten, verfielen sie auf folgendes Mittel. Sie sprengten große
Felsblöcke ab, wälzten diese mit vieler Anstrengung bis an den Rand
und stürzten sie auf die Häuser herab. Wenn diese auch nur eine Ecke
eines Gebäudes berührten, zerschmetterten sie es ganz und gar, und
das flößte den Goten großen Schrecken ein. Daher streckten sie gegen
die, welche noch am unteren Tor standen, flehend die Hände aus und
ergaben sich unter der Bedingung, des Kaisers Sklaven und Belisar
untertan zu sein, wenn ihnen nichts Übles geschehe. Ildiger und
Martin nahmen die Mehrzahl unter ihre Leute auf, einige ließen sie
mit den Weibern und Kindern am Ort zurück, nicht ohne eine
römische Besatzung hineinzulegen. Von dort kamen sie nach Ankon,
nahmen den größten Teil des Fußvolks, welches dort lag, auf und
gelangten am dritten Tage nach Ariminum, wo sie Belisars Befehl dem
Johannes übermittelten. Der wollte aber nicht fortgehen, hielt vielmehr Damian mit seinen 400 Mann noch zurück. Sie ließen also das
Fußvolk da und rückten sofort wieder ab mit Belisars Doryphoren
und Hypaspisten.

12. Kurz darauf erreichte Witichis mit seinem ganzen Heer Ariminum, schlug davor ein Lager auf und fing an, es zu bestürmen. Die
Goten zimmerten sogleich einen hölzernen Turm, der höher war als
die Stadtmauer und auf vier Rädern fuhr; diesen bewegten sie gegen
den Teil der Mauer, der ihnen am schwächsten zu sein schien. Um
aber nicht dieselbe üble Erfahrung zu machen wie bei der Belagerung
von Rom, setzten sie ihn nicht durch Ochsen in Bewegung, sondern

538 ließen ihn von Leuten ziehen, die unten im Turme selbst sich
befanden. Auch war in dem Turm eine sehr breite Leiter angebracht,
auf der zahlreiche Mannschaften zu gleicher Zeit hinaufsteigen
konnten; so hofften sie, sobald nur der Turm dicht an die Mauer
wäre, mit leichter Mühe auf die Zinnen hinübersteigen zu können;
denn die Höhe des Turmes war danach abgepaßt. Als sie nun mit
dieser Maschine schon ganz nahe an die Mauer gekommen waren,
machten sie Halt, da es stark zu dunkeln begann, stellten Posten rings
um den Turm auf und begaben sich alle zur Ruhe, da sie glaubten,
völlig sicher zu sein; denn zwischen Mauer und Turm war außer
einem ganz flachen Graben kein einziges Hindernis. Die Römer
brachten die Nacht in der Furcht zu, der nächste Tag werde ihr letzter
sein. Johannes aber, der nicht so leicht verzweifelte und Furcht nicht
kannte, ließ alle anderen die Wachen beziehen, versah seine Isaurier
mit Hacken und ähnlichen Werkzeugen und rückte in aller Stille noch
vor Mitternacht aus, um den Graben tieferzulegen. Seine Leute gingen
rüstig an die Arbeit und warfen die ausgehobene Erde nach der Mauer
zu, so daß diese dadurch verstärkt wurde. So stellten sie, während die
Feinde in tiefem Schlafe lagen und nichts merkten, einen Graben von
genügender Tiefe und Breite her, besonders an der schwachen Stelle
der Mauer, wo die Barbaren mit ihrer Maschine angreifen wollten.
Endlich gegen Morgen merkten die Feinde, was vorging, und griffen
schleunigst die Grabenden an; Johannes aber, der seine Aufgabe aufs
beste erfüllt sah, zog sich mit seinen Isauriern in die Stadt zurück. Als
Witichis bei Tagesanbruch erfuhr, was geschehen war, geriet er in
heftigen Zorn und ließ einige Wächter sofort hinrichten; nichtsdestoweniger wollte er aber die Maschine in Bewegung setzen und ließ die
Goten schnell Reisigbündel in den Graben werfen, über die sie den
Turm ziehen könnten. Sie führten diesen Auftrag auch mit großem
Eifer aus, obgleich sie von der Mauer heftig beschossen wurden. Als
nun der Turm über die Reisigbündel ging, gaben diese natürlich unter
der Last nach, und vorwärts konnten die Barbaren nicht weiterkom-
men, da der jenseitige Grabenbord durch die Aufschüttung viel höher
geworden war. Sie mußten nun befürchten, die Feinde würden den
Turm, sobald die Nacht hereinbräche, in Brand stecken, und zogen
ihn wieder zurück. Das wollte Johannes um jeden Preis verhindern; er
rief seine Soldaten unter die Waffen und hielt ihnen eine Rede, (in der
er seinen Waffengefährten auseinandersetzt, daß ihr Heil lediglich auf
ihrer eigenen Tapferkeit beruhe, da sie trotz der günstigen Lage am
Meer keinen Entsatz erhalten hätten und von den kaiserlichen Truppen

unverantwortlicherweise im Stich gelassen wären[1]). Nach diesen 538
Worten führte Johannes seine Truppen gegen die Feinde, indem er nur
wenige Posten auf der Mauer zurückließ. Da die Feinde ihm einen
heißen Empfang bereiteten, so war der Kampf sehr blutig. Erst spät
am Tage kamen die Barbaren dazu, ihren Turm mit vieler Mühe in ihr
Lager zurückzuschieben, und sie hatten so starke Verluste gerade der
tüchtigsten Leute gehabt, daß sie es für besser hielten, keinen Sturm
mehr zu unternehmen, sondern sich ganz ruhig zu verhalten und
abzuwarten, bis der Feind, vom Hunger getrieben, sich ergäbe; denn
dem waren die Lebensmittel schon so gut wie ganz ausgegangen, da
man vorher nicht genug in die Stadt hatte schaffen können. So standen
dort die Sachen.

Belisar gab den Gesandten aus Mailand 1000 Isaurier und Thrazier
mit, jene unter Ennes, diese unter Paulus. Den Oberbefehl hatte
Mundilas, bei dem auch noch einige von Belisars Hypaspisten waren.
Mit ihnen ging der Präfectus Prätorio Fidelius, der aus Mailand
stammte, bei den Ligurern in Ansehen stand und deshalb ein ganz
passender Begleiter zu sein schien. Sie fuhren von Portus nach Genua,
der westlichsten Stadt von Tuscien, von wo aus man am besten nach
Gallien und Spanien fährt. Dort verließen sie die Schiffe und setzten
ihren Weg zu Lande fort. Die Schiffsboote nahmen sie auf Wagen mit,
um damit den Po bequem überschreiten zu können. Als sie übergesetzt
waren und sich der Stadt Ticinum[2] näherten, stießen sie auf eine große
Schar der besten Gotenkrieger und wurden mit ihnen handgemein.
Die Barbaren jener ganzen Gegend hatten nämlich ihre wertvollste
Habe nach Ticinum als einem stark befestigten Platze gebracht und
dort eine ansehnliche Besatzung zurückgelassen. In dem heftigen
Gefecht, welches sich entspann, siegten die Römer, töteten viele
Feinde auf der Flucht und wären beinahe zugleich mit den Fliehenden
in die Stadt eingedrungen: sie waren ihnen so hart auf den Fersen, daß
die Tore nur mit knapper Not noch vor ihnen geschlossen werden
konnten. (Fidelius stürzt hart an der Mauer vom Pferde und wird
erschlagen.) Als Mundilas und die Römer es nachher merkten, waren
sie sehr betrübt. Von da kamen sie nach Mailand und besetzten es
ohne Kampf ebenso wie das übrige Ligurien. Als Witichis das
vernahm, schickte er sofort ein starkes Heer unter seinem Schwester-

---

[1] Prokop scheint diese Rede eingeflochten zu haben, um obigen Vorwurf
aussprechen zu können. — [2] Pavia am Ticino.

538 sohn Urajas aus, und Theodebert, der Frankenkönig, schickte ihm
10000 Mann zu Hilfe, aber keine Franken, sondern Burgunden,
damit es nicht so aussähe, als nähme er gegen den Kaiser Partei. Denn
diese Burgunden kamen angeblich aus eigenem Antriebe, ganz freiwillig und nicht auf Theodeberts Geheiß. Mit diesen vereinigten sich die
Goten und erschienen, ehe die Römer sich's versahen, vor Mailand,
schlugen ein Lager auf und schlossen es ein, so daß die Römer gar
keine Zeit hatten, Nahrungsmittel in die Stadt zu schaffen und sofort
Mangel litten. Das schlimmste aber war, daß Mundilas nicht einmal
die Mauern mit Soldaten besetzen konnte, weil er die kleinen
befestigten Plätze um Mailand herum, wie Bergamum, Comum,
Novara u. a. eingenommen und sämtlich mit Truppen belegt hatte, so
daß ihm in Mailand höchstens 300 Mann zur Verfügung standen,
unter ihnen Ennes und Paulus. Deshalb mußten die Bürger der Stadt
sich bei der Bewachung der Mauer ablösen. So stand es in Ligurien.
Der Winter ging zu Ende und mit ihm das dritte Jahr des Krieges, den
Prokop beschrieben hat.

539 13. Gegen die Zeit der Sommersonnenwende zog Belisar wider
Witichis und das Gotenheer. In Rom ließ er nur eine geringe
Besatzung zurück, alle anderen nahm er mit sich. Eine kleine Schar
schickte er nach Tudertum und Clusium[1] voraus, um diese Orte
einzuschließen; er selbst wollte ihnen auf dem Fuße folgen und mit
ihnen die dort eingeschlossenen Barbaren belagern. Als diese aber von
der Annäherung des Heeres hörten, wagten sie nicht, der Gefahr ins
Auge zu sehen, sondern ordneten Gesandte an Belisar ab und
versprachen, sich zu unterwerfen und die beiden Städte auszuliefern,
wenn man ihnen nichts zuleide tun wolle. Belisar verpflanzte alle
Goten von hier nach Sizilien und Neapel, ließ in Clusium und
Tudertum Besatzungen zurück und marschierte weiter. Unterdessen
schickte Witichis ein zweites Heer nach Auximum[2] unter Wakimus,
der sich mit den Goten, welche dort standen, vereinigen sollte, um
einen Vorstoß gegen die Feinde in Ankon[3] zu machen und sich seiner
Burg zu bemächtigen. Dies Ankon ist ein Felsen, der einen Winkel
bildet wie ein Ellbogen, und daher hat es auch seinen Namen. Es ist
der Seehafen von Auximum und liegt 80 Stadien[4] davon ab. Die Burg
oben auf dem Felsen ist vor Überfällen ganz sicher, die umliegenden
Häuser aber, die ziemlich zahlreich sind, haben von altersher keine

[1] Todi und Chiusi. – [2] Osimo. – [3] Ancona. – [4] 16,5 Kilometer.

Mauern. Als Konon, der Befehlshaber der Besatzung, erfuhr, Waki- 539
mus ziehe mit seinem Heer heran und sei nicht mehr fern, handelte er
sehr unüberlegt. Statt auf die Rettung der Burg und ihrer Bewohner
sowie der Soldaten bedacht zu sein, besetzte er jene gar nicht, sondern
führte alle seine Leute ungefähr 5 Stadien[1] vor und stellte sie dort in
Schlachtreihe auf, aber nicht in tiefer Phalanx, sondern in weitem
Bogen am Fuß eines Berges, als wollte er eine Treibjagd veranstalten.
Sobald seine Leute bemerkten, daß die Feinde ihnen weit überlegen
waren, machten sie kehrt und flohen gerade auf die Burg los. Die
Barbaren jagten ihnen nach und töteten fast alle diejenigen, die nicht
noch glücklich hineingekommen waren, dann legten sie Leitern an die
Mauer und versuchten emporzuklimmen; einige steckten auch die
Häuser, welche außerhalb lagen, in Brand. Die römischen Bewohner
der Burg waren durch diese Ereignisse nicht wenig erschreckt,
öffneten aber doch die Pforte und ließen die Soldaten ein, die in wilder
Flucht gelaufen kamen. Als sie aber sahen, daß die Barbaren den
Fliehenden dicht auf den Fersen waren, befürchteten sie, dieselben
würden mit jenen zugleich eindringen und schlossen eiligst die
Torflügel. Dafür ließen sie an den Zinnen Stricke herab, an denen sie
unter anderen auch Konon emporzogen. Die Barbaren hätten mit
ihren Leitern beinahe die Mauern erklommen, wenn es nicht zwei
Männern durch ihre wunderbare Tapferkeit gelungen wäre, sie von
den Zinnen, die sie schon erstiegen hatten, wieder herunterzustoßen.
Der eine war ein Doryphor Belisars, der Thrazier Ulimun, der andere
ein Doryphor Valerians, der Massagete Bulgudu, die beide ganz
zufällig kurz zuvor in Ankon gelandet waren. Mit ihren Schwertern
stießen sie die Hinaufdringenden hinab und retteten wider aller
Erwarten die Burg. Freilich trugen sie so viel Wunden davon, daß man
sie halbentseelt vom Platze tragen mußte.
Damals erhielt Belisar die Meldung, Narses sei mit einem großen Heer
aus Byzanz gekommen und stehe in Picenum. Dieser Narses war ein
Eunuch und kaiserlicher Schatullenverwalter[2], ein höchst geschickter
und – was sonst die Eunuchen nicht sind – tatkräftiger Mann. 5000
Soldaten kamen mit ihm, die u. a. von dem Heermeister von Illyrien[3],
Justinus, und einem anderen Narses geführt wurden, einem Persarme-
nier, der zusammen mit seinem Bruder Aratius zu den Römern
übergetreten war; dieser war mit einem anderen Heerhaufen kurze

---

[1] Nicht ganz 1 Kilometer. – [2] βασιλικῶν χρημάτων ταμίας. – [3] Magister
militum per Illyricum.

Zeit vorher zu Belisar gestoßen. Außerdem waren noch mit ihm
ungefähr 2000 Heruler unter Wisand, Alueth und Phanotheus.

14. Was für Menschen die Heruler sind und wie sie zu dem Bündnis
mit den Römern kamen, will ich jetzt erzählen. Von altersher
wohnten sie jenseits der Donau und verehrten viele Götter, die sie mit
Menschenopfern ehren zu müssen glaubten. In vielen Stücken wichen
sie von den Gewohnheiten der anderen Menschen ab. Wenn sie
nämlich alt oder krank werden, dürfen sie nicht mehr leben, sondern
sobald jemand altersschwach oder krank wird, muß er seine Verwandten bitten, daß sie ihn sobald wie möglich vom Leben zum Tode
bringen. Dann türmen sie einen Scheiterhaufen, auf dem der Betreffende Platz nimmt, und schicken einen Heruler mit einem Dolch zu
ihm; derselbe darf aber nicht mit ihm verwandt sein, denn ein
Verwandter darf den Todesstreich nicht führen. Ist die Tat vollführt
und der Täter herabgestiegen, zünden sie den Scheiterhaufen an allen
vier Ecken an; ist die Flamme erloschen, werden die Knochen
gesammelt und dem Schoß der Erde übergeben. Wenn ein Heruler
gestorben ist, muß seine Gattin, wenn sie etwas auf ihren Ruf gibt und
ihr an einem freundlichen Gedenken nach dem Tode gelegen ist, sich
am Grabhügel ihres Gemahls bald nach seinem Begräbnis erdrosseln.
Wenn sie es nicht tut, wird sie ehrlos und die Verwandten ihres
Mannes fühlen sich durch sie beleidigt. Solche Bräuche hatten früher
die Heruler.

Mit der Zeit wurden sie mächtiger und zahlreicher als die barbarischen Nachbarvölker, griffen sie an, besiegten und plünderten sie aus.
Schließlich unterwarfen sie auch die Langobarden, welche bereits
Christen waren, und einige andere Stämme, und machten sie sich aus
Habgier und Hochmut tributpflichtig – dies ist nämlich sonst bei den
Völkern jener Gegenden nicht Sitte. In der Zeit, als Anastasius
römischer Kaiser wurde, hatten die Heruler keinen Gegner mehr, den
sie hätten bekriegen können, legten die Waffen nieder und blieben
drei Jahre hindurch ganz ruhig. Das konnten sie aber nicht länger
aushalten: sie überhäuften ihren König Rodulf mit Vorwürfen,
nannten ihn einen weibischen Schwächling, beschimpften und verhöhnten ihn auf die schamloseste Weise. Rodulf wollte diese Schmach
nicht ertragen und zog gegen die Langobarden, die gar nichts
verbrochen hatten, ohne ihnen eine bestimmte Sache, etwa die
Verletzung der bestehenden Verträge, vorzuwerfen, sondern wie aus
Mutwillen. Als das die Langobarden erfuhren, schickten sie Gesandte
an Rodulf, um die Ursache zu erfahren, derenwegen die Heruler gegen

491–
518

sie zu Felde zögen. Wenn sie zu wenig Tribut bekommen hätten, so sollten sie das Fehlende sofort erhalten und hohe Zinsen dazu, oder wenn ihnen der Tribut zu gering erscheine, so würden die Langobarden nicht säumen, ihn zu erhöhen. Mit solchen Vorschlägen kamen die Gesandten, wurden aber von Rodulf unter heftigen Drohungen abgewiesen. Eine zweite Gesandtschaft wurde abgeordnet, die unter vielem Flehen um Schonung bat. Als auch sie fortgeschickt ward, kamen zum drittenmal Gesandte zu Rodulf und beschworen ihn, die Heruler sollten doch nicht so ganz ohne Vorwand den Krieg vom Zaune brechen. Denn wenn jene in solcher Art auszögen, so würden sie, sehr wider ihren Willen, nur der Not gehorchend, dem Angriff Widerstand leisten. Gott riefen sie zum Zeugen an, auf dessen Wink selbst ein leichter Nebelhauch jeder menschlichen Gewalt wehren könne. Gott kenne die Ursachen dieses Krieges und werde danach den Ausgang des Kampfes lenken. So sprachen sie, da sie immer noch hofften, die Angreifer von ihrem Vorhaben abwendig zu machen. Aber die Heruler blieben taub für all diese Vorstellungen und wollten mit den Langobarden kämpfen. Als sie sich nun dicht gegenüberstanden, lagerte sich über den Langobarden eine dicke, schwarze Wolke, über den Herulern dagegen war die Luft ganz klar. Ein Zeichenkundiger hätte daraus entnehmen können, daß es den Herulern in diesem Kampf schlechtgehen würde; denn ein schlimmeres Zeichen konnte ihnen gar nicht zuteil werden. Aber auch hierauf gaben die Heruler nicht acht, sondern gingen leichtsinnig und hochmütig auf ihre Gegner los, weil sie sich auf ihre Überzahl verließen. In dieser Schlacht fiel ein großer Teil der Heruler, unter anderen auch Rodulf; die übrigen flohen in völliger Auflösung, ohne an Gegenwehr zu denken. Auch auf der Flucht wurden noch sehr viele von den nachsetzenden Feinden niedergemacht, und nur wenige entkamen.

Weil nun in ihren Stammsitzen ihres Bleibens nicht länger war, erhoben sie sich und zogen immer weiter mit Weibern und Kindern durch das ganze Land jenseits der Donau. Als sie in das Land kamen, wo früher die Rugier gewohnt hatten, die zusammen mit den Goten nach Italien gegangen waren, wollten sie dort ihre Wohnsitze aufschlagen. Da aber alles wüst lag und bald eine Hungersnot sie bedrohte, zogen sie weiter und kamen in die Nähe des Gepidenlandes. Und zuerst nahmen die Gepiden sie freundlich auf und gestatteten ihnen auf ihre Bitten, unter ihnen zu wohnen. Bald aber fingen sie an, sie zu mißhandeln: sie taten den Frauen Gewalt an und nahmen ihnen die Rinder und ihre andere Habe fort. Kurz, sie taten ihnen alles

erdenkliche Leid an und führten schließlich offen Krieg gegen sie. Die
Heruler fanden das unerträglich, gingen über die Donau und siedelten
sich bei den Römern an, als Anastasius Kaiser war. Der nahm sie mit
großer Freundlichkeit auf und ließ sie dort wohnen; bald aber gaben
sie ihm Anlaß zur Unzufriedenheit, da sie ihre römischen Nachbarn
mißhandelten, und er schickte ein Heer gegen sie aus. Die Römer
waren siegreich in einer Schlacht, töteten den größten Teil von ihnen
und hätten sie ganz und gar vernichten können. Aber die Überleben-
den stellten sich unter den Schutz des Feldherrn und baten, ihnen das
Leben zu schenken; sie wollten Bundesgenossen und Diener des
Kaisers werden. Anastasius, dem dies gemeldet wurde, erlaubte das,
und so blieben die letzten Heruler am Leben. Aber sie wurden weder
Bundesgenossen der Römer noch taten sie irgend etwas für sie. Als
527 nun Justinian Kaiser wurde, beschenkte er sie mit gutem Acker und
brachte es mit Hilfe dieses und anderer Geschenke dahin, daß sie in
aller Form Bundesgenossen und Christen wurden. Sie gaben ihre
wilden Sitten auf und fügten sich den christlichen Bräuchen. Sie sind
aber doch treulos und so habgierig, daß sie immer wieder über ihre
Nachbarn herfallen und sich dessen gar nicht schämen. Außerdem
geben sie sich mit Männern und mit Eseln ab und sind überhaupt die
schlechtesten aller Menschen: als Bösewichte mögen sie ein böses
Ende nehmen. Später blieben nur einige den Römern treu, wie ich
früher erzählt habe; die meisten fielen ab, und zwar aus folgendem
Grunde. Die Heruler kehrten ihre Wut in wilder Raserei gegen ihren
eigenen König namens Ochon und töteten ihn ganz plötzlich, bloß
weil es ihnen einfiel, künftighin ohne König leben zu wollen. Dabei
war das nur ein König dem Namen nach, der in Wirklichkeit sich von
den anderen gar nicht unterschied; denn jeder verkehrte mit ihm wie
mit seinesgleichen und schimpfte auf ihn, wie es ihm beliebte. Die
Heruler sind nämlich unverständiger und unordentlicher als alle
anderen Menschen. Die Reue folgte übrigens der Freveltat auf dem
Fuße nach, denn sie mußten gar bald einsehen, daß sie ohne Herrscher
und Führer im Kriege nicht leben könnten. Nach vielem Hin- und
Herreden schien es endlich allen das Beste zu sein, wenn sie jemand
aus dem königlichen Geschlecht von der Insel Thule holen ließen. Das
hängt aber so zusammen.

15. Als die Heruler von den Langobarden geschlagen waren und ihre
alten Wohnsitze aufgaben, ließ sich ein Teil derselben, wie ich soeben
ausgeführt habe, in Illyrien nieder, der andere wollte nicht die Donau
überschreiten, sondern gründete neue Wohnsitze am äußersten Ende

der bewohnten Welt: Unter Führung vieler Mitglieder der königlichen Familie zogen sie zuerst durch alle Länder der Sklavenen, dann durch eine Wüste, bis sie zu den Warnen[1] kamen. Dann wanderten sie noch durch das Land der Danen. Und alle diese wilden Völker taten ihnen nichts. Am Ozean angelangt, gingen sie zu Schiff und fuhren nach Thule, wo sie blieben. Thule[2] ist eine sehr große Insel, über zehnmal größer als Britannien; es liegt von dort aus noch weit nach Norden. Der größte Teil dieser Insel ist öde und wüst; auf dem bebauten Teil wohnen dreizehn volkreiche Stämme, deren jeder einen König hat. (Folgt eine Beschreibung der Mitternachtssonne. Prokop bedauert sehr, trotz seines Wunsches diese Insel nicht kennengelernt zu haben. Vierzig Tage hintereinander ist Tag, vierzig Tage Nacht.) Wenn 35 Tage dieser langen Nacht um sind, werden einige Leute auf Bergesgipfeln aufgestellt – so ist es Sitte bei ihnen –, und sobald sie irgendeine Spur von der Sonne entdeckt haben, melden sie es den unten Harrenden, daß in fünf Tagen die Sonne scheinen wird. Dann feiern sie insgesamt ein großes Fest für die frohe Botschaft, und zwar im Dunkeln. Und das ist das größte Fest der Thuliten. Meiner Ansicht nach kommt das daher, daß diese Inselbewohner, wenn auch dies Ereignis alle Jahre eintritt, doch fürchten, die Sonne möchte einmal ganz ausbleiben.

Von den barbarischen Bewohnern Thules führt nur ein Stamm, die Skrithifinen genannt, ein Leben wie die wilden Tiere. Denn sie tragen weder Kleider noch Schuhe; auch trinken sie keinen Wein und ernten keine Feldfrüchte. Sie kennen nämlich den Ackerbau ebensowenig wie weibliche Handarbeiten; vielmehr liegen die Männer gemeinsam mit den Frauen der Jagd ob, wozu ihnen die ausgedehnten Wälder und daran angrenzenden Berge reichlich Gelegenheit geben. Sie nähren sich ausschließlich von dem Fleisch der erlegten Tiere und kleiden sich in deren Felle. Weder Leinen gibt es bei ihnen noch irgend etwas zum Nähen, so daß sie die Felle nur mit den Tiersehnen aneinanderbinden und so den ganzen Körper sich bedecken. Auch die kleinen Kinder werden bei ihnen nicht so genährt wie bei den übrigen Menschen. Denn die Säuglinge der Skrithifinen bekommen keine Milch zu trinken, saugen auch nicht an der Mutterbrust, sondern werden mit dem Mark des erlegten Wildes großgezogen. Sobald ein Weib geboren hat, hüllt sie das Neugeborene sofort in Felle, hängt es an einen Baum,

---

[1] Suevischer od. vandalischer Stamm an der Ostseeküste, sonst Varini. –
[2] Island.

steckt ihm ein Stück Mark in den Mund und geht selbst gleich wieder
auf die Jagd; denn diese Beschäftigung betreiben sie mit den Männern
gemeinschaftlich. So beschaffen ist die Lebensweise dieser Barbaren.
Die anderen Thuliten unterscheiden sich sozusagen gar nicht von den
übrigen Menschen. Sie beten viele Götter und Dämonen an: Götter
des Himmels, der Luft, der Erde und des Wassers und alle möglichen
Dämonen, wie sie im Wasser der Quellen und Flüsse leben sollen. Sie
bringen eifrig Opfer dar, auch von Tieren; das herrlichste Opfer aber
ist ein Mensch, und zwar der erste Kriegsgefangene. Diesen opfern sie
dem Kriegsgott, der ihr oberster Gott ist. Solche Menschenopfer
bringen sie nicht nur blutig dar, sondern sie hängen den Kriegsgefangenen auch an ein Holz oder werfen ihn in die Dornen oder bringen
ihn auf andere höchst martervolle Weise um. So leben die Thuliten.
Einer ihrer größten Stämme sind die Gauten, bei denen die zugezoge-
nen Heruler Aufnahme fanden.

Nun schickten diejenigen Heruler, die bei den Römern wohnten und
den Mord an ihrem Könige verübt hatten, einige Edle nach der Insel
Thule, um von dort einen Mann königlichen Geblütes zu holen und
womöglich gleich mitzubringen. Als diese angekommen waren, fanden sie viele von königlichem Geschlecht, suchten sich den aus, der
ihnen am besten gefiel, und traten mit ihm zusammen die Rückreise
an. Der Mann starb jedoch an einer Krankheit, als er sich im
Danenlande befand. Die Heruler fuhren zu der Insel zurück und
holten einen anderen, namens Todasius. Diesem schloß sich sein
Bruder Aordus an und zweihundert Jünglinge von den Herulern auf
Thule. Da aber auf dieser Reise geraume Zeit verstrich, kam den
Herulern, die in der Gegend von Singedon[1] wohnten, der Gedanke,
daß es ihrem Interesse wenig entspräche, wenn sie sich von Thule
einen Herrscher kommen ließen, ohne den Kaiser Justinian zu fragen.
Daher schickten sie nach Byzanz zum Kaiser und erbaten sich von ihm
einen König, der ihm genehm sei. Der schickte ihnen sofort einen
Heruler, der seit langer Zeit in der Hauptstadt lebte, mit Namen
Suartuas. Zunächst huldigten ihm die Heruler und gehorchten ihm
willig, da er regierte, wie sie es gewöhnt waren. Wenige Tage später
kam aber ein Bote, die Gesandschaft aus Thule nähere sich der
Heimat. Suartuas machte sich auf, ihnen entgegen, um sie zu töten;
die Heruler billigten seinen Entschluß und folgten willig seinem

[1] Sigindunum oder Singidunum, an der Save, unweit Belgrad, vgl. Vand. I, 1.

Befehl. Aber als sie bis auf eine Tagereise sich jenen genähert hatten, verließen sie ihn alle bei Nacht und gingen zu den Ankömmlingen über; Suartuas mußte ganz allein fliehen und kehrte nach Byzanz zurück. Der Kaiser wollte ihn durchaus in seine Würde wieder einsetzen, und deshalb schlossen sich die Heruler, welche die römische Macht fürchteten, den Gepiden an. Dies war die Ursache des Abfalls der Heruler—

16. Belisar und Narses vereinigten ihre Heere bei der Stadt Firmum[1], 539 die am adriatischen Meer liegt, eine Tagereise von Auximum entfernt. Dort hielten sie unter Zuziehung aller höheren Offiziere einen Kriegsrat, wo man den Feind zuerst angreifen solle. Wenn sie nämlich gegen die Belagerer von Ariminum zogen, mußten sie besorgen, daß die Feinde von Auximum her ihnen in den Rücken fielen und die römischen Bewohner jener Gegend mißhandelten; taten sie das aber nicht, so stand zu befürchten, daß die in Ariminum Eingeschlossenen durch Aushungerung zur Übergabe gezwungen würden. Die meisten grollten dem Johannes und sprachen ihre Gesinnung laut aus. Sie warfen ihm vor, daß er durch unvernünftige Tollkühnheit und Habgier sich in diese verzweifelte Lage gebracht habe und durch seine Eigenmächtigkeit die ordnungsmäßige Beendigung des Krieges, wie sie Belisar erstrebe, unnütz hinausschiebe. Narses aber, der mit dem Johannes aufs engste befreundet war, fürchtete, Belisar möchte den Äußerungen der Obersten folgen und das Interesse für Ariminum erst in die zweite Linie stellen. (Deshalb wies er darauf hin, wie wichtig diese Stadt für den Kaiser sei, und wie die Eroberung derselben die Barbaren, die bisher nur Mißerfolge gehabt hätten, lebhaft ermutigen müsse, so daß dann der Krieg wie von neuem beginnen werde.) Aus Ariminum schlich sich ein Soldat durch die gotischen Linien und brachte dem Belisar einen Brief ins Lager, den Johannes an ihn geschrieben hatte. Dieser Brief hatte folgenden Inhalt: »Seit geraumer Zeit haben wir nichts mehr zu essen und sind nun nicht mehr imstande, das Volk im Zaum zu halten oder einen Sturm zu bestehen. Nach Verlauf von sieben Tagen müssen wir uns und diese Stadt in die Hand der Feinde geben, denn länger können wir die jetzige Notlage nicht ertragen, die nach meiner Meinung für uns ein ausreichender Entschuldigungsgrund ist, wenn wir etwas tun, was sonst gegen die Ehre ist.« So schrieb Johannes. Belisar war in arger Verlegenheit und wußte sich gar nicht zu helfen. Denn einerseits war er in großer Sorge

[1] Fermo, nicht hart an der Küste.

539 wegen der Belagerten, andererseits befürchtete er, die Feinde würden
     von Auximum aus [nach seinem Abmarsch] die benachbarten Land-
     schaften entsetzlich verwüsten, seinem Heer in den Rücken fallen und
     es besonders im Falle einer Schlacht aufs schwerste schädigen. Er
     ergriff nun folgende Maßregeln: Aratius ließ er mit 1000 Mann
     zurück, um am Meeresstrande, 200 Stadien von Auximum, ein Lager
     zu beziehen. Er hatte strengsten Befehl, sich nicht zu rühren und sich
     auf kein Gefecht einzulassen, sondern nur das Lager im Fall eines
     Angriffs zu verteidigen. Er hoffte nämlich, die Barbaren würden,
     wenn sie ganz in ihrer Nähe ein römisches Lager wüßten, ruhig in
     Auximum bleiben und ihn nicht im Rücken beunruhigen. Ein sehr
     bedeutendes Korps ließ er zu Schiff unter Herodian, Uliares und
     Aratius, dem Bruder des Narses, abgehen. Die Flotte kommandierte
     Ildiger. Er hatte Befehl, geradenwegs nach Ariminum zu fahren, aber
     keine Landung zu versuchen, wenn das Landheer noch weit ab wäre.
     Er sollte nämlich hart am Gestade entlangfahren. Ein anderes Korps
     unter Martin ließ er am Gestade auf gleicher Höhe mit den Schiffen
     marschieren. In der Nähe des Feindes angekommen, sollte er unver-
     hältnismäßig viele Feuer anzünden, um dadurch die Feinde über seine
     wirkliche Stärke irrezuführen. Er selbst schlug mit Narses und dem
     Rest des Heeres einen Weg ein, der weitab von der Küste über Urbs
     Salvia[1] führte, das Alarich in früheren Zeiten so von Grund aus
     zerstört hatte, daß nichts von der Stadt mehr übrig war als ein Tor und
     hier und da ein kleines Stück Straßenpflaster.

     17. (Prokop erzählt die wunderbare Geschichte von einem Knäblein,
     das ganz allein, von seiner Mutter verlassen, in Urbs Salvia zurückge-
     blieben war und durch sein Schreien eine Ziege anlockte, die es säugte.
     Auch als später die Menschen zurückkehrten, blieb die Ziege ihren
     übernommenen Pflichten treu, und Prokop sah selbst, wie sie auf das
     Geschrei des Kindes herbeieilte und es beruhigte. Von der Ziege
     erhielt dasselbe den Namen Aegisthus[2]).

     Belisar wählte den Weg über die Berge, erstens, weil er viel schwächer
     war als die Feinde und sie nicht wie den Stier bei den Hörnern packen
     wollte, obgleich er wohl bemerkt hatte, daß die Barbaren durch ihre
     zahlreichen Niederlagen in sehr gedrückter Stimmung waren; er
     meinte nämlich, sobald sie nur erführen, daß von allen Seiten sich
     feindliche Heere näherten, würden sie sich auf einen Kampf gar nicht
     einlassen, sondern ihr Heil in der Flucht suchen. Da er seine Rechnung

---

[1] Vielleicht das alte Pollentia. – [2] Ziegensohn.

nicht auf unwahrscheinliche Vermutungen stützte, stellte sie sich auch   539
als richtig heraus. Denn als er noch in den Bergen sich befand,
ungefähr eine Tagereise von Ariminum, stieß er auf eine kleine
Gotenschar, die sich aus irgendeinem Grunde unterwegs befand. Als
diese wider alles Erwarten auf die Feinde traf, konnte sie nicht mehr
vom Wege abbiegen: von dem feindlichen Vortrab mit Geschossen
überschüttet, fiel ein Teil, der andere floh verwundet auf die Gipfel
der benachbarten Felsen. Von da aus sahen sie, wie das römische Heer
sich durch all die Schluchten hindurchwand, und überschätzten seine
Größe um ein Bedeutendes. Auch erkannten sie an den Feldzeichen,
daß Belisar selbst an der Spitze dieses Heeres stand. Als die Nacht
hereinbrach, machten die Römer Halt; die verwundeten Goten
begaben sich unter dem Schutz der Dunkelheit in Witichis' Lager.
Dort kamen sie gegen Mittag an, wiesen ihre Wunden und versicherten, Belisar nahe sich mit einem Heere, so zahlreich wie der Sand am
Meer. Die Goten machten sich an der Nordseite von Ariminum fertig
zum Gefecht – denn von dort erwarteten sie den Feind – und spähten
unablässig nach den Berggipfeln. Als aber die Nacht hereinbrach und
sie ihre Waffen ablegen und zur Ruhe gehen wollten, erblickten sie
zahlreiche Feuer, ungefähr 60 Stadien[1] östlich von der Stadt – das war
Martin mit seiner Abteilung – und bekamen einen furchtbaren
Schrecken, da sie sich ängstigten, mit Tagesanbruch würde sie der
Feind gänzlich eingeschlossen haben. So brachten sie die Nacht in
lebhafter Besorgnis zu. Als nun der Tag anbrach, sahen sie zugleich
mit der aufgehenden Sonne eine gewaltige Flotte gegen sich heranse-
geln. Da war es gänzlich um ihre Fassung geschehen, und alles wandte
sich zur Flucht. Eiligst wurde aufgepackt, und so groß war das Getöse
und Geschrei, daß auf ein Kommando nicht mehr gehört wurde; jeder
suchte nur so schnell wie möglich aus dem Lager zu kommen und
Ravennas schützende Mauern zu erreichen. Und wenn noch eine Spur
von Kraft und Mut in den Belagerten gewesen wäre, so hätten sie
einen Ausfall gemacht, dabei die große Mehrzahl der Feinde getötet
und dem Krieg mit einem Schlage ein Ende gemacht. Das geschah aber
nicht, denn erstens hatten sie durch die vorhergegangenen Ereignisse
alles Selbstvertrauen verloren, und zweitens waren sie durch den
Hunger zu sehr geschwächt. So eilten denn die Barbaren Hals über
Kopf nach Ravenna und ließen bei diesem überstürzten Rückzug
einen großen Teil ihrer Habe im Stich.

[1] 11 Kilometer.

539 18. Von den Römern kam zuerst Ildiger mit seinen Leuten in das
Gotenlager; die Kranken, die dort zurückgelassen waren, wurden zu
Sklaven gemacht, dann sammelte man, was die Goten bei ihrer Flucht
zurückgelassen hatten. Belisar kam mit dem Hauptheer um Mittag
an. Als er nun die abgezehrten und schmutzbedeckten Gestalten des
Johannes und seiner Gefährten erblickte, warf er jenem seine unvernünftige Tollkühnheit vor und äußerte, dem Ildiger sei Johannes
vielen Dank schuldig. Der aber antwortete: »Nicht dem Ildiger,
sondern dem Narses, dem kaiserlichen Schatzmeister.« Damit wollte
er meiner Ansicht nach darauf anspielen, daß Belisar nicht aus
eigenem Antriebe, sondern auf Veranlassung des Narses zum Entsatz
herbeigeeilt sei. Seitdem waren diese beiden Männer, Belisar und
Johannes, einander abgeneigt. Ferner stellten die Freunde des Narses
diesem vor, er brauche nicht Belisars Kommando zu gehorchen, denn
es zieme sich für jemand, der zu den vertrauten Freunden des Kaisers
gehöre, nur, daß er Höchstkommandierender sei, aber nicht, unter
einem einfachen General zu stehen. Niemals werde nämlich Belisar
den Oberbefehl freiwillig mit ihm teilen. Wenn er aber im Gegensatz
zu jenem sich an die Spitze des römischen Heeres stellen wolle, so
würden die Mehrzahl der Soldaten und die tüchtigsten Obersten ihm
folgen. Man rechnete ihm vor, daß die Heruler, seine Doryphoren und
Hypaspisten, die Leute des Justin und Johannes, des Aratius und
Narses 10000 Mann seien, lauter tapfere und kriegserprobte Leute.
Diese wollten die Wiedergewinnung Italiens nicht Belisar allein
gönnen, sondern Narses sollte auch seinen Teil daran bekommen.
Denn er habe die Nähe des Kaisers nicht aufgegeben, um durch seine
eigene Anstrengung Belisars Ruhm zu mehren, sondern um sich selbst
durch kluge und tapfere Taten allgemein bekannt zu machen. Belisar
könne übrigens ohne ihn gar nichts mehr machen, denn er habe
weitaus den größten Teil seines Heeres in den Burgen und Städten als
Besatzungen über ganz Italien verzettelt von der Südspitze bis hinab
nach Piceum.
Als Narses solche Reden vernahm, freute er sich über den Vorschlag
ganz unmäßig, machte aus seiner Gesinnung kein Hehl mehr und hielt
sich nicht länger in den Schranken seiner Stellung. Sobald Belisar
etwas unternehmen wollte, wußte er es unter allerlei Vorwänden zu
verhindern. Da berief Belisar einen Kriegsrat und entwickelte seine
Ansicht. (Man dürfe die Goten ja nicht unterschätzen und müsse
bedenken, daß sie tapfer seien und an Zahl den Römern immer noch
weit überlegen; alle Siege seien bisher nur durch die Überlegenheit

seiner Führung erfochten. Seinem Dafürhalten nach müsse man 539
einerseits Mailand entsetzen, andererseits Auximum zu nehmen
suchen und dann erst an weitere Unternehmungen denken.) Darauf
erwiderte Narses: »Im allgemeinen hast du ganz wahrheitsgemäß
gesprochen; daß aber dies ganze kaiserliche Heer sich nur gegen
Mailand und Auximum wenden soll, halte ich durchaus nicht für
richtig. Doch führe du immerhin deine Scharen dorthin, wir werden
dem Kaiser die Aemilia erobern, die in den Augen der Goten den
größten Wert hat, und Ravenna derartig beschäftigen, daß ihr mit den
Feinden, die euch gegenüberstehen, machen könnt, was ihr wollt; wir
werden schon dafür sorgen, daß ihnen niemand zu Hilfe kommt.
Würden wir dagegen vorziehen, mit euch Auximum zu belagern, so
könnte es leicht so kommen, daß die Barbaren aus Ravenna vorgingen, uns einschlössen und durch Aushungerung zur Übergabe zwän-
gen.« So sprach Narses. Da Belisar nun befürchten mußte, daß die
Römer sich durch Trennung schwächten und so die Interessen des
Kaisers durch die daraus hervorgehende Verwirrung empfindlich
geschädigt würden, zog er ein Handschreiben des Kaisers Justinian
hervor, das dieser an die Feldobersten gerichtet hatte. Es lautete also:
»Unseren Schatzmeister haben wir nicht nach Italien geschickt, um
das Oberkommando zu übernehmen; denn unser Wille ist es, daß
Belisar allein das ganze Heer befehligt, ganz nach seinem Gutdünken.
Ihr aber sollt ihm alle gehorsam sein zu Nutz und Frommen unseres
Reiches!« Solches enthielt das kaiserliche Handschreiben. Narses
aber berief sich auf den Schluß des Briefes und behauptete steif und
fest, Belisars Pläne seien dem Wohl des Reiches nicht dienlich, und
deshalb brauchten sie ihm nicht zu gehorchen.

19. Nachdem Belisar dies hatte anhören müssen, sandte er Peranius
mit einer starken Abteilung aus, um Urbs Vetus[1] zu belagern; er selbst
führte sein Heer vor Urbinum, eine feste Stadt, zwei starke Tagereisen
von Ariminum, in der eine zahlreiche gotische Besatzung lag. Als er
aufbrach, folgten ihm Narses, Johannes und die anderen alle. In der
Nähe der Stadt angelangt, schlugen sie am Fuß des Hügels jeder für
sich ein Lager auf: Belisar östlich, Narses westlich von der Stadt. Diese
liegt auf einem runden, ziemlich hohen Berge, der zwar nicht jähe
Abhänge hat und kein unzugänglicher Fels ist, aber doch ziemlich steil
aus der Ebene emporsteigt, vornehmlich gerade unterhalb der Stadt,
und von der Ebene nur einen Zugang im Norden bietet. Die Römer

[1] Orvieto.

539 stellten sich zur Belagerung so auf, wie ich schon erwähnt habe.
Belisar war der Meinung, die Barbaren würden sich aus Furcht vor der
drohenden Gefahr ziemlich leicht zur Übergabe bereden lassen, und
ordnete eine Gesandtschaft ab, die ihnen alles mögliche Gute versprechen sollte, wenn sie des Kaisers Untertanen werden wollten. Die
Gesandten traten nahe ans Tor – denn in die Stadt ließen sie die Feinde
nicht hinein – und machten ihnen sehr lockende Versprechungen; die
Goten aber hörten sie kaum an, im Vertrauen auf die Festigkeit des
Platzes und ihren reichlichen Vorrat an Lebensmitteln, und bedeute-
ten die Römer, sie möchten sich schleunigst entfernen. Als Belisar
hiervon Meldung erhalten hatte, ließ er die Soldaten starkes Stangen-
holz herbeischaffen und daraus eine Stoa[1] machen, unter deren Schutz
sie sich dem Tore nähern sollten da, wo das Terrain am ebensten war,
um dann einen Angriff auf die Mauer zu wagen. Sein Befehl wurde
ausgeführt.

Dem Narses stellten einige seiner Freunde vor, Belisar lasse sich auf
unabsehbare Unternehmungen ein und seine Pläne seien unausführ-
bar. Johannes habe ja schon einen Versuch auf die Festung gemacht,
noch dazu als sie nur eine kleine Besatzung hatte, und hätte sie ganz
uneinnehmbar gefunden – das war auch wirklich so –; Narses müsse
vielmehr die Aemilia für den Kaiser erwerben. Auch Narses hatte
seinen früheren Vorschlag nicht vergessen, sondern hob bei Nacht die
Belagerung auf, obgleich Belisar ihn dringend bat, zu bleiben und
Urbinum mit ihm zusammen zu nehmen. Diese gingen in Eilmärschen
nach Ariminum. Als aber Morras und die Barbaren bei Tagesanbruch
bemerkten, daß die Hälfte der Belagerer abgezogen war, verspotteten
und verhöhnten sie von der Mauer herab die Zurückgebliebenen.
Belisar wollte mit dem, was ihm an Soldaten geblieben war, einen
Sturm wagen. Und während er noch darüber nachdachte, kam ihm
ein ganz wunderbarer Glücksfall zu Hilfe. In Urbinum ist eine Quelle,
aus der alle Bewohner der Stadt ihr Wasser holen. Diese trocknete nun
von selbst aus und hörte endlich ganz auf zu fließen. Und während
dieser Tage nahm das Wasser so ab, daß die Barbaren es dort mit
Schlamm vermischt schöpften und tranken. Deshalb beschlossen sie,
sich den Römern zu ergeben. Belisar hatte von diesen Vorgängen noch
keine Ahnung und wollte gegen die Festungswerke vorgehen. Er
stellte fast das ganze Heer im Kreise rings um den Hügel auf; nur
wenige sollten an der oberen Stelle die Stoa – dies ist der Name der

[1] lat. vinea, Laufganghütte.

Maschine – vorwärtsbewegen. Diese traten unter die Stoa und zogen 539
sie vorwärts, ohne daß die Feinde ihnen etwas anhaben konnten. Da
baten die Barbaren an der Brustwehr mit aufgehobenen rechten
Händen um Frieden. Die Römer, welche von den Vorgängen an der
Quelle keine Ahnung hatten, glaubten, jene fürchteten überhaupt die
Schlacht und ihre Maschine. Jedenfalls waren beide ganz froh, vom
Kampf abstehen zu können. Und die Goten übergaben sich und die
Stadt an Belisar unter der Bedingung, daß ihnen nichts Böses geschähe
und sie als Untertanen des Kaisers ganz gleiche Rechte wie das Heer
selbst genössen. Als Narses hiervon Kunde erhielt, war ihm die Sache
wunderbar und schmerzlich zugleich. Er selbst hielt sich noch ruhig in
Ariminum und schickte nur Johannes mit dem ganzen Heer gegen
Caesena. Sie versahen sich mit Leitern und marschierten ab. Als sie
nahe genug an die Festung heran waren, versuchten sie, dieselbe mit
Sturm zu nehmen. Da aber die Barbaren sich tapfer wehrten, erlitten
sie zahlreiche Verluste, u. a. fiel der Herulerführer Phanotheus. Da
dieser Sturm auf Caesena abgeschlagen war, wollte es Johannes nicht
zum zweitenmal versuchen, weil ihm der Platz uneinnehmbar
erschien, und marschierte mit Justinus und den übrigen Truppen
weiter. Durch Handstreich nahm er eine alte Stadt namens Forum
Cornelii[1]; als die Barbaren ferner stetig zurückwichen und sich nicht
zum Gefecht stellten, so gewann er dem Kaiser die ganze Aemilia.
20. So ging es dort zu. Nachdem aber Belisar zur Zeit der Wintersonnenwende Urbinum genommen hatte, hielt er es nicht für ratsam,
sofort auf Auximum zu marschieren, dessen Belagerung nach seiner
Berechnung viel Zeit in Anspruch nehmen mußte. Denn mit Gewalt
diese Festung zu nehmen, war bei ihrer Beschaffenheit ein Ding der
Unmöglichkeit; ferner lag, wie schon erwähnt, eine starke und tapfere
Besatzung darin, die das umliegende Land weit und breit ausgeplündert und große Vorräte für sich aufgespeichert hatte. Er ließ nun
Aratius mit zahlreicher Mannschaft zu Firmum Winterquartiere
beziehen: derselbe sollte zugleich dafür sorgen, daß die Barbaren
nicht fernerhin ungestraft Streifzüge machten und jene Gegend
brandschatzten, dann führte er selbst sein Heer vor Urbs Vetus, wozu
ihn Peranius veranlaßt hatte. Dieser hatte nämlich durch Überläufer
erfahren, die Besatzung leide bereits Mangel, und hoffte, wenn sie
noch obendrein Belisar mit seinem ganzen Heer anrücken sähen,
würden sie desto leichter zur Übergabe zu bringen sein. Und so kam es

---

[1] In Gallia Cispadana, jetzt Imola.

539 auch wirklich. – Als Belisar vor Urbs Vetus angelangt war, ließ er an
einem geeigneten Punkt ein Lager für alle schlagen; er selbst umging
die Stadt ringsum, ob irgendwo sich eine Möglichkeit zeigen würde,
sie zu nehmen. Mit stürmender Hand war unter keinen Umständen
etwas auszurichten; vielleicht konnte die Einnahme durch Überrum-
pelung von einer Seite geschehen. (Folgt eine Beschreibung der Lage
der Stadt.) Belisar ging mit seinem ganzen Heer an die Belagerung, in
der Hoffnung, entweder durch den Fluß einzudringen oder die Feinde
durch Hunger zur Übergabe zu zwingen. Solange die Barbaren nicht
gänzlich aller Lebensmittel beraubt waren, hielten sie bei knappen
Rationen wider Erwarten gut aus, indem sie sich nicht mehr satt aßen,
sondern täglich nur so viel zu sich nahmen, daß sie nicht Hungers
starben. Als ihnen dann die Lebensmittel ausgegangen waren, nährten
sie sich von Leder und Häuten, die sie lange in Wasser geweicht
hatten; denn Albilas, ihr Anführer, einer der angesehensten Gotenfürsten, hielt ihren Mut mit leeren Hoffnungen aufrecht[1].

Wie es nun wieder Sommer wurde, wuchs das Getreide auf den
Äckern ohne Bestellung, aber nicht so reichlich wie früher, sondern
viel weniger. Denn da weder gepflügt noch gesät worden war,
vielmehr die Körner nur obenauf lagen, so konnte das Land nur
geringe Frucht tragen. Weil keine Schnitter mehr waren, wurde es
überreif und fiel aus, und dann wuchs überhaupt nichts mehr. So ging
es besonders in der Aemilia. Deshalb gaben die Leute dort ihre
Wohnsitze auf und strömten nach Picenum, das ihrer Meinung nach
durch seine Lage am Meer vor Hungersnot besser geschützt war.
Nicht geringer war das Elend in Tuscien: die Bergbewohner dort
mahlten die Eicheln wie Korn, backten sich Brot aus diesem Mehl und
verzehrten es. Natürlich starben die meisten Menschen an Krankhei-
ten aller Art, und nur wenige blieben am Leben. In Picenum sollen von
dem Landvolk nicht weniger als 50000 verhungert sein und noch viel
mehr in den vom adriatischen Meere abgelegenen Gegenden. (Prokop
beschreibt als Augenzeuge, wie die Leute aussahen, wenn sie aus
Mangel an Lebensmitteln zugrunde gingen. Auch Fälle von Kanniba-
lismus kamen vor: so sollen zwei Frauen in der Nähe von Ariminum
siebzehn Männer in ihre Herberge gelockt, umgebracht und verzehrt
haben; erst der achtzehnte ließ sich nicht überraschen und tötete sie
dann beide.) Viele stürzten sich, von Hunger getrieben, auf das Gras

---

[1] Hier fehlt die Nachricht von der Einnahme der Stadt, die dem Zusammenhang nach erfolgt sein muß.

und versuchten es kniend aus dem Boden zu ziehen. Dazu waren sie 539
aber meist zu schwach, und wenn sie die Kräfte gänzlich verlassen
hatten, fielen sie auf ihre eigenen Hände und das Gras und gaben den
Geist auf. Niemand begrub sie, da niemand mehr ein Interesse fürs
Begräbnis hatte. Und doch machte sich kein Vogel an die Leichname,
die sonst viele Vögel als Speise lieben, weil nichts daran zu beißen war;
denn alles Fleisch war, wie schon gesagt, durch den Hunger völlig
ausgetrocknet. Soweit von der Hungersnot.

21. Als Belisar gemeldet wurde, daß Urajas mit seinen Barbaren
Mailand belagere, schickte er Martin und Uliaris mit zahlreichen
Truppen gegen ihn aus. Als diese am Po angelangt waren, von dem
Mailand nur eine Tagereise abliegt, machten sie halt und schlugen ein
Lager auf. Während sie wegen des Übergangs über den Fluß hin und
her redeten, verloren sie viel kostbare Zeit. Wie Mundilas davon
hörte, schickte er einen Römer namens Paulus an sie ab, der glücklich
durch die Linien der Feinde ans Ufer des Po gelangte, da er gerade kein
Fahrzeug antraf, sich entkleidete und den Fluß mit Lebensgefahr
durchschwamm. Man führte ihn ins römische Lager (und er hielt den
Obersten die Gefahr, in der Mailand, Italiens volkreichste Stadt, ein
Bollwerk wider alle Barbaren, sich befände, mit beweglichen Worten
vor und forderte sie zu raschem Handeln auf, wenn sie nicht durch ihr
Zaudern am Kaiser und ihren Kameraden geradezu Verräter werden
wollten). Martin und Uliaris versprachen feierlich, ihm auf dem Fuße
zu folgen, und entließen ihn. Zum zweitenmal täuschte er die
Wachsamkeit der Barbaren und kam bei Nacht glücklich nach
Mailand, wo er die Soldaten und alle Römer durch die tröstlichen
Aussichten, die er mitbrachte, zu neuem Ausharren in der Treue gegen
den Kaiser veranlaßte. Nichtsdestoweniger verblieben Martin und die
Seinigen in ihrer abwartenden Haltung und rührten sich nicht vom
Fleck. Durch diese Verzögerung ging viel kostbare Zeit verloren.
Martin aber wollte die Schuld von sich abwälzen und schrieb
folgendes an Belisar: »Du hast uns abgesandt, um den in Mailand hart
Bedrängten Hilfe zu bringen. Und wir sind in großer Geschwindig-
keit, Deinem Befehle gemäß, bis an den Po gerückt. Das Heer trägt
aber Bedenken, über diesen Fluß zu gehen, da uns bekannt ist, daß ein
gewaltiges Gotenheer und mit ihm eine ungeheure Menge Burgunden
in Ligurien steht, die wir für uns allein zu bestehen nicht stark genug
sind. Darum befiehl Du schleunigst dem Johannes und Justin, die ganz
nahe bei uns in der Aemilia stehen, uns mit ihren Leuten für diesen
Kampf Beistand zu leisten. Denn wenn wir vereint von hier aus

539 vorgehen, so sind wir fähig, ohne Besorgnis für uns selbst, dem Feinde
Schaden zuzufügen.« Solches enthielt Martins Brief. Als ihn Belisar
gelesen hatte, ließ er Johannes und Justin den Befehl zugehen, mit
Martin sogleich gegen Mailand vorzustoßen. Die aber antworteten,
sie würden es nur auf Narses' persönliches Geheiß tun. Deswegen
wandte sich Belisar an Narses (und bat ihn, er solle doch die Aemilia,
die ohne feste Plätze sei und augenblicklich für die Römer nur von
geringem Wert, vorläufig einmal aufgeben und Johannes mit Justin,
die ja ganz in der Nähe stünden, anweisen, mit Martin zusammen
Mailand zu entsetzen. Er selbst könne keine Truppen entbehren und
sei auch zu weit ab. Die Aemilia werde ihm nachher ganz von selbst
zufallen.) Als Narses diesen Brief empfangen und gelesen hatte,
erteilte er selbst an Johannes und Justin den Befehl, mit ihren Truppen
nach Mailand aufzubrechen. Bald darauf begab sich Johannes an die
Küste, um dort Fahrzeuge zusammenzubringen, auf denen er das
Heer über den Fluß setzen könnte. Da befiel ihn eine Krankheit und
vereitelte seine Absicht.

Während nun Mundilas den Übergang zu unternehmen nicht wagte
und Johannes auf einen Befehl des Narses wartete, hatte sich die
Belagerung langsam weitergezogen. Die Belagerten litten empfindlich
durch den Hunger und waren schon so weit gekommen, daß sie
Hunde, Mäuse und andere Tiere, die sonst nicht von Menschen
gegessen werden, verzehrten. Da schickten die Barbaren Gesandte an
Mundilas mit der Aufforderung, sich zu ergeben: ihm und den
Soldaten solle kein Leid geschehen. Er versprach, darauf eingehen zu
wollen, wenn jene sich eidlich verpflichteten, nicht nur ihn und die
Soldaten, sondern auch die Bürger zu schonen. Da aber die Feinde
diese Verpflichtung nur gegen Mundilas und die Soldaten eingingen
und offenbar die Ligurer von ihrem Zorn nichts Gutes zu erwarten
hatten, so rief Mundilas seine Soldaten zusammen (und versuchte sie
dahin zu bringen, mit ihm einen Ausfall zu machen und ehrenvoll zu
fallen oder sich durchzuschlagen). Von den Soldaten wollte jedoch
keiner sich dieser Gefahr aussetzen, sondern sie übergaben die Stadt
und sich selbst den Feinden auf jene Bedingungen. Die Barbaren taten
ihnen und dem Mundilas, die sie in Gewahrsam hielten, nichts; die
Stadt aber machten sie dem Erdboden gleich; alle Männer, vom
Jünglinge bis zum Greise, töteten sie, nicht weniger als 300 000 an der
Zahl, die Weiber machten sie zu Sklavinnen und schenkten sie den
Burgunden als Lohn für ihre Bundesgenossenschaft. Als sie den
Praefectus Praetorio Reparatus fanden, hieben sie ihn in Stücke und

warfen sie den Hunden vor. Cerventinus, der auch gerade in Mailand 539
war, zog mit seinen Leuten durch Venetien und die benachbarten
Landschaften nach Dalmatien, von wo er sich zum Kaiser begab, um
ihm zu melden, welch furchtbarer Schlag die Römer getroffen hatte.
Danach ergaben sich auch andere Städte mit römischer Besatzung den
Goten, und ganz Ligurien war wieder in ihrer Hand. Martin und
Uliaris kehrten darauf mit ihrem Heer nach Rom zurück.

22. So ging es dort zu. Belisar aber, der von den Ereignissen in
Ligurien noch nichts wußte, war nach Ablauf des Winters mit seinem
ganzen Heer bereits nach Picenum aufgebrochen. Als er nun das
Schicksal Mailands unterwegs erfuhr, war er davon aufs tiefste
erschüttert; dem Uliaris verbot er, je wieder ihm unter die Augen zu
treten, und berichtete alles, wie es gekommen war, an den Kaiser.
Dieser zog deswegen niemand zur Verantwortung; als er jedoch
Kenntnis bekam von dem Zwist zwischen Belisar und Narses, berief
er diesen sofort ab und machte Belisar zum Oberfeldherrn für den
ganzen Krieg. So kehrte denn Narses nach Byzanz zurück mit einem
nur kleinen Gefolge. Die Heruler erklärten, in Italien nach Narses'
Abreise nicht länger bleiben zu wollen, obgleich ihnen Belisar in
seinem und des Kaisers Namen die größten Versprechungen machte,
sondern packten auf und zogen zunächst nach Ligurien. Dort stießen
sie auf das Heer des Urajas, verkauften ihre Sklaven und was sie an
Beutetieren mit sich führten, den Feinden, wodurch sie viel Geld
verdienten, und leisteten einen Eid, niemals den Goten sich gegen-
überstellen oder mit ihnen kämpfen zu wollen. So gestaltete sich ihr
Rückweg friedlich, und sie zogen weiter bis nach Venetien. Dort
trafen sie mit Vitalius zusammen und sahen ein, daß sie unrecht am
Kaiser Justinian gehandelt hatten. Um dies zu sühnen, ließen sie einen
ihrer Führer, Wisand, mit seinen Leuten zurück, und alle anderen
begaben sich nach Byzanz unter Führung von Alueth und Philimuth,
der diese Stellung erhielt, als Phanotheus im Zelt seinen Wunden
erlegen war.

Als Witichis und die Goten, welche bei ihm waren, die Kunde
vernahmen, daß mit Frühlingsanfang Belisar gegen sie und Ravenna
zu Felde ziehen werde, wurde ihnen sehr angst, und sie hielten eine
Beratung über ihre augenblickliche Lage. Nach vielem Hin- und
Herreden wurde beschlossen, andere Barbaren zu Hilfe zu rufen, denn
allein glaubten sie es nicht mit den Römern aufnehmen zu können.
Von den Franken sahen sie ab, da ihnen ihre Hinterlist und Unzuver-
lässigkeit nur zu gut bekannt geworden war, und zogen es vor, daß

539 dieselben nur nicht auf Belisars Seite traten, sondern neutral blieben.
Dagegen schickten sie an den Langobardenkönig Wachis Gesandte,
die durch reiche Geschenke ihn zu einem Bündnis bewegen sollten.
Als sie aber bemerkten, daß Wachis dem Kaiser befreundet und
verbündet sei, kehrten sie unverrichteter Sache heim. Witichis war, wie
sich denken läßt, in arger Verlegenheit und berief des öfteren die
Ältesten zur Ratsversammlung. Da forschte er denn eifrig, wie er
durch Rat und Tat seine Lage bessern könnte. Die Ansichten der
Versammelten gingen weit auseinander; teils brachten sie nichts
Brauchbares, teils gaben sie Beachtenswertes. Unter anderen kam
auch zur Sprache, daß der Kaiser nicht eher die Barbaren des Westens
hätte mit Krieg überziehen können, als er mit den Persern und den
Königen des Morgenlandes Frieden gemacht hätte; dann erst seien die
Vandalen und Mauren unterlegen und die Goten in ihre schlimme
Lage gekommen. Wenn es daher auch jetzt noch gelänge, den
Perserkönig und den Kaiser Justinian zu entzweien, so wären die
Römer, sobald sich jenes Volk erhöbe, nicht imstande, sich gegen
irgendeinen anderen zu wenden. Das gefiel sowohl Witichis selbst als
auch den übrigen Goten. Es wurde nun beschlossen, an den Perserkö-
nig Chosroes Gesandte zu schicken, aber keine Goten, deren Erscheinen das Unternehmen von vornherein gefährden konnte, sondern
Römer, die den König gegen Kaiser Justinian aufhetzen sollten. Man
gewann mit vielem Gelde zwei ligurische Priester für diesen Auftrag.
Von diesen ging der eine, dem Aussehen nach würdigere, im Gewande
und mit dem Titel eines Bischofs, was ihm gar nicht zukam, als
Gesandter, der andere sozusagen als sein Diener. Witichis gab ihnen
ein Handschreiben an Chosroes mit. Dieser ließ sich durch sie
verleiten, den Römern, welche dem Vertrage treu geblieben waren,
unsägliches Elend zu bereiten, wie ich in den vorhergehenden Büchern
beschrieben habe[1]. Als Kaiser Justinian von dem Vorhaben des
Chosroes und der Perser Kunde erhielt, bemühte er sich, dem Krieg im
Westen so schnell wie möglich ein Ende zu machen, und ließ Belisar
kommen, um den Oberbefehl gegen die Perser zu übernehmen. Und

---

[1] Pers. II, 2. Chosroes hatte bereits verschiedene Gründe, auf Justinian
erbittert zu sein, denn dieser hatte, wie Prokop nicht zu leugnen wagt, u. a. die
Hunnen aufgehetzt, einen Einfall in Persien zu machen. Die gotische Gesandtschaft hat ihn wohl nur darin bestärkt, mit Justinian zu brechen. An jener Stelle
läßt Prokop die Gesandten sehr richtig dem Chosroes vorhalten, die Vandaler
und Mauren seien bereits niedergeworfen; wenn erst das Gotenreich zerstört
sei, käme zweifellos die Reihe an ihn. Jetzt sei die Gelegenheit zu einem Angrif

die Gesandten des Witichis, die sich noch in Byzanz befanden, entließ 539
er sogleich mit dem Versprechen, er werde einige von seinen Leuten
nach Ravenna schicken, um dort mit den Goten einen Frieden zu
schließen, der für beide Teile gleich vorteilhaft sein sollte. Diese
Gesandten ließ Belisar nicht eher zu den Feinden zurückkehren, als bis
diese Athanasius und Petrus entlassen hatten. Als sie in Byzanz
angelangt waren, zeichnete sie der Kaiser durch außerordentliche
Belohnungen aus: Athanasius wurde Praefectus Praetorio von Italien,
Petrus bekam das Magisterium[1]. — Der Winter ging zu Ende und damit
das vierte Jahr dieses Krieges, den Prokop beschrieben hat[2].

23. Belisar wollte Auximum und Faesulae[3] einnehmen, ehe er gegen
Witichis und Ravenna vorging, damit ihm kein Feind in den Weg
treten oder ihn im Rücken belästigen könne. Er schickte Cyprian und
Justin mit ihren Regimentern, 500 Mann vom Regiment des Demetrius gegen Faesulae, das sie einschlossen und belagerten. Den Martin
und Johannes mit ihren Truppen und einer Abteilung unter Johannes,
mit dem Beinamen »der Fresser«, schickte er gegen den Po vor, mit
dem Auftrag, zu verhindern, daß Urajas mit den Seinigen von
Mailand einen Vorstoß auf ihn selbst mache; für den Fall, daß sie dem
Anprall der Feinde nicht gewachsen seien, sollten sie sich unbemerkt
in ihren Rücken werfen. Sie besetzten die Stadt Dertona[4], welche
unbefestigt war, verschanzten sich darin und warteten das Weitere ab.
Belisar selbst marschierte mit 11000 Mann gegen Auximum. Es ist
das die Hauptstadt von Picenum, oder wie die Römer sagen, die
Mutterstadt dieser Völkerschaft. Von der Küste des adriatischen
Meeres ist sie nur 84 Stadien[5] entfernt, von Ravenna drei Tagereisen

für ihn günstig, später werde er allein, ohne Bundesgenossen, den Kampf
aufnehmen müssen. Justinian kommt in jener Rede sehr schlecht weg: Er ist
»auf Umwälzungen bedacht und streckt gern seine Hände nach fremdem
Eigentum aus. Was er hat, genügt ihm nicht, vielmehr will er jede andre
Herrschaft stürzen und allein auf Erden gebieten... Der Begriff Freundschaft
ist ihm unbekannt, und er errötet nicht, einen Eidschwur zu brechen.« Um
diesen Tadel, der übrigens öfter von fremden Gesandten oder Königen
ausgesprochen wird, nicht als seine eigne Meinung erscheinen zu lassen, fügt
Prokop nachher hinzu, solcher Tadel sei für den Kaiser eigentlich ein Lob, da er
ja nur die Größe und Macht seines Reiches mehren wolle. Derselbe Vorwurf
treffe ja auch Cyrus oder Alexander den Großen. — Nach unserem Urteil hatten
die Gesandten so unrecht nicht, und das ist auch Prokops wahre Meinung. —
[1] D.h. er trat in die höchste Rangklasse. — [2] Die folgenden Ereignisse fallen
noch ins Jahr 539. — [3] Fiesole. — [4] Tortona, nördlich von Genua. — [5] 15,4
Kilometer.

539 und 80 Stadien. Sie liegt auf einer bedeutenden Anhöhe, hat keinen
Zugang von der Ebene aus und ist deshalb uneinnehmbar. Dahinein
hatte Witichis den Kern seiner Goten gelegt, da er wohl wußte, daß die
Römer schwerlich sich gegen Ravenna selbst wenden würden, wenn
sie nicht zuvor jenen Platz genommen hatten. Sobald das Römerheer
vor Auximum angelangt war, ließ Belisar rings um den Fuß des
Hügels das Lager aufschlagen. Während sie nun korporalschaftsweise
hier und da ihre Zelte aufschlugen, bemerkten die Barbaren, daß
zwischen ihnen große Lücken waren und sie bei der Ausdehnung des
Gefildes nicht leicht einander zu Hilfe kommen konnten. Deshalb
machten sie am späten Abend plötzlich einen Ausfall auf der Ostseite
der Stadt, wo Belisar mit seinen Doryphoren und Hypaspisten noch
beschäftigt war, das Lager aufzuschlagen. Diese griffen sofort zu den
Waffen und wehrten sich, so gut es ging: ihrer Tapferkeit gelang es
bald, die Feinde zum Weichen zu bringen, und dann verfolgten sie
dieselben den Hügel hinauf. Da wandten sich plötzlich die Barbaren,
leisteten den Verfolgenden, im Vertrauen auf ihren günstigeren
Standpunkt, Widerstand und töteten durch Würfe von oben herab
viele, bis die einbrechende Nacht die Kämpfenden trennte. So lagen
sie diese Nacht einander gegenüber. Am Tage vor diesem Gefecht war
eine Anzahl Goten ganz früh am Morgen in die Umgegend hinausge-
ritten, um Nahrungsmittel herbeizuschaffen. Diese wußten nichts von
der Ankunft der Feinde und kamen erst in der Nacht zurück. Da
erblickten sie plötzlich die Wachtfeuer der Römer und waren nicht
wenig in Angst und Schrecken. Viele wagten es, der Gefahr ins Auge
zu sehen, und kamen glücklich durch die Linien der Feinde nach
Auximum; diejenigen aber, welche sich feige in die Wälder versteckt
hatten, um nach Ravenna durchzukommen, fielen bald darauf ihren
Feinden in die Hände und kamen um. Belisar, der wohl sah, wie fest
Auximum war und daß ein Sturm auf die Mauer ganz unmöglich sei,
wußte recht gut, daß der Platz mit Gewalt nicht zu nehmen war; wohl
aber hielt er es für möglich, durch enge Umklammerung die Feinde
auszuhungern und mit der Zeit mürbe zu machen. Eine Wiese, nicht
weit von der Mauer, gab täglich den Römern und Goten Gelegenheit,
sich zu messen. Denn wie die Römer sahen, daß die Feinde dort immer
für ihre Pferde Futter schnitten, stürzten sie in vollem Lauf den Hügel
hinauf und wurden mit jenen handgemein. Sie fochten tapfer, dulde-
ten nicht, daß jene das Gras mitnahmen, und brachten täglich an
diesem Orte viele Feinde ums Leben. Da die Barbaren sich durch die
Tapferkeit ihrer Gegner besiegt sahen, kamen sie auf folgenden

Gedanken. Sie nahmen von den Wagen die Achsen samt den Rädern   539
ab und hielten sie bereit. Dann fingen sie an, Gras zu schneiden. Als
nun die Römer anrückten und schon auf der Mitte des Hügels
angekommen waren, ließen sei vom Gipfel die Räder auf sie los. Die
Räder liefen aber in die Ebene herab, ohne einem Menschen Schaden
zu tun. Da auch dieser Anschlag nicht geglückt war, zogen sich die
Barbaren hinter die Mauer zurück und sannen auf eine neue List. Sie
legten in die Schluchten dicht vor der Mauer auserlesene Mannschaft
in den Hinterhalt, dann kamen nur wenige zum Vorschein. Sobald
sich nun der Kampf entsponnen hatte, sprangen jene aus ihrem
Hinterhalt hervor, griffen mit überlegener Macht die verwirrten
Gegner an, töteten den größten Teil von ihnen und schlugen den Rest
in die Flucht. Die Römer, die im Lager zurückgeblieben waren, sahen,
wie die Feinde aus ihrer Deckung hervorkamen und riefen ihren
Kameraden laut zu, erreichten aber nichts, da die Kämpfenden davon
keinen Ton hörten, weil sie durch die ganze Länge des Hügels von
ihnen getrennt waren und die Barbaren sie durch Rasseln mit den
Waffen absichtlich übertönten.

Belisar wußte nicht, wie er solches verhindern sollte. Da trat Prokop,
der dies geschrieben hat, zu ihm (und setzte ihm auseinander, wie die
alten Römer zwei Signale gehabt hätten, eins zum Angriff, eins zum
Rückzug rufend. Dies sei allmählich in Vergessenheit geraten, müsse
aber notwendigerweise wiederhergestellt werden. Er solle mit der
Reitertrompete zum Angriff, mit der des Fußvolks zum Rückzug
blasen lassen; diese Töne können nicht verwechselt werden, da das
eine Instrument aus Holz und Leder, das andere aus Metall verfertigt
ist, sie also ganz verschieden klingen.) Belisar freute sich über diesen
Vorschlag, rief das Heer zusammen, (warnte die Soldaten vor zu
großer Tollkühnheit, die leicht verderblich werden könne, wenn man
in einen Hinterhalt gerate. Sie sollten sich auf ein gegebenes Zeichen
sofort zurückziehen, und zwar werde er dies mit der Infanterietrom-
pete geben lassen.) Als die Soldaten ihre Feinde wieder auf der Wiese
erblickten, stürmten sie auf dieselben los und töteten einige beim
ersten Angriff. Von diesen strahlte einer ganz besonders von Goldschmuck. Ein Maure ergriff den Leichnam beim Haupthaar und zog
ihn nach sich, um ihn auszuplündern. Da schleuderte ein Gote den
Speer auf ihn und traf ihn so, daß der Speer durch beide Waden
durchging und die Beine miteinander verband. Nichtsdestoweniger
hielt der Maure die Haare fest und schleppte den Leichnam weiter. In
diesem Augenblick kamen die Barbaren aus ihrem Hinterhalt, und

539 Belisar, der vom Lager aus sah, was vorging, ließ sogleich von den
Trompetern des Fußvolks das Signal blasen. Kaum hatten es die
Römer gehört, so gingen sie allmählich zurück und trugen den
Mauren mit seinem Speer aus dem Gefecht. Die Goten wagten keine
weitere Verfolgung, sondern zogen sich unverrichteter Sache zurück.
24. Als mit der Zeit der Mangel an Lebensmitteln bei den Barbaren
immer größere Dimensionen annahm, beratschlagten sie, wie man
eine Meldung über ihre Lage an Witichis gelangen lassen könne. Und
da sich niemand fand, der diesen schwierigen Auftrag ohne weiteres
übernehmen wollte, verfielen sie auf folgenden Gedanken. Sie warteten eine mondlose Nacht ab und hielten die Boten an Witichis in
Bereitschaft. Als es schon spät in der Nacht war, händigten sie ihnen
den Brief ein und erhoben plötzlich an vielen Stellen der Mauer
zugleich ein fürchterliches Geschrei. Es hörte sich an, als ob sie in
größter Verwirrung wären, die Feinde ihnen hart zusetzten und
beinahe die Stadt schon genommen hätten. Die Römer vermochten
sich die Sache gar nicht zu erklären und blieben auf Belisars Veranlassung ganz ruhig im Lager, da es ihnen so vorkam, als ob man in der
Stadt etwas gegen sie im Schilde führe und ein Entsatzheer von
Ravenna gegen sie im Anzug sei. In dieser Verlegenheit schien es ihnen
geratener, ruhig im sicheren Lager zu bleiben, als in mondloser Nacht
sich blindlings in den Rachen der Gefahr zu stürzen. Auf diese Weise
gelang es den Barbaren, ihre Boten glücklich durchzubringen. Dieselben gelangten, ohne einem Feinde zu Gesicht gekommen zu sein, nach
drei Tagen zu Witichis und gaben ihren Brief ab, welcher folgendes
enthielt: »Als Du uns damals, o König, zu Wächtern von Auximum
bestelltest, sagtest Du zu uns, Du übergäbest uns die Schlüssel von
Ravenna selbst und Deinem ganzen Königtum. Du trugst uns auf, das
Wächteramt mit Aufbietung aller unserer Kräfte zu versehen, damit
wir nicht, soweit es in unserer Macht stehe, die Gotenherrschaft
preisgäben – versichertest uns aber auch, Du würdest auf unsere Bitte
mit Deinem ganzen Heer kommen, und zwar als Bote Deiner Ankunft
in höchsteigener Person. Obwohl wir nun mit der Hungersnot und
Belisar zu kämpfen haben, sind wir doch treue Wächter Deiner
Königskrone geblieben; Du hast uns hingegen noch nicht eine Spur
von Hilfe gebracht. Sieh nun jetzt zu, daß die Römer sich nicht
Auximum bemächtigen und damit der Schlüssel, die Du liegen lässest,
ohne Dich weiter darum zu kümmern, und daß nicht dann Dein
ganzes Reich ihnen offen steht.« Dies war der Inhalt des Briefes. Als
Witichis davon Kenntnis genommen hatte, versprach er im ersten

Augenblicke, mit dem ganzen Gotenheer zum Entsatz von Auximum 539
vorzugehen, und entließ die Goten mit diesem Bescheid; darauf aber
überlegte er lange hin und her und tat schließlich gar nichts. Denn
einmal fürchtete er, Johannes werde ihm in den Rücken fallen und er
auf diese Weise umklammert werden, andererseits machte er sich von
Belisars Heer eine ganz ungeheure Vorstellung und verfiel so in rat-
und haltlose Furcht. Vor allen Dingen lähmte der Mangel an Lebensmitteln seine Tatkraft; er wußte nicht, woher er Nahrung für sein
Heer nehmen wollte. Die Römer nämlich, welche das Meer
beherrschten und Ancona besetzt hielten, brachten alles, was sie
brauchten, aus Sizilien und Kalabrien dorthin und schafften es von
dort bei Gelegenheit und ohne Schwierigkeiten weiter. Wenn aber
Witichis mit den Goten nach Picenum zog, so sah er keine Möglichkeit, sich dort Proviant zu verschaffen. Die Boten, welche von
Auximum gekommen waren, brachten das Versprechen des Witichis,
ohne von den Feinden bemerkt zu werden, dorthin und belebten
durch leere Hoffnungen den Mut der Goten, welche dort lagen, aufs
neue. Belisar erfuhr das durch Überläufer und verdoppelte seine
Wachsamkeit, um dergleichen für die Zukunft unmöglich zu machen.
Dies geschah also. Die Belagerer aber von Faesulae[1] unter Cyprian
und Justin waren nicht imstande, einen Sturm zu wagen oder
überhaupt der Mauer sich zu nähern; denn die Festung war nach allen
Seiten hin uneinnehmbar. Die Barbaren machten häufig Ausfälle, da
sie lieber kämpfen als Hunger leiden wollten. Zuerst waren die
Gefechte unentschieden, bald gewannen aber die Römer die Oberhand, drängten die Feinde hinter ihre Mauern zurück und schlossen
sie so eng ein, daß niemand herauskommen konnte. Nichtsdestoweniger gelang es den Barbaren, denen die Lebensmittel anfingen gänzlich
auszugehen und ihre Lage immer bedenklicher erschien, zum zweitenmal die Wachsamkeit der Belagerer zu täuschen und Boten an
Witichis zu schicken, mit der Bitte, ihnen so bald wie möglich Entsatz
zu schaffen, da sie sich sonst nicht länger würden halten können.
Witichis befahl dem Urajas, mit dem ligurischen Heer in die Ticini-
sche Landschaft zu marschieren; er selbst versprach wiederum, mit
seiner ganzen Macht den Belagerten zu Hilfe zu kommen. Jener führte
den Befehl aus und brach mit seinem ganzen Heer ins Gebiet von
Ticinum[2] auf. Er überschritt den Po und sah sich plötzlich dem

[1] Fiesole. – [2] Pavia.

539 römischen Heere gegenüberstehen. Sie lagerten einander gegenüber in
einer Entfernung von höchstens 60 Stadien[1], ohne handgemein zu
werden. Denn die Römer glaubten genug zu tun, wenn sie dem Feinde
den Weg verlegten und ihn verhinderten, den Belagerten Entsatz zu
bringen, und die Barbaren scheuten einen entscheidenden Kampf, da
sie im Falle einer Niederlage sich nicht mehr mit Witichis hätten
vereinigen und den Belagerten helfen können, und so zu viel aufs Spiel
setzten. Deshalb wartete man auf beiden Seiten ab.

25. Zu dieser Zeit glaubten die Franken, welche wohl bemerkten, wie
sehr Römer und Goten durch diesen Krieg geschwächt waren, der
geeignete Augenblick sei gekommen, um ein gut Teil von Italien für
sich zu gewinnen; denn es kam ihnen töricht vor, ruhig zuzusehen,
wenn andere so lange Krieg führten um die Herrschaft über ein Land,
das ihnen selbst so bequem lag. Sie setzten sich also über die
beschworenen Verträge, die sie kurz zuvor mit Römern und Goten
abgeschlossen hatten, leicht hinweg – denn dies Volk ist das wortbrü-
chigste unter allen Menschen –, sammelten schnell ein Heer von
100000 Mann und brachen unter Führung Theodeberts[2] in Italien
ein. Sie hatten nur wenig Reiter; diese bildeten die Leibwache des
Führers und waren allein mit Lanzen bewaffnet. Alles andere war
Fußvolk, das nicht mit Bogen und Lanze, sondern mit Schwert, Schild
und einfacher[3] Axt kämpfte. Das Eisen derselben ist sehr stark und
zweischneidig, der hölzerne Stiel nur kurz. Diese Axt pflegen sie auf
ein gegebenes Signal beim ersten Angriff zu schleudern, um damit die
Schilde zu zerschmettern und womöglich den Gegner auch zu töten.
So gingen denn die Franken über die Alpen, welche Gallien von Italien
trennen, und drangen in Ligurien ein. Die Goten waren früher über
die Undankbarkeit der Franken sehr erzürnt gewesen: sie hatten
große Geschenke von Land und Geld an sie vertan, um ihre Bundesgenossenschaft zu gewinnen, ohne jemals tatsächliche Unterstützung zu
empfangen. Als es nun hieß, Theodebert sei da an der Spitze eines
gewaltigen Heeres, da wuchsen ihre Hoffnungen ins Ungemessene,
und sie glaubten schon, ohne Kampf ihrer Feinde ledig werden zu
können. Solange die Franken in Ligurien waren, taten sie den Goten
nichts Böses, um ungehindert den Po überschreiten zu können, und als
sie an die Stadt Ticinum kamen, wo die alten Römer den Fluß

[1] 11 Kilometer. – [2] König von Austrasien, Chlodwigs Enkel. – [3] Im Gegensatz
zu der Doppelaxt.

überbrückt hatten, leisteten die Wächter der Brücke ihnen jeglichen 539
Vorschub und ließen sie ganz nach Gefallen über den Po rücken.
Sobald aber die Franken Herren der Brücken waren, schlachteten sie
die gotischen Kinder und Weiber, deren sie habhaft wurden, und
stürzten ihre Leichname als Erstlingsopfer des Krieges in den Fluß.
Denn obgleich diese Barbaren Christen geworden sind, haben sie viele
ihrer heidnischen Gebräuche behalten, wie Menschenopfer und
andere abscheuliche Opfer, die sie zwecks ihrer Orakel anstellen. Als
die Goten das sahen, waren sie wie gelähmt vor Furcht; dann flohen
sie eilig hinter die schützenden Mauern. Die Franken überschritten
den Po und rückten gegen das Gotenlager vor. Die Goten sahen sie
zuerst in kleinen Trupps näherkommen und freuten sich über die
Bundesgenossen. Als aber der Schwarm immer dichter wurde, zum
Angriff überging und die Äxte schleuderte, so daß ein großes Blutbad
entstand, wandten sie sich und flohen mitten durch das römische
Lager hindurch und dann weiter auf dem Wege nach Ravenna. Als die
Römer sie fliehen sahen, glaubten sie nicht anders, als daß Belisar da
sei, das feindliche Lager genommen habe und nun die Fliehenden vor
sich hertreibe. Dabei wollten sie helfen, griffen zu den Waffen und
rückten aus. Wider Erwarten stießen sie auf ein Feindesheer und
waren, ehe sie sich's versahen, in einen Kampf verwickelt. Sie wurden
gänzlich geschlagen, so daß sie nicht einmal in ihr Lager zurückkehren
konnten, sondern alle nach Tuscien flohen. Als sie endlich in Sicherheit waren, meldeten sie alles, was vorgefallen, an Belisar. Nachdem
die Franken so beide Gegner niedergeworfen hatten, bemächtigten sie
sich beider Lager, die ganz ohne Verteidiger waren, und fanden für
den ersten Augenblick hinreichende Lebensmittel. Für ihre Menge
verschlug das aber nicht lange, und in dem völlig menschenleeren
Lande gab es nur noch Rinder und das Wasser des Po. Diese
ausschließliche Fleischnahrung zusammen mit dem Wasser konnten
sie nicht vertragen; die meisten wurden von Durchfall oder Ruhr
heimgesucht und konnten die Krankheit aus Mangel an guter Kost
nicht wieder loswerden. Auf diese Weise soll der dritte Teil des
Frankenheeres elend umgekommen sein, und deshalb konnten sie
auch nicht weiter vorrücken, sondern blieben liegen.

Als Belisar von der Ankunft des Frankenheeres und der Niederlage
des Martin und Johannes durch dasselbe Kunde erhielt, war er sehr
bedrückt und hatte die schlimmsten Befürchtungen für sein ganzes
Heer, insbesondere für die Belagerer von Faesulae, in dessen unmittelbarer Nähe die Barbaren sein sollten. Er richtete daher sofort

539 folgenden Brief an Theodebert: »Ein tugendhafter Mann, mein edler Theodebert, muß stets der Wahrheit die Ehre geben, und besonders für einen Herrscher über vieles Volk ziemt es sich nicht zu lügen. Nur ein ganz ehrvergessener Mensch aber kann einen Schwur, der noch dazu schriftlich niedergelegt ist, ohne weiteres für nichts achten und das Gegenteil von dem tun, was ausgemacht ist. Was Du in dieser Zeit durch Dein Tun auf Dich nimmst, weißt Du recht gut, und dabei hattest Du doch versprochen, in diesem Kriege gegen die Goten unser Bundesgenosse zu werden. Jetzt aber hast Du Dich nicht einmal neutral verhalten, sondern ohne Zaudern die Waffen wider uns erhoben. Fahre ja nicht fort, gegen den erhabenen Kaiser zu freveln, der sehr wohl einmal furchtbare Vergeltung üben kann. Es ist immerhin besser, im eigenen Heim festzusitzen, als nach fremdem Gute die Hand auszustrecken und dabei den eigenen Besitz zu gefährden.« Als Theodebert diesen Brief empfing, befand er sich schon in ziemlicher Verlegenheit, und die Franken setzten ihm hart zu, daß er sie ohne Grund und Vorwand in dem völlig ausgesogenen Lande sterben und verderben ließe. Deshalb machte er sich mit dem Rest der Franken auf und zog sich eilig in seine Heimat zurück. So machte Theodebert einen Einfall in Italien.

26. Martin und Johannes aber kehrten trotzdem wieder um, damit die Feinde keinen Angriff auf die Belagerer machten. Die Goten in Auximum, welche von dem Zuge der Franken nichts erfahren hatten, waren der Verzweiflung nahe, weil die Hoffnung auf Ersatz sich immer noch nicht erfüllen wollte, und sannen auf Mittel und Wege, noch eine Botschaft an Witichis gelangen zu lassen. Da die Wachsamkeit der Feinde sich nicht mehr täuschen ließ, war das eine schwierige Sache. Als sie nun eines römischen Soldaten – namens Burcentius, von Geburt ein Besser, vom Regiment des Armeniers Narses – ganz allein gegen Mittag auf Posten sahen und Wache halten, daß niemand aus der Stadt käme, um Futter zu holen, gingen sie näher an ihn heran und knüpften ein Gespräch an. Sie schwuren, ihm nichts zu tun, und forderten ihn unter großen Versprechungen auf, sich in weitere Verhandlungen einzulassen. Darauf traten sie zusammen, und die Barbaren baten den Mann, einen Brief nach Ravenna zu besorgen. Dafür bezahlten sie ihm sofort eine verabredete Summe und versprachen ihm noch viel mehr, wenn er ihnen eine Antwort von Witichis zurückbrächte. Der Soldat ließ sich, durch den Glanz des Goldes geblendet, gewinnen und machte sein Versprechen durch die Tat wahr. Er eilte mit einem versiegelten Schreiben nach Ravenna, wurde

vor Witichis geführt und händigte ihm den Brief ein, dessen Inhalt 539
folgender war: »Wie es mit uns steht, könnt Ihr am besten aus der
Person des Überbringers dieses ersehen; denn kein gotischer Mann
kann die Festung mehr verlassen. Unsere beste Speise ist das Gras,
welches vor der Mauer wächst, und selbst dies können wir nur
bekommen, wenn wir es uns im Kampfe holen, der nie ohne große
Verluste abgeht. Wie das mit uns enden soll, das überlege Dir mit den
Goten in Ravenna.« Als Witichis dies gelesen hatte, antwortete er
also: (nur durch den unvermuteten Einfall der Franken sei er abgehal-
ten worden, ihnen zu Hilfe zu kommen; jetzt, nach dem Abzuge
Theodeberts, werde er mit Gottes Beistand sehr bald mit seinem
ganzen Heer kommen; bis dahin sollten sie tapfer aushalten in
Erfüllung der Ehrenpflicht, die er ihnen auferlegt habe, das Bollwerk
Ravennas und des Gotenreichs zu verteidigen). Diesen Brief gab
Witichis dem Manne, beschenkte ihn reichlich und entließ ihn.
Burcentius kam nach Auximum zurück und erzählte seinen Kamera-
den, er habe sich wegen einer Krankheit in eine benachbarte Kirche
auf einige Tage zurückgezogen. Dann begab er sich wieder auf seinen
Posten wie gewöhnlich und übergab, ohne daß es jemand merkte, den
Brief an die Feinde. Dort wurde er öffentlich vorgelesen und bestärkte
sie im Ausharren, obgleich sie vom Hunger viel zu leiden hatten, so
daß sie von Übergabe, die ihnen Belisar unter den ehrenvollsten
Bedingungen anbot, gar nichts hören wollten. Als aber immer noch
kein Entsatzheer von Ravenna erscheinen wollte und die Qualen des
Hungers immer größer wurden, schickten sie den Burcentius zum
zweitenmal ab mit einem Brief, in dem weiter nichts stand, als daß sie
nur noch fünf Tage sich gegen den Hunger halten könnten. Er kehrte
mit einem Briefe des Witichis zurück, der sie wieder von neuem
vertröstete.

Die Römer ärgerten sich nicht wenig, daß sie in einem Lande, wo es
nichts zu beißen gab, von einer so langwierigen Belagerung festgehalten wurden, und konnten sich gar nicht erklären, daß die Barbaren
trotz aller Not sich nicht ergeben wollten. Belisar hätte deshalb gar zu
gern einen edlen Goten lebendig gefangen, um endlich zu erfahren,
aus welchem Grunde sich die Barbaren mit solcher Hartnäckigkeit
wehrten. Da versprach ihm Valerian, er wolle ihm ganz leicht einen
besorgen. Er hatte nämlich unter seinen Leuten einige vom Volke der
Sklavenen, die sich hinter irgendeinem Stein oder Busch zu verbergen
pflegen, um einen Feind lebendig zu fangen. An der Donau, wo ihre
Wohnsitze sind, haben sie dies Stückchen gegen die Römer oder

539 andere Barbaren öfters ausgeführt. Belisar freute sich über das
Versprechen und trieb zu größter Eile. Valerian suchte sich nun von
seinen Sklavenen den stärksten und gewandtesten aus und trug ihm
auf, einen Feind lebendig zu fangen, indem er ihm große Belohnungen
von Belisar in Aussicht stellte. Der Sklavene erklärte, das ließe sich am
besten da machen, wo das Gras wüchse, das den Goten schon lange
als Nahrungsmittel diene. Er schlich sich nun in frühester Morgen-
stunde hart an die Mauer und duckte sich hinter einem Strauch dicht
an der Wiese. Bei Tagesanbruch kam ein Gote dahin und raffte schnell
einiges Gras zusammen, ohne auf den Strauch besonders zu achten;
nur nach dem feindlichen Lager warf er häufige Blicke, ob er von dort
einen Angriff zu besorgen hätte. Plötzlich packte ihn der Sklavene von
hinten und hob ihn empor. Mit beiden Händen drückte er ihn fest an
sich und schleppte ihn so ins Lager, wo er ihn dem Valerian übergab.
Man fragte sofort, woher es käme, daß die Goten trotz der schwersten
Leiden sich nicht ergeben, sondern lieber das Schlimmste ertragen
wollten. Da erzählte denn der Gote die ganze Geschichte von
Burcentius und sagte es ihm auf den Kopf zu. Als Burcentius merkte,
daß alles heraus war, versuchte er gar nicht zu leugnen. Deshalb
überließ ihn Belisar seinen Kameraden, daß sie mit ihm machten, was
sie wollten. Sie verbrannten ihn sogleich bei lebendigem Leib, so daß
die Feinde es mit ansehen konnten. – So wurde Burcentius für seine
schnöde Habgier gestraft.

27. Da Belisar bemerken mußte, daß die Barbaren trotz allen Unge-
machs aushielten, faßte er den Plan, ihnen das Wasser abzuschneiden,
und hoffte, auf diese Weise leichter zum Ziel gelangen zu können. An
einem Felsabhang nördlich von Auximum war nämlich eine Quelle,
nur einen Steinwurf von der Mauer entfernt, deren Wasser langsam in
eine Zisterne floß, die sich dort seit alten Zeiten befand. Obgleich der
Zufluß nur so spärlich war, war diese Zisterne stets voll, so daß die
Leute von Auximum bequem ihr Wasser daraus schöpfen konnten.
Belisar meinte nun, wenn das Wasser sich dort nicht mehr sammeln
könnte, müßten die Barbaren an der Quelle, die von feindlichen
Geschossen bestrichen wurde, ganz langsam ihre Krüge vollaufen
lassen. Deshalb traf er folgende Maßregeln, um die Zisterne zu
zerstören. Er ließ das ganze Heer unter Waffen treten und sich rings
um die Mauer wie zur Schlacht aufstellen, damit die Gegner glauben
sollten, er beabsichtige, sofort einen allgemeinen Sturm zu unternehmen. Um dem zu begegnen, hielten sich die Goten ruhig auf den
Zinnen, damit sie von dort den Feinden einen würdigen Empfang

bereiten könnten. Unterdes schickte Belisar fünf Isaurier, die gelernte 539
Bauleute waren, mit Beilen und anderen Brechwerkzeugen unter
einem Schilddach in die Zisterne, um deren Wände möglichst schnell
und gründlich zu zerstören. Solange die Goten meinten, daß diese
Leute sich der Mauer nähern wollten, verhielten sie sich ganz ruhig,
um sie möglichst nahe heranzulassen und dann recht bequem nieder-
zuschießen; denn sie hatten gar keine Ahnung, was eigentlich beabsichtigt wurde. Als sie aber sahen, wie die Isaurier sich in die Zisterne
begaben, schleuderten sie Steine und alle möglichen Geschosse auf
dieselben. Da kehrten die anderen Römer schnellen Laufes um; nur
die fünf Isaurier blieben zurück und machten, als sie die Deckung
erreicht hatten, sich sofort ans Werk – die Zisterne war nämlich des
Schattens wegen von den alten Erbauern überwölbt worden. Sie
traten hinein und machten sich aus den feindlichen Geschossen, die
hageldicht fielen, gar nichts. Deswegen blieben jetzt die Goten nicht
mehr innerhalb der Mauer, sondern öffneten an jener Seite das Tor
und stürzten sich in großer Hast und mit vielem Lärm auf die Isaurier.
Die Römer traten ihnen mit großem Mut entgegen, da Belisar sie
anfeuerte. Der Kampf wogte lange Zeit hin und her, er war heiß und
blutig. Von den Römern fielen mehr als von den Goten, da diese durch
ihre Stellung begünstigt waren. Trotzdem wollten die Römer nicht
klein beigeben, da sie sich vor Belisar schämten, der selbst mit-
kämpfte und sie durch lauten Zuruf antrieb. Hier geschah es, daß ein
feindlicher Schütze, sei es durch Zufall oder aus Vorbedacht, einen
Pfeil abschoß, der mit lautem Zischen gerade auf Belisars Unterleib
losfuhr. Dieser konnte sich weder decken noch ausweichen, da er ihn
gar nicht bemerkt hatte. Ein Doryphor aber, namens Unigat, der
neben ihm stand, sah den Pfeil, wie er nicht mehr weit von Belisars
Körper entfernt war, streckte seine rechte Hand vor und rettete so
wider menschliches Ermessen den Feldherrn. Er selbst wurde nun von
dem Geschoß getroffen und mußte vor Schmerz sich sofort zurückziehen. Auch erlangte er später den Gebrauch der Hand nicht wieder, da
die Sehnen durchschnitten waren. – Die Schlacht, welche früh am
Morgen begonnen hatte, dauerte bis Mittag. Sieben Armenier von den
Regimentern des Narses und Aratius verrichteten vornehmlich tapfere Taten, indem sie an einer besonders steilen Stelle sich bewegten,
als ob sie in der Ebene wären, und jeden Feind erlegten, der ihnen
gegenübertrat, bis sie endlich die Barbaren gänzlich zurückschlugen.
Als die übrigen Römer den Feind wanken sahen, verfolgten sie
denselben, und die Flucht der Barbaren nahm nicht eher ein Ende, als

539 bis sie wieder innerhalb der Mauern waren. Die Römer glaubten nun,
die Zisterne sei zerstört und den Isauriern sei ihr Werk völlig geglückt;
die hatten aber nicht ein Steinchen loslösen können. Denn die alten
Baukünstler, die stets sehr sorgfältig arbeiteten, hatten auch diesen
Bau so angelegt, daß er sowohl dem Zahn der Zeit als auch der Hand
der Menschen widerstand. Deshalb mußten die Isaurier, als sie sahen,
daß die Römer Herren des Schlachtfeldes blieben, die Zisterne
verlassen und unverrichteter Sache ins Lager zurückkehren. Nun ließ
Belisar von den Soldaten Tierleichen, giftige Kräuter und ungelösch-
ten Kalk in das Wasser werfen. Als das geschehen war, benutzten die
Goten einen Brunnen innerhalb der Mauer, der nur wenig Wasser
gab, so daß auf jeden nur eine sehr knappe Ration kam. Da aber
Belisar mittlerweile eingesehen hatte, daß weder mit Gewalt noch
durch Abschneiden des Wassers oder anderswie etwas auszurichten
war, blieb ihm nur noch die Aussicht, die Feinde auszuhungern; und
so paßte er nun um so schärfer auf. Die Goten warteten noch immer
auf Entsatz von Ravenna aus und verhielten sich trotz der äußersten
Not ganz ruhig. Die Goten, welche in Faesulae belagert wurden und
ähnlich zu leiden hatten, konnten die Not nicht länger ertragen: sie
verzweifelten daran, von Ravenna Hilfe zu erhalten und beschlossen,
sich den Feinden zu ergeben. Sie knüpften mit Cyprian und Johannes
Unterhandlungen an, ließen sich für ihre Person Sicherheit geben und
kapitulierten. Cyprian ließ eine genügende Besatzung in Faesulae
zurück und marschierte mit seinem Heer nach Auximum. Die gefangenen Goten nahm er mit. Belisar ließ ihre Anführer den Barbaren in
Auximum wiederholentlich zeigen und forderte sie auf, von dem
zwecklosen Widerstand abzulassen: aus Ravenna käme doch kein
Entsatz, also schädigten sie sich durch ihren Widerstand nur selbst
und würden schließlich dasselbe Geschick erleiden wie die Leute von
Faesulae. Die Belagerten berieten sich lange und nahmen endlich, als
der Hunger nicht mehr zu ertragen war, die Verhandlungen auf. Sie
versprachen, den Platz übergeben zu wollen, wenn ihnen selbst mit all
ihrem Eigentum freier Abzug nach Ravenna gewährt würde. Belisar
wollte von dieser Bedingung nicht recht etwas wissen, da es für ihn ein
zu großer Nachteil war, wenn so zahlreiche und tapfere Feinde sich
mit denen in Ravenna vereinigten; andererseits wollte er auch keine
Zeit mehr verlieren, sondern bei der ungewissen Lage auf Ravenna
und Witichis losgehen. Denn die Franken beunruhigten ihn sehr, da
man immer noch glauben konnte, sie würden den Goten Hilfe leisten.
Ihnen wollte er aber um jeden Preis zuvorkommen, und doch konnte

er die Belagerung nicht aufheben, ohne den Platz genommen 539
zu haben. Auch wollten seine Soldaten nicht, daß er den Barbaren erlaubte, all ihre Habe mitzunehmen. Sie zeigten ihm die
Wunden, die sie vor Auximum erhalten hatten, und zählten die
Strapazen auf, die sie dort hätten aushalten müssen: für alles dies
gebühre ihnen die Habe der Besiegten als Kriegsbeute. Schließlich
kamen die Römer, denen die Zeit immer kostbarer wurde, und die
Barbaren, welche der Hunger plagte, dahin überein, daß die
Römer die Hälfte allen beweglichen Eigentums für sich bekommen, die Goten die andere Hälfte behalten und Untertanen des
Kaisers werden sollten. Von beiden Seiten wurde der Vertrag
beschworen, von den römischen Obersten, daß er gehalten werden würde, von den Goten, daß sie von ihren Schätzen nichts versteckt halten würden. So teilten sie alle fahrende Habe; die
Römer besetzten Auximum und die Barbaren traten in das kaiserliche Heer ein.

28. Nachdem Belisar Auximum genommen hatte, wollte er schleunigst an die Belagerung von Ravenna gehen und führte sein ganzes
Heer dorthin. Den Magnus schickte er mit zahlreichen Truppen auf
dem Wege nach Ravenna voraus, mit dem Auftrag, das Ufer des
Poflusses fleißig abstreifen zu lassen, damit nicht von dort die Goten
noch ferner Lebensmittel bekämen. Vitalius, der mit seinen Truppen
soeben aus Dalmatien angelangt war, beobachtete das linke Ufer des
Flusses. Daselbst ereignete sich etwas Wunderbares, das recht zeigt,
wie das Schicksal selbst die Entscheidung in allen Dingen herbeiführt.
Einige Zeit vorher hatten die Goten zahlreiche Kähne in Ligurien
aufgebracht und in den Po gelassen, um sie mit Getreide und anderen
Nahrungsmitteln zu beladen und nach Ravenna zu schaffen. Das
Wasser des Flusses war aber zu jener Zeit so klein geworden, daß man
gar nicht auf ihm fahren konnte, bis die Römer kamen und die Kähne
samt ihrer Fracht wegnahmen. Dann stieg der Fluß zu seiner gewöhnlichen Höhe und blieb fortan schiffbar. Dergleichen war aber früher
nicht vorgekommen. Schon fingen die Barbaren an Mangel zu leiden,
denn einerseits konnten sie vom adriatischen Meer keine Zufuhr
bekommen, da die Feinde die See vollständig beherrschten, andererseits waren sie auch vom Flusse abgeschnitten. Die Frankenkönige,
welche die Ereignisse aufmerksam verfolgten und Italien gern für sich
haben wollten, schickten Gesandte an Witichis mit dem Versprechen
eines Bündnisses, für den Fall, daß er ihnen die Mitherrschaft über
Italien einräumen wolle. Sobald das Belisar erfuhr, schickte auch er

539 Gesandte, welche gegen die Franken auftreten sollten, u.a. seinen
Hausintendanten[1] Theodosius.

Zuerst standen die fränkischen Gesandten vor Witichis und sprachen
folgendermaßen: »Uns schicken die Frankenkönige, die schmerzlich
empfinden, daß ihr von Belisar belagert werdet, und kraft ihres
Bundesgenossenrechts euch helfen wollen. Wir glauben, daß jetzt ein
Heer von 500 000 streitbaren Männern die Alpen schon überschritten hat, die, wie wir nicht Anstand nehmen offen auszusprechen, das
Römerheer beim ersten Anprall mit ihren Äxten zerschmettern
werden. Ihr müßt euch nun nicht denjenigen anschließen, die euch
unterjochen wollen, sondern denjenigen, die aus reinem Wohlwollen
gegen die Goten die Gefahr eines Krieges auf sich nehmen. Wenn ihr
mit uns zusammen die Waffen ergreift, so können sich die Römer gar
nicht nach beiden Seiten wenden, sondern wir werden hier dem Kriege
ohne große Mühe mit einem Schlage ein Ende machen. Wenn dagegen
die Goten sich den Römern anschließen, werden sie selbst mit diesen
die Franken nicht bestehen können – denn der Kampf wird immer
noch nicht gleich sein, sondern ihr werdet nur an der Seite eurer
Todfeinde eine Niederlage erleiden. Es ist doch aber der reine
Wahnsinn, wenn man mit offenen Augen ins Verderben rennt,
während man sich der Gefahr entziehen kann. Das Römervolk hat
den Barbaren nie Treue gehalten, denn es ist ihnen von Natur
feindlich gesinnt. Wenn ihr wollt, werden wir mit euch zusammen
über Italien herrschen und das Land verwalten, wie es am angemes-
sensten scheint. Du und deine Goten, ihr werdet doch das vorziehen,
was euch am meisten frommt.« Nach diesen Worten der fränkischen
Gesandten traten die Belisars auf und sprachen also: »Daß die Menge
der Franken, die ihr nach den Aussagen jener zu fürchten habt, dem
kaiserlichen Heer nicht Schaden tun wird, wer sollte darüber vor euch
lange Worte machen, die ihr aus langjähriger Erfahrung wißt, was
den Ausschlag im Krieg zu geben pflegt und wie die Tapferkeit durch
die rohe Masse sich nicht überwinden läßt! Auch darüber will ich
schweigen, daß der Kaiser an Truppenzahl jedem Feinde überlegen
ist. Ich will nur von der Treue reden, die jene angeblich allen Barbaren
bewiesen haben; wahrlich, sie haben sie den Thüringern und Burgunden, und auch euch, ihren Bundesgenossen, herrlich gezeigt! Wir
könnten recht gut die Franken fragen, bei welchen Göttern sie
schwören, wenn sie euch den Eid wirklich halten wollen. Denn wie sie

[1] Praefectus domus.

sonst geschworene Eide halten, wißt ihr ja schon: Sie, die ihr als 539
Bundesgenossen zu kommen aufgefordert hattet, haben nicht die
Gefahr mit euch geteilt, vielmehr ruchloserweise die Waffen gegen
euch erhoben, wenn anders eine Kunde von den Ereignissen am Po zu
euch gedrungen ist. Und was brauchen wir denn die Treulosigkeit der
Franken mit früheren Beispielen zu belegen, da ihre jetzige Gesandtschaft eine Ausgeburt der schnödesten Gesinnung ist! Als ob sie von
den Verträgen, die ihr mit ihnen gemacht, die sie beschworen haben,
gar nichts wüßten, glauben sie, daß die Hilfe, die sie jetzt euch leisten
wollen, besser als alles andere von euch bezahlt werden wird! Wenn
sie wirklich das von euch verlangen, daß die Goten sich mit dem
Frankenheer vereinigen, so sehet ihr zu, wohin ihre unersättliche
Habgier schließlich führen wird.«
Solches sprachen die Gesandten Belisars. Witichis aber pflog mit den
Gotenfürsten langen Rat und zog schließlich die Friedensverhandlun-
gen mit dem Kaiser vor; die Franken mußten unverrichteter Sache
abziehen. Von jetzt an gingen beständig Gesandtschaften zwischen
den Römern und Goten hin und her, ohne daß jedoch Belisar
aufzupassen abließ, daß keine Lebensmittel zu den Barbaren hineingeschafft würden. Den Vitalius schickte er nach Venetien, um dort
möglichst alle Ortschaften zu unterwerfen; er selbst beobachtete
beide Ufer des Po, nachdem er auf das jenseitige noch Ildiger zur
besseren Bewachung abgeordnet hatte, damit die Barbaren durch den
steigenden Mangel an Nahrung mürbe gemacht würden und den
Bedingungen sich fügten, die er stellte. Da er ferner wußte, daß in den
öffentlichen Speichern zu Ravenna noch viel Getreide aufgeschüttet
war, bestach er einen Einwohner der Stadt, diese Gebäude samt dem
Getreide in Brand zu stecken. Es gibt auch Leute, welche wissen
wollen, daß dies auf Anstiften der Matasuntha[1], Witichis' Gemahlin,
geschehen sei. Als nun das Getreide so plötzlich in Flammen aufgegangen war, äußerten einige den Verdacht, das Feuer sei böswillig
angelegt worden, andere behaupteten, der Blitz habe eingeschlagen.
Beide Ansichten trugen aber nur dazu bei, die Goten und Witichis
noch verzagter zu machen, da man untereinander sich nicht mehr
trauen konnte und meinte, Gott selbst kämpfe wider die Goten.
Dies ging in Ravenna vor. In den Alpen aber, welche Gallien von
Ligurien trennen und bei den Römern die Cottischen heißen, gab es
zahlreiche Burgen, in denen seit langer Zeit viele edle Goten mit Weib

[1] Vgl. Kap. 10.

539 und Kind wohnten, die dort Grenzwacht hielten. Da Belisar erfuhr, daß diese sich ergeben wollten, schickte er aus seinem Gefolge den Thomas mit wenigen Begleitern an sie ab, um sich von den Barbaren jener ganzen Gegend den Treueid leisten zu lassen. Als sie in das Alpenland gekommen waren, nahm sie der Oberbefehlshaber jener Burgen, Sisigis, in eine derselben auf, schloß sich den Römern gänzlich an und forderte auch die übrigen auf, dasselbe zu tun. Mittlerweile eilte Urajas mit 4000 Mann, die er aus Ligurien und den Alpenburgen zusammengezogen hatte, Ravenna zu Hilfe. Als bei diesen die Handlungsweise des Sisigis bekannt wurde, fürchteten sie für ihre Familien und zogen es vor, erst nach jener Richtung zu marschieren. So kam Urajas mit seinem ganzen Heer in die Cottischen Alpen und belagerte Sisigis und Thomas mit seinem Gefolge. Als Johannes, Vitalians Neffe, und Martin hiervon Kenntnis bekamen – sie standen gerade dicht am Po –, zogen sie sogleich mit all ihrer Macht jenen zu Hilfe, nahmen einige Alpenburgen durch Handstreich und machten deren Einwohner zu Sklaven. Unter diesen befanden sich auch viele Kinder und Weiber derjenigen Goten, die unter Urajas standen. Sobald diese von der Gefangennahme der ihrigen erfuhren, verließen sie ohne weiteres das Gotenlager und fielen zu Johannes ab, so daß von diesem Zeitpunkt an Urajas weder dort etwas ausrichten, noch den zu Ravenna Eingeschlossenen Hilfe bringen konnte. Er kehrte daher, ohne etwas ausgerichtet zu haben, mit einer kleinen Schar nach Ligurien zurück, wo er sich nicht mehr rührte. So war es Belisar möglich, die Einschließung des Witichis und der Gotenfürsten in Ravenna nur noch strenger aufrechtzuerhalten.

29. Zu dieser Zeit kamen als Gesandte des Kaisers Domnicus und Maximin an, beide Senatoren, um den Frieden unter folgenden Bedingungen abzuschließen: Witichis behält die Hälfte des königlichen Schatzes und die Herrschaft über das Land jenseits des Po[1]; die andere Hälfte des Schatzes fällt dem Kaiser zu, und alles Land diesseits des Po wird ihm tributpflichtig. Nachdem die Gesandten ihr Beglaubigungsschreiben dem Belisar vorgezeigt hatten, wurden sie nach Ravenna durchgelassen. Als die Goten und Witichis hörten, weswegen sie gekommen waren, waren sie sofort bereit, auf diese Bedingungen hin abzuschließen. Belisar geriet hierüber in große Aufregung und nahm es sehr übel, daß man ihn nicht gewähren lassen wollte, wo er doch ohne jegliche Anstrengung dem ganzen Kriege mit

_____
[1] Transpadana, auf dem linken Po-Ufer.

einem Schlage ein Ende machen und Witichis kriegsgefangen nach 539
Byzanz führen konnte. Als daher die Gesandten von Ravenna zurückkehrten, weigerte er sich, seine Unterschrift unter den Vertrag zu
setzen. Wie die Goten davon Kunde erhielten, glaubten sie, die Römer
meinten es mit dem Friedensabschluß nicht ehrlich, wurden sehr
mißtrauisch gegen sie und erklärten laut, ohne Belisars Unterschrift
und Eidschwur könne aus dem Vertrag nichts werden. Belisar wurde
darauf aufmerksam gemacht, daß einige Obersten murrten, er nehme
nur schlecht die Interessen des Kaisers wahr und wolle bloß dem
Kriege kein Ende machen. Deshalb berief er alle zur Versammlung
und sprach in Gegenwart von Domnicus und Maximin folgendes:
»Ich weiß sehr wohl, wie unbeständig das Kriegsglück ist, und glaube
auch, daß jeder von euch ebenso denkt. Schon oft haben diejenigen,
die bereits den Sieg in Händen zu haben glaubten, sich in dieser
Hoffnung getäuscht gesehen – und solche, die tief im Unglück saßen,
sind trotzdem ihrer Feinde Meister geworden. Deshalb müssen
diejenigen, welche über den Friedensschluß ratschlagen, nicht nur die
günstige Hoffnung anführen, sondern auch bedenken, daß jedes
Kampfes Ende ungünstig sein kann, und darnach ihren Entschluß
einrichten. Wegen so besonderer Umstände habe ich euch, meine
Kameraden und diese gegenwärtigen kaiserlichen Gesandten, zusammenberufen, damit ihr jetzt ganz nach Belieben aussprecht, welcher
Beschluß dem Kaiser am meisten frommt, daß mir nicht jemand
hinterher aus den vollendeten Tatsachen irgendeinen Vorwurf macht.
Denn es wäre doch höchst verwerflich, zu schweigen, solange man
sich noch für das Bessere entscheiden kann, und Beschuldigungen zu
erheben, wenn die Sache übel abgelaufen ist. Wie der Kaiser über die
Beendigung des Krieges denkt und was Witichis' Willen ist, das wißt
ihr ja. Wenn auch euch dies das Richtige zu sein scheint, so sage nur
jeder seine Meinung frei heraus. Wenn aber einer von euch glaubt,
ganz Italien für die Römer gewinnen und die Feinde gänzlich zu Boden
werfen zu können, so sage auch er es ganz dreist.« Nach diesen
Worten Belisars beteuerten alle laut, des Kaisers Ansichten seien die
besten, und sie selbst seien durchaus nicht imstande, weitere Erfolge
über den Feind davonzutragen. Belisar war über die Ansicht der
Obersten sehr erfreut und bat nur, sie ihm schriftlich zu geben, damit
niemand sie nachher ableugnen könne. Darauf stellten sie ihm eine
Urkunde aus, daß sie nicht imstande wären, der Feinde im Kampfe
Herr zu werden.

Solches ging im römischen Lager vor. Bei den Goten war unterdes die

539 Hungersnot bis zum Gipfel gestiegen und ihre Widerstandskraft war
gebrochen. Die Herrschaft des Witichis war ihnen verhaßt, weil sie
ihnen nur Unglück gebracht hatte; andererseits trugen sie Bedenken,
sich dem Kaiser auf Gnade und Ungnade zu ergeben, hauptsächlich
weil ihnen bange war, sie würden als kaiserliche Untertanen gezwungen werden, aus Italien auszuwandern, nach Byzanz zu gehen und
dort zu bleiben. Die vornehmsten Goten traten nun zusammen und
beschlossen, Belisar die Krone des Westens anzubieten. Sie taten ihm
insgeheim ihre Wünsche kund, baten ihn, die Krone nicht auszuschla-
gen, und versicherten, daß sie ihm treu dienen würden. Belisar war
aber keineswegs gesonnen, ohne Wissen und Willen des Kaisers eine
solche Stellung einzunehmen. Erstens sagte ihm der Königstitel
durchaus nicht zu, zweitens hatte er sich mit den schwersten Eiden
dem Kaiser verpflichtet, bei seinen Lebzeiten niemals gegen die
bestehende Ordnung etwas zu unternehmen. Um aber die günstigen
Umstände möglichst auszunutzen, tat er so, als ob er auf die Vorschläge der Barbaren mit Freuden eingehe. Auch Witichis merkte, was
vorging, und war sehr besorgt deshalb. Aber um den Goten, wie er
sagte, aufs beste zu raten, redete auch er insgeheim Belisar zu, den
Thron zu besteigen: niemand werde ihm im Wege stehen. Da berief
Belisar zum zweitenmal die kaiserlichen Gesandten und sämtliche
Obersten und legte ihnen die Frage vor, ob es ihnen großen Wert zu
haben scheine, daß alle Goten und auch Witichis selbst kriegsgefangen würde, der ganze Schatz in ihre Hände fiele und ganz Italien für
die Römer gewonnen würde. Sie antworteten, das werde ein hohes
und übergroßes Glück sein, und ermunterten ihn, eiligst zu tun, was er
nur könnte. Sofort schickte Belisar einige seiner Vertrauten an
Witichis und die Gotenfürsten und forderte sie auf, wahr zu machen,
was sie versprochen hätten. Wegen des nagenden Hungers nämlich
konnten sie an keinen Aufschub mehr denken, sondern wurden
dadurch geradezu zum Handeln gezwungen. Deswegen schickten sie
sofort ihrerseits Gesandte ins römische Lager, die öffentlich zwar
nichts erklären, sondern nur heimlich sich von Belisar geloben lassen
sollten, daß er niemand etwas zuleide tun und in Zukunft König der
Italiker und Goten sein würde und als solcher mit dem römischen
Heer in Ravenna einziehen wolle. Belisar beschwor alle anderen
Artikel, wie sie die Gesandten ihm vorgelegt hatten; wegen des
Königtums werde er den Schwur dem Witichis selbst und den
Gotenfürsten leisten. Die Gesandten glaubten, er werde die Königs-
würde keineswegs zurückweisen, strebe vielmehr allermeist danach,

und forderten ihn auf, mit ihnen in Ravenna einzuziehen. Da ließ 539
Belisar den Bessas, Johannes, Narses und Aratius, die er für seine
schlimmsten Feinde hielt, den einen hierhin, den anderen dorthin mit
seinen Truppen ziehen, um zu fouragieren, weil es ihm nicht mehr
möglich sei, Lebensmittel für das ganze Heer auf den einen Punkt
hinschaffen zu lassen. Sie folgten dem Befehl, ebenso der Präfectus
Prätorio Athanasius, der soeben erst aus Byzanz angekommen war; er
selbst zog mit dem übrigen Heer, geführt von den Gesandten, nach
Ravenna. Sofort ließ er eine Transportflotille mit Brotkorn und
anderen Nahrungsmitteln beladen und nach dem Hafen Classes
steuern – so nennen die Römer die Vorstadt Ravennas, wo sich der
Hafen befindet. Als ich an jenem Tage den Einzug des römischen
Heeres in Ravenna so mit ansah, stieg der Gedanke in mir auf, daß
weder Tapferkeit noch Menge noch irgendein anderer Vorzug den
Erfolg bestimmt, sondern eine übermenschliche Kraft[1], welche die
Gemüter der Menschen stets dahin wendet und lenkt, wo sich dem,
was werden soll, kein Hindernis entgegenstellt. Denn die Goten
waren ihren Gegnern an Kraft und Zahl weit überlegen, hatten auch
keine Schlacht geliefert, seit sie in Ravenna waren, ferner war ihr Sinn
nicht durch etwas ganz Ungewöhnliches getrübt worden – und doch
waren sie Kriegsgefangene ihrer schwächeren Gegner geworden, und
der Stand der Knechtschaft hatte für sie nichts Schmähliches. Ihre
Weiber aber, die von ihren Männern gehört hatten, die Feinde seien
groß von Gestalt und viel zahlreicher als sie, spien ihnen ins
Angesicht, als sie dieselben in der Stadt untätig dasitzen sahen, und
warfen ihnen, mit den Fingern auf die Sieger zeigend, ihre unmännli-
che Schwäche vor. Belisar aber hielt den Witichis in ehrenvoller Haft
und ließ die Barbaren, die südlich vom Po wohnten, zu ihren Äckern
heimkehren, um sie in Frieden zu bebauen. Denn es kam ihm gar nicht
der Gedanke, daß von dort etwas Feindliches gegen ihn unternommen
werden könne oder daß in jenen Gegenden sich die Goten erheben
könnten, da er eine große Anzahl römischer Soldaten dorthin gelegt
hatte. Jene machten sogleich von seiner Erlaubnis Gebrauch. Die
Römer fühlten sich schon ganz sicher, denn ihrer waren in Ravenna
schon ebensoviel wie Goten. Dann nahm Belisar den Königsschatz in
Besitz, den er dem Kaiser überbringen wollte. Die Goten brandschatzte weder er selbst, noch litt er, daß irgend jemand sich an ihrem

---

[1] δαιμόνιον; Prokop bezeichnet diese Macht auch als τύχη (Schicksal) oder ὁ
θεός (Gott).

Eigentum vergriff, sondern dem Vertrage gemäß behielt jeder das
Seinige. Als aber die Barbaren, welche in den stärksten Burgen als
Besatzung lagen, erfuhren, daß Witichis und Ravenna in den Händen
der Römer sei, schickten sie Gesandte an Belisar, um ihm mitzuteilen,
daß sie sich und die Burgen mit allem, was darin war, ihm ausliefern
wollten. Er gab ihnen bereitwilligst sein Wort und bekam so Tarvisium[1] und die übrigen Burgen Venetiens in seine Hände. Caesena, das
allein in der ganzen Aemilia noch übrig gewesen war, hatte er
gleichzeitig mit Ravenna gewonnen. Und alle Goten, die in diesen
Festen befehligt hatten, begaben sich gleich nach Empfang von
Belisars Wort zu ihm und blieben bei ihm. Nur der tapfere Ildibad, der
in Verona kommandierte, hatte zuerst Gesandte an Belisar geschickt,
um dieselben Bedingungen wie die anderen zu erhalten, besonders
weil Belisar seine Kinder in Ravenna vorgefunden hatte, kam aber
nicht nach Ravenna und unterwarf sich auch dem Belisar nicht. Das
hatte seine besonderen Gründe, wie ich sogleich erzählen werde.

30. Einige römische Obersten verleumdeten Belisar beim Kaiser, als
strebe er nach der Königskrone, die ihm doch keineswegs zukäme.
Der Kaiser rief Belisar schleunigst ab, nicht etwa, daß er jenen
Verleumdungen irgendwie Glauben geschenkt hätte, sondern weil der
Krieg mit den Persern vor der Tür stand und er dort den Oberbefehl
übernehmen sollte. Die Sorge für Italien übertrug er unter anderen
Bessas und Johannes und schickte Konstantin aus Dalmatien nach
Ravenna. Die Goten, welche nördlich vom Po und Ravenna wohnten,
hörten zwar, daß der Kaiser Belisar abberufen werde, glaubten aber
nicht daran, weil sie sich nicht denken konnten, daß Belisar die Treue,
die er Justinian geschworen, höher stellen werde als die Königskrone
von Italien. Als man aber erfuhr, daß er allen Ernstes sich zur Abfahrt
rüste, setzten sich die echten Goten, welche in jenen Gegenden noch
übriggeblieben waren, ins Einvernehmen und begaben sich nach
Ticinum[2] zu Urajas, Witichis' Neffen. Mit ihm beweinten sie lange
ihres Volks Geschick und sprachen dann so zu ihm: »Niemand von
dem Geschlecht der Goten ist an dem jetzigen Unglück mehr schuld
als du; denn wir hätten deinen Ohm, der ein schwacher und
unglücklicher Fürst ist, längst der Herrschaft beraubt, wie einst
Theodat, den Schwestersohn Theoderichs, wenn wir nicht deine
Tatkraft geschaut und deswegen gemeint hätten, ihm den Königstitel
zu gewähren, dir aber die wirkliche Herrschaft zu überlassen. Aber

____
[1] Treviso. – [2] Pavia.

was wir damals für wohlwollende Schonung ansahen, das erscheint 539
uns jetzt als bare Unvernunft und die Wurzel unseres Unglücks. Von
den Gotenhelden, lieber Urajas, sind, wie du weißt, die meisten
gefallen; was noch an edlem Geblüt übrig ist, das nimmt Belisar samt
Witichis und allen Schätzen mit. Ohne Zweifel wird es auch uns,
wegen unserer Schwäche und geringen Anzahl, nicht anders ergehen.
In dieser verzweifelten Lage will es uns nun besser scheinen, mit Ehren
den Tod zu suchen, als mit anzusehen, wie man unsere Weiber und
Kinder wegschleppt bis ans Ende der Welt. Und wir sind überzeugt,
daß wir rühmlich untergehen werden, wenn du unser Führer sein
willst.« So die Goten. Ihnen antwortete Urajas: »Daß wir in unserer
jetzigen Notlage den Kampf der Knechtschaft vorziehen müssen,
darin bin ich mit euch ganz einverstanden. Daß ich aber die Königskrone der Goten tragen soll, das scheint mir durchaus nicht das
Richtige zu sein; erstens bin ich der Schwestersohn des Witichis, eines
Mannes, der so viel Unglück gehabt hat, und deshalb würden mich die
Feinde von vornherein geringschätzen, denn nach der Ansicht der
Leute geht das Unglück von einem Verwandten auf den anderen über.
Zweitens würde ich mich an meinem Ohm versündigen, wenn ich ihn
vom Thron stieße, um mich selbst darauf zu setzen, und die meisten
würden deshalb, wie ich überzeugt bin, einen Haß auf mich werfen.
Für diese gefährliche Lage paßt zum König der Goten nur Ildibad, ein
tapferer und entschlossener Mann, dem es außerdem vielleicht
gelingt, seinen Ohm Theidis, den Westgotenkönig, durch das Fami-
lieninteresse zur Teilnahme am Kriege zu bewegen. Auf diese Weise
werden wir mit besseren Aussichten den Kampf wider die Feinde
aufnehmen.«

Diese Worte des Urajas gefielen allen Goten wohl. Sie schickten nach
Ildibad, der sogleich aus Verona herbeikam, legten ihm den Purpur
um, begrüßten ihn als König und baten, er möge sich ihrer Lage
annehmen. So kam Ildibad auf den Thron. Bald nachher rief er alle
Goten zusammen und sprach folgendermaßen: »Ihr alle, meine lieben
Kameraden, seid kriegserfahrene Leute, wie ich wohl weiß, so daß wir
uns niemals aufs Geratewohl in den Krieg stürzen werden; denn wer
unter den Waffen grau geworden ist, der geht nicht tollkühn darauf
los, sondern erwägt bedächtig. Wenn wir aber über die gegenwärtige
Lage beraten wollen, dürfen wir die früheren Ereignisse nicht vergessen. Denn viele haben es in entscheidenden Momenten bitter bereuen
müssen, daß sie das Frühere völlig vergessen hatten und aus Unkunde
desselben sich in falsche Sicherheit wiegten. Witichis hat nicht gegen

539 unseren Willen, sondern mit unserer ausdrücklichen Zustimmung in
diesen Krieg sich eingelassen; trotzdem hat ihr ihn nach einer Kette
von Unglücksfällen beiseite geschoben und es fürs beste gehalten, in
der Heimat zu bleiben und Belisar zu gehorchen, statt die Freiheit mit
Leib und Leben zu verteidigen. Jetzt, wo ihr hört, daß er aufbricht und
nach Byzanz zu fahren im Begriff steht, wollt ihr wieder etwas Neues
versuchen. Und doch sollte jeder einzelne von euch bedenken, daß die
Sachen keineswegs immer so gehen, wie man gerade denkt, sondern
oft ein ganz anderes Ende nehmen, als man erwartet hat. Glück und
Reue stellen sich beide oft ganz plötzlich ein. So kann es z. B. Belisar
auch gehen. Es scheint mir also geratener, erst noch einmal seine
wahre Meinung zu erforschen und zu versuchen, ob man ihn nicht
wieder auf den Boden des ersten Vertrages stellen kann, und erst
wenn das alles fehlschlägt, etwas anderes zu unternehmen.« Das
schien den Goten sehr wohl gesprochen, und sie schickten sofort eine
Gesandtschaft nach Ravenna. Sie wurden von Belisar vorgelassen
erinnerten ihn an den Vertrag, den er mit ihnen geschlossen und nun
ohne weiteres für nichtig erklärt hätte, nannten ihn einen Menschen,
der aus freier Wahl sich zum Sklaven erniedrige, fragten ihn höhnisch,
ob es ihm nicht das Blut in die Wangen treibe, daß er lieber dienen als
König sein wolle, und forderten ihn auf alle mögliche Weise auf, die
Herrschaft zu übernehmen. Sie versicherten, auch Ildibad werde
freiwillig erscheinen, seinen Purpur zu Belisars Füßen niederlegen und
ihm als dem König der Goten und Italiker huldigen. So sprachen die
Gesandten und erwarteten nicht anders, als daß der Mann nicht mehr
zaudern werde, die Krone anzunehmen. Wider Erwarten antwortete
ihnen Belisar, solange Justinian lebe, denke er nicht daran, nach einer
Krone zu streben. Mit diesem Bescheid wurden die Gesandten
entlassen und eilten, ihn Ildibad zu überbringen. Belisar aber machte
sich auf den Weg nach Byzanz. Der Winter ging zu Ende und mit ihm
das fünfte Jahr dieses Krieges, den Prokop beschrieben hat.

DRITTES BUCH

1. Während noch alles unentschieden war, nahm Belisar den Witichis, die Gotenfürsten, Ildibads Kinder und den ganzen Schatz mit und fuhr nach Byzanz. Von den Obersten waren nur Ildiger, Valerian, Martin und Herodian bei ihm. Der Kaiser Justinian sah Witichis mit seiner Gattin freundlich an und bewunderte die Körpergröße und Schönheit der Barbaren. Den Schatz des Theoderich, der sehr sehenswert war, zeigte er in seinem Palast ganz heimlich einigen Senatoren, indem er sich mit der Größe der Ereignisse brüstete, aber er stellte ihn nicht öffentlich aus und gewährte auch Belisar keinen Triumph wie damals, als er nach Niederwerfung Gelimers und der Vandalen zurückkehrte. Belisars Name war in aller Munde: zwei Siege hatte er erfochten, einen dicht nach dem anderen, wie sie niemand vor ihm gewonnen hatte; zwei Könige hatte er kriegsgefangen nach Byzanz gebracht, Geiserichs und Theoderichs, der berühmtesten aller Barbarenkönige Nachkommenschaft und Schätze wider Erwarten den Römern als Kriegsbeute vorgeführt, den Reichtum der Hand der Feinde entwunden und dem römischen Staat wieder erworben, fast die Hälfte des ganzen Reichs zu Lande und zu Wasser zurückerobert. Es machte den Byzantinern großes Vergnügen, Belisar jeden Tag aus seinem Hause auf den Markt oder wieder zurückgehen zu sehen, und sie konnten sich gar nicht satt an diesem Schauspiel sehen. Sein öffentliches Auftreten glich jedesmal einem staatlichen Festzug; so viel Vandalen, Goten und Mauren waren in seinem Gefolge. Er war ein schöner, großer Mann; der Ausdruck seines Gesichts war ganz besonders liebenswürdig. Er benahm sich stets freundlich und leutselig gegen jedermann, mochte er noch so arm und gering sein. Soldaten wie Landleute waren gleichermaßen zufrieden, wenn er den Oberbefehl hatte: gegen die Soldaten war er äußerst freigebig; wenn jemand im Kampf übel zugerichtet worden war, so legte er auf die Wunden als Pflaster ein ordentliches Stück Geld; hatte sich einer besonders hervorgetan, so schenkte er ihm goldene Ketten und Armringe; hatte ein Soldat sein Pferd oder seinen Bogen oder sonst ein Stück im Kampfe eingebüßt, so gab ihm Belisar statt dessen sofort ein neues. Die Landleute schwärmten für ihn, weil er sie so schonend und fürsorglich behandelte, daß niemals jemand über Vergewaltigung

540 geklagt hat, solange Belisar im Amt war; die Leute, bei denen er mit
seinem Heer lag, wurden womöglich wohlhabend dadurch, denn alles
wurde ihnen bar bezahlt, und wenn das Getreide reif wurde, hielt er
streng darauf, daß die Reiterei nicht quer über die Saatfelder ritt.
Keiner durfte reifes Obst von den Bäumen pflücken. – Seine Enthalt-
samkeit war ganz außerordentlich. Nie hat er ein anderes Weib
berührt als seine Gattin. Obgleich er als kriegsgefangen gotische und
vandalische Weiber in großer Anzahl hatte und so schöne, wie kein
Mensch sie sonst je gesehen, so durften sie ihm nicht unter die Augen
oder anders zu nahe kommen. Wie er überhaupt sehr umsichtig war,
so verstand er es ganz besonders, in schwierigen Momenten sofort den
richtigen Entschluß zu fassen. In Kriegsgefahren zeigte sich sein Mut
und seine Kühnheit stets mit Vorsicht und ruhiger Überlegung
gepaart; bei jeder Unternehmung gegen den Feind war er kühn oder
bedächtig, je nachdem es die Umstände erforderten. Überdies zeigte er
sich in gefährlicher Lage stets in guter Hoffnung und Zuversicht und
behielt immer den Kopf oben, in guten Tagen war er weder übermütig
noch huldigte er den Freuden des Mahles: niemand hat den Belisar je
trunken gesehen. Solange er an der Spitze des Römerheeres in Afrika
oder Italien stand, blieb er siegreich und wußte das Eroberte zu
behaupten. Als er aber nach Byzanz abberufen wurde, traten seine
Vorzüge nur in ein helleres Licht. Durch jede Art von Tugend, durch
den Reichtum, durch die Menge seiner Doryphoren und Hypaspisten
überragte er weit alle anderen Feldherren und war mit Recht bei allen
Offizieren und Soldaten hoch angesehen. Niemand wagte wohl,
seinem Befehl den Gehorsam zu weigern, sondern jeder beeilte sich,
demselben nachzukommen aus Respekt vor seiner Tugend und aus
Furcht vor seiner Macht. Aus eigenen Mitteln stellte er 7000 Reiter,
treffliche Leute einer wie der andere, von denen jeder seine Ehre darin
suchte, im Treffen voran zu stehen und die tapfersten Feinde zum
Kampf herauszufordern. Als die alten Leute in Rom bei der Belagerung durch die Goten die Heldentaten in den verschiedenen Gefechten
mit ansahen, riefen sie verwundert aus: »Belisar allein mit seinem
Gefolge vernichtet Theoderichs Macht!« Da Belisar nach Ansehen
und Feldherrntalent eine so hohe Stellung einnahm, faßte er seine
Entschlüsse, wie es dem Kaiser frommte und ließ sie nach selbststeige-
nem Ermessen zur Tat werden. Die anderen Befehlshaber aber,
welche einander mehr gleichstanden und nur ihre Privatinteressen
verfolgten, fingen bald an, die Römer zu brandschatzen, und sahen
ruhig zu, wenn die Untertanen von Soldaten ausgepreßt wurden; sie

Gastmahl, welches jener den Gotenfürsten gab. Wenn nämlich der 540
König Tafel hält, so dürfen außer vielen anderen auch die Leibwächter zugegen sein. Ildibad neigte sich gerade von seinem Lager vornüber, um nach den Speisen zu langen, als ihn plötzlich Uïlas mit dem
Schwert in den Nacken traf, und während der König noch die Speisen
in den Fingern hielt, rollte schon sein Kopf auf den Tisch, zum
Staunen und Entsetzen aller Anwesenden. So ward Urajas' Mord an
Ildibad gerächt. Der Winter ging zu Ende und mit ihm das sechste Jahr
des Krieges, den Prokop beschrieben hat.

2. In dem Gotenheer war ein gewisser Erarich, ein Rugier von Geburt, 541
der unter seinen Landsleuten in hohem Ansehen stand. Diese Rugier
sind ein gotischer[1] Volksstamm und lebten früher selbständig für sich.
Theoderich hatte sie samt einigen anderen Völkerschaften seiner
Herrschaft unterworfen und mit den Goten vereinigt, so daß sie stets
mit ihnen zu Felde zogen. Doch hüteten sie sich vor der Vermischung
mit fremden Weibern und hatten dadurch das Blut ihres Stammes rein
gehalten. Als nun durch die Ermordung Ildibads eine große Verwirrung entstanden war, erhoben die Rugier ganz plötzlich den genannten Erarich zum König. Das paßte zwar den Goten durchaus nicht,
aber die meisten von ihnen hatten den Mut völlig verloren, als sie ihre
besten Hoffnungen scheitern sahen, die durch Ildibad neu belebt
worden waren, der wohl das Zeug dazu gehabt hatte, das Königreich
und die Herrschaft über Italien für die Goten zu retten. Erarich nun
vollbrachte keine rühmlichen Taten, denn schon nach fünf Monaten
kam er folgendermaßen ums Lebens. Es war ein gewisser Totilas, ein
Neffe Ildibads, ein höchst gescheiter und tatkräftiger Mann, und bei
den Goten hoch angesehen. Dieser Totilas befehligte damals gerade
die Goten in Tarvisium. Als er die Nachricht erhielt, Ildibad weile
nicht mehr unter den Lebenden, wie schon erzählt ist, schickte er zu
Konstantin nach Ravenna und bot ihm an, er wolle sich, seine Goten
und Tarvisium in die Hände der Römer geben. Konstantin hörte diese
Botschaft gern und beschwor alle Bedingungen des Totilas, und schon
war ein Tag zwischen beiden verabredet worden, an welchem Totilas
und die gotische Besatzung von Tarvisium einen Abgesandten Konstantins in die Stadt aufnehmen wollten, um ihre und der Stadt
Kapitulation entgegenzunehmen.

Mittlerweile waren die Goten der Herrschaft Erarichs bereits überdrüssig geworden, da sie sahen, daß er seiner Aufgabe, den Krieg mit

[1] D.h. germanischer.

541 den Römern energisch fortzusetzen, nicht gewachsen war. Die meisten behandelten ihn sogar schon öffentlich höchst geringschätzig,
weil er nach dem Tode Ildibads nur ihren weitgehenden Plänen im
Wege gestanden hatte. Bald einigten sie sich und schickten Gesandte
an Totilas nach Tarvisium, um diesen auf den Thron zu rufen. Denn
sie vermißten Ildibads kräftigen Arm schmerzlich und glaubten, daß
Totilas, der Verwandte jenes, der einzige Mann sei, der sie zum Siege
führen könne, und versahen sich bei ihm der besten Absicht dazu. Er
enthüllte den Abgesandten den Vertrag, den er schon mit den Römern
geschlossen hätte, und erklärte, wenn die Goten vor Ablauf der
betreffenden Frist Erarich töteten, würde er ihnen zu Willen sein und
alles tun, was sei von ihm verlangten. Als das die Barbaren vernommen hatten, sannen sie darauf, jenen aus dem Wege zu räumen. So
standen die Dinge im Gotenlager. Unterdes verhielt sich das römische
Heer ganz ruhig und nutzte die Verlegenheiten der Feinde gar nicht
aus; man vereinigte sich nicht und plante nicht einmal eine Unternehmung wider die Gegner. Erarich aber berief sämtliche Goten zu einer
Versammlung und schlug ihnen vor, Gesandte an den Kaiser Justinian
zu schicken mit der Bitte, Frieden abzuschließen unter denselben
Bedingungen, die er vorher dem Witichis hatte gewähren wollen,
nämlich daß die Goten das Land nördlich vom Po behalten, das übrige
Italien aber aufgeben sollten. Als nun die Goten das gebilligt hatten,
suchte er sich aus seinen genauesten Freunden einige aus und ordnete
sie als Gesandte ab, unter anderen einen gewissen Kaballarius. Diese
sollten angeblich dem Kaiser das vorschlagen, was ich soeben sagte;
heimlich aber hatten sie den Auftrag, über nichts anderes mit ihm zu
verhandeln, als daß Erarich eine möglichst große Summe Geldes und
den Patriziat erhielte: dann wolle derselbe ganz Italien ausliefern und
selbst die Herrschaft niederlegen. Als die Gesandten in Byzanz
angekommen waren, handelten sie ihren Instruktionen gemäß. Inzwischen wurde Erarich durch Meuchelmord von den Goten beseitigt
und sie übergaben verabredetermaßen die Herrschaft dem Totilas.
3. Wie nun der Kaiser Justinian erfuhr, was für ein Ende Erarich
genommen und daß die Goten Totilas auf den Thron erhoben hatten,
machte er seinen Generalen in Italien bittere Vorwürfe und trieb sie
unablässig zum Handeln. Deshalb zogen sich Johannes, der Schwestersohn Vitalians, Bessas, Vitalius und alle anderen, die in den
verschiedenen Städten das Kommando hatten, nach Ravenna, wo
Konstantin und Alexander, von dem oben die Rede war, sich
aufhielten. Als sie alle beisammen waren, schien es ihnen am geraten

sten, zuerst gegen Verona in Venetien vorzugehen, und wenn sie dies 541
den Goten entrissen hätten, dann sich gegen Totilas und Ticinum zu
wenden. Dieses römische Heer war 12 000 Mann stark und wurde
von elf Obersten befehligt, unter denen Konstantin und Alexander
den ersten Rang einnahmen. Sie gingen gerade auf Verona los. Als sie
in dessen unmittelbare Nähe, bis auf 60 Stadien[1], herangekommen
waren, bezogen sei ein Lager in der Ebene, die sich von dort bis
Mantua ausbreitet, welches eine Tagereise von Verona entfernt ist.
Unter den Venetern war sehr angesehen ein gewisser Marcian, der in
einem Kastell nicht weit von Verona wohnte. Er war dem Kaiser
ergeben und machte sich anheischig, Verona dem römischen Heer in
die Hände zu spielen. Da er nämlich einen der Torwächter von Jugend
auf kannte, schickte er einige Vertraute zu ihm und bestach ihn, das
kaiserliche Heer in die Stadt einzulassen. Als der Wächter gewonnen
war, schickte Marcian dieselben Leute, welche den Pakt abgeschlossen hatten, als Gesandte an die Obersten des kaiserlichen Heeres, um
sie von der Abmachung in Kenntnis zu setzen und sie nachts bis an die
Stadt heranzuführen. Den Obersten schien es sicherer, erst einen von
ihnen mit wenigen Leuten vorauszuschicken, um für den Fall, daß der
Wächter das Tor ihnen öffnete, es zu besetzen und das Heer ohne
jegliche Gefahr in die Stadt einzulassen. Keiner wollte sich zu dem
Wagestück hergeben außer dem Armenier Artabazes, der sich als
tapferer Kriegsmann ohne weiteres auf diese Sache einließ. Er war der
Anführer jener Perser, welche Belisar gerade kurz zuvor aus Persien
nach der Einnahme des Sisaurischen Kastells mit Blischanes nach
Byzanz gesandt hatte. Er suchte sich aus dem ganzen Heer 100 Mann
aus und schlich sich mit ihnen vor Mitternacht an die Mauer. Und als
ihnen der Wächter der Verabredung gemäß das Tor geöffnet hatte,
wandten sich einige, um das Heer herbeizurufen; die anderen erstiegen die Mauer, überfielen die Wächter, welche dort standen, und
töteten sie. Als die übrigen Goten merkten, was sich ereignet hatte,
zogen sie sich eiligst durch ein anderes Tor zurück und blieben die
ganze Nacht, ohne etwas zu unternehmen, auf einem Hügel, der vor
der Mauer ziemlich steil sich erhebt. Von dort konnte man bequem
alles sehen, was in Verona vorging, und zählen, wieviel Leute in der
Stadt waren. Die Römer aber machten 40 Stadien[2] vor der Stadt halt,
weil sich die Obersten über die Verteilung der Schätze, welche in der
Stadt waren, nicht einigen konnten. Während sie auf diese Weise dort

[1] Ungefähr 11 Kilometer. – [2] Ungefähr 7,35 Kilometer.

541 um ihre Beute sich zankten, war es heller Tag geworden, so daß die
Goten von ihrem Hügel aus ganz genau sehen konnten, wieviel Feinde
in der Stadt waren und wie weit das Gros des Heeres noch von Verona
entfernt stand: die Folge davon war, daß sie schnellen Laufs durch
dieselben Tore, durch welche sie vorher sich zurückgezogen hatten,
wieder in die Stadt eindrangen. Die eingelassenen Römer waren
nämlich nicht stark genug gewesen, die Tore zu besetzen. Jetzt zogen
sie sich wie auf Kommando an die Brustwehr der Umwallung zurück,
wo sie von einer großen Überzahl von Barbaren angegriffen wurden.
Sie wehrten sich tapfer gegen die Anstürmenden und verrichteten
große Heldentaten, vor allen Artabazes. Endlich hatten sich auch die
Obersten des römischen Heeres über die Verteilung der Schätze in
Verona geeinigt, und es schien ihnen an der Zeit, mit ihrem Heer
gegen die Stadt vorzurücken. Da aber stießen sie auf verschlossene
Tore und kräftigen Widerstand des Feindes. Deshalb zogen sie sich
schleunigst zurück, obwohl sie sahen, wie ihre Kameraden innerhalb
der Umwallung kämpften, und obwohl sie hörten, wie sie baten, man
solle sie nicht im Stich lassen, sondern standhalten, bis jene sich nach
außen retten könnten. Als nun Artabazes' Leute merkten, daß sie von
der Übermacht erdrückt würden und auf die Hilfe ihrer Kameraden
nicht rechnen dürften, sprangen sie alle von der Mauer nach außen
herab: diejenigen, welche auf ebene Erde fielen, entkamen glücklich
zum römischen Heer, unter ihnen auch Artabazes; die anderen aber,
welche es weniger glücklich trafen, fielen elendiglich zu Tode. Als nun
Artabazes das römische Heer erreicht hatte, machte er den anderen
Obersten die heftigsten Vorwürfe. Dann zogen sie weiter, gingen über
den Eridanus[1] und kamen nach Faventia[2] in der Aemilia, 120 Stadien[3]
von Ravenna.

4. Auf die Kunde von den Vorfällen zu Verona zog Totilas den
größten Teil der Goten aus Verona an sich und marschierte nach
deren Eintreffen mit seinem ganzen Heer, 5000 Mann stark, gegen
den Feind. Als den Obersten des römischen Heeres dies gemeldet
wurde, berieten sie sich über ihre Lage. Artabazes, der an der
Beratung teilnahm, sagte folgendes: (»Ihr habt es mit tapferen
Männern zu tun, die ihr nicht unterschätzen dürft. Ich weiß, wie
tapfer sie kämpfen, aus eigener Erfahrung: Sie sind vom Mute der
Verzweiflung beseelt. Daher halte ich es für das beste, wenn ihr die
Barbaren während des Flußübergangs angreift, weil ihr dann am

---

[1] Po. — [2] Faënza. — [3] Ca. 22 Kilometer.

leichtesten den Sieg erringen könnt.«) Trotz diesem Vorschlag des 541
Artabazes konnten die Obersten nicht zu einem entscheidenden
Entschluß kommen und taten nicht, was die Umstände erforderten;
vielmehr blieben sie ruhig liegen und ließen die kostbare Zeit verstreichen.

Unterdessen war das Gotenheer schon ganz nahe herbeigekommen.
Bevor es sich aber anschickte, den Fluß zu überschreiten, hieß Totilas
alle seine Krieger antreten und sprach ihnen folgendermaßen Mut zu:
»Wenn sonst die Heere in die Schlacht gehen, meine Volksgenossen,
pflegen meist für beide die Chancen so ziemlich gleich zu sein. Wir
aber beginnen diesen Kampf in einer weit schlechteren Lage als die
Feinde. Denn wenn diese besiegt werden sollten, so werden sie sehr
bald wieder imstande sein, uns gegenüberzutreten, da die Festungen
ganz Italiens voll von ihren Soldaten sind und es auch durchaus nicht
unwahrscheinlich ist, daß ihnen sehr bald ein anderes Heer aus
Byzanz Ersatz bringt. Sollte uns dagegen ein Unglück treffen, so muß
mit der Hoffnung auf Sieg zugleich der gotische Name völlig ver-
schwinden; denn von 200 000 Mann sind wir auf 5000 zusammengeschmolzen. Nach dieser Erwägung halte ich es für angezeigt, euch an
ein anderes zu erinnern. Als ihr den Beschluß faßtet, mit Ildibald die
Waffen gegen den Kaiser zu erheben, so waret ihr, alles in allem, nicht
mehr als 1000 Mann stark, und nur Ticinum mit seiner nächsten
Umgebung gehörte euch; sobald ihr aber ein siegreiches Gefecht
gehabt hattet, ist sofort Heer und Gebiet größer geworden. Wenn ihr
nun auch heut wie tapfere Männer zu fechten entschlossen seid, so
wird ganz gewiß der Krieg weiter um sich greifen, und ich darf die
Hoffnung aussprechen, daß wir noch einmal werden der Feinde Herr
werden. Denn die Sieger nehmen immer an Macht und Zahl zu. Jeder
einzelne von euch muß mit ganzer Kraft sich auf den Feind werfen,
beseelt von dem Gedanken, daß weiterer Widerstand gegen die Feinde
unmöglich wird, wenn wir diese Schlacht nicht gewinnen. Einen
triftigen Grund habt ihr jedenfalls, guten Mutes sie anzugreifen,
nämlich ihre eigene Ungerechtigkeit. Sie haben ihren Untertanen so
übel mitgespielt, daß dies für den Verrat, den die Italiker an den Goten
begangen haben, bereits als genügende Strafe angesehen werden kann
– mit diesem einen Wort nur will ich all das Böse andeuten, was
diejenigen ihnen taten, die von ihnen mit offenen Armen aufgenommen wurden. Welche Feinde aber sind leichter zu besiegen als die,
denen Gott wegen ihrer Missetaten zürnen muß? Auch der Schrecken,
den wir ihnen eingeflößt haben, dürfte uns einige Aussicht auf Sieg

541 gewähren; denn wir gehen auf dieselben Leute los, die schon mitten in
Verona waren und doch, ohne daß ein Feind ihnen auf den Fersen saß,
es plötzlich wieder aufgegeben haben und schmählich davongelaufen
sind.«

Nach diesen ermunternden Worten ließ Totilas 300 von seinen
Leuten in einer Entfernung von zwanzig Stadien[1] den Fluß überschreiten und sich hinter das feindliche Heer begeben, um ihm in den
Rücken zu fallen, sobald man handgemein geworden, und möglichst
große Verwirrung anzurichten, so daß jene den Kopf verlören und die
Gegenwehr vergäßen. Er selbst ging mit allen übrigen Truppen sofort
über den Fluß und geradewegs auf die Feinde los. In demselben
Augenblick rückten auch die Römer vor. Als sie nun ziemlich nahe
aneinander gekommen waren, ritt ein gotischer Mann namens Viliaris, von gewaltiger Größe und furchtbarem Aussehen, ein kühner und
tapferer Held, gepanzert von Kopf bis Fuß, mitten vor das Gotenheer
und rief alle Römer auf, ob einer sich mit ihm messen wollte. Alle
fürchteten sich und waren ganz still, nur Artabazes hatte den Mut,
ihm entgegenzutreten. Beide ritten aufeinander los und stießen mit
den Lanzen, als sie auf Armeslänge sich genähert hatten. Artabazes
kam dem Viliaris zuvor und traf ihn in die rechte Seite. Der Barbar
war zum Tode getroffen und wollte hintenüber sinken, aber seine
Lanze, die hinter ihm an einem Stein Widerhalt gefunden hatte,
verhinderte seinen Fall. Artabazes aber bohrte seinen Speer immer
tiefer in den Leib des Gegners, da er die Wunde nicht gleich anfangs
für tödlich gehalten hatte. (Dabei fährt ihm der Speer des Barbaren
gegen den Hals und trifft gerade auf eine Arterie.) Sofort entstand eine
starke Blutung, ohne daß er dabei Schmerz empfand, vielmehr ritt er
ruhig zum römischen Heer zurück, und Viliaris blieb tot auf dem
Platze. Artabazes gab am dritten Tag nachher seinen Geist auf, da sich
das Blut nicht stillen ließ. Infolge davon wurde die Siegeshoffnung der
Römer tief erschüttert, nachdem er ihre Sache schon dadurch, daß er
bei dieser Gelegenheit kampfunfähig geworden war, bedeutend
geschädigt hatte. Während er nämlich außer Schußweite sich verbinden ließ, waren die Heere handgemein geworden. Als der Kampf
heftig hin und her wogte, kamen plötzlich die 300 Barbaren im
Rücken des römischen Heeres zum Vorschein und erschreckten die
Römer gewaltig, da sie ihre Zahl überschätzten: jeder suchte sich so
schnell wie möglich in Sicherheit zu bringen. Die Barbaren töteten von

---

[1] 3,68 Kilometer.

den Römern, die in wilder Flucht auseinanderstoben, eine große 541
Anzahl, nahmen viele gefangen und eroberten sämtliche Feldzeichen,
eine Schmach, wie sie nie zuvor die Römer betroffen hat. Von den
Obersten floh jeder einzelne mit wenigen Begleitern in irgendeine
Stadt, wo sie sich dann zur Verteidigung rüsteten.

5. Bald darauf schickte Totilas eine Heeresabteilung unter den
tapfersten Gotenfürsten, Bledas, Rudorich und Uliaris, gegen Florenz,
wo Justin kommandierte. Als diese vor der Stadt angekommen waren,
schlugen sie ein Lager auf und begannen die Belagerung. Justin war in
großer Besorgnis, da er gar nicht für Einbringung von Lebensmitteln
hatte sorgen können, schickte zu den römischen Obersten, die in
Ravenna lagen, und bat um schleunige Hilfe. Sein Bote schlich sich
nachts glücklich durch die Feinde, gelangte nach Ravenna und tat
kund, wie die Sachen standen. Sofort brach ein beträchtliches Römerheer nach Florenz auf unter Bessas, Cyprian und Johannes, Vitalians
Schwestersohn. Sobald das den Goten von ihren Spähern gemeldet
wurde, hoben sie die Belagerung auf und gingen bis nach Mucella
zurück, einem Ort, der eine Tagereise von Florenz entfernt ist. Als das
römische Heer sich mit Justin vereinigt hatte, ließ man nur wenige von
seinen Leuten als Besatzung in der Stadt; mit allen anderen ging's
vorwärts auf den Feind. Während sie noch unterwegs waren, schien es
ihnen am geratensten, von den Obersten den auszuwählen, der beim
ganzen Heer in höchstem Ansehen stand, damit dieser voranginge
und versuchte, den Feind unversehens zu überfallen; das übrige Heer
sollte unterdessen weitermarschieren. Man warf das Los und erwartete den Wink des Schicksals. Das Los fiel auf Johannes. Den anderen
Obersten war schon die Lust vergangen, der Verabredung treu zu
bleiben. So sah sich denn Johannes gezwungen, mit seinen Leuten
gegen die Barbaren vorauszugehen. Als diese den Anmarsch der
Feinde bemerkten, räumten sie aus Furcht die Ebene, in der sie ihr
Lager aufgeschlagen hatten, und eilten mit vielem Lärm auf einen
großen Hügel, der sich in der Nähe befand. Die Leute des Johannes
waren ihnen hart auf den Fersen geblieben, stürmten gleichfalls den
Hügel hinauf und wurden mit ihnen handgemein. Die Barbaren
wehrten sich tapfer, so daß der Kampf lange unentschieden hin und
her wogte und viele von beiden Seiten den Heldentod fanden. Als
Johannes selbst mit lautem Geschrei und Getöse auf seine Gegner
einritt, fiel einer seiner Doryphoren durch einen feindlichen Wurfspieß, und von diesem Augenblick an war der Angriff der Römer
abgeschlagen und sie wichen zurück. Mittlerweile war das Gros des

541 römischen Heeres bis auf die Ebene nachgerückt und war daselbst in
einer Phalanx aufmarschiert. Wenn sie nun die fliehenden Leute des
Johannes aufgenommen und mit ihnen zusammen einen Vorstoß
gegen die Feinde gemacht hätten, so wäre ihnen der Sieg sicher
gewesen und sie hätten fast alles gefangennehmen müssen. Aber das
Schicksal wollte, daß im römischen Heer ein ganz unbegründetes
Gerede von Mund zu Mund ging, Johannes sei in jenem Gefecht von
einem seiner eigenen Doryphoren niedergestochen worden. Als das zu
den Ohren der Obersten kam, wollte keiner länger standhalten,
sondern sie wandten sich alle zu schmählicher Flucht. Die Regimenter
und Schwadronen lösten sich gänzlich auf: jeder floh, wie und wo er
nur konnte. Auf dieser Flucht kamen sehr viele um; diejenigen, die
sich retteten, flohen mehrere Tage immer weiter, ohne überhaupt
verfolgt zu sein. Dann begaben sie sich ein jeder in den nächsten festen
Platz und meldeten nur, Johannes sei gefallen. Seit diesem Gefecht
hörte alle Gemeinschaft zwischen den Obersten auf: sie dachten gar
nicht mehr daran, ihre Kräfte wider den Feind zu vereinigen, sondern
jeder blieb in seiner Festung und bereitete alles für eine Belagerung
vor, denn jeder glaubte, die Barbaren würden sich gegen ihn wenden.
— Totilas behandelte die Gefangenen mit der größten Leutseligkeit
und brachte es dahin, daß sie zu ihm übertraten und fortan fast alle
eifrig mit ihm gegen die Römer kämpften. Der Winter ging zu Ende
und mit ihm das siebente Jahr dieses Krieges, den Prokop beschrieben
hat.

542 6. Darauf nahm Totilas die Festungen Caesena und Petra. Ein wenig
später begab er sich nach Tuscien, wo er sich der festen Plätze zu
bemächtigen versuchte — es wollte ihm aber niemand zufallen.
Deshalb ging er über den Tiber, und ohne das Gebiet von Rom zu
berühren, gleich weiter nach Kampanien und Samnium. Dort nahm er
ohne Mühe die feste Stadt Benevent ein, deren Mauern er dem
Erdboden gleich machte, damit nicht der Platz einem Ersatzheer aus
Byzanz als Stützpunkt dienen könne, um von dort aus den Goten
Schwierigkeiten zu bereiten. Dann machte er sich an die Belagerung
von Neapel, dessen Bürger ihn trotz aller Schmeichelworte nicht
einlassen wollten. Konon lag nämlich darin mit 1000 Römern und
Isauriern. Mit dem größeren Teil seines Heeres bezog er ein Lager
nicht weit von der Stadtmauer; den kleineren Teil sandte er aus, um
Cumae und einige andere Kastelle zu nehmen. In jener Stadt fand er
bedeutende Geldmittel vor und einige Frauen von Senatoren. Er tat
diesen nichts Böses, sondern schenkte ihnen hochherzigerweise die

Freiheit. Durch diese wohlberechnete Menschenfreundlichkeit 542
machte er sich einen großen Namen bei allen Römern. Und da ihm der
Feind nirgends entgegentrat, schickte er wiederholt kleinere Heeres-
abteilungen aus und erzielte dadurch bedeutende Erfolge: er gewann
Bruttien und Lukanien, Apulien und Kalabrien. Die öffentlichen
Abgaben zog er für sich ein, und ebenso nahm er die Zölle statt der
rechtmäßigen Herren des Landes ein, kurz, richtete alles ganz als Herr
von Italien ein. – Da nun das römische Heer zu den bestimmten
Terminen den hergebrachten Sold nicht ausbezahlt bekam, so schuldete der Kaiser demselben große Summen. Seitdem waren die Italiker,
die sich ihres Eigentums beraubt und arg gefährdet sahen, in großer
Sorge; die Soldaten aber waren gegen ihre Obersten unbotmäßiger
denn je und blieben nur zu gern in den Städten liegen. Konstantian
hielt Ravenna besetzt, Johannes Rom, Bessas Spoletium, Justin
Florentia und Cyprian Perusia und von den anderen jeder den Ort,
wohin er sich auf der Flucht zuerst gerettet hatte.

Als der Kaiser diese Nachrichten erhielt, war er davon sehr schmerzlich berührt und ernannte sofort den Maximin zum Generalquartier-
meister[1] für Italien, damit er das Oberkommando übernehme und den
Soldaten ihre Rationen, wie es sich gehörte, anweise. Er gab ihm eine
Flotte mit, die ein Heer von Thraziern und Armeniern trug; erstere
befehligte Herodian, letztere der Iberier Phazas, ein Neffe des Peranius. Auch eine geringe Anzahl Hunnen waren auf den Schiffen.
Maximin fuhr mit der ganzen griechischen Flottendivision von
Byzanz ab und kam nach Epirus. Dort legte er sich vor Anker und ließ
die Zeit ungenützt verstreichen – er verstand nämlich vom Kriegswesen nichts, und deshalb zauderte er und hatte gar keinen Mut. Darauf
schickte der Kaiser den Demetrius als Heermeister[2] ab, der früher
schon unter Belisar ein Regiment Fußvolk kommandiert hatte. Demetrius fuhr nach Sizilien und hätte gern dem Konon und den Neapolitanern schnelle Hilfe gebracht, als er vernahm, daß sie ganz eng
eingeschlossen wären und schon bedenklichen Mangel an Lebensmitteln litten; aber er konnte nicht wie er wollte, da er nur ein kleines
Heer hatte, das kaum zu rechnen war. Da faßte er folgenden
Entschluß. Er brachte soviel Schiffe wie möglich aus Sizilien auf,
belud sie mit Getreide und den übrigen notwendigen Lebensmitteln
und ging unter Segel, indem er bei den Feinden den Schein erweckte,

[1] Praefectus praetorio. – [2] Magister militum, etwa = kommandierender
General.

542 als ob er sehr große Truppenmassen an Bord habe. Und er hatte in
bezug auf die Feinde ganz richtig gerechnet, denn sie glaubten
wirklich, ein großes Heer zöge gegen sie, was sie daraus schlossen, daß
sie erfuhren, eine gewaltige Flotte sei von Sizilien aus unter Segel
gegangen. Und wenn Demetrius gleich zu Anfang gerade auf Neapel
hätte losfahren wollen, so wäre es ihm meiner Meinung nach
gelungen, die Feinde zu schrecken und die Stadt zu entsetzen, da ihm
niemand entgegengetreten wäre. Statt dessen fürchtete er sich, den
Kurs direkt auf Neapel zu halten und begab sich in die Häfen von
Rom, wo er sich's angelegen sein ließ, die Soldaten aus jenen
Gegenden an sich zu ziehen. Diese aber, weil sie schon von den
Barbaren geschlagen waren und sich deshalb fürchteten, bezeigten gar
keine Lust, dem Demetrius gegen Totilas und die Goten zu folgen.
Daher sah er sich darauf angewiesen, nur mit den Leuten, die er aus
Byzanz mitgebracht hatte, nach Neapel aufzubrechen. Es gab nur
noch einen anderen Demetrius, von der Insel Cephalenia, der, als alter
Schiffskapitän mit dem Meer und seinen Gefahren voll vertraut, mit
Belisar nach Afrika und Italien gefahren war und dadurch sich
solchen Ruf erworben hatte, daß ihn der Kaiser zum Prokurator von
Neapel gemacht hatte. Als aber die Barbaren anfingen, die Stadt zu
belagern, so beschimpfte er zu wiederholten Malen den Totilas mit
der größten Frechheit und konnte trotz der bedenklichen Lage seine
Zunge gar nicht im Zaum halten. Wie dann bei den Belagerten die Not
fort und fort wuchs und immer schlimmer wurde, unternahm er mit
Zustimmung Konons das Wagestück, in einem kleinen Kahn allein
sich zum Heermeister Demetrius durchzuschleichen. Wider Erwarten
kam er glücklich durch und hatte eine Unterredung mit Demetrius, in
der er ihm Mut zusprach und ihn aufforderte, ans Werk zu gehen.
Totilas aber, der die ganze Geschichte von der Abfahrt der Flotte
erfahren hatte, hielt eine große Anzahl vortrefflicher Schnellsegler
bereit, und als die Feinde, welche die Küste entlang fuhren, nicht mehr
weit von Neapel entfernt waren, griff er sie unversehens an und
schreckte sie dermaßen, daß sie sich sämtlich zur Flucht wandten.
Er tötete viele, bei weitem die Mehrzahl nahm er gefangen. Die
Flucht gelang nur demjenigen, die im ersten Augenblick in die Boote
hatten springen können, und unter diesen war auch der Heermeister Demetrius. Alle Schiffe nämlich mit ihrer ganzen Ladung und
Mannschaft fielen in die Hände der Barbaren. Da fanden sie denn
auch Demetrius, den Prokurator von Neapel. Sie töteten ihn nicht,
sondern schnitten ihm Zunge und Hände ab und ließen ihn, so

verstümmelt, laufen. So wurde Demetrius für seine freche Zunge von 542
Totilas gestraft.

7. Bald darauf fuhr Maximin mit seiner ganzen Flotte nach Sizilien,
blieb aber, vor Syrakus angelangt, ruhig liegen, da er vor kriegerischen Unternehmungen sich fürchtete. Als die römischen Obersten
davon Kunde erhielten, beeilten sie sich, ihn zu schleuniger Hilfslei-
stung aufzufordern, vor allen Konon, der in Neapel von den Barbaren
hart bedrängt wurde: den Belagerten waren nämlich die Nahrungsmittel gänzlich ausgegangen. Nachdem aber Maximin die kostbare
Zeit aus übertriebener Ängstlichkeit ungenützt hatte verstreichen
lassen, entschloß er sich endlich aus Furcht vor den Drohungen des
Kaisers, und weil er außerdem die Schmähungen seiner Gefährten
nicht mehr hören mochte, Herodian, Demetrius und Phazas nach
Neapel abgehen zu lassen, als der Winter sich schon sehr bemerklich
machte – er selbst blieb trotz alledem, wo er war. Als die römische
Flotte schon ganz nahe bei Neapel war, fuhr ein heftiger Wind daher
und rief ein entsetzliches Unwetter hervor. Und Phazas gab sich ganz
verloren; auch gestattete der Sturm weder das Einziehen der Ruder
noch irgendein anderes Manöver der Matrosen. In dem Wogenge-
brause konnte keiner mehr dem anderen sich verständlich machen,
die Verwirrung war ganz allgemein, die Gewalt des Sturmes herrschte
unbedingt und trieb sie sehr wider ihren Willen auf den Strand, wo
sich das feindliche Lager befand. Die Barbaren erstiegen nun ganz
nach Belieben die Fahrzeuge ihrer Gegner, die sie töteten oder über
Bord trieben, ohne daß jemand Widerstand zu leisten versuchte.
Unter vielen anderen nahmen sie auch den Heermeister Demetrius
gefangen. Herodian und Phazas hatten mit geringer Mannschaft noch
fliehen können, da ihre Schiffe verhältnismäßig am weitesten vom
feindlichen Lager ans Land getrieben waren. So erging es der römischen Flotte. Totilas aber ließ dem Demetrius einen Strick um den
Hals legen und ihn so an die Stadtmauer schleppen. Dort mußte er die
Belagerten auffordern, sie sollten sich nicht im Vertrauen auf unerfüll-
bare Hoffnungen zugrunde richten, sondern durch schnelle Übergabe
der Stadt an die Goten sich aus ihrer qualvollen Lage befreien. Denn es
sei fortan für den Kaiser unmöglich, ihnen zu Hilfe zu kommen, und
mit dieser Flotte sei all ihre Aussicht auf Ersatz vernichtet. Demetrius
sagte diese Worte, wie ihm Totilas befohlen hatte. Die Belagerten,
welche bereits durch Hunger und alle anderen Drangsale über die
Maßen angegriffen waren, verzweifelten an jeglicher Hoffnung, als
sie das Elend des Demetrius sahen und alle seine Worte hörten, und

542 machten ihrer Ratlosigkeit in lauten Klagen Luft; die ganze Stadt war voll Lärm und Wehklagen.

Da rief sie Totilas an die Mauerzinnen und sprach so zu ihnen: »Ohne irgendeinen Grund zum Groll wider euch, ihr Männer von Neapel, haben wir diese Belagerung unternommen, sondern vielmehr, um euch von den verhaßtesten Gebietern zu befreien und dann jedem einzelnen von euch reichlichen Dank abzustatten dafür, daß ihr um unsertwegen in diesem Kriege so Schweres von den Feinden habt erdulden müssen. Denn ihr allein von allen Italikern habt dem Gotenvolk ein reiches Maß von Wohlwollen bewiesen und seid ganz wider euren Willen unter die Herrschaft der Feinde gekommen. Da wir nun gezwungen sind, euch mit jenen zu belagern, ehren wir selbstverständlich eure Treue, und diese Belagerung ist nicht zum Schaden der Neapolitaner unternommen. Glaubt ja nicht, aus Schmerz über die Leiden der Belagerung den Goten zürnen zu müssen. Denn man darf denen, die gerne ihren Freunden Wohltaten erweisen wollen, keine Vorwürfe machen, wenn sie sich wider ihren Willen genötigt sehen, ihnen ihre Wohltaten aufzuzwingen. Vor den Feinden aber braucht ihr euch nicht mehr zu fürchten, noch dürft ihr aus den früheren Ereignissen schließen, daß sie uns besiegen werden. Denn das Schicksal zerstört gewöhnlich mit der Zeit selbst das, was es wider aller Erwarten Wunderbares den Menschen hat gelingen lassen. Endlich bieten wir euch an, den Konon und alle Soldaten frei und ungekränkt mit all ihrer Habe abziehen zu lassen, wohin sie wollen, wenn sie die Stadt übergeben und sie sofort verlassen. Wir sind bereit, dies und die vollkommene Sicherheit Neapels augenblicklich zu beschwören.« So sprach Totilas, und die Neapolitaner sowie alle Soldaten Konons stimmten dem bei, denn die Hungersnot war zu groß geworden. Da sie aber doch dem Kaiser den Eid der Treue halten wollten und immer noch auf Entsatz von irgendeiner Seite hofften, so versprachen sie, binnen 30 Tagen die Stadt zu übergeben. Totilas, der ihnen jede Spur von Hoffnung nehmen wollte, setzte eine Frist von drei Monaten für die Erfüllung des Vertrages fest und versicherte, innerhalb derselben weder einen Sturm auf die Mauer noch sonst etwas gegen sie unternehmen zu wollen. Die Belagerten warteten aber den letzten Termin nicht ab – denn der Mangel an Lebensmitteln hatte sie ganz mürbe gemacht – und öffneten bald darauf Totilas und den Barbaren die Tore. Der Winter ging zu Ende und mit ihm das achte Jahr dieses Krieges, den Prokop beschrieben hat.

543 8. Nachdem Totilas Neapel genommen hatte, zeigte er so viel

Menschenfreundlichkeit gegen die Gefangenen, wie man es von einem   543
Feind und noch dazu von einem Barbaren nicht erwarten konnte.
Seine römischen Gefangenen waren durch Hunger derartig herunter-
gekommen, daß sie vollständig entkräftet waren; er mußte daher
befürchten, daß sie stürben, wenn sie mit einemmal sich ganz satt
äßen, und ersann daher folgendes: Er stellte am Hafen und an den
Toren Wächter auf, die niemand aus der Stadt herauslassen durften.
Dann ließ er ihnen mit weiser Vorsicht weniger Speise reichen, als sie
begehrten, und täglich soviel zulegen, daß die Leute gar nicht
merkten, wieviel sie bekamen. Nachdem er so ihre Kräfte wiederhergestellt hatte, ließ er die Tore öffnen und gestattete jedem zu gehen,
wohin es ihm beliebte. Den Konon und seine Soldaten, soweit sie nicht
am Ort bleiben wollten, setzte er auf Schiffe und ließ sie ungekränkt
abfahren. Sie hielten es für eine Schande, nach Byzanz zurückzukehren, und beschlossen, eiligst nach Rom zu fahren, wurden aber durch
widrige Winde an der Abfahrt gehindert und wußten nicht, was sie
machen sollten, da sie fürchteten, Totilas werde als Sieger sich nicht
für gebunden an die Verträge halten und ihnen etwas Böses zufügen.
Sobald Totilas dies erfuhr, ließ er sie alle zusammenkommen, redete
ihnen zuerst gut zu und beteuerte, daß er sich nach wie vor durch
seinen Eid gebunden halte; er hieß sie guten Mutes sein und forderte
sie auf, ohne Scheu mit dem Gotenheer zu verkehren, Lebensmittel
einzukaufen, und wenn sie sonst noch etwas brauchten, wie von
Freunden es sich geben zu lassen. Da der widrige Wind immer noch
anhielt und ihnen viel Zeit dadurch verlorenging, ließ er ihnen Pferde
und Zugtiere liefern, beschenkte sie mit einem Zehrpfennig und
forderte sie auf, den Landweg nach Rom zu nehmen, wofür er ihnen
einige edle Goten als Geleitsmänner mitgab. Er selbst zog ebenfalls ab,
nachdem er Neapels Mauern dem Erdboden gleichgemacht hatte,
damit nicht die Römer sich wieder dort festsetzen und von diesem
sicheren Stützpunkt aus den Goten Schwierigkeiten bereiten könnten.
Denn er wollte lieber mit ihnen offen auf freiem Feld als mit allerlei
künstlichen und trüglichen Mitteln kämpfen. Doch zerstörte er nur
den größten Teil der Mauer und ließ das übrige bestehen.
In dieser Zeit ging ihn ein Römer an aus Kalabrien und beschuldigte
einen seiner Leibwächter, er hätte seiner jungfräulichen Tochter trotz
deren Sträuben Gewalt angetan. Der Mann leugnete sein Verbrechen
nicht und wurde ins Gefängnis geworfen, da Totilas eifrig bemüht
war, die Tat zu sühnen. Die Angesehensten unter den Barbaren
begannen für sein Schicksal zu fürchten, taten sich zusammen und

543 traten vor Totilas mit der Bitte, er möge jenem seine Schuld nachse-
hen, denn er war ein tapferer und erprobter Krieger. Ruhig, ohne eine
Miene zu verziehen, hörte er ihre Worte an und antwortete folgendermaßen: »Nicht aus unmenschlicher Grausamkeit oder Freude an der
Trübsal meiner Volksgenossen, sondern in ernstester Besorgnis, den
Goten könne ein Unglück zustoßen, rede ich jetzt zu euch, meine
Kameraden. Ich weiß sehr wohl, daß der große Haufe Schwarz in
Weiß umzukehren liebt. Denn die Zügellosigkeit, welche alles zerstört
und in Grund und Boden verdirbt, nennen sie gern Humanität, und
denjenigen, der die Gesetze genau durchzuführen bestrebt ist, den
schelten sie einen einfältigen und grämlichen Tropf, um unter dem
Deckmantel solcher Bezeichnungen ihre Frechheit zu verbergen und
desto ungestrafter sündigen zu können. Darin zeigt sich so recht ihre
gemeine Gesinnung. Ich ermahne euch nun, daß ihr nicht wegen des
Fehltritts eines Mannes euer Heil aufs Spiel setzt und, trotz der
eigenen Unschuld, euch mit derselben Schuld befleckt wie er. Denn
derjenige, welcher den Schuldigen der Strafe zu entziehen sucht, ist
meiner Ansicht nach ebenso strafbar wie dieser selbst. Ich möchte
nun, daß ihr das Urteil über den vorliegenden Fall so anseht, als wenn
euch die Entscheidung darüber vorliegt, ob dieser Mann für sein
Vergehen keine Strafe leiden soll oder ob das Gotenvolk gerettet wird
und im Krieg obsiegt. Denkt einmal daran, daß wir beim Beginn dieses
Krieges ein zahlreiches Heer von glänzendem Kriegsruhm und
erprobter Tapferkeit, unermeßliche Schätze, einen mehr als reichlichen Vorrat an Pferden und Waffen und endlich alle festen Punkte
Italiens besaßen. Und das sind doch für Leute, die einem Krieg
entgegengehen, wahrlich keine geringen Hilfsmittel. Da wir aber dem
Theodat gehorchten, einem Manne, der die schnöde Habgier höher-
stellte als die Gerechtigkeit, so hat sich wegen unserer Zügellosigkeit
die Gnade Gottes von uns abgewandt; denn das wißt ihr, von was für
Leuten und wie wenigen wir besiegt worden und wohin es mit uns
gekommen ist. Jetzt aber, da uns Gott für unsere Sünden hinlänglich
gestraft hat, regiert er unser Schicksal nach seinem Willen weit über
Hoffen und Verstehen: Weit über unsere wirkliche Macht hinaus
haben wir den Feind besiegt, und da ist es doch gewiß besser,
die Ursache des Sieges auch ferner sich zu erhalten, als das Gegenteil zu tun und damit gegen sein eigenes Fleich zu wüten.« Solches
sprach Totilas. Die Gotenfürsten aber nahmen seine Worte bei-
fällig auf und traten für den Leibwächter nicht mehr ein, sondern über-
ließen ihn des Königs Gutdünken. Bald darauf ließ er den Mann hin-

richten und gab sein Vermögen dem Mädchen, welchem er Gewalt 543
angetan hatte.

9. Während Totilas sich so benahm, beraubten Obersten wie Soldaten
des römischen Heeres die Untertanen ihres Eigentums und ließen
ihrem Frevelmut und ihren Lüsten die Zügel schießen: die Obersten
schwelgten mit ihren Dirnen in den Festungen, die Soldaten wurden
immer ungehorsamer gegen ihre Vorgesetzten, und ihr Übermut
kannte keine Grenzen mehr. Die Italiker aber litten schwer von beiden
Heeren, denn die Goten nahmen ihnen ihren Landbesitz und die
Kaiserlichen all ihre bewegliche Habe. Dazu mußten sie selbst allerlei
Mißhandlungen ertragen und kamen fast vor Hunger um. Ja, die
Soldaten, welche sie gegen die Gewalttaten der Feinde hätten schützen
sollen, waren dazu gar nicht imstande und schämten sich dessen nicht
einmal, sondern brachten es durch ihre Missetaten dahin, daß jene
sich geradezu nach den Barbaren sehnten. In dieser unerträglichen
Lage wandte sich Konstantin an den Kaiser Justinian und schrieb ihm
ganz offen, es sei ihm nicht möglich, den Krieg gegen die Goten
fortzuführen. Auch die anderen Obersten erklärten in diesem Schreiben übereinstimmend ihre Abneigung gegen den Kampf und billigten
Konstantins Meinung durchaus. Dahin war es mit den Italikern
gekommen.

Totilas aber ließ einen Brief an den römischen Senat abgehen, dessen
Inhalt folgender war: (er rief ihnen die Wohltaten Theoderichs und
Amalasunthas ins Gedächtnis zurück und wies mit bitterer Ironie im
Gegensatz dazu darauf hin, wie die Griechen, z.B. Alexander[1] die
freundliche Aufnahme von seiten der Römer vergolten hätten, wie sie
durch die »gütige Gesinnung« und »Großherzigkeit« der Soldaten
und Obersten in ihre jetzige schlimme Lage gekommen seien. Seinen
eigenen Sieg fasse er nur als Strafe für die Missetaten jener auf. Sie
sollten nun nicht bis zum letzten Augenblick mit ihrem Entschluß
warten, sondern sich durch rechtzeitige Ergebung einen Anspruch auf
die Milde und Schonung des Sieges erwerben.) Solches enthielt der
Brief, den Totilas einigen Gefangenen mitgab, um ihn in Rom den
Senatoren einzuhändigen. Sein Auftrag wurde auch ausgeführt, aber
Johannes verhinderte die Empfänger desselben, dem Totilas eine
Antwort zu geben. Deshalb ließ er eine große Anzahl von Briefen
verfassen, in denen er sich mit den heiligsten Eiden verschwor, die
Goten würden keinem Römer etwas zuleide tun. Wer diese Briefe

[1] s. S. 144.

543 nach Rom gebracht hat, vermag ich nicht zu sagen. Denn alle wurden
im Dunkel der Nacht an den sichtbarsten Punkten der Stadt angeklebt
und, als es Tag ward, gelesen. Die Obersten des römischen Heeres
hatten dieserhalb die arianischen Priester stark in Verdacht und
verjagten sie sofort sämtlich aus der Stadt. Nachdem Totilas hiervon
in Kenntnis gesetzt war, sandte er einen Teil seines Heeres nach
Kalabrien, um einen Handstreich auf die Festung Hydrus[1] zu versuchen. Da aber die Besatzung sich nicht ergeben wollte, befahl er, zur
Belagerung überzugehen, und rückte mit dem größten Teil seines
Heeres gegen Rom vor. Als das der Kaiser erfuhr, geriet er in große
Aufregung und sah sich gezwungen, Belisar gegen Totilas abzusenden, obgleich ihn die Perser noch sehr hart bedrängten. Der Winter
ging zu Ende und mit ihm das neunte Jahr dieses Krieges, den Prokop
beschrieben hat.

544 10. So ging denn Belisar zum zweitenmal nach Italien. Da er aber nur
sehr wenig Leute hatte – denn sein eigenes Gefolge mußte er den
Persern gegenüber stehen lassen – durchzog er ganz Thrazien und
warb durch reiche Geldspenden junge Leute als Freiwillige an. Bei ihm
war auf kaiserlichen Befehl unter anderen auch der Heermeister von
Illyrien[2], Vitalius, der soeben erst aus Italien zurückgekehrt war, wo er
seine illyrischen Soldaten zurückgelassen hatte. Nachdem sie beide an
4000 Mann zusammengebracht hatten, begaben sie sich nach Salona
in der Absicht, zunächst nach Ravenna zu gehen und womöglich von
dort aus den Feldzug zu beginnen. Denn in die Gegend von Rom sich
zu begeben, war ganz unmöglich: einerseits konnte man an dem Feind
nicht unbemerkt vorbeikommen, da er in Kalabrien und Kampanien
seine Quartiere hatte; andererseits war man zu schwach, um irgendwie offensiv hier vorzugehen. Unterdes waren den Belagerten zu
Hydrus die Lebensmittel gänzlich ausgegangen, so daß sie mit den
belagernden Barbaren Verhandlungen bereits anknüpften, um ihnen
den Platz zu übergeben, und sie hatten einen bestimmten Tag dafür
bereits festgesetzt. Da ließ Belisar Schiffe mit Lebensmitteln für ein
Jahr beladen und schickte sie nach Hydrus unter dem Kommando des
Valentinus ab; dieser hatte den Befehl, die alte Besatzung, die durch
Krankheit und Hunger, wie Belisar wohl wußte, arg mitgenommen
war, eiligst aufzunehmen und statt ihrer eine genügende Anzahl von
seinen eigenen Leuten dortzulassen, die mit frischen Kräften, reichlich
mit Proviant versehen, dann die Belagerung besser aushalten würden.

---

[1] Otranto. – [2] Magister militum per Illyricum.

Valentin segelte bei günstigem Wind mit seiner Flotte ab und kam 544
glücklich vier Tage vor dem festgesetzten Termin bei Hydrus an,
dessen Hafen er unblockiert vorfand. Er besetzte ihn und zog
ungehindert in die Festung ein. Die Goten hatten nämlich im Vertrauen auf jenes Abkommen sich keines feindlichen Unternehmens
mehr versehen und die Belagerungsmaßregeln schon vernachlässigt.
Als sie nun plötzlich die Flotte heranfahren sahen, befiel sie solche
Furcht, daß sie die Belagerung aufhoben. Sie bezogen in ziemlicher
Entfernung von dem Platz ein Lager und meldeten dem Totilas, wie es
ihnen ergangen sei. Als von Valentins Leuten einige auszogen, um die
Umgegend auszuplündern, stießen sie am Gestade auf die Feinde und
wurden mit ihnen handgemein. Sie wurden so gründlich geschlagen,
daß die meisten sich fliehend in die Fluten des Meeres stürzten; nach
einem Verlust von 170 Mann fand sich der Rest wieder in der Festung
ein. Valentin schiffte die alte Besatzung ein, die er halbtot vorgefunden hatte, ließ statt derselben frische Leute und Proviant auf ein Jahr,
wie Belisar befohlen hatte, zurück und fuhr mit den übrigen nach
Salona zurück. Von dort segelte nun Belisar mit der ganzen Flotte
nach Pola[1], wo er einige Zeit mit der Organisation seines Heeres
zubrachte. Als Totilas von seiner Ankunft hörte, wollte er gern
wissen, wie stark die Macht sei, die Belisar führte, und brauchte
folgende List. Ein gewisser Bonus, ein Vetter von Johannes, befehligte
die Besatzung von Genua. Unter dessen Namen schrieb er einen Brief
an Belisar, in dem er ihn bat, er möge schleunigst zum Entsatz
herbeieilen, da er sich in äußerst mißlicher Lage befinde. Darauf
wählte er fünf umsichtige Leute aus, übergab ihnen das Schreiben und
schärfte ihnen ein, sich für Abgesandte des Bonus auszugeben und
sich ganz genau Belisars Macht anzusehen. Als sie vor Belisar kamen,
wurden sie von ihm mit seiner gewöhnlichen Leutseligkeit empfangen. Dann las er den Brief und trug ihnen die Botschaft auf, er werde
sehr bald mit seinem ganzen Heer anrücken. Jene hielten genaue
Umschau, wie ihnen Totilas geheißen hatte, kehrten in das Gotenlager
zurück und versicherten, Belisars Macht sei durchaus nicht der Rede
wert.
Mittlerweile bemächtigte sich Totilas der Feste Tibur[2], in welcher
Isaurier als Besatzung lagen, durch Verrat. Und das ging so zu. Einige
von den Einwohnern standen gemeinschaftlich mit den Isauriern
Posten an den Toren. Mit diesen veruneinigten sie sich, als sie mit

---

[1] Stadt an der Küste von Istrien. – [2] Tivoli am Aniene, Nebenfluß des Tiber,
westlich von Rom.

544 ihnen auf Wache waren, trennten sich ohne allen Grund von ihnen
und ließen bei Nacht die Feinde, deren Lager ganz nahebei war, in die
Stadt. Als die Isaurier merkten, daß die Stadt verloren war, hielten sie
so gut zusammen, daß sie sich fast alle glücklich durchschlugen. Von
den Einwohnern aber ließen die Goten keinen einzigen am Leben,
sondern brachten alle, selbst den Priester der Stadt, um, auf eine Art
und Weise, die ich zwar wohl kenne, aber nicht erzählen will, um
nicht für die Nachwelt dies Beispiel von Unmenschlichkeit zu verewi-
gen. Hierbei kam u. a. Catellus ums Leben, ein Italiker von hohem
Ansehen. Auch den Tiberstrom bekamen die Goten in ihre Gewalt, so
daß die Römer nicht mehr aus Tuscien Lebensmittel den Tiber
hinunterfahren konnten; denn der Art, der 120 Stadien[1] von Rom in
der Nähe des Flusses liegt, wehrte als feindliches Bollwerk denen, die
jene Fahrt machen wollten.

11. Solches war das Schicksal von Tibur.
Belisar kam mit seiner ganzen Flotte in Ravenna an, versammelte die
Goten, welche sich daselbst aufhielten, und die römischen Soldaten
und hielt ihnen folgende Rede: »Nicht zum erstenmal geschieht es
jetzt, daß das, was Tüchtigkeit aufgebaut hat, durch Untüchtigkeit
zugrunde geht. Denn von altersher haftet den menschlichen Dingen
diese Schwäche an, und viele Taten wackerer Männer konnte die
Schlechtigkeit der verworfensten Menschen zuschanden machen. So
sind auch des Kaisers Angelegenheiten verdorben worden. Jetzt will er
aber das Verfehlte wiedergutmachen, und so groß ist sein Eifer, daß er
die Bewältigung der Perser den hiesigen Angelegenheiten hintansetzt
und es für gut gehalten hat, mich zu euch hierherzuschicken, damit
ich ausbessere und wiedergutmache, was etwa die Obersten an seinen
Soldaten oder den Goten gefehlt haben. Niemals einen Fehler zu
begehen, das entspricht nicht der menschlichen Art und ist wider die
Natur der Dinge; die begangenen Fehler wiedergutmachen, das ziemt
sich so recht für einen Kaiser und ist seinen geliebten Untertanen eine
wahre Erquickung. Denn ihr sollt nicht nur von dem, was euch
drückt, befreit werden, sondern das Wohlwollen, das der Kaiser für
euch hat, sofort wahrnehmen und genießen. Was könnte einem
Menschen wohl Herrlicheres zuteil werden? Da ich nun eigens zu
diesem Zwecke bei euch bin, muß nun auch ein jeder von euch alle
seine Kräfte anstrengen, um daraus entsprechenden Nutzen zu ziehen.
Wenn also jemand unter euch Verwandte oder Freunde bei dem
Tyrannen Totilas hat, so soll er sie eiligst abrufen und ihnen die

[1] Ca. 22 Kilometer.

kaiserliche Willensmeinung kundtun. Denn auf diese Weise würdet 544
ihr die Gunst des Friedens und die Gnade des erhabenen Kaisers
genießen. So z.B. bin ich gar nicht hierhergekommen, um mit
irgend jemand Krieg zu führen, und es würde mir sehr schmerzlich
sein, gegen Untertanen des Kaisers feindlich auftreten zu müssen.
Wenn aber trotzdem einige von diesen das, was ihnen besser frommt,
schnöde von sich weisen, andere sogar uns feindlich gegenübertreten,
so würden auch wir, obwohl nur mit äußerstem Widerstreben, uns
gezwungen sehen, sie als Feinde zu behandeln.« So sprach Belisar.
Von den Feinden ging aber niemand zu ihm über, weder ein Gote noch
ein Römer. Darauf sandte er seinen Doryphoren Thorimuth mit einer
Anzahl von dessen Leuten, ferner Vitalius und die illyrischen Soldaten
in die Aemilia, um sich dort womöglich der festen Plätze zu bemächtigen. Vitalius kam mit dieser Heeresmacht bis in die Gegend von
Bononia[1], nahm einen von den festen Plätzen dort und blieb dann
ruhig in der Stadt Bononia. (Plötzlich entfernen sich sämtliche Illyrier
und begeben sich in ihre Heimat, weil sie seit ihrer Ankunft in Italien
keinen Sold erhalten haben, auch schlecht verpflegt werden, und die
Hunnen ihnen Weiber und Kinder in die Sklaverei fortschleppen.
Durch Gesandte bitten sie den Kaiser um Verzeihung, die ihnen
schließlich auch gewährt wird.) Als nun Totilas von dem Abzug der
Illyrier Kunde erhielt, schickte er eine Abteilung nach Bononia, um
Vitalius und seine Leute auszuheben. Aber Vitalius und Thorimuth
hatten sich in einen Hinterhalt gelegt, töteten eine große Zahl der
Heranziehenden und zwangen die übrigen zur Flucht. (In diesem
Gefecht zeichnete sich der Comes Illyrici Nazares am meisten aus.)
Darauf begab sich Thorimuth zu Belisar nach Ravenna.
Dann schickte Belisar drei seiner Doryphoren, Thorimuth, Ricilas
und Sabinian, mit 1000 Mann nach Auximum[2], um Magnus und den
Römern, die dort belagert wurden, Entsatz zu bringen. Ohne von
Totilas und dem feindlichen Heer bemerkt zu werden, kamen sie
glücklich bei Nacht nach Auximum hinein und beschlossen, einige
Ausfälle auf den Feind zu unternehmen. Als ihnen am folgenden Tag
um die Mittagszeit gemeldet wurde, daß eine Anzahl Feinde ganz
nahe herangekommen sei, ritten sie hinaus, jenen entgegen, hielten es
aber doch für geraten, erst Patrouillen vorzuschicken, um die Stärke
der Feinde zu erkunden und nicht blind draufloszugehen. Belisars
Doryphor Ricilas hatte gerade einen Rausch: Er ließ niemand anderes

Bologna. – [2] Osimo, südlich von Ancona.

544 als Patrouille reiten, sondern gab seinem Pferd die Sporen und
sprengte vor. (Er wird von den Goten umzingelt und fällt, von Speeren
überschüttet. Die Römer können nur seine Leiche retten und bringen
sie nach Auximum hinein.) Dann kamen Sabinian und Thorimuth mit
Magnus dahin überein, daß es sich nicht empfehle, wenn sie länger
ihren Aufenthalt dort nähmen. Denn einmal könnten sie den Goten
im offenen Kampf nicht gegenübertreten, und zweitens würde die
Stadt nur schneller in die Hände der Feinde fallen, wenn sie mit von
dem Proviant der Belagerten zehrten. Nach dieser Abmachung rüsteten sie sich mit ihren 1000 Mann zum Abzug, den sie bei Nacht
bewerkstelligen konnten. Leider aber lief unbemerkt ein Soldat ins
feindliche Lager über und meldete dort, was im Werk war. Sofort ließ
Totilas 2000 auserlesene Leute unter die Waffen treten und besetzte
bei eintretender Nacht die Wege, 30 Stadien[1] von Auximum entfernt,
ohne daß jemand etwas merkte. Als diese nun um Mitternacht die
Feinde heranziehen sahen, zogen sie die Schwerter und stürzten auf sie
los. Sie hieben 200 Mann nieder; Sabinian und Thorimuth kamen mit
den übrigen unter dem Schutz der dunklen Nacht nach Ariminum[2]
durch. Alle Lasttiere, auf denen sich die Diener, Waffen und Gewänder der Soldaten befanden, fielen in die Hände der Goten.
Zwischen Auximum und Ariminum befinden sich zwei Städte am
Ufer des adriatischen Meeres, Pisaurum und Fanum[3]. Beider Gebäude
hatte Witichis am Anfang des Krieges niederbrennen und über die
Hälfte des Mauerwerks zerstören lassen, damit nicht die Römer sich
dort festsetzten und den Goten unbequem würden. Den einen von
beiden Plätzen, Pisaurum, beschloß Belisar zu besetzen, weil ihm die
Örtlichkeit zur Weide für die Pferde passend erschien. Er schickte nun
bei Nacht einige Leute aus seiner nächsten Umgebung und ließ von
ihnen in aller Stille Breite und Länge eines jeden Tores ausmessen.
Dann ließ er die Torflügel zimmern und mit Eisen beschlagen, packte
sie auf Kähne und schickte sie ab mit Sabinian und Thorimuth, die sie
schnell in die Mauern einfügen und dann innerhalb des Mauerringes
bleiben sollten. Wenn sie sich so in Sicherheit gebracht hätten, sollten
sie die eingestürzten Teile der Mauer mit Steinen, Lehm oder sonstwie
ausfüllen. Sie kamen dem Befehl nach. Sobald als Totilas dies erfuhr,
zog er mit großer Heeresmacht gegen sie aus. Sein Handstreich
mißlang, und nachdem er einige Zeit dort gelegen hatte und den Platz
nicht hatte nehmen können, zog er unverrichteter Sache wieder

---

[1] 5,5 Kilometer. — [2] Rimini. — [3] Pesaro und Fano.

zurück ins Lager von Auximum. Von den Römern aber ließ sich 544
keiner mehr im freien Feld sehen, sondern jedermann blieb innerhalb
der Festungsmauern. Von seinen Doryphoren schickte Belisar auch
zwei nach Rom, den Perser Artaseires und den Thrazier Barbation,
um Bessas, der dort stand, in der Bewachung der Stadt zu unterstützen. Auch diese hatten strengen Befehl, sich durchaus nicht mit den
Feinden einzulassen. Als nun Totilas und das Gotenheer merkten, daß
Belisars Macht nicht bedeutend genug sei, um ihnen in offener
Feldschlacht entgegenzutreten, fingen sie an, gegen die festesten
Plätze vorzugehen. So setzten sie sich in Picenum vor Firmum und
Asculum[1] und begannen, beide zu belagern. Der Winter ging zu Ende
und mit ihm das zehnte Jahr dieses Krieges, den Prokop beschrieben
hat.

12. Da Belisar durchaus keine Möglichkeit sah, den Belagerten zu 545
helfen, sandte er den Johannes, Vitalians Neffen, nach Byzanz,
nachdem er ihm einen teuern Eid hatte schwören lassen, daß er alles
daransetzen werde, so bald wie möglich zurückzukehren. Derselbe
sollte den Kaiser bitten, zahlreiche Truppen, viel Geld, Waffen und
Pferde zu schicken. Denn Soldaten hatte er sehr wenige, und diese
wollten sich durchaus nicht schlagen, da sie behaupteten, die Staatskasse sei ihnen noch viel Geld schuldig und sie litten Mangel an den
nötigsten Bedürfnissen. Und das war wirklich der Fall. Wegen dieser
Dinge schrieb Belisar an den Kaiser. Der Brief hatte aber folgenden
Inhalt: »Wir sind nach Italien gekommen, o bester der Kaiser, ohne
Leute, Waffen, Pferde, Geld. Und wer von diesen Sachen nicht die
Fülle hat, ist meiner Ansicht schwerlich imstande, mit Erfolg Krieg zu
führen. Thrazien und Illyrien haben wir von oben bis unten durchzogen und einige, wenige Soldaten dort angeworben. Wir müssen nun
mitansehen, wie diese kümmerlichen Leute weder Waffen haben noch
irgendwie kriegsgeübt sind. Diejenigen aber, die wir hier vorgefunden
haben, sind mit ihrer Lage unzufrieden und fürchten sich vor den
Feinden, denn ihr Gemüt ist bedrückt durch die zahlreichen Niederlagen, die sie erlitten haben; ja sie haben sich nicht damit begnügt, einen
Zusammenstoß mit den Feinden zu vermeiden, sondern haben ihre
Pferde laufen lassen, ihre Waffen weggeworfen. Einkünfte aus Italien
herauszuziehen, ist ganz unmöglich, da es sich wieder vollständig in
den Händen der Feinde befindet. Deshalb befinden wir uns den
Soldaten gegenüber in einer höchst mißlichen Lage: da wir mit dem

Fermo und Ascoli Piceno.

545 Sold im Rückstand sind, so können wir keinen unbedingten Gehorsam verlangen – das Bewußtsein, in ihrer Schuld zu sein, lähmt die Kraft des Befehls. Auch das, o Herr, will ich Dir nicht verschweigen, daß die meisten von Deinen Leuten als Überläufer bei den Feinden weilen. Wenn es nur darauf ankam, Belisar allein nach Italien zu schicken, so steht es mit Deiner Kriegsrüstung vortrefflich, denn ich befinde mich mitten unter Italikern; wenn Du aber Deine Gegner überwältigen willst, so mußt Du auch für das Übrige sorgen: denn ein Feldherr ohne Untergebene ist ein Unding. Es würde sich nun zunächst empfehlen, mir meine Doryphoren und Hypaspisten zu schicken und außerdem Hunnen und andere Barbaren, so viel wie möglich, und diesen muß sogleich ihr Sold ausgezahlt werden.«

Solches schrieb Belisar. Johannes aber hielt sich lange Zeit in Byzanz auf, ohne etwas von dem zu tun, weswegen er dorthin gekommen war. Vielmehr verheiratete er sich mit der Tochter des Germanus, der ein Neffe des Kaisers war. Unterdessen ergaben sich Firmum und Asculum an Totilas, und dieser marschierte nach Tuscien, um Spoletium und Asisium[1] zu belagern. Die Besatzung von Spoletium befehligte Herodian, die von Asisium Sisifrid, von Abkunft ein Gote, aber den Römern und dem Kaiser aufrichtig ergeben. Herodian nun schloß mit den Feinden einen Waffenstillstand von dreißig Tagen. Sollte bis zum Ablauf dieser Frist sich keine Hilfe zeigen, so wollte er die Stadt samt der Besatzung und den Bewohnern an die Goten ausliefern. Als nun der verabredete Tag herangekommen, von römischen Truppen aber nirgends etwas zu sehen war, so übergaben Herodian und die Besatzung dem Vertrag gemäß sich und Spoletium an Totilas und die Goten. Herodian soll das aus Haß gegen Belisar getan haben, weil ihm dieser gedroht hatte, er werde ihn wegen seines früheren Verhaltens zur Rechenschaft ziehen. So erging es mit Spoletium. Sisifrid aber machte mit seinen Leuten Ausfälle; bei der Gelegenheit verlor er die Mehrzahl derselben und kam dann selbst ums Leben. Unter diesen Umständen hielten es die Bewohner von Asisium fürs beste, sofort die Stadt den Feinden auszuliefern. Totilas aber stellte an Cyprian das Ansinnen, er solle ihm Perusia[2] ausliefern; wenn er es nicht täte, so drohte er mit seinem Zorn – für den Fall, daß er sich willfährig zeige, versprach er ihm reiche Belohnung. Da Cyprian sich auf nichts einlassen wollte, so wurde einer von seinen Doryphoren namens Uliphus bestochen, den Mann mit Hinterlist aus dem Wege zu

---

[1] Spoleto und Assisi. – [2] Perugia.

räumen. Als nun Uliphus einmal mit Cyprian allein war, stieß er ihn 545
nieder und flüchtete sich dann zu Totilas. Nichtsdestoweniger erhielten Cyprians Soldaten die Stadt dem Kaiser, so daß die Goten es für angezeigt erachteten, die Belagerung aufzuheben.

13. Darauf ging Totilas gegen Rom vor und, als er nahe genug gekommen war, rüstete er sich zur Belagerung. In ganz Italien ließ er die Bauern ruhig bei ihrer Arbeit und hieß sie ohne Furcht ihr Land wie immer bebauen; nur die Steuern, die sie früher an die Staatskasse und die Gutsbesitzer abgeführt hatten, mußten sie jetzt ihm zahlen. – Als sich eine Anzahl Goten den Mauern Roms näherten, so machten Artaseires und Barbation, trotzdem Bessas abriet, mit dem größten Teil ihrer Leute einen Ausfall auf sie. Sie töteten viele Feinde und schlugen die übrigen in die Flucht. Als sie aber dieselben hitzig verfolgten, fielen sie in einen Hinterhalt der Feinde. Dabei verloren sie fast alle Soldaten und kamen nur mit einigen wenigen glücklich davon. Seitdem wagte man keinen Ausfall mehr, obgleich die Feinde öfters ein Treffen anboten. Nun fing der Hunger an die Römer sehr zu drücken, da sie nicht mehr die Lebensmittel von den Feldern in die Stadt bringen konnten und die Zufuhr von der Seeseite ihnen abgeschlossen war. Denn seit die Goten im Besitz von Neapel waren, hatten sie dort eine zahlreiche Flotille aufgestellt und hielten an den sogenannten Inseln des Aeolus[1] und den anderen jener Gegend scharfe Wache, so daß die Schiffe, welche von Sizilien nach Portus fahren wollten, sämtlich mit ganzer Bemannung ihnen in die Hände fielen. – Totilas schickte eine Heeresabteilung in die Aemilia mit dem Auftrag, in Güte oder mit Gewalt Placentia[2] zu nehmen, welches die stark befestigte Hauptstadt jener Landschaft ist und am Po liegt. Von allen Ortschaften der Gegend war es allein noch in den Händen der Römer. Sobald dieses Heer vor Placentia angelangt war, forderte man die Besatzung auf, sich an Totilas und die Goten zu ergeben. Als diese Aufforderung ohne Erfolg blieb, schlugen sie ein Lager auf und schlossen die Stadt ein, da ihnen nicht verborgen geblieben war, daß sie nicht genügend verproviantiert sei. – Damals ward zu Rom in den kaiserlichen Obersten der Verdacht rege, daß Cethegus, ein Patrizier und Princeps Senatus, auf Verrat sinne. Derselbe hielt es daher für richtig, sich nach Centumcellae zu begeben.

Belisar, welcher für Rom und den Ausgang des Krieges fürchten mußte und doch von Ravenna aus mit seiner geringen Streitmacht

---

[1] Die liparischen Inseln. – [2] Piacenza.

545 keine Hilfe bringen konnte, beschloß, von dort aufzubrechen und die
Plätze nahe bei Rom zu besetzen, damit er so imstande wäre, den
Belagerten zur Hilfe nahe zu sein. Auch reute es ihn, gleich anfangs
nach Ravenna gegangen zu sein, wozu ihn Vitalius nicht gerade zum
Vorteil der kaiserlichen Sache veranlaßt hatte, weil er dadurch, daß er
sich dort einschloß, das Spiel gewissermaßen in die Hände der Feinde
gegeben hatte. Nach meiner Ansicht hat Belisar entweder das weniger
Richtige getan, weil es damals den Römern schlecht gehen sollte, oder
er hat zwar das Richtige erkannt, Gott aber die Ausführung des
Beschlusses verhindert, weil er Totilas und den Goten helfen wollte
und dadurch Belisars richtigste Entschlüsse in das Gegenteil verkehrte. Ob sich das so oder so verhalten hat, vermag ich nicht zu
erklären. Belisar ließ nun Justin als Kommandanten von Ravenna
zurück, brach selbst mit geringer Mannschaft von dort auf und
marschierte durch Dalmatien und die angrenzende Landschaft nach
Epidamnus[1], wo er auf Verstärkung aus Byzanz wartete. In einem
Brief an den Kaiser setzte er die Lage der Dinge auseinander. Jene
schickte bald darauf Vitalians Neffen, Johannes, und den Armenier
Isaak, den Bruder des Aratius und des Narses, mit einem Heer ab, das
sich aus Barbaren und Römern zusammensetzte. Diese kamen in
Epidamnus an und vereinigten sich mit Belisar. Auch sandte der
Kaiser den Eunuchen Narses zu den Herulerfürsten, um möglichst
viele für einen Zug nach Italien zu gewinnen. Wirklich gingen
zahlreiche Heruler mit ihm, die unter anderen Philemuth kommandierte, und zogen mit ihm durch Thrazien. Dort wollten sie überwintern und mit Frühlingsanfang zu Belisar sich begeben. Bei ihnen war
auch Johannes, mit dem Beinamen Phagan[2]. Auf diesem Marsch bot
sich ihnen die Gelegenheit, unvermuteterweise den Römern einen
großen Dienst zu leisten. Es hatte nämlich kurz zuvor ein großer
Haufen der barbarischen Sklavenen die Donau überschritten, der in
dem römischen Gebiet raubte, plünderte und die Bewohner als
Sklaven fortschleppte. Mit diesen wurden die Heruler plötzlich
handgemein, schlugen die an Zahl weit überlegenen Feinde, hieben sie
nieder und entließen alle Gefangenen wieder in ihre Heimat. Hierbei
nahm Narses einen Menschen gefangen, der sich den Namen des
Chilbudius anmaßte, eines sehr angesehenen Mannes, der Heermeister gewesen war, und deckte nun mit leichter Mühe den Betrug auf.
14. (Der echte Chilbudius war als Heermeister von Thrazien[3] wieder

---

[1] Durazzo. – [2] Der Fresser. – [3] Magister militum per Thracium.

holentlich über die Donau gegen Anten und Sklavenen zu Felde 545
gezogen und endlich in einer Schlacht gefallen. Ein Ante, der denselben Namen trug, hatte bei seinen Volksgenossen sich für den Gefallenen ausgegeben und war auf dem Weg nach Byzanz, um sich in seiner
angemaßten Würde bestätigen zu lassen und für die Anten ein
Bündnis mit dem Kaiser abzuschließen. Diesen Betrüger faßte Narses
und nahm ihn als Gefangenen mit nach Byzanz. – Prokop beschreibt
die Sitten beider Völker wie folgt.) Diese beiden Stämme, die Sklavenen und Anten, stehen nicht unter der Herrschaft eines Mannes,
sondern sie leben von alters her als Volksstaat, so daß Glück und
Unglück alle gemeinschaftlich tragen. Auch in bezug auf alles andere,
Gesetze und Bräuche, sind diese Barbaren völlig gleich. Denn sie
kennen nur einen Gott, den Blitzschleuderer, und glauben, daß er
allein der Herr sei über alles. Sie opfern ihm Stiere und allerlei andere
Opfertiere. Das Schicksal kennen sie nicht und wissen auch nicht, daß
es irgendeine Macht über die Menschen hat; sondern wenn ihnen der
Tod vor Augen steht, sei es, daß sie von einer Krankheit ergriffen sind
oder in den Krieg ziehen, so geloben sie, für den Fall der Rettung dem
Gott sofort ein Opfer darzubringen; kommen sie glücklich durch, so
opfern sie nach ihrem Gelübde und glauben, daß sie ihr Leben mit
diesem Opfer sich erkauft haben. Außerdem erweisen sie den Flüssen,
Quellen und anderen Dämonen göttliche Ehren, bringen ihnen allen
Opfer dar und benutzen diese Opfer zu Orakelsprüchen. Sie wohnen
in dürftigen Zelten, weit voneinander getrennt, und die einzelnen
wechseln oft ihre Wohnsitze. Ins Feld rücken die meisten zu Fuß mit
kleinen Schilden und Wurfspießen. Panzer tragen sie nicht; manche
haben sogar weder Ober- noch Untergewand, sondern gehen dem
Feind entgegen, indem sie nur die Hosen bei einem Schurz um die
Lenden hinaufziehen. Sie sprechen ein und dieselbe, furchtbar barbarische Sprache und unterscheiden sich auch im Äußeren nicht
voneinander. Alle sind sie sehr groß und stark; ihre Haut- und
Haarfarbe ist weder weiß noch blond, auch nicht gerade schwarz,
sondern sie sind ganz und gar rötlich. Wie die Massageten, leben sie in
Roheit und Dürftigkeit und starren wie jene von Schmutz. Dabei sind
sie durchaus nicht schlecht oder bösartig, sondern kommen auch in
bezug auf die Einfachheit der Lebensweise den Hunnen gleich. Von
alters her nannten sich die Sklavenen und Anten auch mit demselben
Namen, nämlich Spori[1], meiner Meinung, weil sie so zerstreut in

[1] Vom griechischen Verbum σπείρω, welches »streuen« bedeutet, vgl. Dia-
spora.

545 Zelten wohnen. Deshalb ist auch ihr Gebiet sehr groß: sie bewohnen nämlich fast das ganze jenseitige Donauufer. So weit über dieses Volk... Ich wende mich nun wieder zu dem Punkt, von welchem ich ausgegangen bin.

15. Während der Kaiser in der beschriebenen Weise handelte, schickte Belisar den Valentin und einen seiner Doryphoren namens Phokas, einen ausgezeichneten Offizier, mit einer Truppenmacht nach Portus, um die dortige Besatzung, die unter Innocentius stand, zu verstärken und womöglich durch Ausfälle das feindliche Lager zu beunruhigen. Valentin und Phokas schickten nun unbemerkt Boten nach Rom und ließen Bessas sagen, sie würden sofort einen Handstreich auf die feindlichen Schanzen versuchen: er solle die besten von den Soldaten in Rom aussuchen und eiligst zur Unterstützung einen Ausfall machen, sobald er den Angriff bemerkt hätte, damit sie auf diese Weise beide den Barbaren schweren Schaden zufügen könnten. Das paßte aber dem Bessas keineswegs, obwohl er 3000 Mann bei sich hatte. Als nun Valentin und Phokas mit 500 Mann einen Vorstoß gegen das feindliche Lager machten, töteten sie einige Leute, und der Waffenlärm kam den Belagerten wohl zu Ohren; da aber niemand aus der Stadt hervorkam, kehrten sie schleunigst wieder um und gelangten ohne allen Verlust wieder nach Portus. Noch einmal sandten sie Boten an Bessas, beschuldigten ihn unverantwortlicher Saumseligkeit und versprachen, in nächster Zeit einen zweiten Handstreich gegen die Feinde zu unternehmen; wieder forderten sie ihn auf, zu gleicher Zeit mit seiner ganzen Macht einen Ausfall zu machen. Nichtsdestoweniger beharrte er auf seinem Vorschlag, keinen entscheidenden Schlag außerhalb der Mauern zu wagen. Valentin und Phokas wollten nun mit größerer Macht den Feind anfallen und hatten schon alles dazu vorbereitet. Unterdessen war einer von Innocentius' Soldaten zum Totilas übergelaufen und hatte ihm angezeigt, daß man am folgenden Tag von Portus aus einen Angriff auf ihn machen werde. Sofort legte er an allen geeigneten Punkten tapfere Krieger in den Hinterhalt. Da hinein gerieten denn Valentin und Phokas mit ihren Leuten am nächsten Tag: sie selbst und fast alle ihre Soldaten fanden den Tod; nur wenige retteten mit knapper Not das Leben und erreichten Portus.

In derselben Zeit schickte der Erzbischof von Rom, Vigilius, der auf Sizilien seinen Wohnsitz aufgeschlagen hatte, eine große Anzahl von Schiffen voll Getreide ab, in der Meinung, die Schiffsleute würden ihre Ladung auf irgendeine Weise nach Rom durchbringen. Diese Schiffe

nun segelten nach Portus; die Feinde aber erhielten Kunde davon, 545
kamen ihnen zuvor und versteckten sich hinter den Molen, um sie
ohne Mühe abzufangen, sobald sie in den Hafen eingefahren seien.
Als das die Leute der Besatzung von Portus bemerkten, begaben sie
sich alle an die Brustwehren und wehten mit Tüchern, womit sie den
Schiffen andeuten wollten, sie sollten nicht weiterfahren, sondern
irgendwohin ausbiegen. Diese verstanden die Zeichen falsch und
glaubten, die Leute von Portus freuten sich über ihre Ankunft und
forderten sie auf, in den Hafen einzufahren. Da ihnen noch dazu der
Wind günstig war, segelten sie in voller Fahrt in den Hafen hinein. Auf
diesen Schiffen befand sich außer vielen anderen Römern auch ein
Bischof namens Valentin. Die Barbaren kamen aus ihrem Hinterhalt
hervor und nahmen alle Fahrzeuge, ohne die geringste Gegenwehr zu
finden. Den Bischof führten sie vor Totilas, die anderen brachten sie
alle um und nahmen die Schiffe samt der Fracht mit sich weg. Diesen
Bischof fragte Totilas, was er zu wissen wünschte, dann warf er ihm
vor, daß er durchaus nicht die Wahrheit rede, und ließ ihm beide
Hände abhauen. So hat sich dies zugetragen. Nun ging der Winter zu
Ende und mit ihm das elfte Jahr dieses Krieges, den Prokop beschrieben hat.

16. Vigilius, der Erzbischof von Rom, begab sich auf Wunsch des 546
Kaisers von Sizilien, wo er schon lange darauf gewartet hatte, nach
Byzanz. Zu dieser Zeit waren den Römern, welche in Placentia
belagert wurden, die Lebensmittel gänzlich ausgegangen, so daß sie
vor Hunger zu unerhörter Speise griffen. Sie hatten nämlich schon
Menschenfleisch genossen, und deshalb überlieferten sie sich und
Placentia in die Hände der Goten. So ging es hier zu, und auch in Rom,
welches Totilas belagerte, stieg die Not aufs höchste. Nun war unter
den Priestern zu Rom einer namens Pelagius, seines Amtes ein
Diakon, der lange Zeit in Byzanz gelebt und dort sich die wärmste
Freundschaft des Kaisers Justinian erworben hatte – dieser war kurz
zuvor mit reichen Schätzen nach Rom zurückgekehrt. Während der
Belagerung hatte er den größten Teil davon den Notleidenden
zukommen lassen und natürlich durch diese Handlungsweise das
Ansehen, das er sonst schon bei allen Italikern besaß, noch bedeutend
erhöht. Diesen Pelagius nun veranlaßten die Römer, welche furchtbar
von der Hungersnot litten, zu Totilas zu gehen, um für sie einen
Waffenstillstand von einigen wenigen Tagen zu erwirken unter der
Bedingung, daß, wenn innerhalb dieser Frist keine Hilfe von Byzanz
für sie einträfe, sie sich samt der Stadt den Goten ergeben wollten. Mit

546 diesem Auftrag erschien Pelagius vor Totilas, der ihn ehrfurchtsvoll
und leutselig empfing und folgende Worte an ihn richtete: (Totilas
versichert ihn des größten Wohlwollens, nur dürfe er von drei Dingen
nicht reden, von den Sizilianern, Roms Mauern und den übergelaufe-
nen Sklaven. Die Sizilianer haben den Goten mit schnödestem
Undank gelohnt, indem sie den Römern bereitwilligst alle Tore
öffneten und das belagerte Rom so reichlich mit Getreide versahen,
daß es sich ein Jahr lang hat halten können. Deshalb können wir ihnen
nicht verzeihen, denn ihre Schuld ist so schwer, daß kein Mitleid
dagegen aufkommen kann. Die Mauern Roms schützen das feindliche
Heer, das sich nie zum offenen Kampf stellt, sondern durch allerlei
Hinterlist und Überfall die Goten schädigt. Deshalb müssen wir dafür
sorgen, daß dergleichen für die Zukunft unmöglich wird. Auch euch
Römern wird die Zerstörung der Mauern von Nutzen sein, denn
dadurch werden euch künftig die Leiden einer Belagerung erspart
bleiben, und Rom wird dem Sieger in der Feldschlacht als Preis
zufallen. Den Sklaven, die sich zu uns geflüchtet haben, halten wir das
Versprechen, sie niemals auszuliefern – denn wenn wir das nicht
täten, so würden wir die unauslöschliche Schmach des Treubruchs
zeitlebens mit uns herumtragen müssen.) Auf diese Worte des Totilas
antwortete Pelagius, (nach dem Gehörten wage er gar nicht mehr,
seine Bitte vorzutragen; wenn er den Sizilianern schon so heftig zürne,
was hätten dann die Römer, die wider ihn zu den Waffen gegriffen
hätten, zu hoffen? Er stelle seine Sache Gott anheim, der diejenigen zu
strafen pflege, welche die Bittenden verächtlich behandeln.)

17. Nach solchen Worten ging Pelagius, und als die Römer ihn
unverrichteter Sache zurückkehren sahen, waren sie völlig ratlos;
denn die Not, welche von Tag zu Tag immer höher stieg, bereitete
ihnen unerträgliche Qualen. Die Soldaten dagegen konnten es allen-
falls aushalten, da die Lebensmittel ihnen noch nicht ganz ausgegangen waren. Deshalb versammelten sich die Römer, traten vor die
kaiserlichen Obersten, Bessas und Konon, und sprachen unter lautem
Weinen und Wehklagen: (»Entweder seht uns als eure Sklaven an und
gebt uns als solchen zu essen – wir wollen gern dafür Sklavendienste
bei euch verrichten, oder laßt uns aus der Stadt, damit ihr der Mühe
überhoben seid, eure Sklaven zu begraben, oder gebt uns den Tod und
damit die Befreiung von unseren Leiden!«) Darauf antwortete Bessas,
Lebensmittel ihnen zu geben sei unmöglich – sie zu töten verstoße
gegen die Gesetze der Religion – sie aus der Stadt zu lassen sei höchst
bedenklich. Er versicherte, Belisar und ein Heer aus Byzanz würden in

allernächster Zeit Entsatz bringen, und mit diesem Trost entließ er die 546
Römer.

Die Hungersnot, welche durch die lange Dauer der Belagerung höher
und höher stieg, wurde immer drückender und zwang die Menschen,
zu seltsamen und unnatürlichen Nahrungsmitteln zu greifen. Zuerst
verkauften Bessas und Konon, die Befehlshaber der römischen Besatzung, von dem Getreide, das sie in großer Menge innerhalb der
Mauern aufgespeichert hatten, und ebenso die Soldaten, was sie sich
an ihren täglichen Rationen absparten, an die wohlhabenden Römer
für schweres Geld; ein Scheffel galt nämlich sieben Goldstücke. Wer
nicht in den Verhältnissen lebte, sich eine so teure Nahrung gestatten
zu können, der erlegte den vierten Teil dieses Preises und kaufte sich
dafür einen Scheffel Kleie; die bittere Not ließ ihnen diese Speise ganz
köstlich und herrlich erscheinen. Wenn einmal die Hypaspisten des
Bessas auf einem Streifzug einen Ochsen aufbrachten, so ließen sie
sich denselben von den Römern mit fünfzig Goldstücken bezahlen.
Wenn aber ein Römer in den Besitz eines gefallenen Pferdes oder
dergleichen gelangte, so wurde er glücklich gepriesen, weil er sich an
dem Fleisch eines verendeten Tieres sattessen konnte. Der große
Haufen nährte sich überhaupt nur noch von Brennesseln, welche an
der Mauer und auf den Ruinen in der ganzen Stadt wachsen. Damit
aber die scharfen Pflanzen nicht Lippen und Schlund verletzten,
kochten sie die Nesseln sorgfältig vor dem Verspeisen. Solange nun
ein Römer noch Geld hatte, kaufte er, wie schon gesagt, Korn oder
Kleie und fristete damit das Leben; wenn ihm das Geld ausging, so
brachte er alle seine Habe zu Markte, um dafür das tägliche Brot
einzutauschen. Schließlich aber, als die kaiserlichen Soldaten kein
Getreide mehr hatten, das sie den Römern hätten verkaufen können,
und selbst Bessas nur noch ganz wenig besaß, andererseits den
Römern nichts mehr geblieben war, womit sie hätten bezahlen
können, so griffen alle zu den Nesseln. Da nun diese Speise sich als
unzulänglich erwies und nicht völlig sättigte, so schwand ihnen das
Fleisch von den Knochen, ihre Hautfarbe wurde grünlich, und sie
wankten wie Gespenster einher. Manche fielen tot zu Boden, während
sie noch eben gingen und Nesseln kauten. Andere wieder verschlan-
gen menschliche Exkremente. Viele gaben sich den Tod, um den
Qualen des Hungers ein Ende zu machen, da sie weder Hunde, noch
Mäuse, noch sonst ein Tier fanden, das sie hätten essen können. (Ein
Römer, Vater von fünf Kindern, den diese um Brot bitten, geht mit
ihnen zur Tiberbrücke, verhüllt sein Antlitz und stürzt sich vor den

546 Augen seiner Kinder und aller Römer in den Fluß.) Da ließen sich die
kaiserlichen Obersten die Erlaubnis mit schwerem Geld bezahlen, die
Stadt zu verlassen. Nur wenige blieben zurück; fast alle verließen die
Stadt, so gut es eben ging. Die meisten waren schon so kraftlos durch
den Hunger geworden, daß sie unterwegs, auf dem Schiff oder auf der
Straße, ihren Geist aufgaben. Viele blieben auch liegen und fanden
von der Hand der Feinde den Tod. Dahin hatte das Schicksal den
Senat und das Volk von Rom gebracht.

18. Nachdem Johannes und Isaak mit ihrem Heer in Epidamnus
angelangt waren und sich mit Belisar vereinigt hatten, vertrat Johannes die Ansicht, man müsse über die Meerenge segeln und dann mit
dem ganzen Heer zu Fuß weitermarschieren, komme, was da wolle.
Belisar hielt dies nicht für richtig und wollte vielmehr zu Schiff bis in
die Nähe von Rom sich begeben. Er meinte nämlich, der Landweg
koste zu viel Zeit und es könne sich irgendein Hindernis auf demselben einfinden. Wenigstens sollte Johannes durch Kalabrien und die
angrenzenden Landschaften ziehen, die geringe Anzahl von Barbaren,
die sich daselbst aufhielten, verjagen und nach Unterwerfung der
Landschaften am Adriatischen Meer in die Nähe von Rom vorrücken
und sich mit ihm vereinigen. Dorthin wollte auch er mit dem übrigen
Heer zur See sich begeben. Denn er war der Ansicht, daß bei den
unsäglichen Leiden der belagerten Römer selbst der geringste Verzug
äußerst verhängnisvoll werden könne. Zur See könne man bei
günstigem Wind in fünf Tagen nach Portus kommen, während zu
Lande ein Heer von Hydrus[1] aus nicht einmal in vierzig Tagen der
Marsch machen würde. Nachdem Belisar dem Johannes diesen
Auftrag erteilt hatte, segelte derselbe mit der ganzen Flotte ab und
kam mit gutem Wind nach Hydrus. Als das die Goten merkten,
welche die dortige Besatzung belagern sollten, hoben sie die Belagerung auf und zogen sich eiligst auf Brundisium[2] zurück, welches zwei
Tagereisen weit von Hydrus am Strand des Adriatischen Meeres liegt
und unbefestigt ist. Da sie nun vermuteten, Belisar werde von dort
auch den Durchmarsch versuchen, meldeten sie an Totilas, wie die
Sachen standen. Dieser hielt sein ganzes Heer marschbereit, um
Belisar entgegenziehen zu können, und befahl den Goten in Kalabrien, den Durchzug möglichst zu bewachen. Als aber Belisar von
Hydrus abfuhr, sobald ein günstiger Wind die Segel schwellte, so
wurden die Goten sorglos und hielten in Kalabrien nicht mehr streng

[1] Otranto. — [2] Brindisi.

Wacht. Auch Totilas blieb ruhig liegen und bewachte nur die Zugänge 546
zur Stadt Rom noch eifriger, daß ja keine Lebensmittel hineinkommen könnten. Auf dem Tiber richtete er folgendes ein. An einer Stelle,
wo das Flußbett ganz eng war, ungefähr 90 Stadien[1] von der Stadt,
ließ er sehr lange Balken von einem Gestade zum anderen, wie eine Art
Brücke, legen. Auf jedem Ufer errichtete er dann zwei hölzerne Türme
und besetzte sie mit tapferen Kriegern, so daß auch nicht einmal kleine
Boote oder andere Fahrzeuge von Portus aus in die Stadt hinauffahren
konnten.

Unterdes ging Belisar in Portus vor Anker und wartete auf Johannes
und dessen Truppen. Dieser war nach Kalabrien übergesetzt, ohne
daß die Goten etwas davon gemerkt hatten, die, wie schon erwähnt, in
Brundisium standen. Von zwei feindlichen Kundschaftern, die er auf
dem Weg gefangennahm, hieb er den einen sofort nieder; der andere
umfaßte seine Knie und bat um Gnade. »Ich werde dir und dem
Römerheer von Nutzen sein!« sprach er. Als ihn nun Johannes fragte,
was er denn für den Fall, daß man ihm das Leben schenke, den
Römern und ihm nützen wolle, versprach er, ihm die Goten, ohne daß
sie sich's vermuteten, in die Hände zu liefern. Johannes zeigte sich der
Erfüllung seiner Bitte nicht abgeneigt, verlangte aber, daß er zuerst
den Platz, wo die Pferde weideten, nachwiese. Auch das versprach der
Barbar und übernahm die Führung. So bemächtigte man sich zuerst
der weidenden Pferde, und alle, die zu Fuß gekommen waren,
machten sich beritten, und das waren viele tapfere Krieger. Darauf
ging es in vollem Lauf auf das feindliche Lager los. Die Barbaren
waren ohne Rüstung und Waffen, durch den plötzlichen Überfall wie
gelähmt, und dachten an keine Gegenwehr; daher wurden die meisten
niedergehauen, und nur wenige entkamen zu Totilas. Johannes redete
allen Kalabriern gut zu und versöhnte sie durch schöne Worte dem
Kaiser wieder; er versprach ihnen nämlich, daß ihnen von seiten des
Kaisers und des römischen Heeres nur Gutes zuteil werden solle.
Dann machte er sich schnell von Brundisium auf und nahm eine Stadt
namens Canusium, die mitten in Apulien liegt, fünf Tagereisen von
Brundisium gen Westen auf dem Weg nach Rom[2].

Dort trat ein gewisser Tullian, Venantius' Sohn, ein römischer Bürger,
der in Bruttien und Lukanien sehr einflußreich war, vor Johannes und
führte Klage über das, was früher das kaiserliche Heer an den
Italikern verbrochen hatte. Zugleich versprach er, wenn sie künftig

[1] Ca. 16,5 Kilometer. – [2] Canosa. – 25 Stadien davon liegt Cannae, berühmt
durch die Schlacht im J. 216 v. Chr.

546 glimpflicher gegen jene verfahren wollten, so werde er dafür sorgen,
daß die Bruttier und Lukanier wieder ganz wie früher als Untertanen
dem Kaiser Tribut zahlen würden. Denn sie hätten sich nicht freiwillig
den Barbaren, die noch dazu Arianer seien, angeschlossen, sondern
nur, weil sie auf der einen Seite von Feinden bedrängt, auf der anderen
durch die kaiserlichen Soldaten gemißhandelt worden seien. Johannes
gab die bündigsten Versicherungen, daß die Italiker nur Gutes von
seiten der Kaiserlichen zu erwarten hätten; und Tullian schloß sich
ihm an. Seitdem hatten die Soldaten kein Mißtrauen mehr gegen die
Italiker, sondern fast das ganze Gebiet am adriatischen Meer war
ihnen günstig gesinnt und dem Kaiser untertan.

Als Totilas hiervon Kunde erhielt, schickte er 300 auserlesene Reiter
nach Kapua mit dem Auftrag, wenn sie das Heer des Johannes, im
Marsch auf Rom begriffen, anträfen, demselben unbemerkt zu folgen; für alles Weitere werde er sorgen. Deswegen fürchtete Johannes,
von den Feinden umzingelt zu werden, gab den Marsch zu Belisar auf
und wandte sich nach Bruttien und Lukanien. Nun war unter den
Goten ein gewisser Recimund, ein angesehener Mann, den Totilas mit
der Bewachung des bruttischen Landes betraut hatte. Seine Truppe
bestand aus Goten und einigen Überläufern, römischen Soldaten und
Mauren. Mit diesen wollte er die Meerenge der Scylla und die Küste
unter Augen halten, so daß niemand von dort nach Sizilien oder
umgekehrt ungehindert übersetzen könnte. Auf diese Abteilung fiel
Johannes, der ganz unvermutet und ungemeldet herangerückt war,
und brachte ihnen einen solchen Schrecken bei, daß sie der Gegenwehr gänzlich vergaßen und eilends flohen. Sie suchten ihre Zuflucht
auf einem Berg, der dort emporragt und wegen seiner Abhänge
schwer zugänglich ist; Johannes aber verfolgte sie, kam zugleich mit
ihnen auf dem Anstieg an, verwickelte sie in ein Gefecht, noch ehe sie
an den unzugänglichsten Punkten sich befestigen konnten, und tötete
die Mehrzahl der Mauren und römischen Soldaten, die sich aufs
tapferste wehrten. Recimund und den Goten sowie den übrigen gab er
Pardon. Nach dieser Tat blieb Johannes, wo er war, und Belisar, der
den Johannes von Tag zu Tag erwartete, verhielt sich auch ruhig. Er
machte jenem zum Vorwurf, daß er es nicht wagte, sich durch ein
Gefecht mit den 300 Mann, die in Kapua lagen, den Weg freizumachen, da er doch eine ganz auserlesene Schar von Barbaren führte.
Johannes verzweifelte vielmehr daran durchzukommen und begab
sich nach Apulien, wo er an einem Platz namens Cervarium sich
lagerte.

19. Weil nun Belisar befürchten mußte, daß die Belagerten aus 546
Mangel an Lebensmitteln zu einem heillosen Entschluß getrieben
würden, versuchte er auf jede nur mögliche Art und Weise Lebensmittel nach Rom hineinzuschaffen. Und da seine Streitmacht im Verhältnis zu den Feinden viel zu schwach war, als daß er in offenem Feld eine
Schlacht hätte wagen können, so ersann er zunächst folgendes. Er
band zwei sehr breite Kähne fest aneinander und errichtete auf ihnen
einen hölzernen Turm, der viel höher war als die der Feinde auf der
Brücke. Deren Maße hatte er nämlich ganz genau von einigen seiner
Leute, die scheinbar als Überläufer sich zu den Barbaren begeben
hatten. Dann ließ er 200 Dromonen[1] in den Tiber einlaufen, die er mit
hohen, hölzernen Seitenwänden versah, die zahlreiche Schießscharten
hatten, aus denen man die Feinde beschießen konnte. Dann belud er
diese Dromonen mit Korn und vielen anderen Nahrungsmitteln und
bemannte sie mit den tapfersten Soldaten. Anderen Soldaten zu Fuß
und zu Pferde wies er an der Tibermündung auf beiden Ufern
befestigte Stellungen an und befahl, dort zu halten und nur wenn die
Feinde einen Handstreich auf Portus versuchen sollten, mit allen
Kräften einzugreifen. Das Kommando in Portus selbst – dort befand
sich Belisars Gemahlin und was er sonst besaß – übergab dieser an
Isaak und schärfte ihm ein, unter keinen Umständen sich von dort zu
entfernen, und wenn er selbst erführe, Belisar sei von den Feinden
getötet worden, sondern lediglich den Platz zu halten, damit, wenn
ihnen etwas Schlimmes zustieße, sie wenigstens einen Ort hätten, wo
sie eine sichere Zuflucht fänden. Denn an der ganzen Küste war sonst
kein einziger fester Platz in ihren Händen, vielmehr war das Gebiet
ringsum ihnen feindlich. Er selbst bestieg einen der Dromonen und
setzte sich an die Spitze der Flotte; die Kähne, die er mit dem Turm
hatte versehen lassen, wurden ins Schlepptau genommen. Oben an
dem Turm hatte er einen Kahn befestigt, der voll war von Pech,
Schwefel, Harz und anderen Stoffen, die dem Feuer als beste Nahrung
dienen. Auf dem jenseitigen Ufer des Stromes, wo der Weg von Portus
nach Rom führte, marschierte zur Unterstützung das Fußvolk. Auch
hatte Belisar am Tage zuvor an Bessas den Befehl geschickt, er solle
am nächsten Morgen mit großer Macht einen Ausfall machen, um das
feindliche Lager in Verwirrung zu bringen – einen Befehl, den er ihm
schon früher zu wiederholten Malen hatte zukommen lassen. Aber
Bessas hielt es weder früher noch bei dieser Gelegenheit für nötig, den

[1] Schnellsegler.

546 Befehl auszuführen. Denn jetzt hatte nur er noch allein Brotkorn: Von
dem Getreide, welches die Behörden aus Sizilien nach Rom geschickt
hatten, um den Soldaten und dem ganzen Volk aufzuhelfen, hatte er
nur einen ganz kleinen Teil der Bürgerschaft überlassen, den weit
größeren aber angeblich als den Soldaten zukommend zurückbehal-
ten, und verkaufte dies nun für schweres Geld an die Senatoren —
deshalb wollte er durchaus nicht, daß die Belagerung aufhöre.

Belisar nun und die römische Flotte kamen nur langsam vorwärts,
weil ihnen die Strömung entgegen war; die Goten aber hinderten sie in
keiner Weise, sondern blieben ruhig in ihren Verschanzungen. Schon
waren die Römer ganz nahe an die Brücke gekommen, da trafen sie
auf eine feindliche Wache, welche auf beiden Ufern des Flusses zum
Schutz einer eisernen Kette aufgestellt war, die kurz zuvor Totilas von
einem Tiberufer zum anderen hatte ziehen lassen, um den Feinden den
Zugang zu der Brücke zu erschweren. Nachdem sie einige getötet, die
andern zur Flucht gezwungen hatten, nahmen sie die Kette auf und
gingen stracks auf die Brücke los. Kaum waren sie dort angelangt, so
entspann sich ein hitziger Kampf, denn die Barbaren verteidigten sich
tapfer von den Türmen aus, und es kamen auch schon aus den
Schanzen Verstärkungen in vollem Laufe an die Brücke geeilt. In
diesem Augenblick legte Belisar die Kähne, auf denen der Turm stand,
ganz dicht an denjenigen Turm der Feinde, der hoch am Fluß stand
auf der Seite, wo der Weg nach Portus führt, und befahl, den Brander
anzuzünden und von oben auf den feindlichen Turm zu stürzen.
Dieser Befehl wurde von den Römern ausgeführt. Der Brander fiel auf
den Turm, der sofort in Flammen aufging; mit ihm verbrannte die
ganze Besatzung, an 200 Goten, mit ihrem Führer Osdas, dem
tapfersten von allen Goten. Durch diesen Erfolg hob sich der Mut der
Römer, und sie schossen mit um so größerem Eifer auf die Barbaren,
die aus den Schanzen zur Hilfe herbeieilten. Diese hingegen waren
durch das furchtbare Ereignis so erschüttert, daß sie sich zur Flucht
wandten, wie jeder nur konnte. Schon waren die Römer so dicht an
der Brücke, daß sie sich fertig machten, sie zu zerstören, um dann
weiterzufahren und ungehindert nach Rom vorzudringen. Aber da
dies nicht im Willen des Schicksals lag, so zerstörte der schlechte
Streich eines neidischen Dämons die günstigen Chancen der Römer
auf folgende Weise.

Während so auf beiden Seiten die Sache stand, kam zum Verderben
der Römer das Gerücht nach Portus, Belisar habe gesiegt, die Kette
zerstört, die gotische Wache daselbst vernichtet und so weiter, wie ich

schon erzählt habe. Wie das Isaak vernahm, konnte er sich nicht mehr 546
halten, sondern dachte nur daran, von dem Siegesruhm auch noch
einen Teil für sich zu ernten. Ohne an Belisars Befehle zu denken, eilte
er hinüber auf das jenseitige Ufer, an dem Ostia liegt, nahm von den
Soldaten, die Belisar dort aufgestellt hatte, 100 Reiter und ritt auf die
feindliche Schanze los, wo der tapfere Ruderich kommandierte. Bei
dem Überfall machte er außer einigen anderen Barbaren auch Ruderich, der ihm entgegengetreten war, kampfunfähig. Die Goten gaben
die Schanze sofort auf und gingen zurück, entweder weil sie meinten,
hinter Isaak komme noch eine größere feindliche Abteilung, oder um
die Feinde – wie es nachher wirklich eintraf – in eine Falle zu locken.
Isaaks Leute drangen sofort in die feindliche Schanze ein und
plünderten die Kasse, die sich dort befand, und was sonst Wertvolles
da war. Die Goten waren aber schnell zurückgekehrt und hieben die
Mehrzahl der Feinde nieder, nur Isaak mit wenigen Leuten nahmen
sie gefangen. Reiter brachten gestreckten Laufs die Botschaft von
Isaaks Gefangennahme zu Belisar. Dieser geriet durch das, was er
hörte, in Verwirrung und fragte gar nicht weiter, auf welche Weise
denn Isaak in die Hände der Feinde gefallen sei, sondern glaubte nicht
anders, als daß Portus und sein Weib, mit einem Worte alles, verloren
und kein einziger fester Platz mehr übrig sei, der als sicherer Rückhalt
dienen könne; er war vollständig fassungslos, was ihm bis dahin
gewiß noch nicht vorgekommen war. So zog er denn schleunigst seine
Truppen zurück, um womöglich die Feinde noch unvorbereitet zu
treffen und unter allen Umständen Portus ihnen zu entreißen: unverrichteter Sache mußte das römische Heer wieder umkehren. Als
Belisar in Portus ankam, sah er ein, was für einen tollen Streich Isaak
ausgeführt und wie er selbst den Kopf völlig verloren hatte. Dieser
Schicksalsschlag traf ihn so schwer, daß er ihn aufs Krankenlager
warf. Ein Fieber ergriff ihn und setzte ihm lange Zeit so hart zu, daß er
in Todesgefahr schwebte. Zwei Tage später starb Ruderich, und
Totilas war über diesen Verlust so erbittert, daß er Isaak hinrichten
ließ.

20. Unterdes verkaufte Bessas das Korn zu immer höheren Preisen, da
das Bedürfnis der Käufer die Preise stetig steigen machte, und wurde
reich dabei. In der Sorge für dies Geschäft ging er ganz auf und
bekümmerte sich weder um den Wachdienst auf der Mauer noch um
irgendeine andere Sicherheitsmaßregel: wer von den Soldaten wollte,
kam nicht mehr zum Dienst; auf den Mauern standen nur noch
wenige Posten, und kein Mensch kümmerte sich um sie. Weil sie nicht

546 abgelöst wurden, schliefen sie, wenn es ihnen paßte, da es keinen Wachoffizier gab, der auf solche Dinge geachtet hätte, und keine Ronde, wie früher, die aufpaßte, was die Posten trieben. Von den Bürgern war erst recht keiner mehr imstande, mit auf Wache zu ziehen, denn es waren nur noch sehr wenige in der Stadt, wie schon erwähnt, und diese waren vom Hunger zu arg mitgenommen.

Nun paßten vier Isaurier, welche am Asinarischen Tore die Wache hatten, bei Nacht den Zeitpunkt ab, wo sie selbst auf Posten zogen und ihre Nachbarn auf der Mauer zu schlafen pflegten, banden Taue, die bis zur Erde hinabreichten, an die Zinnen, faßten dieselben mit beiden Händen und ließen sich nach außen hinabgleiten. Dann begaben sie sich zu Totilas und versprachen, ihn und das Gotenheer in die Stadt einzulassen — sie beteuerten, dies ohne jede Schwierigkeit bewerkstelligen zu können. Jener versicherte sie seiner wärmsten Dankbarkeit, wenn sie es wirklich ins Werk setzten, und versprach, sie zu reichen Leuten machen zu wollen. Dann gab er ihnen zwei Goten aus seinem Gefolge mit, die sich die Örtlichkeit ansehen sollten, von wo nach der Aussage der Isaurier der Eintritt in die Stadt möglich war. Als diese an der Mauer angelangt waren, kletterten sie an den Tauen auf die Brustwehr, ohne daß dort jemand sie anrief oder etwas von dem merkte, was vorging. Als sie glücklich oben waren, zeigten die Isaurier den Barbaren alles, wie sie ungehindert hinaufkommen und ganz ebenso unbehelligt den Rückzug antreten könnten, und entließen sie wieder mit dem Auftrag, alles dem Totilas anzusagen. Als dieser die Meldung erhielt, freute er sich sehr darüber; aber sein Verdacht den Isauriern gegenüber blieb doch noch rege, und er schenkte ihnen immer noch wenig Glauben. Einige Tage darauf kamen die Menschen wieder zu ihm, um ihn zum Handeln anzutreiben. Wieder gab er ihnen zwei Leute, um ihrerseits ganz genau alles auszukundschaften und die Meldung davon zurückzubringen. Sie kamen wieder und berichteten genau dasselbe wie die beiden ersten. Mittlerweile war eine starke Abteilung Römer auf Kundschaft ausgezogen und nicht weit von der Stadt auf zehn Goten gestoßen, die gefangengenommen und sofort vor Bessas geführt wurden. Dieser befragte die Barbaren, was denn Totilas im Schilde führe, und erhielt die Antwort, er habe Aussicht, daß einige Isaurier ihm die Stadt in die Hände spielten — denn die Sache war schon ganz ruchbar bei den Barbaren geworden. Aber trotz dieser Mitteilung verharrten Bessas und Konon in ihrer Sorglosigkeit und legten weiter kein Gewicht darauf. Nun kamen die Isaurier zum drittenmal zu Totilas und trieben

ihn, endlich ans Werk zu gehen. Er aber schickte wieder einige Leute 546
mit, und zwar von seiner eigenen Sippe, die bei ihrer Rückkehr alles
genau angaben und ihn in seinem Entschluß zu handeln bestärkten.
Kaum war es Nacht geworden, da rief Totilas in aller Stille sein ganzes
Heer unter Waffen und führte es ans Asinarische Tor. Dann ließ er
von den Goten vier besonders starke und tapfere Männer mit den
Isauriern vermittelst der Taue die Brustwehr erklettern, natürlich
gerade zu der Stunde der Nacht, wo eben jene Isaurier an dieser
Mauerstrecke Posten standen, während die anderen für ihr Teil
schliefen. Sobald die vier sich innerhalb der Ringmauer befinden,
gehen sie, ohne auf Widerstand zu stoßen, hinab zum Asinarischen
Tor, zerschlagen mit Beilhieben die Querhölzer, die, auf beiden Seiten
in die Mauer eingelassen, vor die Torflügel gelegt zu werden pflegten,
und ebenso die Eisenplatten, zwischen denen beim Auf- und Zuschlie-
ßen die Schlüssel gingen. Nachdem sie auf diese Weise in aller
Bequemlichkeit die Tore aufgesperrt hatten, konnten Totilas und das
Gotenheer ohne Mühe in die Stadt eindringen. Totilas hielt seine
Leute dicht beieinander und duldete keinerlei Zerstreuung, denn er
fürchtete, in irgendeinen Hinterhalt von den Feinden gelockt zu
werden. Natürlich entstand bald Lärm und Verwirrung in der Stadt;
von den römischen Soldaten aber floh die Mehrzahl mit den Obersten
aus einem anderen Tor, wie es jedem am bequemsten war: Nur wenige
suchten gleich den übrigen Römern eine Zuflucht in den Kirchen. Von
den Patriziern gelang es Decius und Basilius und einigen anderen, weil
sie beritten waren, mit Bessas zu entkommen; Maximus hingegen,
Olybrius und Orestes flüchteten in den Dom des Apostels Petrus.
Vom gemeinen Volk waren in der ganzen Stadt noch 500 Mann übrig,
die sich mit Mühe in den Kirchen bargen – alle anderen waren
entweder schon früher nach anderen Ortschaften gewandert oder vor
Hunger umgekommen, wie ich bereits erzählt habe. Schon in der
Nacht erfuhr Totilas von vielen Seiten, daß Bessas und die Feinde auf
der Flucht seien. Er versetzte darauf, diese Rede klinge seinen Ohren
angenehm, und verbot, sie zu verfolgen. »Denn was kann dem
Menschen Angenehmeres geschehen«, sagte er, »als daß die Feinde
fliehen?«
Sobald es endlich heller Tag geworden war und kein Verdacht eines
Hinterhaltes mehr möglich war, begab sich Totilas in den Tempel des
Apostels Petrus, um zu beten; die Goten aber stießen nieder, was
ihnen in den Weg kam. Auf diese Weise kamen von den Soldaten 26,
aus dem Volke 60 Personen um. Als nun Totilas die Kirche betrat,

546 kam ihm Pelagius entgegen, in den Händen das Allerheiligste tragend, und sprach mit demütigem Flehen: »Schone der deinen, o Herr!« Jener erwiderte mit spöttischer Trockenheit: »Jetzt, o Pelagius, kommst du als Schutzflehender!« »Gewiß!« antwortete Pelagius, »denn der Herr hat mich zu deinem Knecht gemacht. Aber nun schone deiner Knechte, o Herr!« Totilas gab seiner Bitte Gehör und gebot seinen Goten, von nun an keinen einzigen Römer mehr zu töten. Von der Beute sollten sie ihm das beste aussuchen, alles andere unter sich nach Belieben verteilen. Sie fanden auch noch viel in den Häusern der Patrizier, weitaus am meisten aber da, wo Bessas gehaust hatte; denn das Sündengeld, das er bekanntlich durch den Verkauf des Kornes zusammengescharrt, hatte dieser böse Dämon für Totilas aufgehäuft[1]. Und so weit war es mit den Römern, insbesondere den Senatoren, gekommen, daß sie in Sklaven- oder Bauernkleidern einhergingen und bei den Soldaten um Brot oder sonst etwas zum Essen bettelten, um nur ihr Leben zu fristen; so auch Symmachus Tochter[2], einst des Boëtius Gemahlin, die ihr ganzes Vermögen unter die Dürftigen als Almosen verteilt hatte. Sie gingen von Haus zu Haus und klopften an jede Tür, denn jegliche Scheu und Scham war ihnen abhanden gekommen. Und die Goten hätten Rusticiana gar zu gern umgebracht; sie behaupteten nämlich, dieselbe habe durch reiche Geldgeschenke an die Führer des römischen Heeres die Zerstörung der Bildsäulen Theoderichs veranlaßt, um für den Tod ihres Vaters Symmachus und ihres Gatten Boëtius Rache zu nehmen. Totilas aber duldete nicht, daß ihr irgendein Leid widerfuhr und schützte auch alle anderen Frauen vor Vergewaltigung, obgleich die Goten sie gern zu Genossinnen ihres Lagers gehabt hätten. So hatte keine verheiratete Frau, keine Jungfrau, keine Witwe Gewalt an ihrem Leibe zu erleiden, und von dieser hochherzigen Mäßigung hatte Totilas großen Ruhm.

21. Am folgenden Tage berief Totilas alle Goten und sprach folgendes: »Nicht um zu euch neue oder bisher unbekannte Mahnworte zu sprechen, habe ich euch, Kameraden, hierher berufen; ich will euch vielmehr nur an das erinnern, was ich euch schon so oft gesagt habe. Dadurch, daß ihr es euch zu Herzen genommen habt, ist euch ein

---

[1] Derselbe Bessas zeigt sich später im Perserkrieg (Goth. IV, 11 ff.) als ein durchaus tapferer Krieger und tüchtiger Feldherr trotz seines hohen Alters – von seiner schmutzigen Habsucht weiß Prokop freilich auch dort zu berichten – [2] Rusticiana.

schöner Erfolg bereits zuteil geworden. Nun müßt ihr aber deshalb 546
nicht etwa mit Gleichgültigkeit meine mahnenden Worte hören, denn
solche Worte, die zum Glücke führen, können die Menschen gar nicht
genug hören, selbst wenn jemand gar zu oft ihnen damit zu kommen
scheint: das Gute, was aus ihnen entspringt, ist doch wahrhaftig nicht
zu leugnen. Ich will nur das sagen: Einst hatten wir 200 000 streitbare
Männer, Schätze in Hülle und Fülle, Pferde und was sonst nottut, im
Überfluß, als Berater eine ganze Schar der weisesten Greise, was für
Leute, die in den Kampf ziehen, höchst ersprießlich sein soll, und doch
sind wir 7000 griechischen Männern unterlegen, haben die Herrschaft und alles andere im Handumdrehen verloren. Jetzt dagegen,
wo nur noch ein kleiner Rest unseres Volkes übrig ist, wo wir nackt
und bloß und in jeder Beziehung ungeübt sind, haben wir die Feinde
geschlagen, obgleich sie mehr als 20 000 Mann stark waren. Das ist in
kurzem, was geschehen: Nun will ich euch, wie ihr es auch schon recht
gut wißt, doch noch einmal sagen, warum es so gekommen ist. Die
Goten haben nämlich die Gerechtigkeit allem anderen hintangesetzt
und widereinander ebenso wie an den römischen Untertanen getan,
was übel war: Darüber ergrimmte natürlich Gottes Zorn, und er stritt
wider sie mit ihren Feinden. Und deshalb mußten wir unterliegen,
obwohl wir an Zahl, Tapferkeit und kriegerischer Zurüstung den
Gegnern weit überlegen waren, mußten unterliegen einer unsichtbaren und ganz unerforschlichen Gewalt. Deshalb ist es jetzt eure Sache,
zu schützen, was ihr Gutes habt, nämlich dadurch, daß ihr strenge
Gerechtigkeit übt. Denn sobald ihr vom rechten Wege abweicht, wird
sofort die göttliche Macht euch feindlich sein, denn diese hilft nicht
irgendeinem bestimmten Stamme oder Volk, sondern immer denen,
bei welchen die Gerechtigkeit am höchsten geschätzt wird, und es
kostet ihr gar keine Mühe, ihre Wohltaten von dem einen ab- und dem
anderen zuzuwenden. Darum muß der Mensch nur darauf sinnen,
kein Unrecht zu tun; Gott aber schaltet nach Gefallen. Ich sage nun,
ihr müßt Gerechtigkeit üben untereinander und an den Untertanen,
denn das heißt das Glück auf immer an sich fesseln.«
Nachdem Totilas so zu seinen Goten gesprochen hatte, berief er die
römischen Senatoren und überschüttete sie mit Vorwürfen und
Spottreden. Er warf ihnen vor, wieviel Gutes sie von Theoderich und
Atalarich empfangen hätten, wie sie alle Ämter für sich gehabt und
selbst ihr Gemeinwesen verwaltet hätten, vom Glanz des Reichtums
umgeben. Dafür hätten sie den Goten, ihren Wohltätern, mit schwerem Undank gelohnt, seien gegen Recht und Gerechtigkeit zu ihrem

546 eigenen Verderben abtrünnig geworden, hätten die Griechen in ihr
Vaterland geführt, und so seien sie an der eigenen Sache plötzlich zu
Verrätern geworden. Dann fragte er sie, ob ihnen jemals irgend etwas
Böses von den Goten widerfahren sei. Er drang in sie zu sagen, ob
ihnen der Kaiser Justinian je etwas Gutes getan hätte, und zählte
nacheinander alles auf, wie man ihnen fast alle Ämter genommen
habe, wie sie von den sogenannten Logotheten unter Mißhandlungen
gezwungen worden wären, Rechenschaft abzulegen über die Ämter,
die sie unter der Gotenherrschaft verwaltet hätten, wie sie trotz der
schweren Schädigung durch den Krieg nichtsdestoweniger die Steuern
geradeso wie im Frieden an die Griechen zahlen müßten. Und so fügte
er noch manches andere hinzu, wie ein zorniger Herr seine Sklaven zu
schelten pflegt. Dann zeigte er auf Herodian und die Isaurier, welche
ihm die Stadt übergeben hatten, und sprach: »Ihr, die ihr mit den
Goten zusammen aufgewachsen seid, habt bis auf den heutigen Tag
uns kein Fleckchen Erde, selbst nicht das schlechteste, gegönnt; diese
haben uns Rom und Spoletium geöffnet. Deshalb seid ihr zu Sklaven
geworden; diese aber, die der Goten gute Freunde und Vettern
geworden sind, sollen, wie billig, von nun an eure Ämter bekleiden.«
Die Patrizier vernahmen diese Worte und standen in Stillschweigen
befangen da. Pelagius aber ließ nicht ab, bei Totilas für die unglücklichen und tiefgebeugten Männer zu bitten, bis er sie mit dem Versprechen der Schonung und Milde entließ.

Darauf schickte er den Pelagius und einen Sachwalter aus Rom,
namens Theodor, als Gesandte zum Kaiser Justinian, nachdem er sie
durch die schrecklichsten Eide verpflichtet hatte, seinem Interesse treu
zu bleiben und so schnell als möglich nach Italien zurückzukehren. Er
trug ihnen auf, alle ihre Kräfte anzustrengen, um ihm Frieden vom
Kaiser zu verschaffen, damit er sich nicht gezwungen sähe, ganz Rom
von Grund aus zu zerstören, alle Senatoren umzubringen und den
Krieg nach Illyrien zu tragen. Auch gab er ihnen einen Brief an den
Kaiser mit. Dieser war schon von den Ereignissen in Italien unterrichtet. Als aber die Gesandten vorgelassen wurden, brachten sie vor, was
ihnen Totilas aufgetragen hatte, und übergaben den Brief. Derselbe
hatte folgenden Inhalt: »Da ich der Überzeugung bin, daß Du alles
weißt, was sich in Rom zugetragen hat, so will ich es mit Stillschweigen übergehen. Weshalb ich nun diese Gesandten abgeschickt habe,
sollst Du jetzt erfahren. Wir bitten Dich, daß Du den edlen Frieden
anstreben und auch uns gewähren mögest. Als an die schönsten
Beispiele dafür erinnern wir Dich an Anastasius und Theoderich, die

vor kurzer Zeit geherrscht und ihre ganze Lebenszeit hindurch nur 546
den Frieden und seine herrlichsten Güter gepflegt haben. Solltest Du
nun ebenso handeln wollen, so würdest Du billig mein Vater heißen,
und dann werden wir künftig Deine Bundesgenossen sein, gegen wen
es auch sein mag.« Als dies der Kaiser Justinian gelesen und alle Reden
der Gesandten angehört hatte, entließ er sie sofort, indem er nur das
eine ihnen antwortete und auch an Totilas schrieb, daß Belisar
Feldherr mit unumschränkter Vollmacht sei und deshalb allein nach
seinem Belieben mit Totilas verhandeln könne.

22. Während diese Gesandten aus Byzanz nach Italien heimkehrten,
trug sich in Lukanien folgendes zu. Tullian hatte die Bauern jener
Landschaft zusammengezogen und bewachte den Zugang, der in
einem Engpaß bestand, damit nicht die Feinde kämen und die
lukanischen Ortschaften verwüsteten. Mit ihnen standen auf diesem
Posten 300 Anten, welche Johannes auf Bitten Tullians dort zurückgelassen hatte; denn diese Barbaren verstehen sich am allerbesten auf
den Kampf im Hochland. Als Totilas davon Kunde bekam, hielt er es
nicht für nötig, Goten für diese Aufgabe zu verwenden; er sammelte
vielmehr einen Haufen Bauern, denen er nur einige wenige Goten
mitgab, und befahl, den Paß mit Anstrengung aller Kräfte zu erstürmen. Wie es zum Zusammenstoß kam, wogte der Kampf lange
unentschieden hin und her; schließlich aber trugen die Anten durch
ihre Tapferkeit, die außerdem durch die Örtlichkeit unterstützt
wurde, und Tullian mit seinen Bauern den Sieg davon. Auf die
Nachricht hiervon beschloß Totilas, Rom dem Erdboden gleichzuma-
chen, den größten Teil seines Heeres in jener Gegend zurückzulassen
und mit dem Rest gegen Johannes und die Lukanier zu ziehen.
Zunächst zerstörte er von der Ringmauer an verschiedenen Stellen so
viel, daß es ungefähr ein Drittel des Ganzen betrug. Auch von den
Gebäuden wollte er die schönsten und merkwürdigsten verbrennen
und Rom zu einer Viehweide machen; da schickte Belisar, der davon
gehört hatte, Gesandte mit einem Brief an ihn ab. Sobald diese vor
Totilas kamen, sagten sie, weswegen sie gekommen seien und übergab-
ben den Brief, dessen Inhalt folgender war: (»Totilas solle nicht seinen
Namen beflecken durch die Zerstörung Roms, der größten und
ehrwürdigsten aller Städte. Trüge er den Sieg davon, hätte er sich seine
eigene Hauptstadt zerstört, sollte er aber unterliegen, so würde Roms
Erhaltung ihn der Milde des Siegers empfehlen, Roms Zerstörung
jede Gnade unmöglich machen. Endlich solle er bedenken, was für
einen Namen bei der Nachwelt eine solche Tat ihm verschaffen

546 würde.«) So Belisar. Totilas aber las den Brief zu wiederholten Malen
durch, erwog reiflich die Ermahnung, die ihm zuteil geworden, und
ließ sich bestimmen, Rom nichts Schlimmes weiter zuzufügen. Er ta[...]
dem Belisar sofort seine Meinung kund und entließ die Gesandten mi[...]
solcher Botschaft. Den größten Teil seines Heeres legte er nicht wei[...]
von Rom, 120 Stadien[1] nach Westen, bei Algidum in Standquartier[...]
damit es Belisar auf keine Weise möglich sei, von Portus her einer[...]
Ausfall zu machen; er selbst zog mit dem anderen Teil des Heere[...]
gegen Johannes und die Lukanier. Die römischen Senatoren nahm e[...]
mit sich, die übrigen Bürger mit Weibern und Kindern schickte er ir[...]
die Ortschaften Kampaniens; in Rom durfte kein Mensch zurückblei[...]
ben, so daß er die Stadt völlig menschenleer hinter sich ließ.

Als Johannes merkte, daß Totilas auf ihn losgehe, litt es ihn nich[...]
mehr in Apulien, sondern er begab sich eiligst nach Hydrus. Diejeni[...]
gen Patrizier, welche nach Kampanien gebracht waren, schickter[...]
einige von ihren Leuten mit Wissen und Willen des Totilas nach[...]
Lukanien und forderten ihre Bauern auf, sie sollten von ihrem[...]
Vorhaben abstehen und ihre Äcker bebauen ganz wie früher, denn[...]
diese würden in den Besitz ihrer Herren zurückkehren. Jene trennten[...]
sich denn auch von dem römischen Heer und kehrten ruhig auf ihre[...]
Felder zurück; Tullian rettete sich durch die Flucht, und die 300[...]
Anten hielten es für das beste, zu Johannes zurückzukehren. So kam[...]
das ganze Gebiet am adriatischen Meer, mit Ausnahme von Hydrus[...]
zum zweitenmal unter die Hand der Goten und des Totilas. Die[...]
Barbaren fühlten sich bereits so sicher, daß sie in ganz kleine[...]
Abteilungen sich zerstreuten und alles ringsumher durchstreiften. Au[...]
die Meldung hiervon schickte Johannes von seinen Leuten starke[...]
Abteilungen gegen sie aus, welche die Feinde überraschten und viele[...]
niederhieben. Dadurch wurde Totilas vorsichtig, zog seine Leute[...]
sämtlich an sich und schlug sein Standquartier am Berge Garganus[...]
der mitten in Apulien sich erhebt, in dem alten Lager des Afrikaners[...]
Hannibal auf.

23. Zu dieser Zeit trat einer von denen, welche mit Konon aus Rom[...]
entkommen waren; als die Stadt erobert wurde, namens Martian, ein[...]
Byzantier von Geburt, vor Belisar und bat um die Erlaubnis, scheinba[...]
als Überläufer zu den Feinden sich begeben zu dürfen, da er der[...]
Römern einen wichtigen Dienst erweisen wolle. Mit Belisars Erlaub[...]
nis machte er sich auf. Totilas war bei seinem Anblick hocherfreut[...]

---

[1] 22 Kilometer.

denn er hatte von den Einzelkämpfen des Mannes, durch die er sich als 546
Jüngling großen Ruhm erworben hatte, viel gehört und gesehen. Da
zwei von seinen Kindern und seine Gattin sich unter den Gefangenen
befanden, gab er diese und eins von den Kindern ihm sofort zurück
und behielt nur das andere als Geisel; ihn selbst schickte er mit einigen
anderen nach Spoletium. Nun hatten die Goten, nachdem sie Spoletium aus Herodians Händen empfangen hatten, die Ringmauer der
Stadt selbst von Grund aus zerstört, hingegen von dem städtischen
Jagdgehege, das man dort Amphitheater nennt, die Eingänge sorgfältig verrammelt und eine Besatzung von Goten und römischen Überläufern hineingelegt, um die ganze Gegend in Gehorsam zu halten.
Martian hatte sich noch einige Leute zugesellt und wußte diese zu
überreden, sie wollten eine große Tat vollführen gegen die Barbaren
und dann ins römische Lager zurückkehren. Er schickte Boten an den
Befehlshaber der Besatzung von Perusia ab, ließ ihn durch diese von
seinem Plan in Kenntnis setzen und forderte ihn auf, sogleich sein
Heer nach Spoletium vorrücken zu lassen. Nachdem Cyprian von
einem seiner eigenen Doryphoren, wie schon erzählt, ermordet
worden war, kommandierte die Besatzung von Perusia der Hunne
Oldogandon. Dieser brach sofort mit seinen Leuten nach Spoletium
auf. Sobald nun Martian merkte, daß sie ganz nahe waren, überfiel er
mit seinen fünfzehn Mann – so viele hatten sich ihm angeschlossen –
den Befehlshaber der Verschanzung und tötete ihn, dann öffnete er die
Tore und ließ alle Römer hinein. Diese hieben den größten Teil der
Feinde nieder und brachten einige lebendig zu Belisar.

Bald darauf kam dem Belisar der Gedanke, nach Rom hinaufzuziehen
und zu sehen, wie weit es mit der Stadt gekommen war. Mit 1000
auserlesenen Streitern machte er sich auf den Weg. Ein römischer
Mann lief eilends zu den Feinden, die in Algidum lagerten, und
brachte ihnen die Nachricht, Belisar komme mit seinem Heer. Die
Barbaren legten sich an günstiger Stelle vor Rom in den Hinterhalt
und stürzten daraus hervor, als Belisar und die Seinigen ganz nahe
herangekommen waren. Es entspann sich ein hitziges Gefecht, in dem
die Römer mit der ihnen eigenen Tapferkeit die Feinde schlugen.
Nachdem sie sehr viele erlegt hatten, zogen sie sich nach Portus
zurück. So ging es dort zu.

In Kalabrien liegt am Meer die Stadt Tarent, zwei Tagereisen entfernt
von Hydrus für jemand, der von hier auf Thurii und Rhegium zugeht.
Dorthin begab sich Johannes mit geringer Mannschaft auf Bitten der
Tharentiner, während er alle übrigen als Besatzung in Hydrus zurück-

546 ließ. Als er nun sah, daß die Stadt außerordentlich groß und ganz ohne
Mauern war, wurde es ihm klar, daß er sie in ihrer ganzen Ausdehnung nun und nimmermehr würde halten können. Da bemerkte er,
daß an der Nordseite der Stadt das Meer erst eine Landenge, dann
einen Busen bilde, wo sich der Hafen der Tarentiner befindet, und daß
dieser Isthmus in der Mitte nur 20 Stadien[1] breit war. Das brachte ihn
auf folgenden Gedanken. Er schnitt diese Landenge von der übrigen
Stadt völlig ab, zog eine Mauer von einem Gestade zum anderen und
davor noch einen tiefen Graben. Dorthin sammelte er nicht nur die
Tarentiner, sondern auch die Bewohner der Umgegend und ließ
daselbst auch noch eine stattliche Besatzung. Dadurch fühlten sich die
Kalabrier schon außerordentlich sicher und sannen auf Abfall von
den Goten. So ging es hier zu. Totilas aber eroberte ein Kastell in
Lukanien, hart an der kalabrischen Grenze, welches die Römer
Acherontis nennen, legte eine Besatzung von nicht weniger als 400
Mann hinein und zog dann mit seiner ganzen Macht gegen Ravenna.
Nur wenige Barbaren ließ er in den kampanischen Ortschaften
zurück, um die dort internierten Senatoren zu bewachen.

24. Damals gab Belisar ein außerordentliches Beispiel von vorsichtiger Kühnheit; was er tat, schien denen, die zuerst etwas davon sahen
oder hörten, beinahe unsinnig, gestaltete sich aber dann zu einem
wunderbar herrlichen Werke hohen Muts. Er ließ nämlich nur eine
geringe Anzahl von Soldaten in Portus als Besatzung zurück und
marschierte mit dem ganzen Heer auf Rom, das er unter allen
Umständen wiedergewinnen wollte. Da er aber nicht imstande war,
alle die Teile der Ringmauer, welche Totilas zerstört hatte, in kurzer
Zeit wieder aufzubauen, so tat er folgendes. Er häufte die Steine,
welche ganz in der Nähe herumlagen, aufeinander, wie es gerade kam,
ohne jedes Bindemittel, denn Kalk und dergleichen war nicht bei der
Hand, so daß es wenigstens wie ein ordentlicher Bau aussah, und
schützte ihn von außen durch eine starke Palisadierung. Wie ich schon
in einem früheren Buche erzählt habe, hatte er schon früher tiefe
Gräben um die ganze Ringmauer gezogen. Dadurch, daß das ganze
Heer mit wahrem Feuereifer daran arbeitete, wurden alle zerstörten
Teile der Ringmauer in 25 Tagen auf diese Weise wiederhergestellt.
Die Römer, welche in der Umgegend gehaust hatten, kehrten auch
wieder zurück, einerseits aus Liebe zu ihrer Heimatstadt, andererseits
weil sie dort Überfluß an Nahrungsmitteln vorfanden, während sie bis

[1] Etwa 3,7 Kilometer.

dahin hatten Mangel leiden müssen. Belisar hatte nämlich eine große 546
Anzahl von Schiffen mit allen Arten von Lebensmitteln beladen und
auf dem Fluß nach Rom hineinschaffen lassen.

Als Totilas dies erfuhr, machte er sich mit seinem ganzen Heer auf
gegen Belisar und die Stadt, noch ehe Belisar die Tore wieder in die
Ringmauer hatte einfügen können. Diese hatte nämlich Totilas
sämtlich zerstört, und Belisar hatte aus Mangel an Zimmerleuten sie
nicht eher fertigstellen können. Als nun das Barbarenheer nahe
herangekommen war, schlug es am Tiberfluß ein Lager auf und
übernachtete daselbst; am folgenden Tage aber ging es sogleich mit
der aufgehenden Sonne mit großem Ungestüm und Getöse rings gegen
die Mauer los. Belisar hatte von seinen Soldaten sich die tapfersten
ausgesucht und diese anstatt der Tore aufgestellt, die übrigen ließ er
oben von der Mauer herab gegen die Anstürmenden kämpfen. Die
Schlacht war sehr heiß. Denn anfangs hatten die Barbaren gehofft, mit
dem ersten Sturm die Stadt nehmen zu können; als dem aber nicht so
war, die Römer vielmehr sehr tapferen Widerstand leisteten, fielen sie
mit um so größerer Wut die Feinde an, und der Zorn trieb sie über ihre
Kräfte stets zu neuem Wagen. Die Römer ihrerseits hielten sich über
Erwarten, und die Größe der Gefahr schien ihnen nur neuen Mut
einzuflößen. Die Barbaren hatten sehr starke Verluste, da sie von oben
beschossen wurden; beide Heere aber wurden allmählich matt und
müde, und der Schlacht, die am frühesten Morgen begonnen hatte,
machte erst die Nacht ein Ende. Als es schon finster geworden war,
zogen sich die Barbaren in ihr Lager zurück, wo sie die Nacht damit
zubrachten, für die Pflege ihrer Verwundeten zu sorgen. Von den
Römern hielten die einen auf der Burgmauer Wache; die anderen, und
zwar die allertapfersten, lösten einander an der Stelle der Tore ab,
nachdem sie sich nach vorn durch Legen von Fußangeln[1] gesichert
hatten, damit sie der Feind nicht überfallen könne. Diese Fußangeln
sind folgendermaßen beschaffen. Man paßt die oberen Enden von vier
gleichlangen Pfählen so aneinander, daß sie wie die Schenkel eines
Dreiecks nach allen Seiten gleich abstehen, und legt sie, wie es gerade
kommt, an die Erde. Nun stehen drei von den Pfählen ganz fest auf
dem Boden, der vierte allein frei in die Luft hinaus und bildet für
Reiter wie Fußgänger ein Hindernis. Wenn nun jemand die Fußangel
beiseite schieben will, so faßt derjenige Pfahl, der bis dahin geradeher-
aus stand, festen Fuß, ein anderer erhebt sich an seiner Statt und

---

[1] τρίβολος, tribulus.

546 hindert die Angreifer. Das sind diese Fußangeln. – Auf solche Weise
brachten beide Teile die Nacht nach dem Kampfe zu.

Am folgenden Tage unternahm Totilas noch einmal mit seinem
ganzen Heer einen Sturm auf die Mauer, und die Römer verteidigten
sich in der beschriebenen Weise. Da sie sich im Vorteil befanden,
wagten sie sogar einen Vorstoß gegen die Feinde. Diese zogen sich
zurück, und so kamen einige Römer in der Hitze der Verfolgung zu
weit von der Mauer ab. Schon waren die Barbaren dabei, sie so zu
umstellen, daß sie nicht mehr zur Stadt zurückkehren konnten. Da
schickte Belisar, der wohl bemerkt hatte, was vorging, eine starke
Abteilung von seinem Gefolge dorthin und bewirkte so ihre Rettung.
Nachdem die Barbaren abgeschlagen waren, zogen sie sich zurück: sie
hatten zahlreiche tapfere Krieger verloren, und noch mehr brachten
sie verwundet ins Lager zurück. Dort verhielten sie sich ruhig,
pflegten ihre Wunden, besserten ihre Waffen aus, die arg zugerichtet
waren, und setzten alles wieder instand. Viele Tage später gingen sie
noch einmal zum Sturm gegen die Mauer vor. Diesmal zogen ihnen
die Römer entgegen und griffen sie an. Zufällig wurde der Fahnenträ-
ger des Totilas tödlich verwundet und stürzte mit dem Feldzeichen
vom Pferde. Sofort warfen sich die Römer, welche in den ersten
Reihen kämpften, auf ihn, um die Fahne zu erobern und den
Leichnam auszuplündern. Aber die kühnsten von den Barbaren
kamen ihnen zuvor: sie rissen die Fahne an sich mit der linken Hand,
die sie abgehauen hatten, und nahmen beides mit sich. An jener Hand
trug nämlich der Gefallene ein sehr wertvolles goldenes Armband,
und die Goten hätten es für eine Schande gehalten, wenn sich damit
die Feinde hernach gebrüstet hätten. Das Barbarenheer wandte sich
zu regelloser Flucht, so daß die Römer den Leichnam seiner Rüstung
berauben konnten. Sie verfolgten die Feinde eine lange Strecke und
töteten viele. Dann kehrten sie ganz unversehrt in die Stadt zurück.

Damals traten die Gotenfürsten zu Totilas, schmähten ihn und
machten ihm wegen seines Mangels an Überlegung die bittersten
Vorwürfe, weil er nach der Einnahme von Rom die Stadt nicht
entweder dem Erdboden gleichgemacht oder sie selbst behalten hätte,
und nun das, was sie mit großem Aufwand an Zeit und Arbeit
erworben hätten, ohne weiteres durch seine Schuld verlorengegangen
sei. Es ist so recht menschlich, das Urteil über die Dinge immer nach
dem Erfolg einzurichten und seine Meinung je nach dem wechselnden
Wehen des Schicksals ins Gegenteil zu verkehren. Deshalb verehrten
die Goten den Totilas, solange er mit seinen Unternehmungen Glück

hatte, wie einen Gott und priesen ihn als unbesieglich und unüber-   546
windlich, weil er von den eroberten Städten immer nur einen Teil der
Mauer zerstören ließ. Sobald er aber einmal Unglück gehabt hatte,
trauten sie sich nicht, ihn herunterzureißen, ohne an das zu
denken, was sie eben erst selbst gesagt hatten, und behaupteten nun
ohne jedes Bedenken das gerade Gegenteil von dem Früheren. Es ist
aber gar nicht möglich, daß die Menschen sich von diesen und
ähnlichen Fehlern freihalten, da sie ihnen angeboren sind. Totilas und
die Barbaren hoben nun die Belagerung auf und gingen auf Tibur[1]
zurück, nachdem sie fast alle Brücken über den Tiber zerstört hatten,
damit die Römer sie nicht so leicht angreifen könnten. Nur eine
Brücke, die Milvische, konnten sie nicht zerstören, weil sie zu nahe an
der Stadt war. Dann bauten sie mit Anstrengung aller Kräfte die
Festungswerke von Tibur wieder auf, die sie früher einmal zerstört
hatten, brachten all ihre Schätze dorthin und lagen daselbst, ohne sich
zu rühren. Belisar konnte sich daher schon etwas mehr regen: er stellte
auf allen Seiten der Ringmauer die Tore wieder her, ließ sie mit Eisen
beschlagen und sandte die neuen Schlüssel wiederum dem Kaiser. Der
Winter ging zu Ende und mit ihm das zwölfte Jahr dieses Krieges, den
Prokop beschrieben hat.

25. Schon geraume Zeit vorher hatte Totilas eine Abteilung nach Peru-   547
sia geschickt, die ein Lager rings um die Stadt aufgeschlagen hatte und
die Römer hart bedrängte. Als die Goten merkten, daß jene bereits
Mangel an Lebensmitteln litten, baten sie Totilas durch Abgesandte,
er möchte doch mit seiner ganzen Macht dorthin kommen, da man
dann mit geringer Mühe Perusias und seiner römischen Besatzung
Herr werden könne. Da nun Totilas sah, daß die Barbaren keine
rechte Lust hatten, auf diesen Vorschlag einzugehen, wollte er ihren
Mut neu beleben, berief eine Versammlung und sprach folgendes:
»Ihr grollt mir, weil das Glück sich einmal gegen mich erklärt hat;
damit handelt ihr undankbar gegen mich und töricht gegen die
Gottheit. Jedem Menschen kann es einmal nicht glücken, und darüber
zornig zu sein, nützt gar nichts. Witichis hat Fanum und Pisaurum
zerstört, Rom und andere feste Plätze stehen lassen; was von diesen
letzteren aus den Goten für Unheil geworden ist, das wißt ihr. Ich bin
daher dem ersteren Beispiel gefolgt und habe Benevent zerstört, und
damit wart ihr einverstanden; ebenso habe ich es mit den anderen
eroberten Städten gemacht. Nun hat Belisar durch einen unerhörten

Tivoli.

547 Zufall einen Erfolg davongetragen, und durch diesen einen Erfolg laßt
ihr euch vollständig entmutigen! Als ob ihr nicht Belisar schon öfters
geschlagen hättet! Ihr müßt euch dieser Schwäche erwehren und mit
aller Kraft euch auf Perusia werfen. Es wird euch auch gar nicht
schwer werden, den Platz zu nehmen, denn der Kommandant,
Cyprian, ist tot und die Besatzung führerlos und ungenügend verproviantiert. In den Rücken wird euch niemand fallen, denn alle Brücken
sind abgebrochen. Außerdem trauen Belisar und Johannes einander
nicht recht und haben eben deswegen sich immer noch nicht vereinigt.
Wo aber der Verdacht sich eingenistet hat, da erzeugt er Neid und
Haß und lähmt die Tatkraft.«) Nach dieser Rede führte er sein Heer
vor Perusia, schlug dicht an der Mauer sein Lager auf, und nachdem er
sich eingerichtet hatte, bereitete er alles zur Belagerung vor.

26. Während so die Dinge bei Perusia standen, ersann Johannes,
welcher das Kastell Acherontis belagerte, ohne recht vorwärts zu
kommen, einen kühnen Handstreich, der die römischen Senatoren
befreien, ihm selbst bei allen Menschen großen und unsterblichen
Ruhm bringen sollte. Er hatte nämlich davon gehört, daß Totilas
ausgezogen sei, um an Roms Mauern zu kämpfen. Sofort suchte er
sich aus seinen Reitern die tapfersten aus und ritt, ohne einem
Menschen sein Vorhaben mitzuteilen, Tag und Nacht hindurch bis
nach Kampanien, wo Totilas die Senatoren zurückgelassen hatte, um
sie gelegentlich aufzuheben und mit sich nehmen zu können – die
Ortschaften jener Landschaft waren nämlich alle unbefestigt. Um
dieselbe Zeit war dem Totilas die Besorgnis aufgestiegen, die sich
nachher als wohlbegründet erwies, es möchte von den Feinden wegen
dieser Gefangenen etwas unternommen werden, und er schickte eine
Reiterabteilung nach Kampanien. Als diese bis Minturnä[1] gekommen
waren, hielten sie es für geraten, das Gros dort in Quartier zu legen,
um die Pferde zu pflegen, welche durch die Anstrengung des Rittes
stark mitgenommen waren, und nur wenige Leute auszuschicken, um
Kapua und dessen Umgegend abzustreifen. Diese Stadt lag nur 300
Stadien[2] entfernt. Wer also selbst noch frisch war und ein Pferd hatte,
das noch laufen konnte, wurde zur Aufklärung vorgeschickt. Es war
ein eigentümlicher Zufall, daß an ein und demselben Tag, zu ein und
derselben Stunde Johannes mit seinen Leuten und jene Barbaren, 400
an der Zahl, in Kapua einzogen, ohne daß vorher die einen von den
anderen eine Ahnung gehabt hätten. Sofort entspann sich ein hitziges

---

[1] Am Liris (Garigliano) in der Nähe des heutigen Traetto. – [2] 55 Kilometer.

Gefecht, denn kaum waren sie einander ansichtig geworden, wurden 547
sie handgemein. Die Römer trugen durch ihre Überlegenheit den Sieg
davon und hieben die Mehrzahl der Feinde sehr bald nieder. Nur
wenige Barbaren konnten sich durch die Flucht retten und sprengten
nach Minturnä zurück. Als die anderen sahen, wie sie mit Blut
bedeckt waren oder ihnen die feindlichen Geschosse noch im Körper
steckten, wie andere keinen Laut von sich gaben und nicht sagten, was
geschehen war, sondern, als ob die Flucht noch fortdauerte, ihre
Furcht deutlich verrieten, sprangen sie sofort auf die Pferde und
flohen mit jenen weiter. Beim Totilas angekommen, meldeten sie, eine
unzählige Masse von Feinden sei unterwegs, natürlich nur, um
dadurch die Schande ihrer Flucht zu verdecken. Nun hatten sich
ungefähr 70 römische Soldaten, die zu den Goten übergetreten waren,
früher in die kampanischen Städte begeben, und diese beschlossen, zu
Johannes überzugehen. Derselbe fand zwar nur wenige Senatoren
vor, aber fast alle Senatorenfrauen. Denn als Rom fiel, hatten sich die
meisten Männer auf der Flucht den Soldaten angeschlossen und
waren mit diesen nach Portus gekommen, während die Frauen
sämtlich in Gefangenschaft geraten waren. Der Patrizier Clementi-
nus, welcher sich in eine Kirche der Gegend geflüchtet hatte, wollte
durchaus nicht mit dem römischen Heer gehen, weil er früher ein
Kastell, dicht bei Neapel, an Totilas und die Goten übergeben hatte
und deshalb natürlich den Zorn des Kaisers fürchtete. Orestes
dagegen, der römischer Konsul gewesen war, befand sich in nächster
Nähe, mußte aber, weil keine Pferde da waren, sehr gegen seinen
Willen zurückbleiben. Die Senatoren und die 70 Überläufer ließ
Johannes sofort nach Sizilien schaffen.
Diese Nachricht versetzte den Totilas in großen Schmerz, und es
drängte ihn, sich dafür an Johannes zu rächen. Deshalb zog er mit der
größeren Hälfte seines Heeres wider ihn aus und ließ die andere,
kleinere, zur Beobachtung zurück. Johannes hatte gerade mit seiner
Schar, die 1000 Köpfe zählte, in Lukanien ein Lager aufgeschlagen
und auch schon Patrouillen ausgeschickt, die alle Wege absuchen und
beobachten mußten, ob etwa ein feindliches Heer sich in böser
Absicht nahe. Totilas konnte sich wohl denken, daß Johannes nicht
ruhig im Lager sitzen werde, ohne Patrouillen ausgeschickt zu haben,
zog daher von der großen Straße ab und ging über die Berge, die in
großer Anzahl dort hoch und steil emporragen, weiter vor, was kaum
jemand ahnen konnte, da jene Berge für weglos galten. Die Patrouillen, welche nach jener Richtung von Johannes vorgeschickt waren,

547 merkten zwar, daß sich ein feindliches Heer in der Gegend befinden
müsse, konnten jedoch nichts Sicheres herausbringen. Nichtsdestoweniger ritten sie aus Furcht vor einem Überfall, wie er nachher
wirklich stattfand, ins römische Lager zurück. Sie kamen zur Nacht-
zeit in demselben Augenblick dort an wie die Barbaren. Totilas,
welcher sich nur durch seine leidenschaftliche Rachgier, nicht durch
kluge Überlegung leiten ließ, erntete die Früchte seiner blinden Wut:
Sein Heer war nämlich zehnmal stärker als das seiner Feinde, und es
versteht sich ganz von selbst, daß er mit seiner überlegenen Macht am
hellen Tage hätte kämpfen und die Feinde deshalb erst mit Tagesanbruch angreifen müssen, so daß sie ihm nicht unter dem Schutze der
Dunkelheit entwischen konnten. Er aber tat das nicht – er hätte
wahrhaftig die Feinde bis auf den letzten wie im Netz fangen können
–, sondern überfiel, seinem Zorn nachgebend, noch vor Mitternacht
das feindliche Heer. An Gegenwehr dachte überhaupt niemand, da
die meisten unmittelbar aus dem Schlaf auffuhren. Aber die Goten
konnten doch nicht viele töten, da es den meisten gelang, sich von
ihrem Lager zu erheben und unter dem Mantel der Nacht zu
entwischen. Wer einmal aus dem Lager heraus war, lief in die Berge,
die ganz nahe waren, und hatte sich gerettet, so Johannes selbst und
der Herulerführer Aruf. Von den Römern fielen höchstens hundert.
Bei Johannes hatte sich ein gewisser Gilakius befunden, ein Armenier,
der eine kleine Abteilung seiner Landsleute führte. Dieser Gilakius
konnte weder griechisch noch lateinisch, noch gotisch, noch sonst
eine Sprache reden außer der armenischen. Auf ihn trafen Goten und
fragten ihn, wer er sei, denn sie wollten nicht ohne weiteres jeden
niederstoßen, der ihnen in den Wurf kam, um nicht in dem nächtlichen Gefecht sich untereinander zu morden, wie das wohl vorkommen konnte. Jener war nicht imstande, ihnen anderes zu antworten,
als daß er der Oberst Gilakius sei. Denn seinen Titel, den er durch die
Gnade des Kaisers empfangen, hatte er oft gehört und auch behalten.
Daran merkten die Barbaren, daß es ein Feind war, und nahmen ihn
zunächst gefangen, bald darauf hieben sie ihn doch nieder. Johannes
und Aruf flohen mit ihren Leuten, was sie konnten, und kamen
gestreckten Laufs nach Hydrus. Die Goten plünderten das römische
Lager und zogen wieder ab.

27. So ging es in Italien bei beiden Heeren zu. Der Kaiser Justinian
hielt es für angezeigt, frische Truppen gegen Totilas und die Goten
abzuschicken, veranlaßt durch die Berichte Belisars, in denen ihm
dieser die Sachlage zu wiederholten Malen auseinandergesetzt hatte.

Und zwar schickte er zuerst den Pakurius, Peranius' Sohn, und 547
Sergius, den Neffen Salomons, mit nur geringer Mannschaft ab. Als
diese in Italien gelandet waren, vereinigten sie sich sofort mit dem
Haupttheer. Darauf sendet er Verus mit 300 Herulern, den Armenier
Varazes mit 800 Mann, und endlich gab er dem Heermeister von
Armenien[1], Valerian, den Befehl, aus seinem Bezirk aufzubrechen und
sich mit seinen Doryphoren und Hypaspisten, mehr als 1000 Mann,
nach Italien einzuschiffen. Verus kam zuerst in Hydrus an, wo er die
Schiffe zurückließ. Dort befand sich auch das Lager des Johannes;
jener wollte aber nicht bleiben, sondern ritt mit seinen Leuten ins
Land hinein. Verus war nämlich ein leichtsinniger Mensch und der
Leidenschaft des Trunkes nur zu sehr ergeben, daher auch verwegen
bis zur Tollkühnheit. Als sie nun ganz nahe an Brundisium waren,
bezogen sie dort ein Lager. Sobald Totilas davon hörte, sagte er: »Eins
von beiden ist mit Verus der Fall: entweder gebietet er über große
Streitkräfte oder er ist von einem bösen Geist besessen. Laßt uns
deshalb sofort auf ihn losgehen, damit wir entweder kennenlernen,
was er vermag, oder er selbst seiner Tollheit sich bewußt wird.« Nach
solchen Worten rückte er mit zahlreicher Mannschaft gegen ihn aus;
als die Heruler aber sahen, daß die Feinde schon da waren, versteckten sie sich in einem nahen Gehölz. Dort wurden sie von den Feinden
umzingelt, und 200 Mann fielen. Beinahe hätten sie auch Verus und
den Rest der Heruler, die sich in dem Dornengestrüpp versteckt
hatten, gefangen, wenn nicht ein glücklicher Zufall ganz unerwartete
Rettung gebracht hätte. Die Schiffe nämlich, auf denen sich Varazes
mit seinen Armeniern befand, gingen gerade an jener Küste vor
Anker. Als Totilas diese zu Gesicht bekam, überschätzte er ihre Zahl
und zog sogleich ab. Verus aber und seine Leute gelangten glücklich
laufend zu den Schiffen. Varazes wollte nicht weiterfahren, sondern
begab sich nur nach Tarent, wo auch Johannes, Vitalians Neffe, bald
darauf mit seiner ganzen Abteilung ankam.

Dies war nun so zugegangen. Der Kaiser aber schrieb an Belisar, er
habe ihm so zahlreiche Truppen geschickt, daß er jetzt nach Kalabrien
vorrücken und eine Schlacht liefern müsse. Valerian war nämlich
auch schon am Gestade des adriatischen Meeres angelangt, hielt es
jedoch nicht für angezeigt, die Überfahrt noch zu unternehmen, denn
da es die Zeit der Wintersonnenwende war, so fürchtete er, in dieser
Jahreszeit würden die Nahrungsmittel für Mann und Roß nicht

[*] Magister militum per Armeniam.

547 genügend vorhanden sein. Nur 300 Mann schickte er zu Johannes
hinüber und versprach, wenn er erst überwintert hätte, mit Frühlingsanfang nachzufolgen. Sobald Belisar das kaiserliche Handschreiben
gelesen hatte, suchte er sich die besten Leute aus, 900 an der Zahl, 700
zu Pferd und 200 zu Fuß, ließ die übrigen alle als Besatzung für ihre
Standorte zurück unter dem Kommando des Konon, und erklärte, er
wolle nach Sizilien segeln. Von dort aber ging er bald weiter und
wollte nach dem Hafen von Tarent fahren, indem er das Scyläische
Vorgebirge, wo nach der Schilderung der Dichter die Scylla haust,
links liegen ließ…[1]

28. Belisar fuhr nun gerade auf Tarent los. Das Gestade dort ist aber
halbmondförmig, da das Land zurückweicht und das Meer in einem
Busen tief ins Land hineingeht. Die Überfahrt über den ganzen
Meerbusen ist 1 000 Stadien[2] lang auf den beiden äußersten Punkten
desselben, da wo das Meer ein- und ausfließt liegen zwei Städte, im
Westen Kroton[3], im Osten Tarent; gerade in der Mitte liegt Thurii[4].
Da sich ein Unwetter erhob, auch Wind wie Strömung gegen Belisar
waren und nicht zuließen, daß die Schiffe weiterfuhren, so ging er im
Hafen von Kroton vor Anker. Da er hier weder eine Befestigung
vorfand, noch in der Umgegend genug Proviant war für seine
Soldaten, so blieb nur er dort mit seiner Gattin und dem Fußvolk,
damit er Johannes und sein Heer an sich ziehen und darüber verfügen
könnte. Die gesamte Reiterei ließ er weiter vorrücken, um an den
Eingangspässen der Landschaft ein Lager zu beziehen. Das Kommando über diese erhielten der Iberer Phazas und Belisars Dorypho-
Barbation. Er war der Ansicht, daß sie auf diese Weise einerseits für
sich und die Pferde das Nötige herbeischaffen und andererseits den
Paß leicht gegen einen feindlichen Angriff verteidigen könnten. Die
Lucanischen Berge erstrecken sich nämlich bis nach Bruttium und
gehen so dicht im Bogen zusammen, daß sie nur zwei ganz enge Pässe
nach der Küste haben, von denen der eine auf lateinisch Petra
sanguinis[5] heißt, während die Leute jener Gegend den anderen Labula
nennen. An dem Gestade dort liegt Ruscia[6], der Hafen von Thurii, und
60 Stadien[6] oberhalb desselben haben die alten Römer ein sehr starkes

---

[1] Folgt eine etymologische Auseinandersetzung über diesen und andere
Namen.—[2] 183,5 Kilometer.—[3] Cotrone.—[4] Früher Sybaris; die Ruinen in der
Nähe des heutigen Buffaloria. — [5] Blutfelsen. — [6] 11 Kilometer, sonst Ros-
cianum, zwischen Thurii und Paternum; jetzt Rossano.

Kastell gebaut. Dessen hatte sich Johannes kurz zuvor bemächtigt und   547
eine ziemlich starke Besatzung hineingelegt.

Bei einem Streifzug stießen Belisars Soldaten auf eine feindliche
Abteilung, welche Totilas ausgeschickt hatte, um einen Handstreich
auf jenes Kastell zu versuchen. Man ward sofort handgemein, und die
römische Tapferkeit trug ohne große Mühe den Sieg davon, obgleich
die Barbaren bedeutend stärker waren. Diese hatten einen Verlust von
200 Mann. Die Übriggebliebenen flohen zu Totilas und berichteten
alles, was vorgefallen war; die Römer blieben in ihrem Standquartier
liegen. Da sie einen Sieg davongetragen hatten und der Feldherr fern
war, fingen die Bande der Disziplin an sich zu lockern: weder hatten
sie ihre Nachtlager dicht beieinander, noch waren beständig Posten
am Eingang des Engpasses aufgestellt, sondern sie vernachlässigten
alles Nötige und brachten die Nächte in ihren Zelten zu, weit
voneinander getrennt, und am Tage schweiften sie umher auf der
Suche nach Lebensmitteln. Patrouillen schickten sie überhaupt nicht
mehr ab und sorgten nicht einmal für die allergewöhnlichsten Sicher-
heitsmaßregeln. Totilas, der alles dies erfahren hatte, suchte sich aus
seinem ganzen Heer 3000 Reiter aus und zog mit diesen gegen die
Feinde. Der Überfall gelang vollständig: er fand sie ganz ungeordnet
und sich umhertreibend, wie soeben erzählt worden ist, vor und warf
sie völlig über den Haufen. Phazas, der sich ganz nahebei im Zelt
befunden hatte, trat den Feinden entgegen und wehrte sich mit
rühmlicher Tapferkeit, so daß dadurch wenigstens einige fliehen
konnten; er selbst fiel mit allen seinen Leuten, und das war für die
Römer sehr schmerzlich, weil sie auf diese hervorragenden Krieger
alle ihre Hoffnungen gesetzt hatten. Diejenigen, welche noch hatten
fliehen können, retteten sich, wohin sie gerade konnten. Zuerst kam
Belisars Doryphor Barbation mit zwei Begleitern in voller Flucht zu
Kroton an, meldete, was sich zugetragen hatte, und versicherte, seiner
Ansicht nach müßten die Barbaren sogleich da sein. Diese Botschaft
war ein harter Schlag für Belisar; eiligst bestieg er die Schiffe und
lichtete die Anker. Mit gutem Winde gelangte er noch an demselben
Tage nach Messana auf Sizilien, 700 Stadien[1] von Kroton, gegenüber
von Rhegium.

29. (Die Sklavenen überschreiten die Donau und verwüsten ganz
Illyrien. Häufige Erdstöße ängstigen die Bewohner von Byzanz und
anderen Orten. Der Nil steigt zu ungewöhnlicher Höhe. Bei Sangaris

---

[1] 128 Kilometer.

547 am Schwarzen Meer[1] wird ein Seeungeheuer gefangen, das die
Byzantiner Porphyrion nennen.)

Nach oben erwähnter Tat lagerte sich Totilas dicht vor dem Kastell
von Ruscia, da ihm zu Ohren gekommen war, die Besatzung leide
bereits Mangel, und er der Meinung war, den Platz leicht nehmen zu
können, wenn man die Zufuhr gänzlich abschneide. Er bezog dort
Standquartiere und begann die Belagerung. – Der Winter ging zu
Ende und mit ihm das dreizehnte Jahr dieses Krieges, den Prokop
beschrieben hat.

548 30. Der Kaiser Justinian schickte nicht weniger als 2000 Mann zu
Schiff nach Sizilien und ließ dem Valerian den Befehl zugehen, ohne
Säumen sich zu Belisar zu begeben. Derselbe fuhr über die Meerenge
und kam in Hydrus an, woselbst sich auch Belisar mit seiner
Gemahlin befand. Zu dieser Zeit fuhr Antonina, Belisars Gemahlin,
nach Byzanz, um bei der Kaiserin dahin zu wirken, daß für diesen
Krieg größere Mittel angewendet würden. Die Kaiserin Theodora
wurde aber krank und starb, nachdem sie 21 Jahre und 3 Monate den
Thron mit dem Kaiser geteilt hatte.

In dieser Zeit wurde der Mangel an Lebensmitteln im Kastell von
Ruscia so groß, daß die Belagerten mit den Feinden Unterhandlungen
anknüpften und mit ihnen sich dahin einigten, daß sie das Kastell zur
Mittsommerzeit[2] übergeben würden, wenn ihnen bis dahin kein
Entsatz gebracht würde; dafür sollten sie vollständig freien Abzug
erhalten. In diesem Kastell befanden sich viele hochangesehene
Italiker, unter anderen Deopheron, Tullians Bruder; vom römischen
Heer 300 Illyrier zu Pferde, welche Johannes dorthin gelegt hatte
unter dem Doryphoren Chalazar, einem Massageten von außeror-
dentlicher Tapferkeit, und dem Thrazier Gudilas, ferner 100 Mann zu
Fuß, die Belisar als Besatzung für das Kastell geschickt hatte. – Zu
derselben Zeit bringen die Soldaten, welche Belisar als Garnison von
Rom zurückgelassen hatte, ihren Oberst Konon um, weil er beim
Verkauf des Brotkornes und der anderen Lebensmittel sich zu ihrem
Schaden bereichert hätte. Dann ordneten sie einige Priester als
Gesandte ab und gaben die bestimmte Versicherung, wenn der Kaiser
für diese Tat ihnen keine Amnestie gewähre und in einer festgesetzten
Frist den rückständigen Sold nicht zahle, so würden sie keinen
Augenblick sich besinnen, zu Totilas und den Goten überzugehen.
Und der Kaiser erfüllte ihre Bitte.

---

[1] Sonst Sagaris, an der Mündung des Sangarius. – [2] Also am 21. Juni.

Belisar, der auch Johannes hatte nach Hydrus kommen lassen, 548
sammelte eine große Flotte und fuhr mit jenem, ferner Valerian und
den anderen Obersten gerade auf Ruscia los, um den Belagerten
Entsatz zu bringen. Da sich die Besatzung auf der Höhe befand,
konnte sie sehen, wie die Flotte heransegelte, gab sich froher Hoffnung hin und beschloß, sich den Feinden nicht zu ergeben, obgleich
der festgesetzte Tag schon da war. Aber es erhob sich ein furchtbarer
Sturm, der, besonders weil jenes Gestade ganz hafenlos ist, alle Schiffe
denkbar weit voneinander zerstreute, und so ging natürlich viel Zeit
verloren. Man sammelte sich im Hafen von Kroton und fuhr zum
zweitenmal nach Ruscia. Als das die Barbaren sahen, sprangen sie auf
ihre Rosse und sprengten an den Strand, um die Landung der Feinde
zu verhindern. Totilas verteilte seine Leute so weit wie möglich über
das ganze Gestade mit der Front gegen die Schiffsvorderteile, die einen
mit der Lanze, die anderen mit gespanntem Bogen bewaffnet. Dieser
Anblick versetzte die Römer in solche Furcht, daß sie nicht wagten,
näherzukommen, sondern sich außer Schußweite ruhig vor Anker
legten, dann an der Landung verzweifelten, den Rückzug antraten
und wieder nach dem Hafen von Kroton fuhren. Dort wurde Kriegsrat gehalten und beschlossen, es empfehle sich mehr, daß Belisar sich
nach Rom begebe, um dort alles aufs beste einzurichten und die Stadt
zu verproviantieren; Johannes und Valerian sollten Mann und Roß
ans Land bringen und nach Picenum[1] marschieren, um die Feinde,
welche die dortigen Kastelle belagerten, davon abzuziehen. Auf diese
Weise hofften sie Totilas zur Aufgabe der Belagerung zu bringen.
Johannes mit seinen 1000 Mann verfuhr nach dieser Order; Valerian
hingegen wollte sich den Gefahren des Marsches nicht aussetzen und
fuhr über das adriatische Meer, geradeswegs nach Ancona, von wo
aus er in Sicherheit nach Picenum zu kommen und sich mit Johannes
zu vereinigen hoffte. Aber Totilas dachte gar nicht daran, die
Belagerung aufzuheben, sondern blieb ruhig liegen und detachierte
nur 2000 Reiter nach Picenum, um zusammen mit den Barbaren,
welche in dieser Landschaft angesessen sind, Johannes und Valerian
abzuweisen.
Als die Belagerten im Kastell von Ruscia gar keine Lebensmittel mehr
hatten und auch keine Aussicht auf Entsatz von den Römern,
schickten sie als Gesandte den Doryphoren Gudilas mit dem Italiker
Deopheron und baten um ihr Leben und um Verzeihung für das

[1] Die Landschaft südlich von Ancona am adriatischen Meer.

548 Vorgefallene. Totilas versprach, nur Chalazar seine Strenge fühlen
lassen zu wollen, weil er den ersten Vertrag gebrochen hatte, den
übrigen sicherte er Verzeihung zu. Darauf ergab sich ihm die Besatzung. Dem Chalazar ließ er erst beide Hände und die Geschlechtsteile
abschneiden und ihn dann umbringen; die Soldaten, welche bleiben
wollten, ließ er im Besitz ihrer Habe und nahm sie unter denselben
Bedingungen, wie die Goten hatten, in seinen Dienst. Er verfuhr also
ganz so wie mit den Gefangenen aus anderen Kastellen. Diejenigen,
denen zu bleiben nicht paßte, ließ er ohne ihre Waffen und Habe
laufen, wohin sie mochten, da er keinen Menschen zwingen wollte, in
seine Dienste zu treten. 80 Mann von den römischen Soldaten ließen
alles, was sie hatten, im Stich und begaben sich nach Kroton, alle
anderen behielten ihr Eigentum und blieben. Die Italiker wurden ihrer
ganzen Habe beraubt, doch schenkte man ihnen das Leben. —
Antonina, Belisars Gemahlin, kam erst nach dem Ableben der
Kaiserin in Byzanz an und sprach dem Kaiser den Wunsch aus, er
möge ihren Gatten abrufen, und sie setzte dies um so leichter durch als
der Krieg mit den Persern schwer auf dem Kaiser lastete und ihn zu
diesem Entschluß antrieb.

31. 32. (In Byzanz verschwören sich die Armenier Artabanes und
Arsaces, die von Justinian beleidigt waren, gegen das Leben des
Kaisers. Sie ziehen einen dritten Armenier, Chanaranges, ins Vertrauen und suchen den Prinzen Germanus und dessen Sohn Justin für
ihr Unternehmen zu gewinnen, von denen der Kaiser den ersteren in
einer Erbschaftsangelegenheit benachteiligt hatte. Diese gehen auf
den Rat des Marcellus, Obersten der kaiserlichen Leibwache, zum
Schein auf die Absichten der Verschworenen ein und teilen dann das
ganze Geheimnis dem Justinian mit. Derselbe richtet seinen Verdacht
zunächst auch auf die Prinzen, die aber durch das Zeugnis des
Marcellus ihre Unschuld beweisen. Die Verschworenen bekennen auf
der Folter ihre Schuld. Der Kaiser erklärt den Artabanes seiner Würde
für verlustig[1] und hält alle nur in Haft, und zwar nicht einmal im
Staatsgefängnis, sondern im kaiserlichen Palast.)

33. In dieser Zeit wurden die Goten offenkundig Herren des ganzen
Westens. Und der Gotenkrieg nahm für die Römer, welche zuerst
ganz entschieden die Oberhand gehabt hatten, wie ich in dem
Vorhergehenden erzählt habe, eine solche Wendung, daß nicht nur

---

[1] A. war Magister militum über ganz Afrika s. Vand. II, 28.

ein großer Aufwand an Geld- und Menschenkräften ganz umsonst 548
gemacht war, sondern auch dazu Italien verlorenging und sie mit
ansehen mußten, wie die Barbaren, die schon unmittelbare Grenz-
nachbarn geworden waren, ohne Scheu Illyrien und Thrazien mit
Feuer und Schwert verwüsteten. Und das ging so zu. Alle Teile von
Gallien, welche den Goten untertänig waren, hatten diese am Anfang
des Krieges an die Franken abgetreten, weil sie, wie ich früher erwähnt
habe, sich nach zwei Seiten hin nicht wehren zu können glaubten, und
dies Verfahren hatten die Römer nicht hindern können, vielmehr
mußte der Kaiser Justinian die Franken in ihrem Besitz bestätigen,
damit diese Barbaren nicht etwa sich auch zum Kriege erhöben und
ihm Unannehmlichkeiten bereiteten. Sie glaubten nämlich nur dann
im sicheren Besitz von Gallien zu sein, wenn ihnen der Kaiser darauf
Brief und Siegel gegeben hätte. Seitdem waren die Frankenkönige
Herren von Massilia[1], der phokäischen Kolonie, wie der ganzen
Meeresküste und der dortigen Gewässer. Und jetzt haben sie schon
den Vorsitz bei den Zirkusspielen in Arelate und prägen aus galli-
schem Golde eine Münze, welche nicht, wie es sich gehört, das Bildnis
des Kaisers, sondern ihr eigenes zeigt. (Selbst der Perserkönig prägt
nur Silbermünzen; Goldmünzen aber darf kein Barbarenherrscher
prägen, selbst wenn sein Land Gold hervorbringt – das darf nur der
Kaiser tun.)

Solches ging bei den Franken vor. Als aber die Goten und Totilas die
Oberhand im Kriege gewannen, eigneten sich die Franken ohne
weiteres den größten Teil von Venetien an, da weder die Römer es
ihnen wehren konnten, noch die Goten imstande waren, gegen
Franken und Römer zugleich zu kämpfen. – Die Gepiden hatten
Sirmium[2] und fast alle Städte Daziens[2] in Besitz genommen. Als nun
Justinian diese Ortschaften dem Machtbereich der Goten entzog,
machten die Gepiden alle Römer, die dort wohnten, zu Sklaven,
drangen stetig weiter vor, plünderten und verheerten das römische
Gebiet. Deswegen zahlte ihnen auch der Kaiser nicht mehr die
Subsidien, welche sie seit undenklichen Zeiten von den Römern
bezogen. Den Langobarden machte der Kaiser Justinian die Stadt
Noricum[3], die pannonischen Festungen, noch viele andere Ortschaften und außerdem bedeutende Geldsummen zum Geschenk. Dieserhalb erhoben sich die Langobarden aus ihren Stammsitzen und ließen

---

[1] Marseille. – [2] Unweit Mitrowitz; Dazien ungefähr das heutige Rumänien. –
[3] Sonst Noreja, Neumarkt in Steiermark.

548 sich auf dem jenseitigen Donauufer[1] nieder, nicht weit vom Gebiet der
Gepiden. Und nun plünderten sie Dalmatien und Illyrien bis zur
Gegend von Epidamnus und machten die Einwohner zu Sklaven. Da
aber einige von den Gefangenen geflohen und wieder in ihre Heimat
zurückgekehrt waren, durchzogen diese Barbaren das römische
Gebiet, angeblich als römische Bundesgenossen, und wenn sie einen
von den Entkommenen wiedererkannten, legten sie Hand auf ihn wie
auf einen entlaufenen Sklaven, rissen ihn aus den Armen seiner Eltern
und schafften ihn fort in ihr Land, ohne daß jemand zu widerstehen
wagte. Andere dazische Städte in der Gegend von Singedon[2] gab der
Kaiser an die Heruler, die auch jetzt noch dort wohnen und Illyrien
sowie Thrazien raubend und plündernd durchziehen. Eine Anzahl
von ihnen ist auch unter die römischen Soldaten gegangen, und zwar
zu den sogenannten Föderaten. Jedesmal nun, wenn die Gesandten
der Heruler nach Byzanz kommen, nehmen sie für dieselben Leute,
welche die römischen Untertanen brandschatzen, ohne weiteres
Subsidien in Empfang und gehen damit nach Hause.

34. So teilten sich die Barbaren in das römische Reich. Bald darauf
entstand ein heftiger Streit zwischen den Gepiden und Langobarden,
die nebeneinander wohnten. Beide brannten darauf, sich mit dem
Gegner in der Schlacht zu messen, und schon war dafür ein bestimmter Tag festgesetzt. Die Langobarden aber, welche an Zahl schwächer
waren als ihre Feinde, zweifelten, ob sie allein denselben gewachsen
sein würden, und gingen die Römer um ihre Bundesgenossenschaft
an. Dagegen verlangten die Gepiden kraft ihres Bundesrechts, die
Römer sollten tätig eingreifen und an ihrer Seite kämpfen oder sich
neutral verhalten und keinem von beiden Volksstämmen helfen. Beide
schickten Gesandte an den Kaiser Justinian und rechneten bestimmt
auf seine Hilfe. Die gepidische Gesandtschaft führte Thoriswind, die
longobardische Auduin. Der Kaiser Justinian beschloß, beide anzuhören, aber nicht zusammen, sondern jede für sich. Zuerst hatten die
Langobarden Audienz und ließen sich folgendermaßen vernehmen
(»Die Gepiden haben dem römischen Staat nur Schaden gebracht und
sind ein ganz treuloses Volk. Solange die Goten Herren von Dazien
waren, haben sie sich nicht gerührt, obgleich sie schon damals als
Bundesgenossen Subsidien von den Römern bezogen, und haben
niemals gewagt, die Donau zu überschreiten aus Angst vor den Goten.
Sobald aber diese das Land hatten aufgeben müssen und die Römer

---

[1] dem nördlichen. – [2] In der Nähe von Belgrad.

durch den Krieg in Italien beschäftigt waren, da haben sie Sirmium 548
besetzt, schleppen die Römer in die Sklaverei und rühmen sich, ganz
Dazien gewinnen zu wollen. Das ist doch geradezu Hochverrat! Und
da wagen sie noch, vor den Kaiser zu treten und ihn um Hilfe gegen die
Langobarden zu bitten! Das setzt ihrer Unverschämtheit die Krone
auf!) Wir haben nun als Barbaren schlicht und einfach gesprochen,
denn wir verstehen es nicht, viele Worte zu machen, und können
kaum uns so ausdrücken, wie es die Wichtigkeit der Sache erheischt.
du aber, o Kaiser, durchschaust auch das, was wir dürftiger, als es
hätte sein sollen, ausgesprochen haben; tue nun, was den Römern und
deinen Langobarden frommt, und bedenke dabei vor allem, daß die
Römer von Rechts wegen auf unserer Seite kämpfen werden, die wir
von Anfang an uns zu derselben Lehre bekannt haben wie sie,
während jene Arianer sind und eben deshalb schon ihre Feinde sein
werden.«

So sprachen die Langobarden. Am folgenden Tage wurden die
Gesandten der Gepiden beim Kaiser vorgelassen und sprachen so:
(»Die Langobarden sind im Unrecht, denn sie rufen die Entscheidung
des Schwertes an, während sie den Streit friedlich durch den Richter-
spruch des Kaisers schlichten konnten. Sie sind die Schwächeren, wir
die Stärkeren; deshalb ist es klüger, wenn ihr zu uns haltet. Auch ist
das römische Bündnis mit den Gepiden viel älter. Die Langobarden
haben zuerst mutwillig den Krieg begonnen, und nun wollen sie euch
in einen ungerechten Krieg treiben, angeblich weil wir Sirmium und
einige andere dazische Ortschaften unrechtmäßig in Besitz genommen haben. Diese Spitzbuben! Als ob nicht der Kaiser genug Provinzen hätte, um sie an verbündete Nationen zu verschenken! Wir haben
ja nur genommen, was die Gnade des Kaisers uns gewiß zugedacht
hatte, als seinen getreuen Bundesgenossen. Und nach Bundesrecht
bitten wir, daß ihr entweder mit uns gegen die Longobarden kämpft
oder euch neutral verhaltet. Ein solcher Beschluß wird gerecht und
dem römischen Reiche förderlich sein.«) Solches redeten die Gepiden.
Der Kaiser aber ließ sie nach langen Beratungen unverrichteter Sache
abziehen, beschwor ein Schutz- und Trutzbündnis mit den Langobarden und schickte ihnen mehr als 10000 Reiter zu Hilfe unter
Konstantin, Buzes und Aratius. Ihnen schloß sich Johannes, Vitalians
Brudersohn, an, welcher vom Kaiser den Befehl erhalten hatte, nach
schneller Beendigung des Feldzugs gegen die Gepiden sofort mit
seinen Leuten nach Italien weiterzumarschieren. Als Bundesgenossen
gingen auch noch 1500 Heruler mit, die unter anderen Philemuth

548 führte. Die übrigen Heruler, ungefähr 3000 Mann, standen auf seiten
der Gepiden, da sie kurz zuvor, wie oben erwähnt, von den Römern
abgefallen waren. Eine römische Abteilung von dem Heer, welches
den Langobarden zu Hilfe zog, stieß unvermutet auf eine Schar
Heruler unter dem Aordus, dem Bruder ihres Königs. Es entspann sich
ein hitziges Gefecht, in dem die Römer Sieger blieben und Aordus
nebst vielen Herulern den Tod fand. Sobald nun die Gepiden erfuhren, das römische Heer sei bereits ganz nahe, legten sie ihre Streitigkei-
ten mit den Longobarden bei, und beide Barbarenvölker schlossen ein
Bündnis, ohne daß die Römer gefragt wurden. Als sie es hinterher
erfuhren, befanden sie sich in einer höchst mißlichen Lage. Vorrücken
konnten sie nicht, und zurück wollten die Obersten auch nicht, weil
sie fürchteten, die Gepiden und Heruler würden dann ihnen auf dem
Fuße folgen und Illyrien brandschatzen. Daher blieben sie stehen und
berichteten an den Kaiser über ihre Lage. So ging es dort zu. Ich will
aber dahin mich zurückwenden, wo ich abzuschweifen begann.

35. Belisar trat den Rückweg nach Byzanz nicht gerade mit Ehren an:
fünf Jahre hindurch hatte er den Boden Italiens kaum unter den Füßen
gehabt und hatte keinen einzigen Marsch ausführen können; vielmehr
war er die ganze Zeit hindurch wie auf der Flucht versteckt gewesen,
von einem Kastell an der Küste immer zum anderen herumfahrend,
und seitdem hatten sich die Feinde Rom selbst und fast alles andere
untertan gemacht. Gerade damals verließ er Perusia, die Hauptstadt
Tusciens, welche scharf belagert und, während er noch unterwegs
war, mit Sturm genommen wurde. Nach seiner Ankunft in Byzanz
hielt er sich dort auf und ruhte, im Vollgenuß eines sehr bedeutenden
Vermögens, auf seinen Lorbeeren aus, was ihm vor der Abfahrt nach
Afrika die Gottheit durch ein deutliches Zeichen angekündigt hatte.
Das Zeichen war folgendes. Belisar hatte eine Besitzung in der
Vorstadt von Byzanz, welche Panteichion heißt und gegenüber auf
dem Festlande liegt. Kurz ehe Belisar die Führung des römischen
Heeres in Afrika gegen Gelimer übernahm, trugen dort die Wein-
stöcke außerordentlich reichlich. Den gewonnenen Wein, eine
beträchtliche Menge, füllten die Knechte in Fässer, die sie im Weinkel-
ler halb in die Erde gruben und an der oberen Hälfte sorgfältig mit
Lehm verschmierten. Acht Monate darauf geriet der Wein in den
Fässern in Gärung und sprengte den Lehm, mit dem jedes Faß
verschlossen war, schäumte über und floß in solchen Strömen auf den
Boden, daß ein förmlicher Teich entstand. Als das die Knechte sahen,
waren sie sehr erstaunt und füllten davon eine große Anzahl von

Krügen. Dann verschmierten sie die Fässer von neuem mit Lehm und 548
schwiegen im übrigen von der Sache. Als sie aber mehrmals dasselbe
sich ereignen sahen, so führten sie ihren Herrn herbei, dieser aber
versammelte viele seiner Freunde und zeigte ihnen, was geschehen
war. Man erklärte das Wunder dahin, daß diesem Hause große
Reichtümer zufallen würden.

Solches hatte Belisar erlebt. Vigilius aber, der Erzbischof von Rom,
und die vornehmen Italiker, welche sich damals in großer Anzahl zu
Byzanz befanden, ließen nicht nach, dem Kaiser beständig in den
Ohren zu liegen, er möchte doch alles daransetzen, Italien wiederzugewinnen. Am meisten trieb dazu Gothigus[1], ein Patrizier und langjähriger Konsular, der eigens zu jenem Zwecke kurz vorher nach
Byzanz gekommen war. Der Kaiser versprach zwar, Italien nicht zu
vergessen, sein Hauptinteresse war aber den christlichen Dogmen
zugewandt, und er beschäftigte sich eifrigst mit der Beseitigung der
streitigen Punkte. So standen die Dinge in Byzanz. Es floh aber
Ildisgus[2], ein langobardischer Mann, aus folgendem Grunde zu den
Gepiden. Wachis, welcher König der Langobarden war, hatte einen
Neffen namens Risiulf, der dem Gesetz nach sein Nachfolger werden
mußte[3], wenn er starb. Wachis hätte nun gern seinem eigenen Sohn die
Krone verschafft; deshalb trieb er Risiulf unter irgendeinem nichtigen
Vorwand in die Verbannung. So mußte dieser sein väterliches Erbe
aufgeben und floh mit Zurücklassung zweier Söhne zu den Warnen.
Diese Barbaren bestach Wachis, den Risiulf aus dem Wege zu räumen.
Von dessen Söhnen starb der eine an einer Krankheit, der andere,
namens Ildisgus, floh zu den Sklavenen. Bald darauf erlag auch
Wachis einer Krankheit, und die Krone ging auf seinen Sohn Waldar
über. Da dieser aber noch sehr jung war, so verwaltete für ihn als
Vormund Auduin die Herrschaft. Dessen Macht und Ansehen war so
groß, daß er den Thron bestieg, als jener Knabe von einer Krankheit
weggerafft wurde. Als nun der Krieg zwischen Gepiden und Langobarden sich erhob, von dem schon die Rede war, so schloß sich
Ildisgus mit seinem Gefolge von Langobarden und zahlreichen Sklavenen sofort den Gepiden an, und diese hofften, ihn zum Throne
führen zu können. Nachdem sie dann mit den Langobarden sich

Wohl der S. 168 genannte Cethegus. — [2] Got. IV, 27 Ildigisal genannt, s.
daselbst. — [3] Also jedenfalls der hinterlassene Sohn eines älteren Bruders, der
nach germanischem Recht den Vorzug hatte, vgl. Vand. I, 8.

548 gütlich geeinigt hatten, forderte Auduin von ihnen als Bundesgenossen die Auslieferung Risiulfs. Das wollten sie denn doch nicht tun,
sondern gaben ihm zu verstehen, er möge sich entfernen, wohin ihm
beliebe, und so sein Leben retten. Ohne sich zu besinnen, ging er mit
seinem Gefolge und einer Anzahl Gepiden, die sich ihm freiwillig
anschlossen, wieder zu den Sklavenen. Auch dort blieb er nicht lange,
sondern machte sich auf zu Totilas und den Goten mit einer Mannschaft von mindestens 6000 Mann. In Venetien wurde er mit einer
römischen Abteilung unter Lazarus handgemein, schlug sie und tötete
viele davon. Doch vereinigte er sich nicht mit den Goten, sondern ging
wieder über die Donau zurück zu den Sklavenen.

Während es hier auf besagte Weise zuging, fiel einer von Belisars
Doryphoren namens Ilaüf, von Abstammung ein Barbar, ein mutiger
und tapferer Krieger, der in Italien als Gefangener zurückgeblieben
war, ohne jeden Grund zu Totilas und den Goten ab. Ihn schickte
Totilas sogleich mit einer großen Abteilung von Schiffen und Mannschaft an die Küste Dalmatiens. Er begab sich zunächst nach Mui-
kurum, bei Salonae dicht am Meer gelegen, und verkehrte zuerst mit
den Leuten als Römer und Freund Belisars, dann zog er plötzlich das
Schwert und befahl seinen Soldaten, alles niederzumetzeln. Nachdem
er den Ort ganz ausgeplündert hatte, fuhr er ab und warf sich auf
einen anderen Küstenplatz, den die Römer Laureata[1] nennen. Auch
hier landete er und machte jeden nieder, der ihm in den Weg kam. Als
dies Claudian erfuhr, der damals zu Salonae kommandierte,
bemannte er ein Geschwader sogenannter Dromonen und schickte es
gegen ihn aus. Dasselbe landete bei Laureata, wo es die Feinde angriff.
Die Römer wurden aber gründlich geschlagen, flohen, wie nur jeder
konnte, und ließen ihre vor Anker liegenden Dromonen im Stich. Es
befanden sich daselbst auch andere Fahrzeuge, die mit Korn und
anderen Lebensmitteln beladen waren. Alle diese fielen Ilaüf und den
Goten in die Hände, welche die ganze Besatzung niedermachten und
mit der Beute sich zu Totilas begaben. Der Winter ging zu Ende und
damit das vierzehnte Jahr dieses Krieges, den Prokop beschrieben hat.

549 36. Darauf führte Totilas sein ganzes Heer vor Rom und begann es zu
belagern, nachdem er ein Lager aufgeschlagen hatte. Belisar hatte
3000 auserlesene Krieger als Besatzung von Rom zurückgelassen
unter seinem Doryphoren Diogenes, einem verständigen Mann und
trefflichen Krieger. Deshalb zog sich auch die Belagerung in die

---

[1] Loreto, südlich von Ancona.

Länge. Denn die Belagerten schienen durch ihre überlegene Tapfer- 549
keit dem ganzen Gotenheer gewachsen zu sein, und Diogenes paßte
mit großer Aufmerksamkeit auf, daß niemand sich in feindlicher
Absicht den Mauern näherte. Außerdem hatte er überall in der Stadt
innerhalb der Ringmauer Getreide säen lassen, so daß ihnen der
Mundvorrat nicht gut ausgehen konnte. Oftmals rückten die Goten
zum Gefecht bis an die Mauer vor, versuchten einen Sturm und
wurden abgeschlagen durch die große Tapferkeit der Römer. Dann
fiel Portus, und die Belagerten wurden immer schärfer bedrängt. So
sah es dort aus. Der Kaiser Justinian aber beschloß, sobald Belisar
nach Byzanz zurückgekehrt war, einen anderen General mit einem
Heer gegen Totilas und die Goten auszusenden. Und ich glaube, wenn
er diesen Gedanken hätte zur Tat werden lassen, so hätte er der Feinde
Herr werden können, besonders da ihm Rom noch gehörte, die
dortige Besatzung hätte erhalten werden können und sich mit dem
Entsatzheer von Byzanz vereinigt hätte. Statt dessen ernannte er zwar
einen Patrizier Liberius und befahl ihm, sich bereitzuhalten; bald
wurde er aber durch irgendeine andere Angelegenheit abgelenkt und
ließ seine gute Absicht fallen.

Als die Belagerung Roms schon ziemlich lange gedauert hatte,
machten einige Isaurier, welche an dem Tor, welches nach dem
Apostel Paulus benannt ist, die Wache hatten, dem Totilas das
Anerbieten, ihm die Stadt zu überliefern. Sie beklagten sich nämlich,
daß sie seit vielen Jahren vom Kaiser keinen Sold erhalten hätten, und
sahen andererseits, daß die Isaurier, welche zum erstenmal Rom den
Goten in die Hände geliefert hatten, durch ihre Schlauheit in den
Besitz großer Reichtümer gelangt waren. Ein bestimmter Tag wurde
für das Unternehmen festgesetzt. Als er herangekommen war,
brauchte Totilas folgende List. Um die erste Nachtwache setzte er
zwei kleine Fahrzeuge auf den Tiber und bemannte sie mit Trompetern. Diesen befahl er, den Fluß hinaufzurudern, und wenn sie ganz
nahe an die Ringmauer gekommen wären, aus allen Kräften zu
blasen. Er selbst stellte das Gotenheer, ohne von den Feinden bemerkt
zu werden, ganz nahe an dem erwähnten Tor, das nach dem Apostel
Paulus heißt, auf und hielt sich schlagfertig. Da er ferner bedachte, es
könnten Leute von dem römischen Heer in der Finsternis aus der Stadt
entkommen und sich nach Centumcellae[1] werfen, dem einzigen festen
Platz jener Gegend, der sich noch in römischem Besitz befand, ließ er

Civita vecchia.

549 eine Schar tapferer Männer an der Straße, die dorthin führte, sich in
den Hinterhalt legen und gab ihnen den Befehl, die Fliehenden
niederzumachen. Als nun die Leute auf den Kähnen nahe an die Stadt
gekommen waren, bliesen sie ihrer Instruktion gemäß. Die Römer
waren dadurch so sehr erschreckt, daß in Furcht und Bestürzung jeder
plötzlich ohne Überlegung seinen Posten verließ, um in jene Gegend
der Mauer zu eilen, wo sie einen Überfall vermuteten. Nur die
verräterischen Isaurier blieben ruhig auf ihrem Posten, öffneten in
aller Muße das Tor und ließen die Feinde in die Stadt ein. Wer ihnen
begegnete, wurde niedergestoßen, viele flohen aus den anderen
Toren; die aber nach Centumcellae wollten, fielen in den Hinterhalt
und fanden den Tod. Nur wenige entkamen mit genauer Not, und
unter diesen soll sich der verwundete Diogenes befunden haben.
Im römischen Heer befand sich ein gewisser Paulus, von Geburt ein
Kilikier, der zuerst Belisars Haushofmeister gewesen war, dann als
Führer einer Reiterschwadron nach Italien gekommen und der römischen Garnison unter Diogenes zugewiesen worden war. Dieser
Paulus sprengte, als die Stadt genommen wurde, mit 400 Reitern zum
Hadriansgrabe und besetzte die Brücke, die zur Peterskirche führt. Als
nun das Gotenheer frühmorgens, als eben der Tag zu grauen anfing,
diese Leute angriff, leisteten die Römer hartnäckigen Widerstand und
ließen sich nicht werfen, sondern töteten von den Barbaren, die
dichtgedrängt in der Enge standen, eine große Menge. Als das Totilas
bemerkte, ließ er sofort das Gefecht abbrechen und die Goten, welche
den Feinden gegenüberstanden, Halt machen, weil er glaubte, jene
Männer durch Aushungerung in seine Gewalt zu bekommen. An
diesem Tage blieben Paulus und seine vierhundert ohne Speise und
brachten auch die Nacht so zu. Am folgenden Tage beschlossen sie,
einige Pferde zu schlachten; da die ungewohnte Speise sie aber
anwiderte, schoben sie die Ausführung des Entschlusses bis zum
späten Abend auf, obgleich sie der Hunger arg quälte. Dann überlegten sie lange hin und her, sprachen einander Mut zu und beschlossen,
es sei das beste, durch einen ehrlichen Soldatentod dem Leben ein
Ende zu machen. Sie gedachten sich plötzlich auf die Feinde zu
stürzen, niederzuhauen, so viel jeder könnte, und so bis auf den letzten
Mann ehrenvoll zu fallen. Sofort umarmten und küßten sie sich, dann
traten sie ihren letzten Gang an, der sie alle zum Tode führen sollte.
Totilas hatte aber etwas davon gemerkt und hegte die Besorgnis, daß
diese Leute, die zu sterben entschlossen waren und keine Hoffnung
auf Rettung mehr hatten, ein entsetzliches Blutbad unter den Goten

anrichten würden. Er schickte daher einen Herold an sie ab und ließ 549
ihnen die Wahl, ob sie entweder mit Zurücklassung ihrer Pferde und
Waffen ungekränkt nach Byzanz abziehen und schwören wollten,
niemals wieder gegen die Goten zu dienen, oder ob sie im vollen Besitz
ihrer Habe als gleichberechtigt in das gotische Heer eintreten wollten.
Solche Rede hörten die Römer gern. Und zunächst entschieden sich
alle dafür, nach Byzanz zu gehen; dann schämten sie sich, zu Fuß und
ohne Waffen die Rückreise anzutreten, fürchteten auch, dabei in
Hinterhalt zu fallen und das Leben zu verlieren, und erhoben die
Anklage, daß ihnen die römische Staatskasse seit langer Zeit den Sold
schuldig geblieben sei – kurz, alle entschlossen sich gutwillig, in das
gotische Heer einzutreten: nur Paulus und ein Isaurier namens
Mindes traten vor Totilas und baten, sie nach Byzanz zu entlassen: sie
hätten Weib und Kind in der Heimat, ohne die sie nicht leben
möchten. Da diese Aussagen auf der Wahrheit beruhten, willfahrte
ihnen Totilas, beschenkte sie mit Reisegeld und entließ sie mit
Geleitsmannschaften. Andere von dem römischen Heer, welche in
den Kirchen der Stadt ihre Zuflucht gesucht hatten, ungefähr 300 an
der Zahl, erhielten Pardon und traten zu Totilas über. Rom wollte
dieser künftighin weder zerstören noch aufgeben, sondern ließ Goten,
Römer, Senatoren und alle anderen dort wohnen, und zwar aus
folgendem Grunde.

37. Kurz vorher hatte Totilas an den Frankenkönig Gesandte
geschickt mit der Bitte, ihm seine Tochter zur Frau zu geben. Dieser
hatte es ihm aber rund abgeschlagen mit der Bemerkung, er sei weder
König von Italien noch werde er es je werden, da er das eroberte Rom
nicht hätte behaupten können, sondern nur einen Teil davon zerstört
und es dann den Feinden wiederum überlassen hätte. Deshalb ließ er
damals eifrigst Lebensmittel in die Stadt schaffen und in größter Eile
alles wieder aufbauen, was er hatte niederreißen oder verbrennen
lassen, als er Rom zum erstenmal erobert hatte. Auch gestattete er von
den Römern den Senatoren und allen anderen, die er in Kampanien
interniert hatte, die Rückkehr. Nachdem er dann noch Zirkusspiele
veranstaltet, bot er sein ganzes Heer zu einem Zuge nach Sizilien aus.
Gleichzeitig rüstete er 400 kleine Fahrzeuge für den Seekrieg aus und
außerdem eine zahlreiche Flotte großer Schiffe, welche der Kaiser aus
dem Osten dorthin gesandt hatte, und die ihm samt der ganzen
Mannschaft und Ladung in die Hände gefallen waren. Auch schickte
er Stephanus, einen römischen Mann, als Gesandten an den Kaiser
mit der Bitte, dem gegenwärtigen Krieg ein Ende zu machen und mit

549 den Goten einen Vertrag zu schließen, nach welchem sie ihm als
Bundesgenossen gegen jeden anderen Feind helfen sollten. Der Kaiser
Justinian ließ aber weder den Gesandten vor sich, noch kehrte er sich
irgendwie an diese Vorschläge. Sobald Totilas davon Kenntnis erhielt,
rüstete er sich wiederum zum Kriege. Zunächst erschien es ihm
rätlich, einen Versuch auf Centumcellae zu machen, ehe er nach
Sizilien aufbräche. In jenem Kastell hatte damals das Kommando
Diogenes, Belisars Doryphor, und eine ansehnliche Besatzung war
ihm unterstellt. Als das Gotenheer vor Centumcellae angekommen
war, schlug es hart an der Mauer ein Lager auf und begann die
Belagerung. An Diogenes schickte Totilas Gesandte, um ihn und seine
Soldaten herauszufordern: wenn sie eine entscheidende Schlacht zu
liefern wünschten, so sollten sie nur möglichst bald kommen. Ferner
ermahnte er sie, jede Hoffnung fahren zu lassen, es könne ein anderes
Heer vom Kaiser ihnen zu Hilfe kommen; denn Justinian sei fernerhin
gar nicht mehr imstande, den Krieg mit den Goten zu einem glücklichen Ende zu führen – das gehe zur Genüge daraus hervor, welches
Schicksal Rom nach so langer Dauer des Krieges gehabt habe. Wenn
sie aber gar keine Lust verspürten, sich zu schlagen, so stellte er ihnen
frei zu wählen, was sie lieber wollten: entweder als vollständig
gleichberechtigt in das Gotenheer einzutreten oder freien Abzug nach
Byzanz zu erhalten. Diogenes und die Römer antworteten, sie wollten
es weder auf eine Schlacht ankommen lassen, noch in das Gotenheer
eintreten, denn sie könnten das Leben ohne ihre Kinder und Weiber
nicht ertragen. Die Stadt aber, deren Bewachung ihnen anvertraut sei,
könnten sie augenblicklich anstandshalber nicht gut übergeben, da
sie, besonders weil sie dem Kaiser unter die Augen treten wollten,
keinen stichhaltigen Grund dafür hätten. Doch baten sie, den
Abschluß der Angelegenheit hinauszuschieben, bis sie dem Kaiser ihre
gegenwärtige Lage geschildert hätten; wenn inzwischen keine Hilfe
vom Kaiser käme, dann könnten sie den Goten die Stadt ausliefern
und ihren Abzug genügend rechtfertigen. Da dem Totilas dies zusagte,
wurde ein bestimmter Tag festgesetzt und von jeder Seite 30 Mann als
Geiseln für den Vertrag gestellt; darauf hoben die Goten die Belagerung auf und gingen nach Sizilien. Als sie nach Rhegium kamen,
griffen sie die dortige Besatzung an, ehe sie über die Meerenge setzten.
Dort kommandierten Thorimuth und Himerius, welchen Belisar
diesen Posten angewiesen hatte. Ihre Mannschaft war zahlreich und
tapfer; daher schlugen sie den Sturm der Feinde ab und machten dann
einen Ausfall, in dem sie ebenfalls siegreich waren. Nachher blieben

sie hinter ihren Mauern, da die Feinde an Zahl weit überlegen waren, 549
und warteten das Weitere ab. Totilas ließ eine Abteilung des Gotenheeres dort zur Beobachtung zurück, in der Erwartung, die Römer
würden bald durch den Hunger zur Übergabe getrieben werden; dann
schickte er eine andere Schar nach Tarent, welche ohne Mühe sich der
Burg daselbst bemächtigte, und die Goten, welche er in Picenum
zurückgelassen hatte, nahmen zu derselben Zeit die Stadt Ariminum
durch Verrat.

Auf diese Nachricht faßte der Kaiser Justinian den Entschluß, seinen
Neffen Germanus zum unumschränkten Feldherrn für den Krieg
gegen die Goten und Totilas zu ernennen, und befahl ihm, sich
bereitzuhalten, und als das Gerücht hiervon nach Italien drang,
bereitete es den Goten große Sorge, denn der Ruf des Germanus war
bei allen Leuten sehr bedeutend. Die Römer hingegen schöpften
wieder neue Hoffnung, und alle, besonders die kaiserlichen Soldaten,
hielten um so mehr der Gefahr und dem Unglück stand. Da änderte
der Kaiser – warum, weiß ich nicht – seine Meinung und beschloß,
den Römer Liberius, von dem vorhin die Rede gewesen ist, an Stelle
des Germanus für jenes Amt aufzurufen. Derselbe machte sich sofort
reisefertig, und es sah so aus, als sollte er unverweilt mit dem Heer
unter Segel gehen. Aber dem Kaiser war die Sache wieder leid
geworden, und Liberius blieb ruhig, wo er war. – Zu dieser Zeit
lieferte Verus mit den braven Kriegern, die er um sich gesammelt
hatte, den Goten aus Picenum in der Nähe von Ravenna ein Gefecht,
in dem er selbst mit der Mehrzahl seiner Leute nach tapferer
Gegenwehr den Tod fand.

38. (Die Sklavenen fallen von neuem in Illyrien und Thrazien ein,
schlagen die römischen Truppen und dringen vor bis an die Südküste
Thraziens, zur zwölf Tagereisen von Byzanz entfernt. Ihre Verwüstungen sind grauenhaft; sie wüten auf ganz unmenschliche Weise
gegen alles Lebendige.)

39. Bald darauf versuchten die Goten die Festung Rhegium zu
erstürmen, wurden aber von den Belagerten, welche sich aufs tapferste wehrten, blutig abgewiesen; besonders zeichnete sich Thorimuth
wiederholt durch rühmliche Taten aus. Totilas aber durchschaute
wohl, daß den Belagerten die Lebensmittel anfingen auszugehen, ließ
daher eine Abteilung seines Heeres zur Beobachtung zurück, damit
die Feinde nicht fernerhin Zufuhr hineinbrächten und wegen des
Mangels an Nahrungsmitteln sich selbst und die Festung den Goten
überlieferten. Dann setzte er selbst mit dem übrigen Heer nach Sizilien

549 über und griff das feste Messana an. Domnentiolus, des Buzes Schwestersohn, der die Besatzung befehligte, machte einen Ausfall und blieb in dem Gefecht Sieger; dann beschränkte er sich darauf, sorgfältig Wache zu halten und unternahm weiter nichts. Da nun niemand mehr den Goten entgegentrat, verwüsteten sie fast ganz Sizilien. Die Römer, welche in Rhegium belagert wurden und, wie erwähnt, unter Thorimuth und Himerius standen, sahen sich genötigt, weil ihnen der Proviant völlig ausgegangen war, sich selbst und die Festung nach Abschluß eines Vertrags zu übergeben.

Auf diese Nachricht ließ der Kaiser eine Flotte zusammenbringen, setzte darauf ein stattliches Heer von Fußsoldaten, ernannte Liberius zum Feldherrn und befahl ihm, sofort nach Sizilien abzusegeln, um die Insel unter allen Umständen wiederzugewinnen. Kaum hatte er aber Liberius ernannt, so gereute ihn dies schon wieder, denn Liberius war ein ganz alter Mann und verstand nichts von der Kriegführung. Nun wurde Artabanes wieder zu Gnaden angenommen, zum Heermeister von Thrazien[1] ernannt und sogleich nach Sizilien abgeschickt, zwar nur mit geringer Mannschaft, aber mit dem Auftrag, die Flotte von Liberius zu übernehmen und diesen nach Byzanz zurückzuschicken. Zum Feldherrn mit unumschränkter Vollmacht für den Krieg mit Totilas und den Goten ernannte er schließlich doch seinen Bruder-sohn Germanus. Er gab ihm nur wenige Soldaten mit, dafür aber desto mehr Geld, um aus den tüchtigsten Leuten Illyriens und Thraziens ein Heer anzuwerben und damit in aller Eile nach Italien zu ziehen. Ferner erhielten der Herulerführer Philemuth mit seinen Scharen und Johannes, des Germanus Eidam und Schwestersohn Vitalians, der als Heermeister in Illyrien stand[2], den Befehl, mit jenem nach Italien aufzubrechen.

Ein edler Ehrgeiz beseelte damals den Germanus, die Goten niederzu-werfen, damit ihm der Ruhm zufiele, Italien und Afrika dem römi-schen Reich erhalten zu haben. (In Afrika hatte er den Tyrannen Stotzas besiegt, die aufständischen Soldaten zur Pflicht zurückgeführt und geordnete Verhältnisse hergestellt[3].) Und jetzt, wo die Sachen in Italien so weit gekommen waren, wie ich eben geschildert habe, wollte er auch hier sich großen Ruhm gewinnen dadurch, daß er dies Land wieder in festen Besitz des Kaisers brächte. Zunächst nahm er, da

---

[1] Magister militum per Thraciam. – [2] Magister militum per Illyricum. – [3] Vgl. Vand. II, 16–19.

seine Gattin, namens Passara, kurz zuvor gestorben war, Matasuntha 549
zur Frau, Amalasunthas Tochter und Theoderichs Enkelin, nachdem
sie durch Witichis' Tod freigeworden war. Er hoffte nämlich, wenn
diese seine Gemahlin sich bei ihm im Lager befände, würden die
Goten billigerweise sich scheuen, gegen sie die Waffen zu erheben, in
Erinnerung an die Herrschaft Theoderichs und Atalarichs. Ferner
gelang es ihm durch verschwenderische Aufwendung kaiserlicher,
noch mehr aber eigener Gelder ein über alles Erwarten großes Heer
der besten Soldaten leicht und schnell zusammenzubringen. Denn
viele tapfere Römer wollten von den Obersten, bei denen sie sogar als
Doryphoren und Hypaspisten dienten, nicht viel wissen und gingen
lieber zu Germanus, ebenso aus Byzanz, Thrazien und Illyrien; bei
diesem Werbegeschäft unterstützten ihn seine Söhne Justin und
Justinian, die ihn begleiteten, aufs eifrigste. Auch aus den thrazischen
Reiterregimentern nahm er mit Erlaubnis des Kaisers einige Leute.
Ferner kamen viele Barbaren von jenseits der Donau auf die Kunde
von der Freigebigkeit des Germanus und traten gegen reichen Sold ins
römische Heer ein, und aus anderen Gegenden strömten ebenfalls die
Barbaren hinzu. Endlich versprach der Langobardenkönig, 1000
Panzerreiter, die er fertig ausgerüstet hatte, sofort abgehen zu lassen.
Als dies in Italien bekannt wurde und noch viel mehr, wie das
Gerücht, je weiter es geht, desto mehr zu übertreiben pflegt, wurden
die Goten teils sehr besorgt, teils schwankten sie, ob sie gegen
Theoderichs Geblüt kämpfen dürften. Die römischen Soldaten aber,
welche freiwillig oder gezwungen im gotischen Heere dienten, schickten einen Boten an Germanus und ließen ihm sagen, sobald sie
merkten, daß er italischen Boden betreten und sein Heer darauf ein
Lager aufgeschlagen habe, würden sie ohne Säumen auf seine Seite
treten. Auch diejenigen römischen Soldaten in Ravenna und den
wenigen anderen Städten, die den Römern geblieben waren, faßten
wieder Mut und hofften das beste; daher bemühten sie sich nun, dem
Kaiser jene Plätze zu erhalten. Selbst diejenigen, welche unter Verus
oder in irgendeinem anderen Gefecht geschlagen waren und nun
zersprengt und vereinzelt umherirrten, wie es gerade kam, sammelten
sich auf die Kunde, daß Germanus unterwegs sei, in Istrien und
warteten dort ruhig seine Ankunft ab. Damals forderte Totilas – die
Frist, welche er mit Diogenes in Centumcellae ausgemacht hatte, war
abgelaufen – diesen durch einen Herold auf, dem Vertrage gemäß ihm
die Stadt auszuliefern. Diogenes aber behauptete, er sei dazu nicht
mehr verpflichtet, denn man habe ihm gemeldet, Germanus sei zum

549 Feldherrn mit unumschränkter Vollmacht für diesen Krieg ernannt
worden und sei mit seinem Heer nicht mehr weit. Was die Geiseln
anbeträfe, so wolle er die seinigen zurückhaben und die von den
Goten gestellten freilassen. Mit dieser Botschaft entließ er die Abgesandten und rüstete sich zur Verteidigung seines Postens in der
sicheren Aussicht auf Germanus' Ankunft. So ging es dort zu. Der
Winter ging zu Ende und mit ihm das fünfzehnte Jahr dieses Krieges,
den Prokop beschrieben hat.

550 40. Während nun Germanus sein Heer in Sardica, einer Stadt
Illyriens, sammelte und ordnete, sowie alle Kriegsrüstung mit größter
Sorgfalt betrieb, trat ein Sklavenenschwarm, größer denn je zuvor,
über die Donau und lagerte vor Naïsus[1]. (Einige Nachzügler werden
von den Römern aufgegriffen und erklären, diesmal wollten sie
Thessalonike und die Nachbarstädte erobern. Der Kaiser läßt sofort
dem Germanus den Befehl zugehen, jene Städte zu decken und die
Sklaven zurückzudrängen. Diese fürchten sich vor ihm, weil gleich
nach Justinians Thronbesteigung Germanus als Heermeister von
Thrazien einen Einfall der Anten, ihrer Nachbarn, energisch zurück-
gewiesen hatte, wodurch er sich einen großen Namen bei allen
Barbaren machte. Sie geben ihre Absicht, in die Ebene herabzusteigen,
auf, überschreiten vielmehr das Gebirge und fallen in Dalmatien ein.)
Als Germanus dieser Sorge ledig war, befahl er seinem Heer, sich
marschfertig zu halten, da er in zwei Tagen nach Italien aufbrechen
wolle. Da machte plötzlich eine Krankheit seinem Leben ein Ende. So
wurde vor der Zeit Germanus abberufen, ein tapferer und kühner
Mann, ein guter Feldherr von selbständigem Entschluß...
Der Kaiser, welcher diesen Verlust sehr schmerzlich empfand, befahl
dem Johannes, dem Schwestersohn Vitalians und Eidam des Germanus, sowie dem einen der Söhne des Germanus, Justinian, dies Heer
nach Italien zu führen. Sie begaben sich nach Dalmatien, um in
Salonae zu überwintern, denn sie hielten es für unmöglich, bei so
vorgerückter Jahreszeit noch um das adriatische Meer herum nach
Italien zu marschieren; zu Wasser den Übergang zu bewerkstelligen,
ging aber nicht an, da sie keine Schiffe hatten. – Liberius, welcher
noch keine Nachricht davon besaß, daß der Kaiser anderweitig über
die Flotte verfügt hatte, fuhr nach Syrakus, das von den Feinden
belagert wurde. Er erzwang die Einfahrt in den Hafen und ging mit
der ganzen Flotte innerhalb der Befestigungswerke vor Anker. Bald

---

[1] Eine Stadt in Obermösien, jetzt Nissa an der Nissawa.

darauf kam Artabanes nach Kephalonia, wo er erfuhr, daß die Flotte 550
des Liberius bereits nach Sizilien abgesegelt sei, ging sofort wieder
unter Segel und fuhr quer über das sogenannte adriatische[1] Meer. Als
er sich der kalabrischen Küste näherte, erhob sich plötzlich ein
Unwetter, und ein furchtbarer Sturm blies ihm entgegen, so daß
sämtliche Schiffe zerstreut wurden und man bereits glaubte, der
größte Teil sei nach Kalabrien verschlagen und in die Hände der
Feinde gefallen. Dem war aber nicht so, sondern nachdem die Schiffe
vom Sturm tüchtig hin und her geworfen waren und stark gelitten
hatten, wendeten sie und fuhren wieder nach dem Peloponnes zurück.
Andere fanden anderswo Rettung oder Untergang. Ein Schiff aber,
auf dem sich Artabanes selbst befand, büßte im Sturm den Mastbaum
ein, so daß es, ein Spiel der Wellen, von der Strömung nach Malta
getragen wurde. So fand Artabanes noch wider Erwarten Rettung.
Da Liberius nicht imstande war, Ausfälle zu machen gegen die Feinde
oder sie zu einer entscheidenden Schlacht herauszufordern, und
andererseits für die große Zahl die Lebensmittel nicht mehr für lange
reichten, lichtete er mit seiner Flotte die Anker und fuhr, ohne daß es
die Feinde merkten, hinauf nach Panormus. Nachdem aber Totilas
und die Goten fast alle sizilischen Städte ausgeplündert hatten,
nahmen sie große Herden von Pferden und anderen Tieren, alles
Getreide und andere Feldfrüchte und sehr große Schätze mit von der
Insel, packten alles auf Schiffe, verließen plötzlich Sizilien und fuhren
nach Italien hinüber. Als Grund dafür gibt man folgendes an. Totilas
hatte einen Römer aus Spoletium, namens Spinus, kurz vorher zu
seinem Quästor[2] gemacht. Dieser Mann hielt sich in der Stadt Katana
auf, die unbefestigt war. Nun traf es sich, daß sie von den Feinden
besetzt wurde. Totilas wollte ihn aber unter allen Umständen befreien
und erbot sich, für ihn die Gattin eines vornehmen Römers, die in
Gefangenschaft geraten war, auszuliefern. Die Römer dagegen wollten nicht einen Mann, der die Würde eines Quästors bekleidete, gegen
ein Weib auswechseln. Spinus fürchtete, unterdessen von den Feinden
umgebracht zu werden und versprach ihnen, den Totilas dahin zu
bringen, daß er sofort Sizilien räume und mit dem ganzen Heere über
die Meerenge nach Italien zurückkehre. Sie verpflichteten ihn betreffs
dieses Versprechens mit einem Eid, gaben ihn heraus und erhielten
dafür die betreffende Dame. Sobald er mit Totilas zusammenkam,
setzte er ihm auseinander, daß es für die Goten sich gar nicht lohne,

[1] Ionische. — [2] Schatzmeister.

550 nach Ausplünderung von fast ganz Sizilien sich noch wegen einiger
weniger festen Plätze aufzuhalten. Er versicherte nämlich, vor ganz
kurzem, als er noch bei den Feinden war, gehört zu haben, daß
Germanus, der Neffe des Kaisers, gestorben sei, daß aber sein Eidam
Johannes und sein Sohn Justinian mit dem ganzen Heer, das von
Germanus zusammengezogen sei, schon in Dalmatien ständen und
sehr bald von dort nach Ligurien aufbrechen würden, um dort die
Kinder und Weiber der Goten zu Sklaven zu machen und alles
auszuplündern. »Und es wäre doch geratener für uns«, fuhr er fort,
»dem zu begegnen und in Sicherheit mit den Unsrigen den Winter
zuzubringen. Wenn wir dann jene besiegt haben, können wir immer
noch gleich zu Anfang des Frühlings wieder auf Sizilien landen, ohne
irgend etwas von seiten des Feindes zu befürchten.« Durch diese
Vorstellungen wurde Totilas bestimmt, ließ nur in vier festen Plätzen
eine Besatzung zurück und fuhr mit dem ganzen übrigen Heer und
aller Beute hinüber nach Italien.

So ging es also dort zu. Johannes aber und das kaiserliche Heer waren
nach Dalmatien gekommen, und man beschloß, dort zu überwintern,
in der Absicht, nach Ablauf der Winterszeit zu Lande sofort auf
Ravenna zu marschieren. (Die Sklavenen erhielten neuen Zuzug von
jenseits der Donau und durchzogen nach Belieben das römische
Reich.) Und einige hegten den Verdacht, Totilas habe diese Barbaren
durch große Summen bestochen und den Römern auf den Hals
geschickt, um es dem Kaiser unmöglich zu machen, dem Gotenkrieg
seine ganze Sorgfalt ungestört zuzuwenden. Ob die Sklavenen von
Totilas gewonnen oder ungerufen gekommen sind, kann ich nicht
sagen. (In drei Heerhaufen geteilt, zogen sie einher und überwinterten
sogar in dem Lande, als ob es ihnen gehörte. Der Kaiser sendet ein
Heer gegen sie aus, das auf den einen Schwarm bei Adrianopel trifft.
Die Feinde lagern auf Anhöhen, die Römer in der Ebene, einander
gegenüber. Endlich zwingen die römischen Soldaten ihre Obersten,
die Schlacht anzubieten. Die Römer werden so gründlich geschlagen,
daß sogar Konstantins Fahne verlorengeht. Dann plündern die Sklavenen die reiche Landschaft Astica[1] und dringen bis an die langen
Mauern vor, wenig mehr als eine Tagereise weit von Byzanz. Endlich
gelingt den Römern ein Überfall, durch den sie viele Gefangene
befreien und auch Konstantins Feldzeichen zurückerobern.) Die
übrigen Barbaren aber brachten ihre Beute glücklich in die Heimat.

---

[1] Landschaft Thraziens, östlich von Byzanz am Schwarzen Meer.

VIERTES BUCH

1. Das was ich bis jetzt berichtet habe, wurde, soweit es irgend anging, nach den Ländern erzählt, welche den Kriegsschauplatz abgaben, und nach diesem Prinzip habe ich die Bücher geordnet und zusammengestellt, welche schon an die Öffentlichkeit gelangt und im ganzen römischen Reich bekannt geworden sind. Von jetzt an kann ich nach demselben Grundsatz nicht mehr verfahren, da es nicht mehr möglich war, an die schon herausgegebenen Bücher das später Geschehene anzufügen, sondern was sich an kriegerischen Ereignissen, auch gegen die Perser, zugetragen hat, seitdem ich die früheren Bücher herausgegeben habe, das alles soll in diesem vorliegenden Buche beschrieben werden: es wird also notwendigerweise eine Universalgeschichte werden[1].

4. (In der Krim wohnen die Tetraxitischen Goten, ein kleiner Volksstamm, der christlichen Lehre zugetan. Ob sie, wie die übrigen Goten, Arianer sind, weiß Prokop nicht zu sagen. Im 21. Jahre der Regierung Justinians schickten sie Gesandte an den Kaiser, um sich von ihm an Stelle ihres verstorbenen Bischofs einen neuen auszubitten; gleichzeitig suchten sie Schutz gegen ihre Nachbarn, die Hunnen.) Auf welche Weise und woher die Tetraxiten dorthin gekommen sind, will ich jetzt erzählen. – 548

5. (Bei den Hunnen, die früher Kimmerier hießen, hatte einst ein König zwei Söhne, Uturgur und Kuturgur, die sich in das väterliche Reich teilten), und nach ihnen heißt noch heute die eine Hälfte der Hunnen Uturguren, die anderen Kuturguren. Diese alle wohnten dort, [in der Ebene nördlich vom Kaukasus, östlich vom Mäotischen See[2]] in keiner Beziehung voneinander verschieden, ganz ohne Verkehr mit den Menschen, welche auf der anderen Seite des Sees und

---

[1] ποίκίλη ἱστορία. – Kap. 1–17 wird der Krieg gegen die Perser erzählt; mannigfache Exkurse geographischen und ethnologischen Charakters sind eingeflochten, von denen ich nur die auf germanische Völkerschaften bezüglichen mitteile. Justinian erkauft vom Perserkönig einen fünfjährigen Waffenstillstand (um mit ganzer Kraft an die Wiedereroberung Italiens zu gehen). – 549–51
[2] Asowsches Meer.

seines Ausflusses[1] wohnen. Sie gingen nämlich niemals über das
Wasser und glaubten, das sei überhaupt unmöglich: sie fürchteten
sich also vor einer ganz leichten Sache, nur weil sie dieselbe niemals
versucht und sich um den Übergang nie bekümmert hatten. Jenseits
des Mäotischen Sees und der Straße, [die es mit dem Schwarzen Meer
verbindet,] wohnen hart am Gestade die sogenannten Tetraxitischen
Goten, von denen ich soeben gesprochen habe, weiterhin dann die
Goten, Westgoten, Vandalen und die anderen gotischen[2] Völkerschaften. Diese wurden in früheren Zeiten auch Skythen genannt, da
alle Völker, welche in jenen Gegenden sitzen, gemeinhin den skythi-
schen Namen führen; einige von ihnen hießen Sauromaten oder
Melanchlänen oder sonstwie. Wenn nun wahr ist, was die Leute
sagen, so ereignete es sich einige Zeit darauf, daß mehrere junge
Kimmerier sich auf der Jagd vergnügten, und eine Hirschkuh, die sie
verfolgten, vor ihren Augen in die Fluten sprang. Sei es nun, daß
Ehrgeiz oder Jagdeifer oder auch eine göttliche Macht die Jünglinge
dazu trieb: sie folgten dieser Hirschkuh und ließen nicht eher von ihr
ab, als bis sie mit ihr auf das jenseitige Gestade gelangten. Das Wesen,
welches sie verfolgt hatten, verschwand – wer kann sagen, was es
eigentlich war! Denn mir kommt es so vor, als sei es lediglich
erschienen, um den Barbaren, welche jene Gegend bewohnten, Verderben zu bringen. Die Jünglinge brachten freilich keine Jagdbeute,
wohl aber eine Gelegenheit zu Kampf und Raub mit heim. Als sie
nämlich so schnell wie möglich in ihre väterlichen Wohnsitze zurückgekehrt waren, machten sie allen Kimmeriern bekannt, daß jenes
Gewässer passierbar sei. Sofort griffen sie zu den Waffen und gingen
ohne Zögern auf das andere Ufer hinüber, zu der Zeit, als die
Vandalen bereits sich aufgemacht und in Afrika niedergelassen
hatten, und ebenso die Westgoten in Spanien. Sie überfielen nun die
Goten, die auf jenen Ebenen wohnten, plötzlich, töteten ihrer viele
und verjagten die übrigen. Diejenigen, welche mit dem Leben davon-
kamen, erhoben sich mit Weib und Kind, verließen das Land ihrer
Väter und gingen über die Donau ins römische Reich hinein. Zuerst
taten sie den Bewohnern jener Gegenden viel Übles an, dann ließen sie
sich mit Erlaubnis des Kaisers in Thrazien nieder. Zum Teil wurden
sie römische Bundesgenossen, welche wie die anderen Soldaten ihren
jährlichen Sold vom Kaiser bezogen, und wurden Foederati genannt –
mit diesem Namen bezeichnen sie die Römer auf Lateinisch meiner

---

[1] Straße von Kertsch, ins Schwarze Meer. – [2] D.h. germanischen.

Ansicht nach deshalb, weil die Goten nicht im Felde besiegt, sondern durch Vertrag sich zum Kriegsdienst verpflichtet haben –, ein anderer Teil aber blieb feindlich gesinnt und setzte den Krieg ohne jeden Grund weiter fort, bis sie unter Theoderichs Führung nach Italien abzogen.

Diesen Verlauf nahmen die Dinge bei den Goten. Die Hunnen also hatten einen Teil der Goten aufgerieben, den anderen, wie eben berichtet, vertrieben. Die Kuturguren holten nun ihre Familien nach und siedelten sich in jenem Gebiet an, wo sie noch bis auf den heutigen Tag wohnen. Jedes Jahr erhalten sie reiche Geschenke vom Kaiser; nichtsdestoweniger kommen sie regelmäßig über die Donau und durchstreifen brandschatzend das Land des Kaisers, gleichzeitig Feinde und Bundesgenossen der Römer. Die Uturguren kehrten unter ihrem Herrscher zurück in ihre Heimat, um dort künftig allein zu wohnen. Als sie nahe an den Mäotischen See gekommen waren, stießen sie dort auf die Tetraxitischen Goten. Zunächst stellten sich diese den Angreifern gegenüber hinter ihrem Schildwall, zur Abwehr bereit, im Vertrauen auf ihre Kraft und die Stärke ihrer Stellung[1] – sie sind nämlich von den Barbaren jener Gegenden die tapfersten, und der Ausfluß des Mäotischen Sees, wo damals die Tetraxiten angesessen waren, bildet einen halbmondförmigen Meerbusen, dessen Biegung so stark ist, daß er für die Angreifer nur einen ziemlich schmalen Weg übrig läßt. Dann aber einigten sie sich gütlich – denn die Hunnen wollten nicht gern viel Zeit verlieren, und die Goten konnten nicht darauf rechnen, der Menge der Feinde längere Zeit erfolgreichen Widerstand zu leisten – und zwar dahin, daß sie den Übergang gemeinschaftlich machen wollten. Dann sollten sich die Goten auf dem gegenüberliegenden Festland dicht an der Meerenge niederlassen, wo sie auch jetzt noch wohnen und als Freunde und Bundesgenossen, den Uturguren gleichberechtigt, für alle Zeiten wohnen. So kamen diese Goten dorthin, und während die Kuturguren westlich vom Mäotischen See zurückgeblieben waren, gehörte das Stammland allein den Uturguren, die den Römern keinerlei Ungelegenheiten bereiteten, da sie weit ab von ihnen wohnen und, durch viele Völker getrennt, ihnen selbst beim besten Willen nicht beikommen können.

8. Wie ich früher erzählt habe, hatten die Gepiden mit den Langobarden, ihren Todfeinden, einen Vertrag geschlossen; da es ihnen aber schlechterdings unmöglich war, ihre Mißhelligkeiten in Güte zu

Sie sperrten also den Isthmus von Perekop.

549 schlichten, glaubten sie wieder zu den Waffen greifen zu müssen. So zogen denn die Goten und Langobarden mit ihrer ganzen Macht gegeneinander zu Felde, jene unter Thoriswind, diese unter Auduin. Jedem von diesen beiden folgten viele Myriaden. Schon waren sie ganz nahe beieinander, die Heere aber konnten eins das andere noch nicht sehen – da befiel beide plötzlich ein sogenannter panischer Schrecken und trieb sie ohne jeglichen Grund zu schleuniger Flucht, so daß allein die Könige mit ganz geringer Begleitung auf dem Schlachtfeld halten blieben. Diese versuchten vergeblich die Fliehenden aufzuhalten und sich ihrem Schwall entgegenzustemmen: weder Bitten noch Flehen, noch Schrecken und Drohungen fruchteten. Auduin war nicht wenig bestürzt über die regellose Flucht der Seinigen – er wußte nämlich nicht, daß beim Feinde es gerade ebenso zugegangen war, und schickte sofort einige Leute von seinem Gefolge als Gesandte zu den Feinden, um Frieden zu erbitten. Als diese vor den Gepidenkönig Thoriswind gekommen waren, sahen sie, was vorgegangen war, und erklärten sich das Geschehene aus dem, was sie an den eigenen Leuten erlebt hatten. Sie traten also vor Thoriswind und fragten ihn, wo denn in aller Welt die Masse seiner Untertanen wäre. Jener leugnete durchaus nicht, was vorgefallen war, sondern sprach: »Sie haben Reißaus genommen, obgleich niemand sie in die Flucht schlug.« »Den Langobarden ist's ganz ebenso gegangen«, fielen ihm die Gesandten ins Wort, »denn weil du, o König, die Wahrheit offen bekannt hast, wollen auch wir keinen Hehl daraus machen. Da nun Gott entschieden nicht gewollt hat, daß die beiden Völker zugrunde gehen, und deshalb ihre Rüstung zuschanden gemacht hat, indem er einem wie dem anderen den rettenden Schrecken einflößte, so laß auch uns dem göttlichen Willen nachgeben und dem Krieg ein Ende machen.« »So soll es sein!« versetzte Thoriswind. So machten sie einen Waffenstillstand auf zwei Jahre, um während dieser Frist durch wechselseitige Gesandtschaften und ungestörten Meinungsaustausch alle Differenzen bis ins kleinste begleichen zu können. So zogen sich beide damals in ihr Land zurück.

Aber während dieses Waffenstillstandes war es ihnen nicht möglich, alle streitigen Punkte völlig ins Reine zu bringen, und sie griffen wiederum zu den Waffen. Die Gepiden nun hegten die Besorgnis, die Römer würden, wie man auch überall annahm, den Langobarden helfen, und beabsichtigten, sich durch ein Bündnis mit einem Teil der Hunnen zu stärken. Sie sandten also zu den Fürsten der Kuturguren, welche am westlichen Ufer des Mäotischen Sees wohnen, und baten

um ihren Beistand im Krieg gegen die Langobarden. Jene schickten 549
ihnen sofort 22000 Mann, die unter anderen Chinialus befehligte, ein
Mann von hervorragender kriegerischer Tüchtigkeit. Die Gepiden
waren über die sofort erfolgte Ankunft dieser Barbaren keineswegs
erfreut, da der Krieg noch nicht unmittelbar bevorstand, vielmehr
noch auf ein Jahr Waffenstillstand war, und veranlaßten sie, einen
Streifzug in das kaiserliche Gebiet zu machen, um die unbequemen
Gäste auf die Römer abzulenken. Da aber die Römer die Donau-
übergänge in Illyrien und Thrazien sorgfältig bewachten, so schafften
sie diese Hunnen von ihrem eigenen Lande aus über die Donau und
ließen sie auf die Römer los. Während sie plündernd das Land dort
durchzogen, ersann der Kaiser Justinian folgendes. (Er wiegelte die
uturgurischen Hunnen am östlichen Ufer des Mäotischen Sees auf
und veranlaßte sie durch reiche Geschenke, über den Don zu gehen
und in das Gebiet der Kuturguren einzufallen. Das tat auch Sandil,
nachdem er noch 2000 tetraxitische Goten an sich gezogen hatte, und
schlug die Kuturguren in einer gewaltigen Schlacht, aus der nur
wenige entkamen.

19. Während so die Barbaren sich untereinander befehdeten, gelingt
es den Römern, die von den Kuturguren in die Sklaverei geschleppt
worden waren, viele Tausende an der Zahl, infolge jener Schlacht
unbehelligt in die Heimat zurückzukehren. Chinial wird durch die
Kunde von dem Vorgefallenen und reiche Geschenke bestimmt, sich
friedlich zurückzuziehen. Von den Kuturguren, die dem Schwerte der
Uturguren entgangen waren, gehen 2000 Mann mit Kind und Kegel
auf römisches Gebiet über, u. a. Sinnion, der einst mit Belisar gegen
Gelimer und die Vandalen gekämpft hatte, und werden kaiserliche
Schutzbefohlene. Sie werden in Thrazien angesiedelt. Darüber gerät
der Uturgurenkönig Sandil in Zorn und schickt Gesandte an Justi-
nian, um ihm darüber Vorwürfe zu machen. Dieselben werden mit
Geschenken überhäuft und beruhigt entlassen.)

20. Zu dieser Zeit kam es zwischen den Warnen[1] und den kriegeri-
schen Bewohnern der Insel, welche Brittia heißt[2], aus folgendem
Grunde zu Krieg und Blutvergießen. Die Warnen sitzen jenseits des
Donauflusses bis zum nördlichen Ozean und dem Rheinstrom, der sie

Sonst Varini genannt. Prokop überträgt den Namen dieses Volkes, das zu
einer Zeit an der Ostseeküste, zwischen Peene und Trave – an der Warnow –
wohnte, auf sämtliche germanische Völkerschaften der norddeutschen und der
angrenzenden nordslawischen Tiefebene. – – [2] Prokop nennt – abweichend von
andern Schriftstellern – Britannien Βριττία, Irland Βρεττανία.

von den Franken trennt und den anderen Völkerschaften, welche
nach jener Richtung hin wohnen. Diese alle, welche von alters zu
beiden Seiten des Rheines angesessen waren, hatten jedes Volk für
sich seinen Namen und nur eins hieß die Germanen; gewöhnlich aber
bezeichnet man mit Germanen sie alle zusammen. Die Insel Britia
liegt in dem genannten Ozean, nicht weit ab vom Festland, sondern
nur ungefähr 200 Stadien gegenüber den Rheinmündungen, zwischen
Irland und Island. Irland liegt nämlich nach Westen, der äußersten
Küste Spaniens gegenüber, 4000 Stadien vom Festland entfernt;
Britannien dem Teil von Gallien zugewandt, den der Ozean bespült
nördlich von Spanien und Irland. Island endlich, soweit menschliche
Kenntnis reicht, im fernsten Teil des nördlichen Ozeans. Über Irland
und Island habe ich bereits bei früherer Gelegenheit gesprochen. Die
Insel Britannien bewohnen drei sehr zahlreiche Völkerschaften, von
denen jede unter ihrem eigenen König steht. Diese Völker heißen
Angeln, Friesen und, gleichnahmig mit der Insel, Briten. Und so
ungeheuer ist die Kopfzahl dieser Stämme, daß jedes Jahr große
Mengen mit Weib und Kind von dort aufbrechen und zu den Franken
hinüberziehen. Diese siedeln die Ankömmlinge in dem Teil ihres
Gebiets an, der ihnen am wenigsten Einwohner zu haben scheint, und
aus diesem Umstand leiten sie für sich gewisse Ansprüche auf die Insel
her. Jedenfalls gab kurze Zeit zuvor der Frankenkönig, als er einige
seiner Vertrauten nach Byzanz an den Kaiser Justinian als Gesandte
abschickte, einige Angeln mit, um so den Glauben zu erwecken, als ob
auch jene Insel unter seiner Botmäßigkeit stünde. So nun verhält es
sich mit der Insel Britia[1].

Über die Warnen herrschte vor nicht gar langer Zeit ein Mann namens
Hermegisklus. Dieser hatte, um seine Herrschaft zu befestigen, die
534– Schwester des Frankenkönigs Theodebert als Gattin heimgeführt, da
548 ihm seine erste Gemahlin gestorben war, nicht ohne einen Sohn zu
hinterlassen namens Radiger. Ihn hatte sein Vater mit einer britti-
schen Jungfrau, deren Bruder damals König des Angelnvolkes war,
verlobt und bereits große Schätze als Morgengabe gegeben. Dieser
Hermegisklus sah einst, als er mit den angesehensten Warnenhäupt-
lingen spazieren ritt, einen Vogel auf dem Baum sitzen, der laut
krächzte. Ob er nun die Stimme des Vogels verstand oder sonst ir-

---

[1] Prokop meint vielleicht, daß die eingeborenen keltischen Britannier, welche
vor den eindringenden germanischen Völkerschaften zurückwichen, zum Teil
eine Zuflucht in der Bretagne suchten und fanden.

gendeine Ahnung hatte und nun so tat, als könne er die Weissagung des Vogels deuten – kurz, er erklärte seinen Begleitern, er werde am vierzigsten Tage sterben, denn das bedeute die Stimme des Vogels. (Er fügte hinzu, sein Sohn Radiger solle die Verbindung mit der britischen Prinzessin aufgeben und ihr die übersandten Geschenke belassen als Entschädigung für die ihr angetane Schande, dagegen lieber seine Stiefmutter heiraten, um so die Verbindung und das freundschaftliche Verhältnis mit den Franken aufrechtzuerhalten, die ihnen als Feinde großen Schaden tun könnten, während die Britannier weit entfernt seien und deshalb nichts von ihnen zu befürchten stände.)

Am vierzigsten Tage nach jener Prophezeiung starb Hermegisklus wirklich an einer Krankheit. Sein Sohn übernahm die Herrschaft über die Warnen; er vollzog nach dem Rate der angesehensten Männer unter diesen Barbaren den Willen des Verstorbenen, schrieb sofort seiner Braut ab und heiratete seine Stiefmutter. Als das die Braut Radigers erfuhr, fand sie die ihr angetane Schmach unerträglich und rüstete sich, an dem Treulosen Rache zu nehmen. Denn nach der Anschauung jener Barbaren hat ein Weib ihre Ehre verloren, wenn ihr die Ehe versprochen, nachher aber nicht vollzogen wird. Zunächst schickte sie einige von ihrer Sippe als Gesandte zu Radiger, um zu erfragen, aus welchem Grunde er sie so schnöde behandelte, da sie weder gegen ihre jungfräuliche Ehre gefehlt, noch sonst irgend etwas sich hätte zuschulden kommen lassen. Da sie auf diesem Wege nichts auszurichten vermochte, so rüstete sie mit männlichem Mute zum Kriege. Sie sammelte sogleich eine Flotte von 400 Schiffen und ein Heer von nicht weniger als 100000 streitbaren Männern und zog selbst mit dieser Macht gegen die Warnen aus. Zur Unterstützung nahm sie einen ihrer Brüder mit, jedoch nicht den, der König war. Diese Inselbewohner sind von allen Barbaren, die wir kennen, die stärksten. Sie kämpfen zu Fuß, nicht als ob sie bloß nicht zu reiten verständen, sondern sie kennen die Pferde überhaupt nicht, da sie auf der Insel nicht einmal in Abbildungen, geschweige denn lebendig zu sehen sind. Denn dies Tier existiert auf Britia überhaupt nicht[1]. Wenn nun einer von ihnen als Gesandter oder aus irgendeinem anderen Grunde zu den Römern oder Franken kommt oder zu einem anderen Volk, das Pferde hält, und dort sich gezwungen sieht, zu Pferde zu steigen, so kann er nicht selbst hinaufkommen, sondern andere Leute

---

[1] Das steht mit allen andern Nachrichten im Widerspruch; vielleicht liegt eine Verwechslung vor mit der skandinavischen Halbinsel.

müssen ihn hinauf- und natürlich auch wieder herunterheben. Die
Warnen kämpfen ebenfalls nie zu Pferde, sondern immer zu Fuß. So
sind diese Barbaren beschaffen. Rudersklaven gab's auf dieser Flotte
nicht, sondern alle Soldaten ruderten selbst. Auch den Gebrauch der
Segel kennen diese Barbaren nicht, sondern gebrauchen nur Ruder zur
Seefahrt.

Als sie nun aufs Festland hinübergefahren waren, legte die Jungfrau,
welche das Kommando führte, hart an der Rheinmündung eine starke
Befestigung an und blieb dort mit geringer Mannschaft; das ganze
übrige Heer ließ sie unter ihrem Bruder gegen den Feind ausziehen.
Die Warnen aber hatten ihr Lager nicht weit vom Ozean und der
Rheinmündung aufgeschlagen. Bald waren die Angeln dort, und es
kam zu einer Schlacht, in der die Warnen aufs Haupt geschlagen
wurden. Viele von ihnen kamen in diesem Treffen um, die übrigen
flohen, mit ihnen der König. Die Angeln konnten die Verfolgung nur
so weit ausdehnen, wie es zu Fuß möglich ist, und kehrten dann zu
ihrem Lager zurück. Die Prinzessin empfing sie aber mit Scheltworten
und machte besonders ihrem Bruder die bittersten Vorwürfe: sie
erklärte, das Heer habe gar nichts ausgerichtet, da es nicht Radiger
lebendig gefangen mitbrächte. Sofort las sie die tapfersten Krieger aus
und entsandte sie mit dem Auftrag, ihr unter allen Umständen den
Radiger lebendig zu fangen. Diese machten sich an die Erfüllung ihrer
Aufgabe und suchten aufs sorgfältigste die ganze Gegend ab, bis sie
Radiger versteckt in einem Walddickicht fanden. Sie banden ihn und
führten ihn vor die Jungfrau. Zitternd stand er vor ihrem Angesicht
und glaubte, jeder Augenblick könne ihm den martervollen Tod
bringen. Sie aber tötete ihn wider Erwarten nicht, tat ihm auch sonst
nichts zuleide, sondern machte ihm nur Vorwürfe wegen seiner
schnöden Handlungsweise und fragte, warum er unter Verletzung des
geschlossenen Verlöbnisses das Beilager mit einer anderen vollzogen
habe, während doch die jungfräuliche Ehre seiner Braut ganz rein
gewesen sei. Er entschuldigte sich mit dem letzten Willen seines Vater
und dem Drängen der Häuptlinge, redete sehr beweglich und flocht in
seine Verteidigung viele Bitten ein: nur notgedrungen habe er so
gehandelt; wenn sie nur wolle, könne sie noch jetzt seine Gattin
werden, und er wolle, was er ihr angetan, durch sein künftige
Verhalten wiedergutmachen. Das sagte der Jungfrau zu, Radiger
wurde seiner Fesseln entledigt und mit der größten Aufmerksamkeit
behandelt. Die Schwester Theodeberts wird sofort entlassen und er
heiratet die Britin. So endigte diese Sache.

Auf dieser Insel Britannien haben die Alten eine lange Mauer[1] gebaut, die sie in zwei Teile teilt nach mehr als einer Hinsicht, weil Erde und Luft und alles andere auf beiden Seiten durchaus nicht gleich sind. Denn südlich von der Mauer ist gute Luft, den Jahreszeiten entsprechend, im Sommer nämlich gemäßigt warm, im Winter kalt. Und auf dieser Seite wohnen zahlreiche Menschen in derselben Weise wie anderswo, die Bäume stehen in voller Pracht ihrer rechtzeitig gereiften Früchte und die Saatfelder geben denen anderer Gegenden nichts nach, sondern stehen vortrefflich, da das Land hinreichend bewässert ist. Nördlich aber von der Mauer ist gerade das Gegenteil der Fall: zuverlässig kann dort ein Mensch nicht eine halbe Stunde leben; Schlangen und Nattern sowie viele andere Arten solcher Tiere bewohnen jene Gegend. Und was das merkwürdigste ist, die Eingeborenen behaupten, daß, wenn jemand sich auf die andere Seite der Mauer begibt, er sofort den Geist aufgeben muß, so verderblich wirkt schon die Luft dort, und Tiere, die sich hinüber verirren, fallen ebenfalls sogleich tot um. Da mich meine Erzählung bis hierher geführt hat, so muß ich einer Sache Erwähnung tun, die ganz fabelhaft klingt und mir durchaus nicht glaublich erscheinen will, obgleich sie von zahllosen Leuten berichtet wird, die versicherten, alles mit eigenen Ohren gehört und mit eigenen Augen gesehen zu haben, ja selbst dabei tätig gewesen zu sein. Übergehen will ich die Geschichte aber auch nicht, um nicht in den Ruf zu kommen, als hätte ich bei der Beschreibung der Insel aus Unkenntnis irgend etwas übergangen.

Man erzählt also, daß die Seelen der Verstorbenen immer nach dieser Insel hinüberfahren. Auf welche Weise, das will ich sogleich erzählen, wie ich es oft genug von Leuten aus jener Gegend im Ton ehrlichster Überzeugung habe berichten hören – ich möchte das Erzählte auf eine gewisse hellseherische Begabung zurückführen. – An der Küste, die Britannien gegenüberliegt, befindet sich eine große Zahl von Dörfern, deren Bewohner von Fischfang, Ackerbau und Schiffahrt nach Britannien sich ernähren. Sie sind den Franken untertan, zahlen aber keinerlei Tribut, derselbe ist ihnen vielmehr nach ihrer Behauptung erlassen, in Anbetracht einer Dienstleistung, die ich im folgenden schildere. Jene Leute behaupten nämlich, der Reihe nach die Überfahrt der Seelen besorgen zu müssen. Diejenigen nun, welche in der

---

[1] Der sogenannte Piktenwall, von Kaiser Hadrian im Jahr 120 gegen die Einfälle der Pikten und Skoten angelegt, zwischen dem Solwaybusen und der Mündung des Tyne; Reste sind noch jetzt vorhanden.

nächstfolgenden Nacht an der Reihe sind für diese Dienstleistung, gehen, sobald es dunkel geworden ist, in ihre Wohnungen und legen sich schlafen, bis der Führer des Zuges sie weckt. Vor Mitternacht merken sie nämlich, wie es an ihre Türen klopft, und hören die Stimme eines Unsichtbaren, die sie an die Arbeit ruft. Sogleich stehen sie, ohne sich zu besinnen, von ihrem Lager auf und begeben sich an den Strand, einem gewissen Zwange folgend, über dessen Art sie sich nicht Rechenschaft geben können. Dort finden sie Kähne vor, zur Abfahrt bereit, aber ganz menschenleer. Es sind das nicht ihre eigenen, sondern fremde Fahrzeuge. Sie steigen hinein und greifen zu den Rudern. Dann fühlen sie, wie die Schiffe durch die Menge der Mitfahrenden so schwer belastet werden, daß sie bis an die Deckbalken und die Rudereinschnitte im Wasser liegen und kaum einen Finger breit daraus hervorragen; aber zu sehen ist niemand. In einer Stunde rudern sie nach Britannien hinüber, während sie mit ihren eigenen Schiffen, wenn sie nicht segeln, sondern nur rudern, in einer Nacht und einem Tag kaum hinüberkommen. Wenn sie drüben angelangt sind, merken sie, wie sich die Fahrzeuge entleeren und fahren sofort zurück, und so leicht sind dann die Schiffe plötzlich geworden, daß nur der Kiel unter Wasser sich befindet, der Rumpf sich aber hoch darüber erhebt. Sie sehen keinen Menschen mitfahren noch aussteigen, behaupten dagegen eine Stimme zu hören, die den am Ufer Harrenden jeden einzelnen der Neuankommenden namentlich nennt, die Stellung hinzugefügt, die er bei Lebzeiten bekleidet hat, und seine Abstammung väterlicherseits. Wenn auch Frauen mit hinübergefahren sind, so wird der Name dessen ausgerufen, dem sie im Leben angehörten. Solches geschieht nach den Aussagen der Leute jener Gegend. Ich nehme nun meine Erzählung wieder auf.

549 21. Dies war die Lage der Dinge in jedem einzelnen Lande. Der weitere Verlauf des Gotenkrieges aber war folgender.

Wie ich bereits erzählt habe, hatte der Kaiser den Belisar nach Byzanz zurückberufen und ihm eine durchaus ehrenvolle Stellung angewiesen; doch schickte er ihn weder nach Italien, als Germanus gestorben war, noch ließ er ihn in den Orient abgehen, trotzdem er dessen Heermeister war, sondern ernannte ihn zum Obersten der kaiserlichen Leibwächter und behielt ihn bei sich. Dem Range nach stand Belisar am höchsten von allen Römern, obwohl es solche gab, die vor ihm in die Liste der Patrizier eingetragen waren und vor ihm als Konsuln auf dem kurulischen Sessel gesessen hatten. Doch alle diese räumten ihm bereitwillig den ersten Platz ein, da sie sich scheuten, solcher Heldengröße gegenüber den Buchstaben des Gesetzes zu betonen und auf ihrem Recht zu bestehen; das gefiel dem Kaiser ganz außerordentlich. – Johannes, Vitalians Schwestersohn, überwinterte 550 in Salona. Zu dieser Zeit erwarteten ihn die Obersten des römischen Heeres in Italien und blieben daher untätig. Da ging der Winter zu Ende und mit ihm das sechzehnte Jahr dieses Krieges, den Prokop beschrieben hat.

Im folgenden Jahr gedachte Johannes von Salona aufzubrechen und 551 ein Heer schleunigst gegen Totilas und die Goten zu führen; doch der Kaiser hinderte ihn daran und befahl ihm, dort zu bleiben, bis der Eunuch Narses käme. Er hatte nämlich beschlossen, denselben zum Feldherrn mit unumschränkter Vollmacht für diesen Krieg zu ernennen. Warum der Kaiser also beschloß, kann mit wirklicher Sicherheit niemand sagen, denn ein kaiserlicher Beschluß kann wider den Willen des Herrschers überhaupt niemals öffentlich bekannt werden; was aber die Menschen mutmaßten, will ich wohl angeben. Der Kaiser Justinian kam zu der Einsicht, daß die anderen Obersten des römischen Heeres sich schwerlich dem Johannes fügen würden, da sie ihrer Meinung nach ihm im Range völlig gleichstanden. Und deshalb befürchtete er, sie möchten wegen einer abweichenden Ansicht oder aus Neid und bösem Willen durch ihr Verhalten nur noch mehr Unheil anrichten. Noch eine andere Geschichte hörte ich von einem römischen Mann erzählen, als ich mich in Rom aufhielt, und zwar von einem Mitglied des Senats. Dieser Römer erzählte, daß einst, als noch Theoderichs Enkel Atalarich über Italien herrschte, eine Rinderherde am späten Abend vom Felde in die Stadt Rom kam über den Markt hin, den die Römer Forum Pacis nennen – es steht dort nämlich seit alten Zeiten ein Tempel des Friedens, in den der Blitz eingeschlagen hat. Vorn an diesem Markt befindet sich ein alter Springbrunnen und auf demselben ein eherner Stier, ein Werk, wie ich glaube, des Atheners Phidias oder Lysippus. An jenem Orte befinden sich überhaupt viele Bildwerke von der Hand dieser beiden Männer, z. B. eines von Phidias, wie die Inschrift besagt. Ferner das Kalb des Myron. Die alten Römer waren nämlich eifrig bemüht, gerade die schönsten Kunstwerke Griechenlands nach Rom zu schaffen. – Der Römer sagte also, der einzige verschnittene Stier von jener vorüberziehenden Herde habe sich von derselben getrennt, sei in jenen Springbrunnen getreten und habe sich über den ehernen Stier gestellt. Nun sei ein Etrusker – dies Volk versteht sich auch zu meiner Zeit auf Weissagung – gerade des Weges gekommen, dem Aussehen nach ein einfacher

551 Bauer, und habe das Zeichen dahin gedeutet, daß ein Verschnittener
dereinst den Herrn Roms stürzen werde. Damals nun erntete jener
Etrurier und sein Ausspruch weiter nichts als Gelächter. Vor dem
Eintreffen nämlich pflegen die Leute Weissagungen lächerlich zu
machen, da der Tatbestand noch nicht gegen sie zeugen kann, und
behaupten, es sei ein abgeschmacktes Märchen, weil das Ereignis
noch nicht eingetreten und die Nachricht davon unglaubwürdig
erscheint; jetzt aber bewundert jeder dies Zeichen, indem er sich vor
dem Erfolg beugt. Also vielleicht aus diesem Grunde wurde Narses
Feldherr gegen Totilas, sei es, daß der Kaiser die Zukunft richtig
erkannte, sei es, daß das Schicksal selbst die nötige Entscheidung traf.
– Narses brach auf, vom Kaiser mit einem bedeutenden Heer und
reichlichen Geldmitteln ausgerüstet. Als er mit seinen Scharen mitten
in Thrazien war, blieb er einige Zeit in Philippopolis[1], da ihm der
Weitermarsch verlegt war durch ein Hunnenheer, das raubend und
plündernd in das römische Reich eingebrochen war, ohne auf Widerstand zu stoßen. Als aber ein Teil desselben sich nach Thessalonike[2],
der andere gegen Byzanz gewandt hatte, kam er mit genauer Not
durch und konnte seinen Marsch fortsetzen.

22. Während Johannes zu Salona den Narses erwartete und dieser,
durch den Anfall der Hunnen behindert, nur langsam vorwärts kam,
tat Totilas, der sich auf die Ankunft des Narses und seines Heeres
gefaßt machte, folgendes. Er brachte eine Anzahl Römer, unter ihnen
einige Senatoren, nach Rom selbst, während er die übrigen in
Kampanien beließ. Jenen befahl er, nach besten Kräften für die Stadt
zu sorgen, indem er durchblicken ließ, daß sein früheres Vorgehen
gegen Rom, wobei viel in Flammen aufgegangen war, besonders
jenseits des Tiber, ihn reue. Da jene aber wie Kriegsgefangene
behandelt und aller Mittel gänzlich beraubt worden waren, so sahen
sie sich nicht imstande, für die Erhaltung des öffentlichen Eigentums,
ja nicht einmal ihres persönlichen Guts etwas zu tun, obgleich von
allen Menschen, die wir kennen, die Römer am allermeisten an ihrer
Vaterstadt hängen und eifrigst bemüht sind, sämtliche Denkmäler der
alten Zeit zu schützen und zu bewahren. Und obgleich sie nun schon
lange Zeit unter der Herrschaft von Barbaren stehen, so haben sie
doch die öffentlichen Bauten und den größten Teil der Kunstwerke
vor Zerstörung zu retten gewußt, und die letzteren haben dem Zahn
der Zeit und der Vernachlässigung erfolgreich widerstanden, dank

[1] An der Maritza. – [2] Saloniki.

dem vorzüglichen Material und der Kunst, mit der sie angefertigt sind. 551
So z.B. waren noch Denkmäler vorhanden, die sich auf die Zeit der
Stammväter beziehen, u. a. das Schiff des Äneas, des Gründers der
Stadt[1], das noch jetzt zu sehen ist, so unglaublich es auch klingen
mag...[2]

Totilas aber bemannte 300 Kriegsschiffe mit Goten und ließ diese
Flotte auslaufen mit dem Auftrag, gegen Griechenland sich zu wenden
und alles, wie es sich gerade bot, auszuplündern. Die Flotte konnte bis
zu dem Lande der Phäaken, das jetzt Kerkyra[3] genannt wird, nichts
Schlimmes verüben; denn auf dieser Fahrt von der Meerenge der
Charybdis bis zur Insel Kerkyra liegt keine bewohnte Insel, so daß ich,
der ich oft diese Fahrt gemacht habe, in Verlegenheit bin, wo ich die
Insel der Kalypso zu suchen habe...[4]

Als diese gotische Flotte nach Kerkyra gekommen war, überfiel sie die
Insel und plünderte sie gänzlich aus, ebenso die benachbarten Inseln,
welche die Syboten heißen. Dann fuhren sie bis zur gegenüberliegenden Küste und brandschatzten alle Ortschaften in der Nähe von
Dodona, besonders Nikopolis[5] und Anchisus, wo einst Anchises, der
Vater des Äneas, nach der Einnahme von Ilios auf der Fahrt mit
seinem Sohn nach der Überlieferung der Eingeborenen gestorben sein
soll, und hiervon hat angeblich der Ort seinen Namen. Sie streiften die
ganze Küste ab, bis sie auf eine große Anzahl griechischer Schiffe
stießen, die sie alle samt ihrer Fracht kaperten. Darunter waren auch
einige Schiffe mit Proviant aus Griechenland für Narses' Heer. So ging
es hier zu.

23. Schon geraume Zeit früher hatte Totilas eine gotische Heeresmacht nach Picenum geschickt, um Ancona zu nehmen. Dieser gab er
als Befehlshaber die angesehensten unter allen Goten: Skipuar, Giblas
und Gundulf, der einst Belisars Doryphor gewesen war und von
einigen Indulf genannt wird. Ihnen gab er auch 47 Kriegsschiffe, um
die Festung zu Wasser und zu Lande belagern und sie mit leichter
Mühe nehmen zu können. Auf diese Belagerung war schon lange Zeit
hingegangen, und die Belagerten wurden bereits durch Mangel an
Lebensmitteln hart bedrängt. Als dies Valerian erfuhr, der in Ravenna

[1] Äneas ist vielmehr der Ahnherr des Gründers Romulus. — [2] Folgt eine
genaue Beschreibung der Lage und Beschaffenheit desselben nach eigenster
Anschauung Prokops. — [3] Corfu. — [4] Exkurs hierüber, an den sich einige
weitere Bemerkungen über ähnliche Gegenstände knüpfen. — [5] Am Eingang des
Sinus Ambracius, gegenüber von Actium; jetzt Paleoprevyza.

551 stand, konnte er zwar für sich allein den Römern in Ancona nicht Luft
machen, aber er schickte an Johannes, Vitalians Schwestersohn, der
auf der Reede von Salona lag, einen Brief folgenden Inhalts: »Auf
dieser Seite des adriatischen Meeres ist, wie Du weißt, nur noch
Ancona in unseren Händen – wenn es wirklich noch unser ist. Denn
bei den Römern, welche dort unter der Belagerung furchtbar leiden,
stehen die Sachen so, daß wir befürchten müssen, wir kommen mit
unserer Hilfe schon zu spät, unser guter Wille ist durch die Ereignisse
um sein Ziel betrogen und strengt sich ganz vergeblich an. Doch
genug davon, denn die Bedrängnis der Belagerten ist derart, daß ich
nicht weiter schreiben darf: jeder Augenblick ist für sie kostbar, und
ihre Gefahr fordert eine wirksamere Hilfe als das bloße Wort!« Kaum
hatte Johannes diesen Brief gelesen, so beschloß er, gegen den
ausdrücklichen Befehl des Kaisers, auf seine eigene Verantwortung
auszulaufen, da er glaubte, dem Drange der Verhältnisse mehr
Rechnung tragen zu müssen als selbst einem kaiserlichen Auftrage. Er
suchte sich die tüchtigsten Leute aus und bemannte damit 38 lange
Schiffe, die alle sehr schnell waren und zum Seekrieg sorgfältig
ausgerüstet, nahm einigen Proviant mit und fuhr von Salona nach
Pola[1], wo auch Valerian mit 12 Schiffen bald darauf sich einstellte.
Nach erfolgter Vereinigung hielten sie einen Kriegsrat und machten
sich schlüssig über das, was zu tun sei. Dann lichteten sie die Anker
und fuhren nach der gegenüberliegenden Küste an einen Ort, den die
Römer Sena Gallica[2] nennen, nicht weit von Ancona. Als die goti-
schen Obersten hiervon Kunde erhielten, bemannten sie sofort die
Kriegsschiffe, die sie bereit hatten, 47 an der Zahl, mit auserlesener
Mannschaft. Den Rest des Heeres ließen sie zur Belagerung der
Festung zurück und segelten geradewegs auf die Feinde los. Das
Belagerungsheer befehligte Skipuar, die Flotte Giblas und Indulf. Als
sie ganz nahe sich gegenüberstanden, legten sie bei, zogen die Schiffe
in einen engen Kreis zusammen und hielten eine Art Rede an die
Soldaten. Zunächst sprachen Johannes und Valerian folgenderma-
ßen: (»Es handelt sich nicht nur um den Entsatz von Ancona, sondern
um die Wiedergewinnung der ganzen italischen Küste. Im Fall einer
Niederlage ist Italien so gut wie verloren, und ihr werdet nirgends eine
Zuflucht finden, denn zu Wasser wie zu Lande herrschen dann die
Goten. Auf eure Tapferkeit allein kommt es an: kämpfet mit den

[1] Pola korrigiert schon Maltret aus Skardon, das im Text steht – eine
Korrektur, die dem Sinne nach durchaus notwendig ist. – [2] Sinigaglia.

festen Entschluß zu fallen oder zu siegen – durch den Sieg werdet ihr   551
Glück und Ruhm ernten!«) So ließen sich Johannes und Valerian
vernehmen. Die gotischen Feldherren ermahnten die Ihrigen wie folgt.
(»Diese verwünschten Griechen, die sich schon, wer weiß wo, verkro-
chen hatten, sind wieder hervorgekommen und wagen es, sich uns
entgegenzustellen! Ihr müßt sie nun gleich tüchtig abweisen, damit
ihre Frechheit sich nicht noch höher erhebt. Es sind ja nur Griechen,
die von Natur nicht viel Mut besitzen. Ihr werdet sehen, daß ihre
Tapferkeit, von der sie zunächst viel Wesens machen, im Augenblick
des Zusammenstoßes nicht stichhält. Denkt daran, wie oft ihr sie
schon besiegt habt, und sorgt dafür, daß sie einen ähnlichen Denkzet-
tel davontragen[1].«)
Nach diesen mahnenden Worten fuhren die gotischen Obersten den
Feinden entgegen und begannen ohne Zaudern das Treffen. Es
entspann sich eine große Seeschlacht, die aber einem Kampf zu Lande
sehr ähnlich war. Denn sie standen Schiffsschnabel an Schiffsschnabel
und Vorderkastell an Vorderkastell, und die Geschosse flogen her-
über und hinüber. Diejenigen, welche besonders tapfer waren, kämpften Mann an Mann von einem Verdeck zum anderen mit Schwert und
Speer wie auf dem Lande. So ging es zu beim Beginn der Schlacht.
Dann aber setzten die Barbaren, welche gar nicht zu manövrieren
verstanden, das Gefecht in großer Unordnung fort: einesteils entfernten sich ihre Schiffe so weit voneinander, daß der Feind jedes einzeln
angreifen konnte; anderenteils drängten sie sich so dicht aneinander,
daß sie sich nicht rücken noch rühren konnten und die Verdecke der
einzelnen Schiffe so dicht aneinander lagen wie die Maschen einer
geflochtenen Decke. Nur mit vieler Mühe, ohne gehörigen Nach-
druck konnten sie Pfeile auf die weiter abliegenden Feinde schießen,
und Schwert und Speer vermochten sie auch nicht ordentlich zu
gebrauchen, wenn jene ihnen näher auf den Leib rückten, sondern
unter vielem Geschrei stießen sie gegeneinander und konnten nicht
loskommen, prallten vielmehr immer wieder in steigender Verwirrung zusammen, obgleich sie mit Stangen sich freizustoßen suchten:
bald standen sie mit den Schnäbeln ganz dicht zusammen, bald fuhren

---

[1] Prokop liebt es, in seinen Reden römisches und barbarisches Wesen gegen-
überzustellen: die Römer sprechen fest und männlich, ohne zu prahlen, der
Gefahr sich wohl bewußt; die Barbaren machen leere Worte, voll Dünkel und
eitler Siegeszuversicht. So öfters. Der Wichtigkeit der bevorstehenden Schlacht
entspricht die Länge der Reden, die vor einer Seeschlacht besonders auffallen
muß.

551 sie weit auseinander – beides zu ihrem großen Schaden. Jeder rief seinem nächsten Nachbarn mit grellem Getöse Kommandos zu, nicht um vereint gegen den Feind loszugehen, sondern bloß um die richtigen Abstände wiederzubekommen. Dadurch, daß sie sich so immer mehr ineinander festfuhren, gaben sie selbst die Hauptveranlassung für den Sieg der Feinde. Die Römer, mutig im Angriff und geschickt im Manövrieren, richteten ihre Schiffe gehörig aus, fuhren weder zu weit auseinander noch kamen sie sich näher, als das Bedürfnis erforderte; vielmehr hielten sie richtig Abstand und sorgten so für Freiheit der Bewegung: sobald sie ein vereinzeltes feindliches Schiff bemerkten, stürzten sie sich auf dasselbe und brachten es ohne große Mühe zum Sinken. Wenn sie irgendwo die Feinde in Unordnung geraten sahen, überschütteten sie dieselben mit einem Pfeilregen, und wenn es dann zum Entern kam, war es ihnen ein leichtes, die ungeordneten und durch die eigene Verwirrung schon ermatteten Gegner im Nahkampf zu vernichten. Die Barbaren wurden durch die Ungust des Schicksals und die Fehler, welche sie selbst während des Kampfes begangen hatten, ganz kopflos und vermochten nicht das Gefecht fortzusetzen, weder mit den Schiffen, noch im Kampfe Mann gegen Mann von den Verdecken aus, sondern gaben die Schlacht verloren, vor Schrecken wie gelähmt, und ließen alles über sich ergehen. Dann wandten sich die Goten zu regelloser Flucht. Weder auf Gegenwehr noch ehrenvollen Rückzug oder derartiges bedacht, fuhren sie völlig zersprengt zwischen den feindlichen Fahrzeugen umher. Einige von ihnen schlugen sich mit elf Schiffen durch und entflohen unbemerkt; alle übrigen kamen in die Gewalt der Feinde. Viele wurden von den Römern getötet, viele gingen mit den Schiffen unter; von den Obersten rettete sich Indulf mit jenen elf Schiffen, den anderen nahmen die Römer gefangen. Diejenigen, welche auf den elf Schiffen glücklich davongekommen waren, gingen ans Land und verbrannten sofort ihre Fahrzeuge, damit sie nicht in die Hände der Feinde fielen, und marschierten selbst zu dem Heere hin, welches Ancona belagerte. Dort meldeten sie das Vorgefallene, und sogleich brach alles auf. Das Lager wurde den Feinden preisgegeben. Dann traten sie einen eiligen und unordentlichen Rückzug auf das nahe Auximum an. Bald darauf kamen die Römer vor Ancona an, besetzten das verlassene feindliche Lager, versahen die Besatzung der Stadt mit Proviant und fuhren wieder ab: Valerian begab sich nach Ravenna, Johannes segelte zurück nach Salona. Vornehmlich durch diese Schlacht empfingen der Mut und die Macht der Goten den Todesstoß.

24. Zu derselben Zeit nahmen die Dinge auf Sizilien für die Römer 551
folgenden Fortgang. Liberius kehrte von dort auf allerhöchsten Befehl
nach Byzanz zurück, und an seine Stelle setzte der Kaiser den
Artabanes über die ganze römische Macht auf Sizilien. Dieser belagerte die Goten, welche nur in ganz geringer Anzahl in den dortigen
Kastellen als Besatzung zurückgeblieben waren, schlug ihre Ausfälle
siegreich zurück und brachte sie dann durch Aushungerung zur
Übergabe. Die Bestürzung hierüber einerseits und der schwere Schlag,
den sie durch den Verlust der Seeschlacht erlitten hatten andererseits,
brachten die Goten dazu, an dem glücklichen Ende des Krieges ganz
zu verzweifeln. Sie hatten schon jegliche Hoffnung aufgegeben, da sie
sich sagen mußten, daß, wenn die Römer auch nur geringen Zuzug
erhielten, sie bei der Überlegenheit der Feinde und ihrer eigenen
Schwäche nicht mehr imstande wären, selbst kurze Zeit noch den
Widerstand fortzusetzen und sich in Italien zu halten. Auch die
Hoffnung, durch Unterhandlungen vom Kaiser irgend etwas zu
erreichen, hatte sich bereits als nichtig erwiesen. Zu wiederholten
Malen hatte nämlich Totilas an ihn Gesandte abgeschickt, um ihm
auseinanderzusetzen, den größten Teil Italiens hätten die Franken in
Händen, das übrige sei durch den Krieg zur Wüste geworden; die
Goten wollten Sizilien und Dalmatien, die Länder, welche noch
verhältnismäßig am wenigsten gelitten hätten, an die Römer abtreten;
für den verwüsteten Rest wollten sie Steuern und jährlichen Tribut
zahlen, dem Kaiser als Bundesgenossen folgen, wohin er wolle, und
überhaupt seine Untertanen werden. Aber der Kaiser nahm davon gar
keine Notiz und schickte alle Gesandten zurück, da er den Goten
ingrimmig zürnte und sie gänzlich aus dem römischen Reich vertreiben wollte.

So lagen die Dinge. Theodebert aber, der Frankenkönig, war kurz
zuvor[1] an einer Krankheit gestorben, nachdem er einige Teile von
Ligurien, das Gebiet der kottischen Alpen und den größten Teil von
Venetien ohne Schwierigkeit sich tributpflichtig gemacht hatte. So
benutzten die Franken geschickt die mißlichen Verhältnisse der
Kämpfenden und bereicherten sich gefahrlos durch Besitzergreifung
der Gegenden, um die Goten und Römer kämpften. Jenen blieben nur
wenige feste Plätze in Venetien; denn die Ortschaften am Meer hatten
sich die Römer, die anderen fast sämtlich die Franken untertänig
gemacht. Während nun so, wie ich geschildert habe, Römer und

551 Goten miteinander Krieg führten und keine von beiden Parteien es
noch mit einem neuen Feind aufnehmen konnte, trafen Goten und
Franken ein Abkommen des Inhalts, daß, solange die Goten mit den
Römern Krieg führten, jeder ruhig das behalten solle, was er in
Händen habe, und nichts Feindliches gegen den anderen unternehmen. Sollte jedoch Totilas einmal die Oberhand im Krieg über
Justinian gewinnen, dann sollten Goten und Franken darüber verhandeln, wie es das beiderseitige Interesse erfordere. Dies war der Inhalt
des Vertrages. – Dem Theodebert folgte auf dem Thron sein Sohn
Theodebald[1]. Und der Kaiser Justinian schickte den Senator Leontius,
des Athanasius Schwiegersohn, an ihn ab, der ihn an das Bündnis
gegen Totilas erinnern und die Räumung der italischen Ortschaften,
die Theodebert widerrechtlich in Besitz genommen hatte, von ihm
verlangen sollte.
Als Leontius vor Theodebald trat, sprach er also: »Schon manchen
anderen Leuten ist es wohl einmal nicht so gegangen, als sie erwartet
hatten; was aber jetzt die Römer von euch haben erfahren müssen,
das geht doch über menschliche Begriffe. Denn ehe der Kaiser
Justinian diesen Krieg unternahm und öffentlich gegen die Goten zu
Felde zog, haben die Franken als Zeichen der Freundschaft und
Bundesgenossenschaft große Geschenke erhalten und versprochen,
ihn tätig zu unterstützen. Dann ist es ihnen aber gar nicht eingefallen,
dem Vertrage gemäß zu handeln, sondern sie haben obendrein noch
so schlecht an den Römern gehandelt, wie sich kaum ein Mensch
vorstellen kann. Denn dein Vater Theodebert unterfing sich, gegen
Recht und Gerechtigkeit ein Land in Besitz zu nehmen, dessen eben
der Kaiser Herr geworden war mit vieler Mühe und großen Kriegsgefahren, wobei die Franken untätig zusahen. Ich bin nun zu euch
gekommen, nicht etwa um euch Vorwürfe oder Beschuldigungen
auszusprechen, sondern um euch dazu aufzufordern, was euch selbst
frommen soll – ich meine nämlich so, daß ihr eure günstige Macht-
stellung aufs sicherste befestigt, wenn ihr den Römern ihr Eigentum
überlaßt. (Erfüllt, wie sich's gehört, das Versprechen Theodeberts
und zieht mit uns gegen Totilas zu Felde, was ihr ganz von selbst
schon hättet tun müssen, weil die Goten eure alten Feinde und immer
gegen euch treulos gewesen sind. Jetzt schmeicheln sie euch; wenn sie
uns aber glücklich los sind, werden sie ihre wahre Gesinnung gegen
euch bald offenbaren, die sie nur aus Arglist verbergen. Deshalb

[1] Bis 555.

erneuert das Bündnis mit dem Kaiser und zieht gegen eure alten 551 Feinde mit ganzer Macht zu Felde.«

So sprach Leontius. Ihm antwortete Theodebald folgendermaßen: »Ohne einen Schein von Recht nennt ihr uns eure Bundesgenossen gegen die Goten, denn diese sind jetzt unsere Freunde. Gesetzt nun, die Franken hielten ihnen nicht Wort, so werden sie es auch euch nicht halten. Denn wo sich erst einmal Untreue gegen Freunde gezeigt hat, da pflegt die Gesinnung auf immer vom rechten Wege abgewichen zu sein. Was ferner die Ortschaften betrifft, von denen ihr geredet habt, so will ich nur so viel sagen, daß mein Vater Theodebert niemals darauf ausging, einen Nachbarn zu vergewaltigen oder auf fremdes Eigentum sich zu stürzen. Der Beweis dafür ist, daß ich nicht reich bin. Er hat jene Plätze gar nicht den Römern weggenommen, sondern sie vertragsmäßig von Totilas erhalten, der sie besaß. Und darüber müßte sich eigentlich Justinian mit den Franken freuen. Denn derjenige, dem von seinem Eigentum etwas weggenommen ist, müßte sich doch freuen, wenn er die Räuber von jemand anderem bezwungen sähe, in der Meinung, daß diejenigen, die ihn selbst geschädigt haben, mit Fug und Recht Strafe leiden – es müßte denn sein, daß er seinerseits auf die glücklichen Sieger neidisch würde, weil sie aus der Bestrafung der Feinde Nutzen gezogen haben, ein Umstand, der wohl oft die Menschen in neidische Stimmung bringt. Die Entscheidung über diesen Fall können wir füglich Schiedsrichtern überlassen, so daß, wenn wirklich mein Vater den Römern etwas weggenommen hat, wir dies ohne Zögern herausgeben müßten. Und wegen dieser Sache sollen unverzüglich Gesandte von uns nach Byzanz geschickt werden.« Nach diesen Worten entließ er den Leontius und schickte als Gesandten Leuthart, einen fränkischen Mann, selbviert als Gesandten an den Kaiser Justinian ab. Sie kamen in Byzanz an und erledigten die Angelegenheit, derenwegen sie gekommen waren.

Totilas trachtete danach, die zur Provinz Libyen gehörigen Inseln zu besetzen. Sogleich sammelt er eine Flotte, besetzt sie mit einer starken Abteilung Soldaten und schickt sie nach Korsika und Sardinien. Zuerst wandten sie sich gegen Korsika und nahmen es, ohne auf Widerstand zu stoßen, ein, dann besetzten sie auch Sardinien. Beide Inseln machte sich Totilas tributpflichtig. Als dies Johannes erfuhr, der Heermeister in Afrika[1], schickte er eine Abteilung Schiffe und Soldaten nach Sardinien. Als diese in die Nähe von Calaris[2] kamen,

Magister militum per Africam. – [2] Cagliari.

551 bezogen sie dort ein Lager und gedachten den Platz zu belagern, denn einen Sturm glaubten sie nicht wagen zu dürfen, da die gotische Besatzung ziemlich stark war. Als die Barbaren das merkten, zogen sie aus, überfielen die Feinde, schlugen sie ohne große Mühe und töteten viele von ihnen. Die übrigen flohen zunächst auf die Schiffe und fuhren bald darauf mit der ganzen Flotte nach Karthago zurück, wo sie überwinterten, um bei Frühlingsanfang mit größerer Macht von neuem gegen Korsika und Sardinien zu ziehen...[1]

25. (Ein großer Sklavenenschwarm bricht in Illyrien ein und haust dort fürchterlich. Der Kaiser bietet Truppen gegen sie auf; diese sind aber so schwach, daß sie nichts gegen sie unternehmen und nicht einmal ihren Rückzug über die Donau hindern können. Die Gepiden nämlich übernehmen es, die Sklaven hinüberzuschaffen und bekommen für den Kopf ein Goldstück. Der Kaiser will, damit dergleichen nicht wieder vorkommt, mit den Gepiden ein Bündnis schließen.)

Mittlerweile rüsteten Gepiden und Langobarden wiederum zum Kriege. Die Gepiden, welche noch nicht wußten, daß der Kaiser Justinian den Vertrag mit den Langobarden bereits beschworen hatte, wollten aus Furcht vor der römischen Macht gern Freunde und Bundesgenossen der Römer werden. Sie schickten also unverzüglich Gesandte nach Byzanz, um ebenfalls mit dem Kaiser ein Bündnis abzuschließen. Derselbe ging ohne Zögern darauf ein: er selbst beschwor diesen Vertrag und ebenso zwölf Senatoren auf Bitten der Gesandten. Bald darauf forderten die Langobarden kraft ihres Bundesrechts ein Hilfsheer gegen die Gepiden, und der Kaiser schickte es, weil er den Gepiden vorwarf, nach Abschluß des Vertrages den Sklavenenzug zum Schaden der Römer über den Donaufluß befördert zu haben. (An der Spitze dieses Heeres standen des Germanus Söhne, Justin und Justinian u. a., ferner der Gote Amalafrid, der Tochtersohn Amalafridas, der Schwester des Gotenkönigs Theoderich, und Sohn des Thüringerkönigs Hermenefrid. Diesen hatte Belisar mit Witichis nach Byzanz gebracht, und der Kaiser hatte ihn zum römischen Obersten gemacht, seine Schwester an den Longobardenkönig Auduin verheiratet. Von diesem Heer kam niemand zu den Langobarden außer Amalafrid mit seinem Gefolge; denn die übrigen blieben auf Befehl des Kaisers bei der Stadt Ulpiana in Illyrien, wo unter den Einwohnern ein Aufstand sich erhoben hatte, wie sie die Christen

---

[1] Exkurs über die Namen der Insel Sardinien u. a. m.

wegen ihrer Glaubensstreitigkeiten auszufechten pflegen, eine Sache,   551
über die ich ein besonderes Buch schreiben werde[1].) Die Langobarden und Amalafrid fielen mit aller Macht in das Gepidenland ein. Die
Gepiden traten ihnen entgegen und es kam zu einer großen Schlacht,
in der dieselben besiegt wurden und sehr viele von ihnen den Tod
gefunden haben sollen. Und Auduin, der Langobardenkönig, schickte
einige Leute aus seinem Gefolge nach Byzanz, um dem Kaiser
Justinian die frohe Botschaft von dem Sieg über die Feinde mitzuteilen, gleichzeitig aber auch Vorhaltungen zu machen, daß kein kaiserli-
ches Hilfsheer zur Stelle gewesen sei, obgleich er eine so große Menge
von Langobarden geschickt habe, um mit Narses gegen Totilas und
die Goten zu ziehen. So trug sich dies zu.
(Griechenland wird von einem furchtbaren Erdbeben heimgesucht,
das besonders in Achaja und Böotien schlimme Verwüstungen an-
richtet.)
In Italien aber ereignete sich folgendes. Die Bewohner von Kroton und
die Besatzung dieser Stadt unter Palladius wurden von den Barbaren
hart bedrängt und litten besonders viel durch den Mangel an Lebensmitteln. Sie schickten nun, ohne daß es die Feinde merkten, öfters
Boten nach Sizilien, um die Obersten des dortigen Römerheeres und
besonders Artabanes anzuflehen: wenn sie nicht schleunigst Hilfe
bekämen, so sähen sie sich, sehr wider ihren Willen, gezwungen, sich
selbst und die Stadt binnen kurzem den Feinden zu übergeben. Aber
keiner kam ihnen zu Hilfe. Und der Winter ging zu Ende, mit ihm das
siebzehnte Jahr dieses Krieges, den Prokop beschrieben hat.
26. Narses brach von Salona auf und zog gegen Totilas und die Goten   552
mit dem ganzen römischen Heer, das gewaltig groß war; der Kaiser
hatte ihm nämlich entsprechend reiche Mittel zur Verfügung gestellt.
Deshalb konnte er nun einerseits ein sehr stattliches Heer sammeln
und für die übrigen Kriegsbedürfnisse ausreichend sorgen; andererseits war er auch fähig, den Soldaten in Italien alle Rückstände zu
zahlen, die der Kaiser ungebührlich lange Zeit sich hatte ansammeln
lassen, statt ihnen, wie es Gebrauch war, den festgesetzten Sold aus
der Staatskasse zu zahlen. Er hatte sogar so viel, daß er auch
diejenigen, welche zu Totilas übergelaufen waren, umstimmen
konnte, und sie, durch diese klingenden Lockmittel zahm gemacht,
dem Reiche wiedergewonnen wurden. Während also der Kaiser
Justinian diesen Krieg anfangs ohne rechten Eifer geführt hatte,

[*] Diese Absicht hat Prokop, soviel wir wissen, nicht ausgeführt.

552 machte er jetzt ganz zuletzt bedeutende Anstrengungen. Denn als Narses merkte, daß er nach Italien gehen sollte, zeigte er einen Ehrgeiz, wie er sich für einen Feldherrn geziemt, und erklärte dem Kaiser, als dieser ihn aufforderte, er werde ihm nur dann zu Willen sein, wenn er ausreichende Streitkräfte zu seiner Verfügung erhielte. Auf diese Weise bekam er Geld, Leute und Ausrüstungsmaterial vom Kaiser, wie sie der Würde des römischen Reiches angemessen waren, und brachte mit unermüdlicher Energie ein stattliches Heer zusammen: sowohl aus Byzanz nahm er zahlreiche Soldaten mit, als er auch aus Thrazien und Illyrien eine große Menge an sich zog. Johannes schloß sich ebenfalls ihm an mit seinen eigenen Truppen und denen, die sein Schwiegervater Germanus hinterlassen hatte. Ferner ließ sich der Langobardenkönig Auduin durch reiche Geschenke des Kaisers Justinian und den abgeschlossenen Bundesvertrag bestimmen, von seiner eigenen Gefolgschaft 2500 tapfere Krieger auszusuchen und zur Unterstützung abzusenden, denen er über 3000 Mann als Knappen mitgab. Dann gingen mit Narses über 3000 Mann vom Volk der Heruler, die unter anderen Philemuth befehligte, zahlreiche Hunnen, Dagisthäus mit seinem Gefolge, der deshalb aus dem Gefängnis entlassen wurde[1], viele persische Überläufer unter Kabades, dem Sohn des Zames und Enkel des Perserkönigs Kabades, der, wie ich früher erzählt habe[2], mit Hilfe des Chanaranges den Nachstellungen seines Oheims Chosroes entgangen war und damals zu den Römern übergetreten war; ferner Asbad, ein junger Gepide von hervorragender Tapferkeit, mit 300 seiner Landsleute, die ebenfalls tapfere Krieger waren; der Heruler Aruth, der von Jugend auf römisch erzogen war und die Tochter des Mauritius, des Sohnes des Mundus, zur Gattin genommen hatte, und selbst ein kühner Degen, zahlreiche Heruler von gleicher Tapferkeit um sich hatte; endlich Johannes, mit dem Beinamen der Fresser, der früher schon öfter erwähnt wurde, mit einer Schar kriegstüchtiger Römer. Narses selbst war von großartiger Freigebigkeit und hatte für jeden Bittenden eine offene Hand; da er vom Kaiser reich ausgestattet war, folgte er seiner Neigung zum Geben um so mehr. Weil nun schon von früher her viele Offiziere und Soldaten ihn als ihren Wohltäter verehrten, so drängten sich alle sobald seine Ernennung zum Oberfeldherrn gegen Totilas und die Goten bekannt geworden war, mit wahrem Feuereifer, unter ihm zu dienen, teils um alte Dankesschulden abzutragen, teils in der Erwar

---

[1] Er war des Hochverrats verdächtig. Got. IV, 9. — [2] Pers. I, 23.

tung, wie natürlich, reiche Belohnungen bei ihm zu verdienen. 552
Vornehmlich waren die Heruler und die übrigen Barbaren ihm
wohlgesonnen, deren Gunst er sich durch besondere Freigebigkeit
gesichert hatte.

Als er an die Grenze von Venetien kam, schickte er an die fränkischen
Befehlshaber, welche in den dortigen Forts kommandierten, Botschaft und ersuchte sie, den Römern, als einer befreundeten Macht,
den Durchzug zu gestatten. Dieselben erklärten aber, sie könnten das
dem Narses unter keinen Umständen gewähren; den wahren Grund
ihrer Weigerung, nämlich den Vorteil der Franken und ihre günstige
Gesinnung gegen die Goten, gaben sie nicht an, sondern schützten
einen anderen, nicht gerade sehr stichhaltigen, vor, nämlich daß er
ihre Todfeinde, die Langobarden, in seinem Heere mit sich führe.
Narses war hierüber anfangs ziemlich ratlos und fragte die anwesenden Italiker, was zu tun sei. Da erklärten ihm einige, selbst wenn die
Franken den Durchzug gestatteten, könne er auf diesem Wege doch
nicht nach Ravenna kommen, sondern höchstens seinen Marsch bis
Verona fortsetzen, denn Totilas habe den Kern seines Heeres unter
dem Goten Tejas, einem ausgezeichneten Krieger, nach Verona
geschickt, das den Goten noch gehörte, um mit allen Kräften den
Durchzug des römischen Heeres zu verhindern. Und so war es
wirklich. Sobald Tejas in der Stadt Verona angekommen war, machte
er den Feinden den Durchmarsch auf diesem Wege unmöglich, indem
er die ganze Gegend am Poflusse durch künstliche Veranstaltungen
unwegsam und unzugänglich machte. Er ließ Verhacke, Gräben und
Abstürze anlegen und benutzte geschickt beim Ausbau seiner Linien
die morastigen Stellen und Wasserlachen. Dann nahm er selbst mit
dem Gotenheer Aufstellung und gab genau acht, um sofort die
Offensive gegen die Römer zu ergreifen, falls sie diesen Weg einschla-
gen sollten. Solche Maßregeln ergriff Totilas in der Meinung, hart am
Gestade des adriatischen Meeres entlang könnten die Römer nicht
marschieren, da dort viele schiffbare Flüsse ihre Mündung haben und
die Gegend zu Lande unpassierbar machen; Schiffe andererseits
hatten sie nicht in so großer Anzahl, um allesamt mit dem ganzen
Troß quer über das adriatische Meer zu fahren, und wenn sie in
kleinen Abteilungen führen, glaubte er mit dem, was ihm vom
Gotenheer geblieben war, sie immer beim Landen abfassen und ohne
Mühe abweisen zu können. In dieser Meinung traf Totilas seine
Anordnungen, und Tejas führte sie aus. — Als Narses nun in arger
Verlegenheit war, gab ihm Johannes, Vitalians Schwestersohn, wel-

552 cher jene Gegenden genau kannte, den Rat, mit dem ganzen Heer am
Gestade entlangzuziehen, das ihnen, wie ich bereits erzählte, noch
untertänig war, und einige große sowie viele kleine Fahrzeuge mitzunehmen. Wenn dann der Zug an eine der Flußmündungen käme, so
könne man aus den Kähnen eine Schiffbrücke zusammensetzen und
so den Übergang ohne große Schwierigkeit bewerkstelligen. Solches
riet Johannes, und Narses folgte ihm: auf die erwähnte Art zog er an
der Spitze des ganzen Heeres auf Ravenna.

27. Während dies dort vorging, trug sich folgendes zu. Der Lango-
barde Ildigisal[1], den ich in einem früheren Buch erwähnt habe, war
mit dem Langobardenkönig Auduin verfeindet, weil dieser sich der
Krone bemächtigt hatte, die nach dem Recht der Erbfolge jenem
zukam, hatte die heimatlichen Gefilde verlassen und sich nach Byzanz
begeben. Justinian nahm den Ankömmling außerordentlich gnädig
auf und machte ihn zum Obersten einer Schola – so nennt man die
Leibgarderegimenter. Mit ihm waren auch noch mindestens 300
tapfere langobardische Männer, die anfangs zusammen mit Thrazien
wohnten. Da forderte Auduin Ildigisals Auslieferung von Justinian,
als seinem Freunde und Bundesgenossen, indem er als Lohn seiner
Freundschaft den Verrat an dem Schutzbefohlenen forderte. Darauf
ging der Kaiser nicht ein. Bald darauf nahm Ildigisal, welcher sich
beklagte, seine Stellung und sein Einkommen entspreche weder seiner
eigenen noch des römischen Reiches Würde, die Miene eines Schwer-
gekränkten an. Dies bemerkte Goar, ein gotischer Mann, der am
Anfang dieses Krieges als Gefangener aus Dalmatien nach Byzanz
gekommen war, damals, als noch der Gotenkönig Witichis mit den
Römern Krieg führte. Da er nun ein mutiger und tatkräftiger Mann
war, so beruhigte er sich bei seinem Schicksal nicht. Als die Goten,
welche einst gegen den Kaiser gekämpft hatten, nach der Überwältigung des Witichis auf Abfall sannen, wurde er als offenkundiger
Verschwörer verhaftet, dann mit Verbannung nach Ägypten bestraft
und dorthin verschickt. Er blieb lange Zeit an seinem Verbannungs-
ort. Nachher begnadigte ihn der Kaiser und gestattete ihm die
Rückkehr nach Byzanz. Als dieser Goar den eben beschriebenen Groll
Ildigisals wahrnahm, so setzte er ihm eifrigst zu und beredete ihn
schließlich, zu entfliehen. Er versprach, mit ihm gemeinschaftlich sich
von Byzanz zu entfernen. Als sie ihren Plan fertig hatten, brachen sie

[1] Oder Ildisgus Got. III, 35.

plötzlich mit wenigen Begleitern auf; in der thrazischen Stadt Apri[1] 552
aber trafen sie auf die dort angesiedelten Longobarden, und diese
schlossen sich ihnen an. Sie überfielen die kaiserlichen Gestüte,
entnahmen daraus eine große Anzahl Pferde und zogen weiter. Sobald
der Kaiser hiervon Kunde erhielt, schickte er Botschaft über ganz
Thrazien und Illyrien an alle Obersten und Soldaten, diesen Flüchtlingen mit aller Macht entgegenzutreten. Und zuerst wurden einige
wenige kuturgurische Hunnen (von denen, die ihre Stammsitze
verlassen hatten, wie ich soeben erst erzählt habe, und in Thrazien
vom Kaiser angesiedelt worden waren) mit den Flüchtlingen handgemein. Diese wurden geschlagen; einige fielen, die übrigen flohen,
ließen von jenen ab und blieben, wo sie waren. So durcheilten Ildigisal
und Goar mit den Ihrigen ganz Thrazien, ohne von jemand aufgehalten zu werden. Als sie dann nach Illyrien kamen, fanden sie dort ein
Römerheer vor, das sorgsam zusammengezogen war, um sie zu
verderben. Dieses Heer befehligten u. a. Aratius, Rhekitangus, Leo-
nian und Arimuth. Sie waren den ganzen Tag nicht von den Pferden
gekommen. Da machten sie beim Einbruch der Dunkelheit halt an
einem waldigen Platze, um dort die Nacht zu biwakieren. Jene
Obersten befahlen ihren Soldaten, vor allem für die Pferde zu sorgen
und sich durch einen Trunk aus dem vorbeigehenden Flusse für die
Strapazen des Rittes zu entschädigen. Sie selbst nahmen jeder nur drei
oder vier Leibwächter mit und tranken ein wenig abseits aus dem
Flusse, denn sie waren natürlich sehr durstig geworden. Goar und
Ildigisal waren ganz in der Nähe und erfuhren alles durch ihre
Patrouillen. Ganz unvermutet fielen sie über die Trinkenden her und
töteten alle. Nun konnten sie ihren Weitermarsch ohne Besorgnis
einrichten, wie sie wollten; denn die Soldaten, welche führerlos
geworden, waren völlig ratlos, verloren den Kopf und zogen sich
zurück. So kamen Goar und Ildigisal glücklich durch zu den Gepiden.
Von den Gepiden floh ein gewisser Ustrigotthus zu den Langobarden
auf folgende Weise. Der Gepidenkönig Elemund war kurz zuvor an
einer Krankheit gestorben, mit Hinterlassung eines einzigen, noch
ganz jungen Sohnes, eben jenes Ustrigotthus. Diesen hatte Thoriswind der Krone beraubt. Da der Jüngling gegen den Thronräuber
keine Waffe hatte, so gab er das väterliche Reich auf und floh zu den
Langobarden, die den Gepiden feindlich waren. Bald darauf schlossen die Gepiden mit dem Kaiser Justinian und dem Volk der Lango-

[1] Nördlich vom thrazischen Chersones.

552 barden einen Vertrag und banden sich gegenseitig mit den schwersten
Eiden, für ewige Zeiten fortan Freundschaft zu halten. Als nun dieser
Vertrag rechtskräftig geworden war, verlangten der Kaiser Justinian
und der Langobardenkönig Auduin vom Gepidenkönig Thoriswind
die Auslieferung Ildigisals, ihres gemeinschaftlichen Feindes, indem
sie den Verrat an dem Schutzflehenden als ersten Beweis der bestehenden Freundschaft forderten. Thoriswind trug den Fall den vornehmen
Gepiden vor und fragte eifrig, ob er den beiden Herrschern zu Willen
sein dürfe. Diese erklärten, er dürfe es unter keinen Umständen tun,
und beteuerten, es sei besser, daß das Volk der Gepiden mit Weib und
Kind sofort zugrunde gehe, als daß sie den Fluch eines solchen Frevels
auf sich lüden. Dieser Ausspruch stürzte den Thoriswind in arge
Verlegenheit: denn er konnte die Sache gegen den Willen seiner
Untertanen nicht wohl unternehmen, und andererseits wollte er auch
nicht den Krieg gegen die Römer und Langobarden von neuem
entbrennen lassen, der endlich mit so großem Aufwand an Zeit und
Mühe beigelegt war. Endlich kam er auf folgenden Gedanken: Er
forderte von Auduin die Auslieferung des Ustrigotthus, Elemunds
Sohn, und trieb zu gleichem Verbrechen an, indem er den gegenseiti-
gen Verrat an den Schutzflehenden empfahl. Dadurch, daß er selbst
ein Ansinnen ähnlicher Art stellte, wies er zunächst die Zumutung der
Langobarden zurück, und Auduin selbst wurde ohne weiteres sein
Mitschuldiger an der Schandtat. Nachdem sie sich so geeinigt hatten,
taten sie öffentlich nichts, da sie wohl wußten, daß weder die
Langobarden noch die Gepiden teil an der Befleckung haben wollten
– jeder räumte vielmehr mit Hinterlist den Feind des anderen aus dem
Wege. Auf welche Weise, unterlasse ich zu berichten, weil die
Gerüchte von dieser Sache nicht übereinstimmen, sondern weit
voneinander abweichen. Denn es handelt sich ja um die allergeheim-
sten Dinge. So endigte es mit Ildigisal und Ustrigotthus.

28. Als Narses zu der Stadt Ravenna gekommen war, vereinigten sich
mit ihm die Obersten Valerian und Justin und was sonst noch an
römischem Kriegsvolk an jenem Orte vorhanden war. Nachdem sie
dort neun Tage sich aufgehalten hatten, schrieb ein tapferer Gote,
Usdrilas, der Befehlshaber der Besatzung von Ariminum, an Valerian
folgenden Brief: »Da alles voll von Gerede über Euch ist und Ihr ganz
Italien mit dem Schreckgespenst Eurer Macht peinigt, Euer Hochmut
über alle Grenzen hinausgeht und Ihr damit Eurer Meinung nach die
Goten eingeschüchtert habt, so sitzt Ihr nun ruhig in Ravenna!
Dadurch, daß Ihr Euch so verkriecht, zeigt Ihr ganz deutlich, daß es

mit Eurem Stolz nicht mehr weit her ist, die Ihr mit einem bunt 552
zusammengewürfelten Barbarenschwarm das Land drückt, auf das
Ihr gar kein Recht habt. Macht Euch schleunigst auf und rüstet Euch
zum Kampf, zeigt Euch doch den Goten und laßt uns, die wir schon
lange auf Euren Anblick begierig sind, nicht noch länger warten!« So
der Brief. Wie Narses ihn gelesen hatte, machte er sich über die
Prahlerei der Goten lustig, dann rüstete er sich sofort zum Ausmarsch
und ließ Justin als Befehlshaber der Besatzung von Ravenna zurück.
Als sie nahe an die Stadt Ariminum gekommen waren, merkten sie,
daß der Durchmarsch nach dieser Seite hin schwierig sei, da die Goten
kurz zuvor die Brücke abgebrochen hatten. Diese Brücke, welche über
den bei Ariminum vorbeifließenden Strom[1] führt, ist für einen Fußgänger ohne Gepäck nur mit großer Mühe zu passieren, vorausge-
setzt, daß ihn noch niemand dazu stört oder am Übergang hindert;
wenn aber gar feindliche Scharen sich dem widersetzen, kann man
überhaupt nicht durchkommen. Deshalb war Narses, als er mit
wenigen Begleitern an dem Ort anlangte, wo sich die Brücke befand,
in großer Verlegenheit und spähte umher, wie sich wohl ein Übergang
bewerkstelligen ließe. Auch Usdrilas war mit einigen Reitern dorthin
gekommen, um jede Bewegung der Feinde zu beobachten. Da spannte
einer aus Narses' Gefolge den Bogen, schoß und streckte ein Pferd von
den Feinden zu Boden. Sofort machte Usdrilas mit den Seinigen kehrt
und ritt in die Festung zurück, aber nur um mit seinen besten Streitern
aus einem anderen Tor zum Angriff vorzugehen, damit er Narses
überraschte und sofort vernichtete. Dieser hatte sich nämlich an eine
andere Stelle des Ufers begeben, um einen Übergang zu suchen. Nun
stießen von ungefähr einige Heruler auf Usdrilas und hieben ihn
nieder; ein Römer erkannte ihn zufällig, und da schlugen sie ihm den
Kopf ab, kamen damit ins römische Lager und zeigten ihn dem
Narses. Durch dies Ereignis fühlten sich alle mächtig gehoben und
erklärten, daß Gott den Goten übelwolle, gehe klar daraus hervor,
daß die Feinde bei ihrem Anschlag auf den Feldherrn ihren eigenen
Obersten plötzlich verloren hätten, ohne daß es etwa auf diesen
besonders abgesehen war. Obgleich Usdrilas, der Kommandant von
Ariminum, gefallen war, trieb Narses das Heer weiter vor, denn er
beabsichtigte weder Ariminum noch irgendeinen anderen Platz, der in
den Händen der Feinde war, zu behelligen, weil dadurch Zeit
verlorengegangen und das Hauptziel durch die Beschäftigung mit

[1] Die Marecchia.

552 Nebendingen verrückt worden wäre. Die Feinde verhielten sich ruhig, da sie ihren Führer verloren hatten, und waren nicht mehr hinderlich, so daß Narses ungescheut eine Brücke schlagen und das ganze Heer hinüberführen konnte. Er bog nun von der Flaminischen Straße nach links ab. Denn da Petra Pertusa, eine sehr starke Festung, von der ich in den früheren Büchern geredet habe, seit lange in den Händen der Feinde sich befand, so war die Flaminische Straße den Römern gesperrt und völlig unzugänglich. Deshalb verließ Narses den kürzeren Weg und schlug den ein, der ihm sicher war.

29. So verhielt es sich mit dem Vormarsch des römischen Heeres. Totilas aber hatte bereits Kenntnis von den Vorfällen in Venetien. Er wartete daher auf Tejas mit seinem Korps und lag zunächst still in der Gegend von Rom. Als jenes mit Ausnahme von 2000 Reitern eingetroffen war, wartete er die letzteren nicht mehr ab, sondern brach mit seinem ganzen Heer auf, um den Feinden bei Gelegenheit ein Treffen zu liefern. Auf diesem Marsch erfuhr er Usdrilas' Ende und den Übergang der Feinde bei Ariminum. Sofort marschierte er nun durch Tuscien und gelangte in den Apennin, woselbst er ein Lager aufschlug dicht bei einem Dorf, das die Eingeborenen Taginä nennen. Auch das römische Heer unter Narses rückte bald darauf in das Apenningebirge ein und bezog ein Lager, höchstens 100 Stadien[1] von dem der Feinde entfernt, auf einer Ebene, die ganz von Hügeln eingeschlossen war, wo einst der Römerfeldherr Camillus die Horden der Gallier vernichtet haben soll. Deshalb trägt bis auf unsere Tage der Ort die Bezeichnung Busta Gallorum[2] zur Erinnerung an die Niederlage der Gallier. Busta nennen nämlich die Lateiner die Überbleibsel der Scheiterhaufen. Auch findet sich daselbst eine große Anzahl von Grabhügeln jener Toten. Sofort sandte Narses einige seiner Vertrauten an Totilas, um ihn aufzufordern, er möge die Waffen niederlegen und endlich einmal an einen Friedenschluß denken; er ließ ihm vorrechnen, daß er, an der Spitze eines geringen und aufs Geratewohl zusammengerafften Heeres, schwerlich imstande sein würde, sich gegen das römische Reich zu halten. Er gab ihnen auch den ferneren Auftrag, wenn jener durchaus schlagen wollte, so sollten sie ihn ersuchen, sofort einen Tag für die Schlacht zu bestimmen. Als diese Gesandten vor Totilas getreten waren, richteten sie ihre Botschaft aus. In jugendlichem Übermut erklärte er laut, sie würden unter allen Umständen eine Schlacht liefern müssen. Darauf

---

[1] 18,35 Kilomter. — [2] Das gallische Leichenfeld.

fuhren sie fort: »Erlauchter Herr, bestimme doch einen Zeitpunkt für 552
das Treffen!« »Von heut an in acht Tagen werden wir kämpfen!«
versetzte er. Die Gesandten kehrten nun zu Narses zurück und taten
ihm die getroffene Verabredung kund; der aber argwöhnte eine
Hinterlist des Totilas und sorgte dafür, daß alles schon für den
nächsten Tag schlagfertig war. Er hatte auch ganz richtig die Absicht
der Feinde erraten, denn am folgenden Tage erschien Totilas plötzlich
an der Spitze eines ganzen Heeres. Schon lagerten sie sich nahe
gegenüber, nicht mehr als zwei Pfeilschüsse voneinander entfernt.

Es befand sich daselbst ein Hügel von geringem Umfang, den beide
Heere gar zu gern gehabt hätten, da die Römer ein lebhaftes Interesse
hatten, die Feinde von oben zu beschießen, und die Goten bei dem
hügeligen Terrain, wie ich es bereits beschrieben habe, dem römischen
Heer nur dann in den Rücken fallen konnten, wenn sie auf einem
Feldweg vorrückten, der an eben jenem Hügel entlangging. Deshalb
mußte beiden dieser Punkt von höchster Wichtigkeit sein, den Goten,
um während des Gefechts die Feinde zu umgehen und von zwei Seiten
zu beschießen, den Römern, um dies verhindern zu können. Narses
kam dem Gegner zuvor, indem er aus einem Regiment Fußvolk 50
Mann aussuchte und sie noch vor Mitternacht abschickte, um den
Punkt einzunehmen und besetzt zu halten. Sie gelangten dorthin, ohne
daß der Feind ihnen irgendwie entgegentrat, und setzten sich fest. Vor
dem Hügel fließt ein Bach daher, hart an dem Feldweg, von dem ich
soeben gesprochen habe, gerade gegenüber dem Punkte, wo die Goten
ihr Lager aufgeschlagen hatten. Dort hielten die fünfzig, dicht anein-
andergedrängt, so gut es die Enge erlaubte, in einer Phalanx geordnet.
Kaum hatte Totilas bei Tagesanbruch sie bemerkt, so machte er sich
daran, sie zu vertreiben. Sofort schickte er eine Schwadron Reiter ab
mit dem Befehl, jene schleunigst zu delogieren. Die Reiter sprengten
mit großem Getöse und Geschrei auf sie los, um sie im ersten Anlauf
über den Haufen zu rennen; jene aber erwarteten, Schild an Schild,
dicht aneinandergeschlossen, den Angriff, den die Goten, die im
Gedränge sich gegenseitig hinderten, nun versuchten. Der Schild- und
Speerwall der fünfzig war so dicht geschlossen, daß sie die Attacke
glänzend abschlugen. Dabei machten sie mit den Schilden ein Getöse,
vor dem die Pferde scheuten, während die Reiter vor den Speerspitzen
zurückprallten. Die Pferde, welche durch die Enge und den Lärm mit
den Schilden wild wurden und weder vor- noch rückwärts konnten,
bäumten sich hoch auf, und die Reiter wußten sich auch nicht zu
helfen gegen diese enggeschlossene Schar, die nicht wankte noch

552 wich, während sie ihre Pferde vergeblich dagegen anspornten. Der
erste Angriff war also abgeschlagen; nicht besser erging es ihnen beim
zweiten. Nach mehrfachen Versuchen gaben sie es endlich auf, und
Totilas schickte eine zweite Schwadron zu gleichem Zwecke vor. Als
auch diese, wie die erste, abgewiesen wurde, trat eine dritte an ihre
Stelle. So ließ Totilas eine ganze Anzahl Schwadronen vorgehen; als er
aber gar nichts ausrichten konnte, gab er die Sache endlich auf. Die
fünfzig trugen für ihre Tapferkeit unsterblichen Ruhm davon; vor
allem aber zeichneten sich zwei Männer in diesem Gefecht aus, Paulus
und Ausilas, die aus der Phalanx hervorsprangen und ihre Tapferkeit
in hellstem Lichte zeigten. (Zuerst legen sie den Säbel auf die Erde und
schießen, solange sie Pfeile haben, dann greifen sie zum Säbel und
hauen den Angreifern die Speerspitzen ab. Dabei wird des Paulus
Säbel unbrauchbar; er wirft ihn weg und entreißt den Angreifern
hintereinander vier Lanzen. Seine Tapferkeit trägt wesentlich dazu
bei, daß die Goten den Sturm aufgeben. Wegen seiner Heldentaten
nimmt Narses den Paulus sofort in die Zahl seiner eigenen Hypaspisten[1] auf.)

30. So ging's hier zu. Beide Heere aber rüsteten sich zur Schlacht. Und
Narses ließ sein Heer in dichtem Kreise sich schließen, worauf er
mahnend also sprach: »Bei gleichen Kräften bedürfte es vielleicht
unmittelbar vor der Schlacht für die Soldaten einer längeren Rede, die
den Mut anfeuert, damit sie eben dadurch etwas vor den Feinden
voraushaben und mit um so größerer Bereitwilligkeit in die Schlacht
gehen; ihr aber, Kameraden, die ihr an Tapferkeit, Zahl und Ausrüstung euren Gegnern weit überlegen seid, braucht für den bevorstehenden Kampf meiner Meinung nach nichts, als daß Gott euch
gnädig gesinnt ist. Da ihr nun durch eifriges Gebet seine Gunst
erwirkt habt, so könnt ihr euch mit stolzer Sicherheit an die
Überwältigung dieser Räuber machen, die schon einmal Sklaven des
erhabenen Kaisers waren, ihm dann entlaufen sind, einen Menschen
aus der Hefe des Volks an ihre Spitze gestellt und nun eine Zeitlang
durch Raub und Diebstahl die Ruhe des Römerreichs gestört haben.
Wenn sie bei Sinnen wären, so würden sie, wie wohl jeder zugeben
muß, gar nicht auf den Gedanken gekommen sein, sich uns zur
Feldschlacht zu stellen. Statt dessen rennen sie mit unvernünftiger
Dreistigkeit in den Tod und stürzen sich mit einer Tollkühnheit, die
man nur Wahnsinn nennen kann, ins offenkundige Verderben, nicht

[1] Leibwächter.

als ob sie gegründete Hoffnung auf Sieg hätten oder eine unvorherge- 552
sehene und unvermutete Wendung ihres Schicksals erwarteten, sondern augenscheinlich, weil Gott sie in die Strafe für ihre Übeltaten
selber hineintreibt; denn wem von oben her eine solche zugedacht ist,
der pflegt ihr gewissermaßen auf halbem Wege entgegenzukommen.
Ferner geht ihr in diesen Kampf als Verteidiger eines wohlgeordneten
Staatswesens; jene aber sind Umstürzler, die gegen das Joch der
Gesetze sich aufbäumen. Sie haben gar nicht die Hoffnung, ihr Werk
in ihren Nachkommen fortleben zu sehen, sondern sie fristen ihr
Dasein und ihre Aussichten nur von einem Tag zum anderen. Und aus
diesem Grunde sind sie geradezu verächtlich; denn diejenigen, welche
nicht für das Gesetz und ein geordnetes Staatswesen fechten, fehlt
Begeisterung und Tatkraft. Der Sieg ist also bereits entschieden, weil
er sich nach der Seite hinzuneigen pflegt, wo eben jene Tugenden
vorhanden sind.« Solche Ermahnung sprach Narses aus. Und Totilas,
der wohl bemerkte, wie seine Leute das Römerheer anstaunten, rief
alle zusammen und sprach folgerdermaßen:

»Zum letztenmal, Kameraden, habe ich euch zusammenberufen und
spreche vor euch Worte der Aufmunterung. Denn nach dieser
Schlacht wird eine Rede vor dem Kampf nicht mehr nötig sein: wir
und der Kaiser Justinian haben nämlich unsere Kräfte dermaßen
überanstrengt und erschöpft durch Strapazen, Kämpfe und anderes
Ungemach viele Jahre hindurch, daß wir der Kriegsnöte satt sind.
Wenn wir daher heute die Feinde schlagen, so brauchen die Goten
keine Schlacht mehr zu liefern, denn die Niederlage jener wird beiden
Parteien einen hinlänglichen Grund zur Einstellung der Feindseligkeiten liefern. Wenn nämlich die Menschen eine recht trübe Erfahrung
gemacht haben, so pflegen sie sich nicht gern wieder in eine ähnliche
Lage zu bringen, sondern selbst wenn zwingende Gründe sie dahinein
treiben, so scheuen sie davor zurück, weil die Erinnerung an die
gehabten Leiden sie abschreckt. Da ihr das wißt, Kameraden, so
strengt alle eure Kraft an bis zur letzten Faser und glaubt nicht, für
eine spätere Gelegenheit noch etwas aufsparen zu müssen; haltet aus,
wie dicht auch die Hiebe fallen mögen, und trag eure Haut gerade
heute willig zu Markte. Schont weder Waffen noch Pferde, die euch
hinterher doch nichts mehr nützen können. Denn das Schicksal,
welches die gänzliche Erschöpfung der Kräfte herbeiführte, hat für
den heutigen Tag die Hoffnung auf einen entscheidenden Sieg vorbe-
halten. Kämpft mit Tapferkeit, ja mit Kühnheit; denn diejenigen,
denen wie uns die Hoffnung an einem Haar hängt, dürfen auch nicht

552 einen Augenblick schwanken oder stutzen. Wenn wir heut den
richtigen Moment verpassen, nützt uns hinterher auch die größte
Anstrengung nichts mehr, eben weil es zu spät ist und die Gelegenheit,
wenn sie einmal ungenützt vorübergegangen ist, nicht wiederzukeh-
ren pflegt. Es kommt also für euch darauf an, die günstige Gelegenheit im Kampf zu erspähen und ihre Vorteile tunlichst auszunutzen.
Ich brauche euch eigentlich nicht zu sagen, daß, wie die Sachen liegen,
Flucht gleichbedeutend mit Verderben ist. Denn wer seinen Platz
verläßt und flieht, der will doch sein Leben retten; wenn aber die
Flucht sicheren Tod in Aussicht stellt, so steht sich immer derjenige,
welcher der Gefahr ins Auge sieht, noch besser als der Ausreißer. – Die
aus allen möglichen Völkern bunt zusammengewürfelte Menge der
Feinde könnt ihr nur verachten, weil es solcher, mit Geld zusammen-
geflickten Bundesgenossenschaft an Aufrichtigkeit und innerer Kraft
zu fehlen pflegt und bei der Verschiedenheit der Völker Verschiedenheit der Ansichten unvermeidlich ist. Glaubt auch nicht, daß diese
Hunnen und Langobarden und Heruler, die für wer weiß wieviel Geld
gedungen sind, mit Todesverachtung kämpfen werden. Ihr Leben
wird ihnen immerhin noch mehr wert sein als das Geld, und mir ist
wohlbekannt, daß sie anfangs zum Schein tapfer fechten werden,
dann aber bald absichtlich nachlassen, entweder weil sie ihr Geld
schon bekommen haben, oder weil sie gemäß geheimen Befehlen ihrer
Obersten handeln. Denn nicht nur Waffenwerk, sondern selbst die
liebste Beschäftigung, wenn sie nicht freiwillig geschieht, sondern mit
Gewalt oder Lohn oder sonstwie erzwungen wird, pflegt den Menschen keine Freude mehr zu machen, sondern weil sie erzwungen ist,
erscheint sie ihnen widerwärtig. Solches bedenkend, laßt uns tapferen
Mutes gegen die Feinde gehen[1].«
31. So sprach Totilas.
Die Heere aber standen kampfbereit folgendermaßen geordnet. Beide
hatten eine gerade Front, die jeder so lang und tief wie möglich zu
machen bestrebt war. Auf dem linken Flügel der Römer hielten
Narses und Johannes vor dem Hügel und mit ihnen die Blüte des
Römerheeres: außer den gewöhnlichen Soldaten hatten nämlich beide
ein auserlesenes Gefolge von Doryphoren, Hypaspisten und Hunnen.
Auf dem rechten Flügel standen Valerian, Johannes der Fresser und

[1] Es ist sehr auffallend, wie sehr die Reden des 4. Buches, wo Prokop den
Ereignissen ferner steht, sich von den früheren unterscheiden: sie sind bedeutend farbloser und matter als die, denen er als Augenzeuge beigewohnt haben
könnte, z. B. bei der Belagerung Roms durch Witichis S. 58 ff.

Dagisthäus mit den übrigen Römern: auf beiden Seiten ungefähr 8000 | 552
Bogenschützen von den Regimentern zu Fuß. In die Mitte der Phalanx
stellte Narses die Langobarden, Heruler und alle anderen Barbaren,
ließ sie absitzen, damit sie zu Fuß kämpften und ihnen die Möglichkeit
abgeschnitten wäre, sich schnell zurückzuziehen, wenn sie etwa
während der Schlacht flau oder unbotmäßig werden sollten. Nur den
äußersten linken Flügel der römischen Front zog Narses in einem
strumpfen Winkel vor, in einer Stärke von 1500 Reitern. Von diesen
hatten 500 Mann den Befehl, schleunigst zu Hilfe zu eilen, wenn an
irgendeinem Punkte die Römer geschlagen werden sollten; 1000
Mann waren dazu bestimmt, das feindliche Fußvolk, sobald es in
Aktion getreten sei, zu umgehen, so daß es von zwei Seiten zugleich
angegriffen wurde. Totilas stellte sein ganzes Heer dementsprechend
auf. Er ritt vor der Front entlang, indem er den Soldaten Mut zusprach
und sie durch Wort und Miene zur Tapferkeit aufforderte. Auf der
anderen Seite tat Narses dasselbe: er ließ goldene Armringe, Ketten
und Zügel auf Stangen vor sich hertragen und zeigte den Soldaten
diese und ähnliche Dinge, die den Mut für Kampf und Gefahr
anreizen sollten. Eine Zeitlang lagen sich die Heere untätig einander
gegenüber, indem jedes den Angriff des Gegners abwartete.

Darauf sprengte aus dem gotischen Heer ein tapferer Krieger,
Namens Kokas, hervor bis nahe an die römische Schlachtreihe und
rief, ob ihm nicht jemand im Einzelkampf gegenübertreten wolle.
Dieser Kokas war einer von den römischen Soldaten, die früher zu
Totilas übergelaufen waren. Sofern stellte sich ihm einer von Narses'
Doryphoren, ein Armenier Namens Anzalas, ebenfalls zu Pferde.
Kokas stürmte zuerst auf seinen Gegner los, mit eingelegter Lanze
nach dem Unterleib desselben zielend. Doch Anzalas machte mit dem
Pferde schnell eine Wendung, so daß er dem Angriff auswich. Da er so
dem Feinde in die Flanke gekommen war, stieß er ihm den Speer in die
linke Seite. Jener sank vom Pferde tot zu Boden, worüber die Römer
ein ungeheures Geschrei erhoben. Nichtsdestoweniger hielten sich
beide Heere ruhig. Totilas aber ritt allein in den Raum zwischen
beiden, nicht um zum Einzelkampf herauszufordern, sondern um Zeit
zu gewinnen. Denn da er die Meldung empfangen hatte, die 2000
Goten, welche noch nicht zu ihm gestoßen waren, seien schon ganz in
der Nähe, wollte er den Kampf nicht vor ihrer Ankunft beginnen und
tat folgendes. Zuerst wollte er den Feinden zeigen, was für ein Mann
er sei. Er hatte eine ganz von Gold strotzende Rüstung an; von seinem
Helm und Speer wallten purpurne Büsche von großer Schönheit, wie

552 es sich wohl für einen König ziemt. Auf einem prachtvollen Pferde reitend, führte er auf dem freien Raum mit Geschicklichkeit das Waffenspiel aus. Zuerst ließ er sein Roß die zierlichsten Wendungen und Volten machen. Dann warf er in vollem Jagen den Speer hoch in die Lüfte und faßte ihn, wenn er wirbelnd niedersank, in der Mitte; er fing ihn bald mit der rechten, bald mit der linken Hand in künstlicher Abwechslung, wobei er seine ganze Gewandtheit zeigte, sprang von hinten und von vorn, wie von beiden Seiten vom Pferde herab und wieder hinauf, wie einer, der von Jugend auf die Künste der Reitbahn geübt hat. Mit solchem Tun brachte er den ganzen Morgen hin. Um dann den Beginn der Schlacht noch mehr hinauszuziehen, schickte er einen Herold zum römischen Heer, der eine Unterredung nachsuchen sollte. Aber Narses schlug das ab: solange Zeit zu Unterhandlungen gewesen sei, habe sich Totilas kriegslustig gezeigt, und nun mitten auf dem Schlachtfeld suche er eine Unterredung herbeizuführen – dadurch lasse man sich nicht täuschen.

32. Mittlerweile waren die 2000 Goten angelangt. Als Totilas erfuhr, daß sie im Lager seien, begab er sich in sein Zelt, da die Zeit zum Mittagsmahl herangekommen war; die Goten gaben ihre Stellung auf und zogen sich ebenfalls zurück. Bei seiner Ankunft fand er die 2000 schon vor und befahl, daß alle Soldaten ihre Mahlzeit einnehmen sollten. Er selbst legte eine andere Rüstung an und ließ alle sich gefechtsbereit machen. Dann führte er sofort sein Heer gegen den Feind, in der Hoffnung, ihn zu überfallen und demnächst zu schlagen. Aber die Römer waren keineswegs unvorbereitet, denn Narses hatte in richtiger Voraussicht dessen, was nachher wirklich eintraf, um einem Überfall vorzubeugen, befohlen, niemand dürfe abkochen, Mittagsruhe halten, ein Stück der Rüstung ablegen oder sein Pferd abzäumen. Doch blieben die Soldaten nicht ganz ohne Speise und Trank: in Reih und Glied frühstückten sie, ohne auch nur einen Augenblick die Beobachtung des feindlichen Anmarsches aus den Augen zu lassen. Außerdem wurde die Schlachtordnung geändert: Narses ließ die Flügel, auf denen je 4000 Bogenschützen zu Fuß standen, halbmondförmig schwenken. Das gotische Fußvolk stand in seiner Gesamtheit hinter den Reitern, damit, wenn diese geschlagen werden sollten, die Fliehenden einen Rückhalt hätten und mit jenen zusammen wieder zum Angriff vorgehen könnten. Alle Goten hatten strengen Befehl, für dieses Treffen nicht den Bogen oder eine andere Waffe, sondern nur die Lanze zu gebrauchen. So wurde Totilas durch seine eigene Unklugheit überwunden, indem er am Anfang dieser

Schlacht sein Heer den Feinden entgegenwarf, ohne daß es ihnen in 552
bezug auf Bewaffnung oder sonstwie gewachsen war – wie er dazu
kam, weiß ich nicht. Die Römer brauchten nämlich, wie es die
Gelegenheit mit sich brachte, im Kampf bald den Bogen, bald die
Lanze, bald das Schwert, und konnten so jede Chance ausnutzen: sie
fochten teils zu Pferde, teils zu Fuß, indem sie die Feinde hier
umzingelten, dort den Angriff abwarteten und mit ihren Schilden dem
ersten Anprall erfolgreich begegneten. Die gotischen Reiter dagegen,
welche ihr Fußvolk weit hinter sich gelassen hatten, ritten in blindem
Vertrauen auf die Wucht ihrer Lanzen wie toll drauflos und ernteten,
als sie an den Feind kamen, die Früchte ihres unbesonnenen Vorge-
hens. Denn da sie ihren Angriff auf die Mitte der feindlichen
Aufstellung gerichtet hatten, kamen sie ganz unvermutet gerade
mitten zwischen die 8000 Bogenschützen, da diese, wie schon
erwähnt, allmählich herumgeschwenkt waren. Von zwei Seiten
beschossen, wurden sie sofort in Verwirrung gebracht und verloren
zahlreiche Leute und noch mehr Pferde, ehe sie noch an die Feinde
gekommen waren. Arg mitgenommen, wurden sie endlich mit denselben handgemein. Ob man in diesem Kampfe die Römer oder ihre
barbarischen Bundesgenossen mehr bewundern soll, vermag ich nicht
zu sagen, weil wirklich Mut und Tapferkeit beim Zurückweisen des
feindlichen Angriffs bei beiden ganz gleich war. Schon wurde es
Abend, da kamen beide Heere plötzlich in Bewegung, die Goten zur
Flucht, die Römer zur Verfolgung. Der Angriff der Goten war
vollständig gescheitert; sie gaben dem Andrängen der Römer nach
und wandten sich, bestürzt über deren große Anzahl und vortreffliche
Ordnung. Sie dachten nicht mehr an Gegenwehr, sondern flohen, als
ob sie sich vor Gespenstern fürchteten oder eine höhere Macht gegen
sie kämpfte. Als sie bald darauf bei ihrem eigenen Fußvolk ankamen,
nahm das Übel zu und griff immer weiter um sich; denn sie gingen
nicht in geordnetem Rückzug dorthin zurück, um sich zu sammeln
und dann das Gefecht aufzunehmen, sondern in solcher Unordnung,
daß bei ihrem stürmischen Rückprall Leute des eigenen Fußvolks
niedergetreten wurden. Deshalb öffnete auch das Fußvolk seine
Reihen nicht, um sie hindurchzulassen, noch hielt es stand und
gewährte ihnen dadurch Sicherheit, sondern alle flohen mit ihnen
Hals über Kopf, wobei sie wie in einem nächtlichen Treffen sich
gegenseitig Tod und Verderben brachten. Die römischen Soldaten
benutzten diesen panischen Schrecken und schlugen ohne Schonung
alles nieder, was noch auf den Beinen war und weder sich zu wehren

552 noch aufzusehen wagte. Jene boten gewissermaßen selbst die Kehle
dem Messer dar. Und ihre Furcht beruhigte sich nicht, sondern nahm
womöglich noch größere Dimensionen an. Bei dieser Metzelei kamen
6000 Mann von ihnen um; viele ergaben sich den Feinden, die ihnen
zuerst Quartier gaben, sie nachher aber doch niedermachten. Außer
den Goten kamen auch die meisten von den alten römischen Soldaten
um, die früher sich vom Römerheer getrennt hatten und, wie bereits
früher erwähnt, zu Totilas und den Goten übergelaufen waren. Wer
vom Gotenheer nicht umgekommen oder in die Hände der Feinde
gefallen war, der suchte im Verborgenen zu entschlüpfen, zu Fuß oder
zu Pferd, wie Glück, Umstände und örtliche Verhältnisse es gerade
gestatteten.

Schon war die Schlacht zu Ende, und es war bereits ganz finster
geworden. In der Dunkelheit floh Totilas, nur von fünf Männern
begleitet, unter denen einer Skipuar hieß. Ihm setzten einige Römer
nach, die keine Ahnung hatten, wen sie verfolgten. Einer von ihnen
war der Gepide Asbad. Als dieser ganz nahe an Totilas herangekommen war, holte er aus, um ihm den Speer in den Rücken zu stoßen. Ein
gotischer Jüngling aber, der dem Hause des Totilas angehörte und
seinem Herrn auch auf der Flucht folgte, rief, voll Empörung über das
Schicksal, welches seinem König drohte, laut aus: »Was machst du,
du Hund, wie kannst du die Hand wider deinen Herrn erheben!«
Darauf stieß Asbad mit aller Kraft seinen Speer dem Totilas in den
Rücken, dann erhielt er selbst einen Hieb ins Bein von Skipuar und
blieb liegen. Skipuar wieder wurde von einem anderen der Verfolger
getroffen und machte halt. Nun gaben Asbads Gefährten, vier an der
Zahl, die Verfolgung auf, um ihn selbst zu retten und ritten mit ihm
zurück. Totilas' Gefährten, die glaubten, die Feinde säßen ihnen noch
auf den Fersen, ritten in demselben Tempo mit ihm weiter, obgleich er
tödlich getroffen war und kaum noch ein Lebenszeichen von sich gab,
da ihnen die Notwendigkeit solche gewaltsame Anstrengung aufer-
legte. Nachdem sie 84 Stadien[1] zurückgelegt hatten, kamen sie an
einen Ort namens Caprae. Dort rasteten sie und verbanden Totilas'
Wunde; derselbe gab aber bald seinen Geist auf. Seine Leute bargen
den Leichnam in der Erde und setzten ihre Flucht fort. So verlor
Totilas Thron und Leben, nachdem er elf Jahre lang König der Goten
gewesen war. Das Schicksal, das ihn traf, war nicht seiner früheren
Taten würdig: zu Anfang war ihm alles geglückt, und nach glänzen-

---

[1] Ca. 15,4 Kilometer.

den Taten mußte er so enden! Auch bei dieser Gelegenheit zeigte es 552
sich, wie das Schicksal erst dem Menschen schöntut und ihm dann den
Rücken kehrt: das Unerwartete ist ihm das liebste, und ohne ersichtlichen Grund scheint es zu bestimmen – so ließ es eine lange Zeit dem
Totilas großes Glück zuteil werden, und dann gefiel es ihm, ein
klägliches Ende einem Mann zu bereiten, der es nicht verdient hatte.
Aber dergleichen Dinge sind uns Menschen, meiner Meinung nach,
nun einmal unfaßlich und werden es auch immer bleiben. Solange
es Menschen gibt, schwatzt man darüber hin und her, und jeder urteilt eben, wie es ihm beliebt, indem er durch Worte, die wahrscheinlich klingen, sich und andere über seine Unwissenheit hinwegtäuscht.

Doch ich nehme den Faden meiner Erzählung wieder auf.

Die Römer wußten gar nicht, daß Totilas nicht mehr unter den
Lebenden weilte, bis ihnen eine gotische Frau es mitteilte und sein
Grab zeigte. Trotz dieser Kunde wollten sie es nicht glauben, begaben
sich jedoch an Ort und Stelle, wo sie sofort den Sarg mit Totilas'
Leiche ausgruben. Nachdem sie ihn erkannt und an diesem Anblick
ihre Neugier befriedigt hatten, sollen sie ihn angeblich der Erde
zurückgegeben und Narses das Ganze gemeldet haben. Es gibt aber
Leute, die über das Ende des Totilas und die Schlacht ganz anders
berichten, und ich halte es nicht für unangemessen, auch diese
Erzählung mitzuteilen. Sie behaupten nämlich, die Flucht des Gotenheeres sei keineswegs ohne triftigen Grund geschehen, sondern einer
von den römischen Plänklern habe unversehens den Totilas mit einem
Pfeil getroffen. Totilas habe nämlich in der Rüstung eines gemeinen
Soldaten an irgendeiner Stelle der Phalanx ganz unbemerkt gehalten,
um nicht den Feinden kenntlich zu sein und ihnen als bequemes Ziel
zu dienen; da habe nun das Schicksal es geradezu so eingerichtet, daß
es den Pfeil auf seine Person lenkte. So habe er eine tödliche Wunde
empfangen und als Schwerverwundeter natürlich nicht in der Phalanx
bleiben können, sondern habe sich allmählich mit wenigen Begleitern
zurückgezogen. Bis Caprae sei er zu Pferd gekommen, dort habe er es
vor Schmerzen nicht mehr aushalten können und habe bald seinen
Geist aufgegeben, während man noch versuchte, seine Wunde zu
behandeln. Das Gotenheer aber, welches sowieso den Gegnern nicht
gewachsen war, sei entsetzt gewesen, wie so unerwartet sein Führer
kampfunfähig gemacht worden war, weil nämlich unabsichtlich
Totilas ganz allein von den Feinden tödlich getroffen wurde. Darauf
hätten sie vollständig den Mut verloren, und ihre grenzenlose Furcht

552 habe sie zu so schimpflicher Flucht getrieben. Hierüber kann nun
jeder denken, wie ihm beliebt.

33. Narses freute sich nicht wenig über diese Ereignisse, schrieb aber
allen Erfolg Gott allein zu, womit es ihm auch völlig Ernst war, und
tat, was weiter nötig schien. Und zunächst wollte er die Langobarden
mit ihrem wüsten Treiben los sein. Diese lebten nämlich überhaupt
ganz zügellos und hatten besonders, wo sie nur konnten, die Häuser in
Brand gesteckt und den Frauen, die sich in die Kirche geflüchtet
hatten, Gewalt angetan. Er machte ihnen also reiche Geschenke und
entließ sie in ihre Heimat. Bis an die römische Grenze gab er ihnen
Valerian und dessen Neffen Damian nebst ihren Leuten mit als Geleit,
damit sie nicht noch unterwegs allerlei Schandtaten verübten. Nachdem sie glücklich über die Grenze waren, legte sich Valerian vor die
Stadt Verona, um sie durch Belagerung dem Kaiser wiederzugewinnen. Die Besatzung trat aus Furcht in Unterhandlung mit Valerian,
um sich und die Stadt ihm zu übergeben. Sobald das die Franken
erfuhren, die Venetien besetzt hielten, traten sie ganz entschieden
dagegen auf und erklärten, sie machten auf das Land, als ihnen
gehörig, Anspruch. So mußte Valerian mit seinem ganzen Heer von
dort unverrichteter Sache wieder abziehen. – Die Goten, welche nach
jener Schlacht dem Tode entronnen waren, gingen über den Po, wo
ihnen noch Ticinum[1] und dessen Umgegend gehörte, und wählten
Tejas zu ihrem König. Dieser fand den ganzen Schatz vor, den Totilas
in Ticinum niedergelegt hatte, und beschloß, die Franken als Bundesgenossen zu gewinnen. Die Goten ordnete und übte er der Lage der
Dinge gemäß, indem er alle um sich sammelte. Als Narses Meldung
hiervon erhielt, erteilte er an Valerian den Befehl, mit seinem Korps
am Po zu bleiben, um den Goten ihre Vereinigung zu erschweren; er
selbst marschierte mit seinem ganzen Heer auf Rom. Auf dem Marsch
durch Tuscien nahm er Narnia durch Übergabe; in dem mauerlosen
Spoletium ließ er eine Besatzung und trug ihr auf, die von den Goten
zerstörten Teile der Umwallung schleunigst wiederherzustellen. Auch
gegen die Besatzung von Perusia ließ er einen Handstreich unternehmen. Dort kommandierten zwei römische Überläufer, Meligedius
und Uliphus, der zuerst Cyprians Doryphor gewesen war und dann
durch Totilas' Versprechungen sich hatte verleiten lassen, Cyprian,
der damals in Perusia Befehlshaber war, hinterlistig zu beseitigen.
Meligedius nun, der für Narses war, wollte mit seinen Leuten die

[1] Pavia.

Stadt den Römern ausliefern. Uliphus aber und die Seinigen merkten 552
etwas davon und erklärten sich offen dagegen. Schließlich wurde
Uliphus mit seinen Gesinnungsgenossen niedergemacht, und Melige-
dius überlieferte Perusia sofort den Römern. Offenbar traf so den
Uliphus die Strafe von Gott, daß er gerade an demselben Ort seinen
Untergang finden mußte, wo er selbst den Cyprian erschlagen hatte.
So ging es dort zu.

Als die gotische Besatzung von Rom erfuhr, Narses und das römische
Heer seien gegen sie unterwegs und schon ganz nahe herangekommen, rüstete sie nach Kräften zum Widerstand. Nun hatte Totilas
viele Häuser der Stadt verbrennen lassen, als er sie zum ersten Male
nahm. Da er dann zu der Einsicht gekommen war, die Goten, welche
stark zusammengeschmolzen waren, seien nicht mehr imstande, die
ganze Stadtmauer besetzt zu halten, so trennte er durch eine kurze
Mauer einen kleinen Teil der Stadt am Grabmal des Hadrian ab und
verband sie mit der schon vorhandenen Mauer, so daß es wie ein
Kastell aussah. Dorthin hatten die Goten ihre kostbaren Besitztümer
geschafft und hielten daselbst scharfe Wacht – um den übrigen Teil
der Stadtmauer kümmerten sie sich weiter nicht. Damals nun hatten
sie nur wenige Wächter an diesem Platz zurückgelassen, und sonst
waren alle an die Brustwehren der Stadtmauer geeilt, eifrig bemüht,
einen Sturm der Feinde von dort aus abzuschlagen. Bei dem Umfang
der Mauer konnten aber weder die angreifenden Römer sie ganz
einschließen, noch die Goten sie bewachen. Daher griffen die einen
zerstreut an, wohin sie gerade kamen, und die anderen verteidigten
sich demgemäß. Auf der einen Stelle griff Narses mit einer großen
Schar Bogenschützen an, auf der anderen Johannes, Vitalians Schwestersohn, mit seinen Leuten, auf der dritten endlich Philemuth mit
seinen Herulern, während die übrigen noch weit ab waren. Auch die
drei angreifenden Abteilungen waren weit voneinander entfernt. Und
die Barbaren wandten sich gegen jede einzelne von ihnen zur Verteidigung. Die anderen Teile der Stadtmauer, auf die kein Angriff von
seiten der Römer geschah, waren ganz ohne Besatzung, da die Goten,
wie bereits erwähnt, nur an den Stellen sich sammelten, wo sie einen
Sturm erwarteten. Nun rückte auf Narses' Geheiß mit zahlreichen
Scharen, nämlich dem Regiment des Narses und dem des Johannes,
reichlich mit Leitern versehen, plötzlich Dagisthäus gegen einen
Abschnitt der Stadtmauer vor, der gänzlich unbewacht war. Sofort
ließ er sämtliche Leitern anlegen, ohne daß es jemand wehrte,
überstieg mit leichter Mühe samt seinen Leuten die Mauer und konnte

552 nun nach Belieben die Tore öffnen. Sobald die Goten das merkten,
dachten sie nicht mehr an Gegenwehr, sondern alle flohen, wie und
wo jeder konnte: die einen warfen sich in das Kastell, die anderen
eilten in vollem Lauf nach Portus. Bei dieser Gelegenheit drängt sich
mir die Beobachtung auf, wie das Schicksal mit den menschlichen
Dingen seinen Spott zu treiben pflegt, indem es weder die Menschen
gleichmäßig behandelt, noch sie mit denselben Augen anzusehen
pflegt, sondern wie es Zeit und Ort gerade mit sich bringt, mit ihnen
umspringt: es spielt mit ihnen, indem es je nach Zeit, Ort und
Umständen mit der Person der armen Menschenkinder macht, was es
will. So mußte derselbe Bessas, welcher Rom zugrunde gerichtet
hatte, bald darauf das lazische Petra den Römern wiedererobern, und
derselbe Dagisthäus, der Petra den Feinden überlassen hatte, gleich
nachher Rom dem Kaiser zurückgewinnen[1]. Doch so ist es gegangen
von Anbeginn und wird auch so bleiben, solange dasselbe Schicksal
die Menschen regiert. – Narses ging nun mit seiner ganzen Macht auf
das Kastell los. Die Barbaren, welche ganz eingeschüchtert waren,
übergaben sich und das Kastell sofort an ihn gegen Zusicherung des
Lebens. Dies geschah im 26. Jahre der Herrschaft des Kaisers
Justinian. Es war das fünfte Mal unter seiner Regierung, daß Rom mit
Sturm genommen wurde, und Narses sandte sofort dem Kaiser die
Schlüssel der Stadt.

34. Damals wurde den Menschen recht handgreiflich vor Augen
geführt, daß denjenigen, welchen der Untergang bestimmt ist, selbst
scheinbare Glücksfälle zum Verderben gereichen, und diese Leute,
gerade wenn es ihnen nach Wunsch geht, mitten in ihrem Glück
zugrunde gehen. Auf folgende Weise nämlich schlug dem Senat und
Volk gerade dieser Sieg zu um so größerem Verderben aus. Die
fliehenden Goten, welche an dem Besitz Italiens verzweifelten, hieben
unterwegs jeden Römer, der ihnen begegnete, ohne weiteres nieder.
Und ebenso behandelten die Barbaren, welche im römischen Heer
dienten, jeden als Feind, der ihnen beim Einzug in die Stadt in die
Hände lief. Dazu kam noch folgendes. Zahlreiche Senatoren hielten
sich noch auf Totilas' Befehl in den Städten Kampaniens auf. Als man
nun erfuhr, daß Rom in den Händen des kaiserlichen Heers sei,
machten sich einige von ihnen auf nach Rom. Die Goten, welche sich
in den festen Plätzen jener Gegend befanden, durchstreiften auf die
Kunde hiervon alle Ortschaften und töteten sämtliche Patrizier. Unter

---

[1] Vgl. S. 184 und Got. IV, 9.

ihnen befand sich auch Maximus, von dem früher die Rede war. 552
Endlich hatte Totilas, als er dem Narses entgegenzog, aus jeder Stadt
die Söhne der vornehmsten Römer vor sich führen lassen, 300 von
ihnen ausgesucht, die er am schönsten fand, und den Eltern erklärt,
dieselben sollten an seinem Hofe leben – in Wahrheit sollten sie als
Geiseln dienen. Totilas hatte sie in das Land jenseits des Po geschickt;
Tejas fand sie dort vor und ließ sie alle hinrichten.

Der Gote Ragnaris, welcher die Besatzung von Tarent befehligte,
hatte, wie bereits erzählt, mit Einwilligung des Kaisers vom Pakurius
Pardon zugesichert erhalten und versprochen, sich den Römern
anzuschließen, auch für diesen Vertrag sechs Goten als Geiseln
gestellt. Sobald er aber vernahm, daß Tejas von den Goten zum König
erwählt sei, die Franken zu Hilfe gerufen habe und mit seinem ganzen
Heer gegen die Feinde ausziehen wolle, änderte er seinen Entschluß
und war durchaus nicht gesonnen, den Vertrag zu halten. Nun wollte
er gern seine Geiseln wiedererlangen, und zu diesem Zweck schlug er
den krummen Weg der Hinterlist ein. Er ließ den Pakurius bitten, er
möge ihm einige römische Soldaten schicken, unter deren Geleit er
und die Seinigen sicher nach Hydrus gelangen könnten, um dann
übers adriatische Meer nach Byzanz zu fahren. Pakurius, der von den
bösen Absichten des Mannes keine Ahnung hatte, schickte fünfzig
von seinen Leuten. Jener ließ sie in die Festung ein und legte sie sofort
in Fesseln. Dann ließ er dem Pakurius sagen, wenn er seine Soldaten
gesund wieder haben wolle, so müsse er die gotischen Geiseln
ausliefern. Auf diese Botschaft hin ließ Pakurius nur eine kleine
Besatzung in Hydrus zurück und brach mit dem übrigen Heer sofort
gegen die Feinde auf. Ragnaris aber tötete die fünfzig Mann, ohne sich
auch nur einen Augenblick zu besinnen, und führte seine Goten aus
Tarent heraus, den Feinden entgegen. In dem Gefecht, das sich nun
entspinnt, ziehen die Goten den kürzeren. Ragnaris verlor den
größten Teil seiner Mannschaft und wandte sich mit den wenigen
Übriggebliebenen zur Flucht. Nach Tarent konnte er nicht wieder
hineinkommen, weil ihn die Römer davon abgeschnitten hatten.
Daher warf er sich nach Acherontis[1], wo er blieb. Bald darauf nahmen
die Römer durch Übergabe Portus, das sie belagert hatten, ferner ein
Kastell in Tuscien, namens Nepa[2], und das Fort von Petra Pertusa[3].
Tejas, der sich sagen mußte, daß die Goten allein gegen das Römer-

---

[1] Am Acheron in Bruttien, jetzt Cirenza. – [2] Alte Etruskerstadt, jetzt Nepi. –
[3] Kastell S. Pietro.

552 heer zu schwach seien, schickte eine Gesandtschaft an Theodebald,
den Frankenkönig, und suchte ihn durch reiche Geschenke zum
Bündnis zu bestimmen. Aber die Franken, die sich meiner Ansicht
trefflich auf ihren Nutzen verstanden, wollten weder für die Goten
noch zum Vorteil der Römer in den Tod gehen, sondern trachteten
danach, Italien für sich selbst zu gewinnen und auch allein dafür in
den Krieg zu ziehen. Nun hatte Totilas einen Teil seines Schatzes, wie
schon gesagt, in Ticinum niedergelegt, den weit größeren aber in einer
sehr starken Festung, nämlich zu Cumae in Kampanien, und die
Besatzung daselbst seinem eigenen Bruder[1] und Herodian unterstellt.
Diese wollte Narses in seine Gewalt bekommen und schickte eine
Abteilung nach Cumae, um es zu belagern; er selbst blieb in Rom, um
dort die Verhältnisse zu ordnen. Eine andere Abteilung sandte er aus
zur Belagerung von Centumcellae. Da brach Tejas, welcher für die
Besatzung von Cumae fürchtete und an dem Beistande der Franken
verzweifelte, mit seinem Heer zur Entscheidungsschlacht mit dem
Feinde auf. Infolge dieser Nachricht ließ Narses den Johannes,
Vitalians Brudersohn, und Philemuth mit seinem eigenen Heer nach
Tuscien ziehen, um sich dort festzusetzen und den Feinden den Weg
nach Kampanien zu verlegen, damit dann die Belagerer von Cumae in
aller Ruhe den Platz mit Güte oder Gewalt nehmen könnten. Aber
Tejas gab den kürzesten Weg zur Rechten auf und zog in weitestem
Bogen, am Gestade des Adriatischen Meeres entlang, nach Kampanien, ohne daß nur einer der Gegner etwas davon merkte. Diese
Botschaft bewog den Narses, Johannes' und Philemuths Truppen, die
den Weg durch Tuscien hatten verlegen sollen, an sich zu ziehen und
ebenso Valerian mit seiner Abteilung, der soeben Petra Pertusa
eingenommen hatte – kurz alle Truppen zu vereinigen. Dann ging er
mit seinem ganzen Heer, zur Schlacht gerüstet, nach Kampanien.

35. In Kampanien erhebt sich der Vesuv, (der wie der Ätna in Sizilien
oft mit Gebrüll glühende Asche auswirft. Tief unten in seinem Krater
kann man das unauslöschliche Feuer brennen sehen. Auch wirft er
große und kleine Steine aus, und Lavaströme brechen aus seinem
Innern hervor und wälzen sich die Abhänge herab.) Am Fuß des Vesuv
sind Quellen mit trinkbarem Wasser, aus denen ein Fluß namens
Drakon entsteht, der bei Nuceria vorbeifließt[2]. An den Ufern dieses
Flusses schlugen damals die beiden Heere ihre Lager auf. Der Drakon
ist zwar nur ein kleiner Fuß, aber für Reiter und Fußgänger nicht

---

[1] Vielmehr Tejas' Bruder Aligern. – [2] Nocera am Sarno.

passierbar, da er in einem engen, tiefen Bett einherfließt und seine Ufer 552
außerordentlich abschüssig sind. Ob das durch die [vulkanische]
Natur des Bodens oder die Kraft des Wassers bewirkt ist, vermag ich
nicht zu sagen. Die Goten besetzten nun die Brücke, welche über den
Fluß führte, und hatten ihr Lager dicht an derselben. Sie wurde durch
hölzerne Türme und Maschinen aller Art, unter anderen auch sogenannte Ballisten, befestigt, damit die Goten ihre Feinde durch Schüsse
von oben belästigen könnten. An ein Nahgefecht war nicht zu denken,
da der Fluß, wie schon bemerkt, die Gegner trennte: man trat nur so
dicht wie möglich ans Ufer und beschoß sich gegenseitig. Auch einige
Zweikämpfe kamen vor, wenn ein Gote die Brücke überschritt und
dazu aufrief. So lagen sich die Heere zwei Monate einander gegenüber. Und solange die Goten die See beherrschten und zu Schiff
Lebensmittel heranschaffen konnten, vermochten sie standzuhalten,
da ihr Lager vom Meer nicht weit entfernt war. Bald aber bemächtigten sich die Römer der feindlichen Schiffe durch den Verrat eines
gotischen Mannes, der den Oberbefehl über die ganze Flotte hatte,
und außerdem kamen nun unzählige Schiffe für sie aus Sizilien und
den anderen Teilen des Reiches. Außerdem ließ Narses am Flußufer
hölzerne Türme aufstellen, welche den Goten allen Mut benehmen
mußten. Deshalb geraten die Goten, die bereits Mangel an Lebensmitteln litten, in große Bestürzung und ziehen sich auf einen Berg ganz in
der Nähe zurück, den die Römer auf lateinisch Mons Lactarius[1]
nennen. Dorthin konnten ihnen die Römer wegen des ungünstigen
Terrains nicht folgen. Aber die Barbaren sollten sofort bereuen, sich
dorthin zurückgezogen zu haben, da sie noch viel größeren Mangel
leiden mußten und gar kein Mittel hatten, für sich und die Pferde
irgend etwas aufzutreiben. Deshalb schien es ihnen besser, den Tod in
offener Schlacht zu suchen als Hungers zu sterben: unerwartet
rückten sie vor und machten plötzlich einen Angriff auf die Feinde.
Die Römer wehrten sich den Umständen gemäß, d. h. nicht in Reih
und Glied nach Schwadronen oder Regimentern unter richtigem
Kommando, sondern bunt durcheinander, ohne selbst die gegebenen
Befehle hören zu können. Dennoch verteidigten sie sich, so gut es ging,
mit aller Kraft. Die Goten hatten ihre Pferde laufen lassen und standen
alle zu Fuß, mit der Front gegen den Feind, in einer tiefen Phalanx. Als
das die Römer sahen, stiegen sie ebenfalls ab und stellten sich in
derselben Formation auf.

[1] Wörtlich: Milchberg, östlich von Stabiae.

552 Jetzt komme ich an die Beschreibung einer höchst denkwürdigen Schlacht und des Heldenmuts eines Mannes, der in keiner Beziehung einem der sogenannten Heroen nachsteht. Und zwar will ich von Tejas reden. Die Goten stachelte ihre verzweifelte Lage zur Tapferkeit an; die Römer leisteten ihnen, obgleich sie ihre Verzweiflung bemerkten, mit allen Kräften Widerstand, da sie sich schämten, dem schwächeren Gegner zu weichen. Beide gingen mit Ungestüm auf die nächststehenden Feinde los, die einen weil sie den Tod suchten, die anderen weil sie um die Palme des Sieges stritten. Früh am Morgen begann die Schlacht. Weithin kenntlich stand Tejas mit wenigen Begleitern vor der Phalanx, von seinem Schilde gedeckt und die Lanze schwingend. Wie die Römer ihn sahen, meinten sie, mit seinem Fall werde der Kampf sofort zu Ende sein, und deshalb gingen gerade die tapfersten, sehr viele an der Zahl, geschlossen gegen ihn vor, indem sie alle mit den Speeren nach ihm stießen oder warfen. Er aber fing alle Speere mit dem Schild, der ihn deckte, auf und tötete viele in blitzschnellem Sprung. Jedesmal, wenn sein Schild von aufgefangenen Speeren ganz voll war, reichte er ihn einem seiner Waffenträger und nahm einen anderen. So hatte er ein Drittel des Tages unablässig gefochten. Da ereignete es sich, daß in seinem Schild zwölf Speere hafteten, so daß er ihn nicht mehr beliebig bewegen und die Angreifer nicht mehr damit zurückstoßen konnte. Laut rief er einen seiner Waffenträger herbei, ohne seine Stellung zu verlassen oder nur einen Fingerbreit zurückzuweichen. Keinen Augenblick ließ er die Feinde weiter vorrücken; weder wandte er sich so, daß der Schild den Rücken deckte, noch bog er sich zur Seite, sondern wie mit dem Erdboden verwachsen stand er hinter dem Schild da, mit der Rechten Tod und Verderben gebend, mit der Linken die Feinde zurückstoßend – so rief er laut den Namen des Waffenträgers. Dieser trat mit dem Schild herzu, und er nahm ihn sofort statt des speerbeschwerten. In diesem Moment war nur einen kurzen Augenblick seine Brust entblößt: ein Speer traf ihn, und er sank sofort tot zu Boden. Einige Römer steckten seinen Kopf auf eine Stange und zeigten ihn beiden Heeren, den Römern, um sie noch mehr anzufeuern, den Goten, damit sie in Verzweiflung den Kampf aufgäben. Die Goten aber taten das keineswegs, sondern kämpften bis zum Einbruch der Nacht, obwohl sie wußten, daß ihr König gefallen war. Als es dunkel geworden war, ließen die Gegner voneinander ab und brachten die Nacht unter den Waffen zu. Am folgenden Tag erhoben sie sich früh, nahmen dieselbe Aufstellung und kämpften wieder bis zur Nacht. Keiner wich dem

anderen auch nur um eines Fußes Breite, obgleich von beiden Seiten 552
viele den Tod fanden, sondern erbittert setzten sie die furchtbare
Blutarbeit fort, die Goten in dem vollen Bewußtsein, ihren letzten
Kampf zu kämpfen, die Römer weil sie sich von jenen nicht überwinden lassen wollten. Zuletzt schickten die Barbaren einige von ihren
Vornehmen an Narses und ließen ihm sagen, sie hätten wohl gespürt,
daß Gott wider sie sei – sie fühlten, daß eine unüberwindliche Macht
ihnen gegenüberstehe – und durch die Ereignisse über den wahren
Sachverhalt belehrt, wollten sie ihre Meinung ändern und vom Kampf
ablassen, nicht um Untertanen des Kaisers zu werden, sondern um bei
irgendwelchen anderen Barbaren in Freiheit zu leben. Sie baten, die
Römer möchten ihnen einen friedlichen Abzug gestatten und, billiger
Erwägung Raum gebend, ihnen die Gelder als Wegzehrung belassen,
die sie in den Kastellen Italiens jeder früher für sich aufgespart hätten.
Hierüber ging Narses mit sich zu Rate. Johannes aber, Vitalians
Neffe, redete ihm zu, diese Bitte zu gewähren, nicht weiter mit
Männern zu kämpfen, für die der Tod keinen Schrecken hätte, und
nicht den Mut der Verzweiflung auf die Probe zu stellen, der nicht nur
für jene, sondern auch für ihre Gegner noch verhängnisvoll werden
könne. »Der Mann der weisen Mäßigung«, sagte er, »läßt sich am
Siege genügen, übermäßige Anstrengung aber könnte leicht auch zum
Verderben ausschlagen.« Narses billigte diese Ansicht, und es wurde
ausgemacht, die übriggebliebenen Barbaren sollten mit all ihrer Habe
sofort ganz Italien meiden und unter keinen Umständen mehr die
Waffen gegen die Römer tragen. Mittlerweile brachen 1000 Goten
aus dem Lager hervor und begaben sich nach der Stadt Ticinum und
den Ortschaften jenseits des Po, geführt unter anderen von Indulf,
dessen ich früher Erwähnung getan habe; die übrigen beschworen
sämtlich den Vertrag. Auf dieselbe Weise nahmen die Römer auch
Cumae und alle übrigen Ortschaften, und das achtzehnte Jahr dieses
Gotenkrieges, den Prokop beschrieben hat, ging zu Ende[1].

---

[1] Ausführlicher in dem folgenden Bericht des Agathias.

Auszüge aus Agathias' Historien

ERSTES BUCH

1. Als Tejas, der dem Totilas in der Herrschaft über die Goten folgte,
mit aller Macht den Krieg gegen die Römer wiederaufgenommen und
sich dem Narses gegenübergestellt hatte, wurde er aufs Haupt
geschlagen und fiel selbst in der Schlacht. Die übriggebliebenen
Goten, denen die Römer unablässig zusetzten, machten endlich, da sie
durch die beständigen Angriffe hart bedrängt und außerdem an einem
wasserlosen Ort völlig eingeschlossen waren, mit Narses einen Vertrag dahin, daß sie ihre eigenen Güter bewohnen und dem römischen
Kaiser fürderhin untertan sein sollten. Nachdem diese Sache zu
solchem Ende gekommen war, glaubte man allgemein, nun hätten die
Kriege in Italien einen Abschluß erhalten. Es war aber nur das
Vorspiel zu weiteren; denn meiner Ansicht nach werden sie in
unserem Zeitalter überhaupt nicht aufhören, sondern vielmehr dauern und in üppiger Blüte stehen, (denn das ist so der Lauf der Welt,
und aus der Habgier und Ungerechtigkeit der Menschen erwachsen
stets neue Kriege und Unruhen, die Verderben über die Völker
bringen). So kam es auch damals. Von den Goten, welche sich infolge
des Vertrages zerstreut hatten, gingen die einen, welche früher südlich
vom Po gewohnt hatten, nach Tuscien und Ligurien, wie es jedem
beliebte; die anderen verteilten sich, wie auch früher, über Venetien in
die Städte und Forts dieser Gegend. Als sie nun dort waren, hätte es
sich gehört, daß sie den beschworenen Vertrag durch die Tat wahrge-
macht und im sicheren Besitz ihres Eigentums sich nicht in langaus-
sehende Verwicklungen gestürzt hätten, um sich von ihren schweren
Schicksalen zu erholen. Sie dachten aber gar nicht daran, sondern
sannen sofort auf Empörung und den Beginn eines neuen Kriegs. Da
sie aber für sich allein den Römern nicht mehr gewachsen zu sein
glaubten, so wandten sie sich sogleich an die Franken in der Meinung,
für ihre Zukunft am besten zu sorgen, wenn sie, durch ein Bündnis mit
ihren Nachbarn und Freunden gestärkt, sich wieder zum Kriege
erhöben.

2. Das Frankenvolk ist nämlich der unmittelbare Grenznachbar von
Italien. Von altersher heißen sie bekanntlich Germanen. Sie wohnen
in dem Lande am Rheinstrom; auch gehört ihnen der größte Teil von
Gallien, das früher nicht in ihrem Besitz war, sondern erst hinzuer-

552 obert ist, ferner die alte ionische Pflanzstadt Massilia...[1] Diese
Franken sind nun nicht Nomaden, wie fast alle anderen Barbarenvölker, sondern sie haben die römische Verwaltung angenommen, die
römischen Gesetze, ebenso römisches Handels- und Eherecht, endlich
die Religion. Denn sie sind alle Christen, und zwar durchaus recht-
gläubige. Stadtverwaltung, Priester, Feste haben sie geradeso wie wir,
und für ein Barbarenvolk scheinen sie mir ungemein gesittet und
gebildet. Das einzige, wodurch sie sich von uns unterscheiden, ist ihre
barbarische Kleidung und ihre eigentümliche Sprache. Ich bewundere
sie sowohl wegen ihrer übrigen Vorzüge als besonders wegen ihrer
Gerechtigkeitsliebe und Eintracht. Nämlich schon zu öfterenmalen,
früher und auch zu meiner Zeit, haben sie niemals, obwohl die
Herrschaft bald unter drei, bald unter mehr Fürsten geteilt war, die
Waffen gegeneinander erhoben und das Vaterland mit dem Blut
seiner Kinder besudelt. (Während anderswo es leicht Krieg und
Blutvergießen gibt, wenn mehrere Herrscher sich gegenüberstehen,)
kommt das bei ihnen nicht vor, auch wenn sie noch so sehr geteilt
sind. Wenn wirklich die Könige einen Streit haben, dann greifen wohl
alle zu den Waffen, als ob sie damit die Entscheidung im Kriege
herbeiführen wollten; wenn sie sich aber gegenüberstehen, lassen sie
sogleich ihren Groll fahren, wenden sich zur Eintracht und verlangen
von ihren Fürsten, daß sie die Sache gütlich beilegen; geschieht das
nicht, so müssen jene ihr Recht selber im Zweikampf suchen, denn es
ist bei ihnen weder Sitte noch Recht, daß wegen persönlichen Zwistes
jener das ganze Volk leiden muß. Dann lösen sie sofort die Regimenter
auf, legen die Waffen nieder, und alles ist wieder Friede und Freundschaft; beide Heere verkehren zwanglos miteinander, und der Streit
ist wie weggeblasen. So ist bei ihnen das Volk gerecht und vaterlands-
liebend, die Herrscher sind wohlwollend und wenn's darauf
ankommt, nachgiebig. Deshalb ist auch ihre Macht festgegründet und
ihre Gesetze immer dieselben; von ihrem Lande haben sie nichts
verloren, wohl aber viel hinzuerworben. Denn wo Gerechtigkeit und
Freundschaft zu Hause sind, da machen sie den Staat glücklich und
sicher, und seine Feinde sind ihm gegenüber machtlos[2].
3. Bei so vortrefflichen Einrichtungen sind die Franken ihre eigenen
und ihrer Nachbarn Herren. Die Krone erbt sich vom Vater auf den
Sohn fort. Auch damals, als die Goten Gesandte an sie schickten,

[1] Agathias bedauert, daß diese Stadt ihren hellenischen Charakter ganz
verloren hat. – [2] Dies schmeichelhafte Bild von den Franken stimmt nicht ganz
mit den sonstigen Berichten überein.

hatten sie drei Könige. Es scheint mir nun nicht unangemessen, ein
wenig weiter auszuholen und die Ereignisse, welche kurz vorher
waren, zu berichten, um dann zu den Herrschern zurückzukehren,
welche damals regierten. Es waren vier Brüder: Childebert, Chlothar,
Theoderich und Chlodomer. Diese teilten das Reich, als ihr Vater
Chlodwig starb (511) nach Städten und Stämmen gleichmäßig untereinander. Bald darauf zog Chlodomer gegen die Burgunden zu Felde[1],
ein germanisches, höchst kriegerisches Volk. In diesem Feldzug fiel er,
von einem Speer mitten in die Brust getroffen. Als er gefallen war und
die Burgunden sein langes Haar sahen, das bis zum Gürtel herabhing,
merkten sie sogleich, daß sie den Führer der Feinde getötet hatten.
Denn bei den Franken darf ein König sich niemals scheren lassen,
sondern von Kind auf geht er ungeschoren einher und die Locken
wallen ihm, in der Mitte gescheitelt, auf die Schultern von beiden
Seiten herab. Nicht wie die Türken und Avaren gehen sie ungekämmt,
borstig und schmutzig oder über Gebühr gesalbt einher, sondern sie
flechten bunte Bänder hinein und strählen das Haar sorgfältig. Es so
lang zu tragen, ist ein Erkennungszeichen und Ehrenrecht des königlichen Geblüts; die Untertanen schneiden es rundum ab und dürfen es
nicht lang wachsen lassen. – Die Burgunden hieben dem Chlodomer
den Kopf ab und zeigten ihn seinen Kriegern, die sofort den Mut
sinken ließen und an der Fortsetzung des Kampfes verzweifelten. So
schlossen denn die Sieger, wie es ihnen am besten dünkte und unter
den günstigsten Bedingungen Frieden, und die Überbleibsel des
Frankenheeres waren froh, in die Heimat zurückkehren zu können.
Nachdem Chlodomer auf diese Weise umgekommen war, teilten sich
die Brüder sein Reich, denn er war kinderlos gestorben. Bald darauf
starb auch Theoderich (534) und hinterließ seinem Sohn Theodebert
mit den anderen Gütern die Krone.

4. Nachdem Theodebert den Thron bestiegen hatte, unterwarf er die
Alamannen und andere benachbarte Stämme; er war nämlich ein
kühner und unruhiger Geist und liebte die Gefahren mehr als nötig
war. Solange die Römer gegen den Gotenkönig Totilas Krieg führten,
ging Theodebert ernstlich mit dem Gedanken um, während Narses
und sein Heer in Italien gefesselt wäre, selbst mit einem starken Heer
nach Thrazien zu ziehen, dort alles zu unterwerfen und den Krieg bis
zur Kaiserstadt Byzanz zu tragen. So ernstlich war diese Absicht und
so eifrig wurde die Zurüstung betrieben, daß er zu den Gepiden,

---

[1] Die Zerstörung des Burgundenreichs ist 523, Chlodomer stirbt 524.

Langobarden und anderen benachbarten Völkern Gesandte schickte,
um sie zur Teilnahme an diesem Feldzuge aufzufordern. Er erklärte es
nämlich für unerträglich, daß der Kaiser Justinian in seinen Edikten
sich Francicus, Alamannicus, Gepidicus, Langobardicus usw. nenne,
als ob er alle diese Völkerschaften unterjocht hätte. Er selbst nahm
diesen Übermut sehr übel und stachelte die anderen zu gleicher
Gesinnung auf, da sie ja ebenso davon betroffen wären. (Agathias
meint, dieser Zug wäre dem Theodebert wohl schlecht bekommen.)
Wenn nicht sein Lebensende frühzeitig hereingebrochen wäre, so
hätte er sich wirklich auf den Weg gemacht. Aber als er einst auf die
Jagd ging, trat ihm ein Stier entgegen, groß und mit gewaltigem
Gehörn, nicht einer von den zahmen, die zum Pflügen gebraucht
werden, sondern ein wilder Wald- oder Bergstier, der mit den
Hörnern jeden Gegner niederwirft – man nennt diese Art, glaube ich,
Auerochsen[1]. Sie sind in jener Gegend sehr häufig, denn dort in den
dichtbewachsenen Schluchten, rauhen Bergen und kalten Gegenden
hält sich das Tier mit Vorliebe auf. Wie solch einen Stier Theodebert
aus einem Tal aufspringen und auf ihn selbst loskommen sah, faßte er
festen Fuß, um ihn mit dem Speer abzufangen; als das Tier aber schon
ganz nahe herangekommen war, rannte es im vollen Lauf mit dem
Kopf einen kleinen Baum um, so daß er völlig umgebrochen wurde.
Von den stürzenden Zweigen schlug gerade der größte dem Theodebert an den Kopf. Der Schlag war tödlich, und der König stürzte sofort
hintenüber. Mit Mühe brachte man ihn noch nach Hause, und dann
starb er an demselben Tage (548). Ihm folgte sein Sohn Theodebald,
obgleich er noch sehr jung war und seine Erziehung noch nicht
vollendet; denn der väterliche Brauch rief ihn auf den Thron.

552   5. In jener Zeit nun, als Tejas gefallen war und die Goten auf fremde
Hilfe angewiesen waren, herrschten als Könige bei den Franken der
unmündige Theodebald, Childebert[2] und Chlothar, seine Oheime,
wie das römische Gesetz sagen würde[3]. Aber an diese, welche sehr
weit entfernt wohnten, glaubten sich die Goten nicht wenden zu
müssen, vielmehr schickten sie ganz offen eine Gesandtschaft an
Theodebald, und zwar nicht das ganze Volk, sondern nur die, welche
nördlich vom Po saßen. Die übrigen sahen wohl auch die Änderung
und Umwälzung der bestehenden Verhältnisse mit günstigen Augen
an, verhielten sich aber untätig, da sie an dem Erfolg zweifelten und

---

[1] Bubali. – [2] Ch. war vielmehr schon 534 gestorben. – [3] μέγιστοι θεῖοι,
maximini patrui.

die Unbeständigkeit des Glücks fürchteten; sie schwankten unent-   552
schlossen hin und her und beobachteten mit großem Eifer, was
vorging, um sich den Siegern anzuschließen. Die Gesandten der
anderen reisten ab und erschienen vor dem König und allen seinen
Großen. Sie baten, man solle sie doch nicht verachten, weil sie von den
Römern zu Boden geworfen seien, sondern mit ihnen zusammen den
Kampf aufnehmen und einem verwandten und befreundeten Volke
beispringen, das sich in höchster Gefahr befände, völlig vernichtet zu
werden. Sie zeigten, daß es auch für die Franken von größtem Wert
sei, zu verhindern, daß die römische Macht nicht zu hoch sich erhebe,
und mit aller Kraft sich ihrem Wachstum zu widersetzen. »Denn
wenn sie das Gotenvolk völlig beseitigt haben«, sagten die Gesandten,
»werden sie auch gegen euch zu Felde ziehen, wie in früheren Zeiten.«
(Folgt eine weitere Ausführung dieses Gedankens und am Schluß die
Verheißung:) »Außerdem werden unzählige Schätze euer sein, die ihr
einerseits den Römern abnehmen, andererseits von uns erhalten
werdet.«

6. Als die Gesandten so gesprochen hatten, ließ sich Theodebald
dadurch keineswegs bestimmen – er war nämlich ein junger Mensch
ohne Heldenmut und Kriegslust, sondern sehr kränklich und
schwächlich – und war der Ansicht, um fremder Leiden willen dürfe
man sich nicht selbst in Gefahren stürzen. Aber Leutharis und Butilin
nahmen das Bündnis an, obgleich das dem König keineswegs gefiel.
Diese beiden Männer waren Brüder, Alamannen von Geburt, und
standen bei den Franken in höchstem Ansehen, so daß sie auch
Herzöge ihres Volks geworden waren, eine Würde, die ihnen Theodebert selbst verliehen hatte. Die Alamannen sind, wenn man dem
Asinius Quadratus[1], einem Italiker, der die germanischen Verhältnisse genau beschrieben hat, folgen will, ein Volk, bestehend aus
zusammengelaufenen Leuten und Mischlingen, und das bedeutet
auch ihr Name. Zuerst hatte sie der Gotenkönig Theoderich, als er
über ganz Italien herrschte, sich tributpflichtig und untertänig
gemacht. Als er aus dem Leben geschieden war und dann der große
Krieg zwischen dem römischen Kaiser Justinian und den Goten
ausbrach, hatten die Goten, den Franken schmeichelnd, um sich ihre
Freundschaft und ihr Wohlwollen zu erwerben, viele andere Landschaften aufgegeben und auch das Volk der Alamannen aus ihrer

---

[1] Ein Geschichtschreiber des 3. Jahrhunderts n. Chr., Verfasser einer
Geschichte der Partherkriege und einer römischen Geschichte.

552 Botmäßigkeit entlassen... Sobald dasselbe von den Goten freigegeben
worden war, hatte Theodebert es unterworfen, und als er, wie schon
erzählt, den Tod gefunden hatte, wurde es mit allen übrigen Völkern
seinem Sohn Theodebald untertan.

7. Sie haben einige Sitten und Gebräuche, die ihnen eigen sind; in
bezug auf öffentliche Angelegenheiten und Verwaltung folgen sie den
Einrichtungen der Franken. Nur in bezug auf die Gottheit haben sie
abweichende Ansichten. Sie verehren nämlich gewisse Bäume, Flüsse,
Hügel und Schluchten, denen sie Pferde, Stiere und unzählige andere
Tiere opfern, indem sie diesen die Köpfe abschlagen. Aber die enge
Vereinigung mit den Franken übt bereits hierauf eine günstige
Wirkung aus und ändert ihre Ansichten, besonders die der Verständi-
geren, und ich glaube, sie wird in kurzer Zeit bei allen den Sieg
davontragen...[1] Ich nehme nun den Faden meiner Erzählung wieder
auf. Leutharis und Butilin trugen sich beide mit großen Hoffnungen,
als sich zum Zuge gegen die Römer rüsteten, und glaubten sich zu
großen Dingen berufen. Sie meinten nämlich, der Feldherr Narses
werde nicht einmal ihrem ersten Anprall standhalten können, und sie
würden ganz Italien nebst Sizilien in ihre Hand bekommen. Sie
sprachen ihre Verwunderung über die Goten aus, daß sie sich vor
einem solchen Kerlchen, einem verweichlichten und verzärtelten
Haremswächter, der eigentlich gar kein Mann sei, fürchteten. Von
solcher Gesinnung beseelt, sammelten sie ein stattliches Heer und
brachten von den Franken und Alamannen 75 000 tapfere Krieger
auf. Dann trafen sie alle Vorbereitungen, um sofort in Italien einzufallen.

8. Obgleich der römische Feldherr Narses von ihren Plänen noch nicht
ganz genau unterrichtet war, so bemühte er sich doch als ein äußerst
vorsichtiger Mann, allen feindlichen Anschlägen zuvorzukommen
und beschloß, zunächst mit aller Macht gegen die Kastelle in Tuscien,
welche noch in den Händen der Goten waren, sich zu wenden. Denn
dieser Mann wurde durch den Sieg weder zu übermütiger Unbesonnenheit veranlaßt, noch neigte er, wie vielleicht ein anderer getan
hätte, nach dem Erfolg zu Leichtsinn und Wohlleben: mit schnellem
Entschluß führte er sein Heer vor Cumae. Dies Cumae ist eine
italische Festung von so außerordentlicher Stärke, daß es fast uneinnehmbar scheint. Es liegt wie ein Wartturm auf einem steilen, schwer

[1] Exkurs über das Verkehrte solcher religiösen Vorstellungen und der blutigen
Opfer usw.

zugänglichen Felsen am Tyrrhenischen Meer; denn der Felsen erhebt
sich so hart am Gestade, daß seinen Fuß die Wogen umbrausen, und
seine Kuppe ist mit Türmen und Mauern aufs stärkste befestigt. Die
früheren Gotenkönige Totilas und Tejas hatten ihre besten und
herrlichsten Schätze diesem Kastell wegen seiner Festigkeit anvertraut. Nachdem Narses davor angelangt war, gab er sich die größte
Mühe, es so bald wie möglich zu erobern und die Schätze in seine
Hand zu bekommen, damit nicht die Goten einen sicheren Stützpunkt
behielten und ihm selbst nicht die Krönung seines Sieges vorenthalten
bliebe. In der Festung, die eine ausreichende Besatzung hatte, befehl-
ligte Aligern, der jüngste Bruder des verstorbenen Gotenkönigs Tejas,
der keineswegs friedliche Gesinnungen hegte, weil Tejas im Krieg ums
Leben gekommen war und er ganz genau wußte, daß die Macht der
Goten fast gänzlich vernichtet war. Er dachte nicht an Ergebung,
sondern sah im Vertrauen auf die Festigkeit des Platzes und seine
reichliche Verproviantierung der Zukunft furchtlos ins Auge, hohen
Mutes und bereit, jeglichem Angriff zu begegnen.

9. Sofort erteilte Narses den Befehl zum Sturm. Mit vieler Mühe
klommen seine Leute den steilen Abhang hinauf und näherten sich
den Mauern; sie schleuderten ihre Speere auf diejenigen, die sich an
den Brustwehren sehen ließen; die Pfeile schwirrten, Schleuderkugeln
flogen hoch im Bogen und lebhaft spielte das Belagerungsgeschütz.
Aligerns Leute, die zwischen den Türmen auf der Mauer standen,
waren auch nicht müßig mit Bogen und Speer; auch schleuderten sie
große Steine, Baumstämme, Äxte und was sich sonst an Verteidi-
gungsmitteln bot, mit einem Wort, sie ließen nichts unversucht. Die
Pfeile, welche Aligern selbst schoß, lernten die Römer bald von den
anderen unterscheiden: mit starkem Zischen und unglaublicher
Schnelligkeit kamen sie angesaust und zerschmetterten alles, selbst
wenn sie auf einen Stein oder sonst etwas Hartes und Schwerzerbrech-
liches trafen. Bei Narses befand sich in angesehener Stellung, als
Oberst eines römischen Regiments, ein gewisser Palladius. Als Aligern
diesen erblickte, wie er erzgepanzert mit großem Mut zum Angriff
gegen die Mauer vorging, schießt er von oben auf ihn und durchbohrt
den Mann samt Harnisch und Schild — so sehr übertraf er an Kraft
die übrigen, und so stark waren seine Hände im Gebrauch des Bo-
gens. Solche Schüsse tat er viel an den folgenden Tagen. Beide Teile
sahen sich in ihren Hoffnungen getäuscht: die Römer [zogen nicht
ab, denn] es kam ihnen schimpflich vor, sich zurückzuziehen, ehe
sie den Platz genommen hätten; die Goten hatten bewiesen,

552 daß sie durch die Belagerung keineswegs zur Übergabe veranlaßt
würden.

10. Der Feldherr Narses war in nicht geringer Aufregung, daß die
Römer vor so einem kleinen Kastell so viel Zeit verschwenden
mußten. Während er hin und her überlegte, kam ihm der Gedanke,
auf folgende Weise die Eroberung zu versuchen. An der Ostseite des
Felsens ist eine große, hochgewölbte Höhle, von Natur weit und tief
sich öffnend wie ein Abgrund, (worin die Sibylle gewohnt haben soll).
Über dieser Höhle lagen die Fundamente eines Teils der Mauer.
Narses glaubte diesen Umstand benutzen zu können und schickte
zahlreiche Mannschaft in die Höhle hinein, mit Hauen und Schaufeln;
er ließ nun die obere Wandung der Höhle, auf der die Befestigung
stand, ganz allmählich fortnehmen und so viel abtragen, daß schon
das unterste Fundament bloß lag. Dann ließ er es mit Balken richtig
absteifen, welche die ganze Last tragen mußten, damit es nicht nach
und nach einstürzte und die Goten daran merkten, was vorging. Denn
wenn sie gleich zu Anfang dazugekommen wären und den Schaden
ausgebessert hätten, so würden sie nachher um so mehr aufgepaßt
haben. Damit sie nun überhaupt nichts merkten und nicht das
Geräusch beim Steinebrechen hörten, so mußte das römische Heer
unter großem Geschrei und Getöse einen Sturm auf die Mauer über
der Erde unternehmen, was denn auch geschah. Als nun die ganze
Mauer, die über der Höhle lag, untergraben war und nur noch auf den
Stützen ruhte, häufte man trockene Blätter und andere leicht brenn-
bare Stoffe auf, steckte sie in Brand und zog sich schnell zurück. Bald
schlug die Flamme empor, und die verkohlten Stützen brachen
zusammen unter der Wucht, die auf ihnen lastete. Der ganze Teil der
Mauer, der auf ihnen geruht hatte, senkte sich und stürzte in sich
zusammen. Die Türme und Brustwehren, die dort standen, brachen
plötzlich los und rollten in den Abgrund; das Tor, das natürlich wegen
der Feinde fest verschlossen war – den Schlüssel hatten die Torwächter – stürzte samt den Querbäumen und Riegeln hinab auf die Klippen
am Strand, und ebenso alles, was damit zusammenhing, als Pfosten,
Sims und Fundamente. Als dies geschehen war, glaubten die Römer
bequem eindringen und den Feind verachten zu können, aber sie
sollten sich darin getäuscht sehen. Die Risse nämlich und Abstürze
sowohl außen an den Felsen als auch in den inneren Höhlungen
klafften weit auf und machten den Ort nach wie vor sehr abschüssig
und schwer zu ersteigen. Narses versuchte noch einen Sturm, als ob er
im ersten Anlauf plündernd eindringen wollte, aber da die Goten sich

an jener Stelle sammelten und aufs tapferste Widerstand leisteten,   552
wurde er abgewiesen und konnte nicht zum Ziel kommen.

11. Da es sich gezeigt hatte, daß der Platz mit stürmender Hand nicht
zu nehmen war, so hielt er es für besser, nicht das ganze Heer davor
liegen zu lassen und wandte sich alsbald gegen Florenz, Centumcellae
und einige andere Festungen in Tuscien, um in dieser Gegend alles
geordnet zu haben, ehe der Feind sich nahe. Denn schon war ihm die
Meldung zugegangen, Leutharis und Butilin mit ihrem Heer von
Franken und Langobarden ständen bereits südlich vom Po; deshalb
machte er den größten Teil seines Heeres frei und führte denselben
nach Norden. Da Philemuth, der Oberst seiner Herulerscharen,
wenige Tage vorher an einer Krankheit gestorben war und sie einen
ihrer Landsleute zum Führer haben mußten, so ernannte er ihren
Stammesgenossen Phulkaris, den Neffen des Phanitheus, und befahl
ihm, mit Johannes, Vitalians Schwestersohn, Valerian und Artabanes,
vielen anderen Obersten und Hauptleuten sowie dem größeren und
besseren Teil des Heeres den Apennin, der Tuscien von der Aemilia
trennt, zu umgehen und bis an den Po vorzurücken, dort sich
festzusetzen, alle festen Punkte zu besetzen und den Feind abzuschlagen und zurückzudrängen. Wenn sie denselben vollständig werfen
könnten, sollten sie dem Schicksal dafür Dank wissen; wenn sie das
gegen die Übermacht der Feinde nicht leisten könnten, so sollten sie
wenigstens ihren Weitermarsch aufhalten, sie einzuschüchtern und zu
lähmen suchen, bis er selbst seine Anordnungen sämtlich getroffen
hätte. Jene marschierten ab. Auch vor Cumae ließ er eine ansehnliche
Macht stehen, um die Belagerten so eng wie möglich umschlossen und
ununterbrochen belagert zu halten. Sie verschanzten sich vor der
Stadt und beobachteten alle Ausgänge, um jeden, der fouragieren
ginge, abzufangen; denn da die Belagerung schon beinahe ein Jahr
gedauert hatte, so waren ihrer Meinung nach die Lebensmittel bereits
aufgezehrt. Narses nahm die meisten von den Städten, gegen die er
sich wandte, ohne Kampf. Die Florentiner zogen ihm entgegen und
übergaben ihm sich und ihre Stadt auf die Zusicherung, daß ihnen
nichts Übles widerfahren solle. Ebenso die Einwohner von Centumcellae[1], Volaterra[2], Luna[3] und Pisa. So ging ihm alles nach Wunsch,
und alle Plätze fielen in seine Hände, ohne daß er seinen Marsch zu
unterbrechen brauchte.

---

[1] Civita vecchia. — [2] Volterra, südlich von Pisa. — [3] Carrara, nördlich von
Pisa.

552 12. Nur die Bewohner von Luca versuchten die Übergabe zu verzö-
gern, obwohl sie vorher einen Vertrag mit Narses geschlossen, Geiseln
gestellt und beschworen hatten, sie würden ihm die Schlüssel einhändigen und sich ergeben, wenn sie nicht binnen 30 Tagen Entsatz
erhielten, um nicht nur von den Türmen und Mauern herab sich
wehren, sondern in offener Schlacht kämpfen zu können: sie hofften
nämlich, die Franken würden sehr bald ihnen zu Hilfe kommen.
Deshalb hatten sie auch nur jenen Vertrag abgeschlossen. Der festgesetzte Tag war bereits verstrichen, ohne daß sich Entsatz gezeigt hatte;
nichtsdestoweniger beschlossen sie, den Vertrag nicht zu halten und
abzuleugnen. Als Narses sich so betrogen sah, war er natürlich sehr
zornig und leitete die Belagerung ein. Einige aus seiner Umgebung
forderten, man müsse sämtliche Geiseln hinrichten, um die Leute in
der Stadt zu kränken und für ihre Wortbrüchigkeit zu strafen. Der
Feldherr aber, der stets nur den Geboten der Klugheit folgte, ließ sich
auch diesmal nicht vom Zorn hinreißen, grausamerweise die Unschul-
digen hinzuschlachten für das Unrecht, das andere getan hatten,
sondern ersann folgende List. Er ließ die Geiseln vorführen, die Hände
auf den Rücken und das Haupt auf die Brust geschnürt, und zeigte sie
ihren Landsleuten in dieser kläglichen Stellung. Dann drohte er laut,
sie sofort töten zu lassen, wenn nicht jene erfüllten, was sie versprochen hätten. Er hatte den Geiseln nämlich Holzstücke in den Nacken
binden und diese dann mit Lappen bedecken lassen, daß die Feinde
von fern die Täuschung nicht merken konnten. Als jene nun nicht
hören wollten, befahl er, allen der Reihe nach den Kopf abzuschlagen.
Die Doryphoren zogen dann ihre Schwerter und schlugen aus allen
Kräften zu, als ob sie die Hälse durchhauen wollten. Da die Schläge
aber nur ins Holz gingen, so schadeten sie nichts, die Getroffenen
fielen aber doch vornüber, wie ihnen befohlen war, und zuckten und
zappelten wie im Todeskampf. Als das die Leute in der Stadt sahen,
konnten sie wegen der Entfernung die Wahrheit nicht durchschauen,
sondern urteilten nach dem Schein und brachen, aufs tiefste erschüttert, in laute Klagen aus. Die Geiseln waren nämlich nicht gewöhnliche
Leute aus der Menge, sondern gehörten zu den besten und stammten
aus den vornehmsten Geschlechtern. (Deshalb die lauten Wehklagen.)
Viele Frauen kamen mit zerrissenen Gewändern auf die Mauern, die als
Mütter oder Gattinnen oder sonstwie um die angeblich Getöteten
trauerten. Alle klagten laut den Narses an als einen Frevler und
Missetäter, sie nannten seine Tat eine Schande und Schmach: seine
Frömmigkeit und Gottesfurcht sei die reine Heuchelei.

13. Als sie so schmähten, sagte Narses: »Seid ihr nicht selbst schuld an 552
ihrem Verderben? Habt ihr sie nicht selbst preisgegeben? Durch
euern Meineid und Vertragsbruch habt ihr euch einen schlechten
Dienst geleistet! Aber wenn ihr noch jetzt euch eines Besseren
besinnen und euer Versprechen erfüllen wollt, so sollt ihr nichts Böses
erfahren. Denn diese werden wieder aufleben, und eurer Stadt
werden wir nichts Übles zufügen. Wenn nicht, braucht ihr euch um
diese nicht mehr zu grämen, sondern vielmehr nur zu bedenken, daß
es euch allen ebenso gehen wird.« Als das die Lucaner hörten,
glaubten sie, er wolle sie hinters Licht führen und mit dem Wieder-
erwecken der Toten foppen. Allerdings lag eine List hinter den Worten
verborgen, aber nicht wie sie es sich dachten. Dennoch gingen sie
darauf bereitwillig ein und schwuren, sich selbst und die Stadt sofort
ihm zur freien Verfügung zu übergeben, wenn sie die Geiseln wieder
lebendig sähen. Denn da es ihnen unmöglich schien, daß die Toten
wiederauflebten, glaubten sie auf diese Weise recht bequem den
Vorwurf des Meineids abzuwälzen und das Recht auf ihre Seite zu
bringen. Da befahl Narses jenen, sie sollten alle aufstehen, und zeigte
sie ihren Mitbürgern wohlbehalten und unverletzt. Diese waren bei
dem unerwarteten Anblick natürlich ganz bestürzt; doch waren lange
nicht alle der Ansicht, man müsse jetzt das Beschworene halten,
sondern es gab auch solche, die dagegen waren. Denn da die Männer
am Leben waren, hatte sich ihre Betrübnis in frohe Hoffnung
verwandelt: sie kamen, wie der große Haufe zu tun pflegt, auf ihre
erste Absicht zurück, und die Sache der Treulosigkeit trug den Sieg
davon. Als Narses ihre Verblendung gewahr wurde, entließ er
großmütigen Herzens sofort die Geiseln und schickte sie ohne Löse-
geld nach Hause, ohne von der Stadt eine Gegenleistung zu verlangen.
Da die Lucaner sich darüber wunderten und nicht recht wußte warum
er so handelte, sagte er: »Es ist nicht meine Gewohnheit, mit
Schmeichelei und gleißenden Versprechungen zu locken. Auch ohne
diese [werde ich euer Herr werden, denn] wenn ihr nicht gutwillig
euch ergebt, werden diese da euch dazu zwingen.« Und damit zeigte
er auf die Schwerter. Die entlassenen Geiseln mischten sich unter ihre
Mitbürger und verkündeten in ihren Gesprächen laut den Ruhm des
Narses; sie erwähnten, wie schonend und freundlich er sie behandelt
hätte: wie leutselig und herablassend er war, wie Gerechtigkeitsliebe
und Tatendrang in ihm vereinigt waren, konnte man überall hören.
Und es schien so, als würden diese Reden besseren Erfolg haben als die
Waffen, da sie die Kampflustigen und Wetterwendischen zum

552 Schweigen brachten und der Mehrzahl es nahelegten, sich den
Römern anzuschließen.

14. Während Narses noch mit dieser Belagerung beschäftigt war,
hatten die römischen Scharen, die in die Aemilia ausgesandt waren,
Unglück gehabt und befanden sich natürlich in sehr bedenklicher
Stimmung[1]. Zuerst nämlich hatten sie streng auf Zucht und Ordnung
gehalten; wenn sie sich an die Plünderung eines feindlichen Dorfes
oder Fleckens machten, so rückten sie geschlossen vor und zerstreuten
sich nicht zu sehr. Auf dem Rückmarsch lockerten sie die Reihen
nicht, sondern blieben zusammen. Auch ließen sie in gehörigem
Abstand eine Nachhut den Zug decken, marschierten im Viereck und
nahmen die Beute in die Mitte desselben, wo sie am sichersten war.
Während sie zuerst auf diese Weise die feindlichen Ortschaften
ausplünderten, wandte sich wenige Tage später die Sache, und alles
ging verloren. Der Heruleroberst Phulkaris war nämlich zwar ein
tapferer Mann, der vor nichts in der Welt sich fürchtete, aber ein
tollkühner Wagehals, der in seinem Übermut leicht zu weit ging.
Seiner Ansicht nach war es nicht die Aufgabe eines Obersten und
Heerführers, das Heer zu ordnen und aufzustellen, sondern er suchte
seinen Ehrgeiz hauptsächlich darin, allen anderen sichtbar im Vorder-
treffen zu kämpfen, sich mit vollem Ungestüm auf die Gegner zu
werfen und eigenhändig dreinzuschlagen. Damals nun kannte seine
Selbstüberhebung keine Grenzen und er versuchte einen Handstreich
auf Parma, das sich bereits in den Händen der Franken befand. Nun
hätte er wenigstens Patrouillen vorschicken müssen, um sich möglichst genau über die Feinde zu unterrichten, und wenn dies geschehen, in guter Ordnung vorrücken sollen. Statt dessen führte er in
blindem Vertrauen auf sein Ungestüm und seine stürmische Tapferkeit das Regiment Heruler, und was er an römischen Soldaten bei sich
hatte, völlig ungeordnet in Eile vorwärts, ohne an ein drohendes
Unheil auch nur zu denken. Der Frankenführer Butilin wußte von
seinem Anmarsch und verbarg im Amphitheater, nicht weit von der
Stadt, die mutigsten und tapfersten von seinen Leuten, die er sorgfältig ausgesucht hatte, so daß sie einen furchtbaren Hinterhalt bildeten,
stellte Wachen aus und wartete den richtigen Zeitpunkt ab. Als nun
Phulkaris und die Heruler schon an den Feinden vorbeimarschiert

---

[1] Es ist eine Lücke im Text. Vielleicht besser: hatten die römischen Scharen
usw. eine Niederlage erlitten, und als das Narses erfuhr, geriet er über das
Geschehene in Aufregung und war natürlich darüber höchst mißmutig.

waren, stürzten die Franken auf ein gegebenes Zeichen hervor und 552
griffen den Zug, der ohne jede Vorsichtsmaßregel in größter Unordnung sich vorwärtsbewegte, in geschlossenen Reihen an. Die ersten,
auf welche sie trafen, stießen sie sämtlich nieder, da sie durch den
plötzlichen und unerwarteten Überfall vollständig überrascht und
umzingelt waren; die Mehrzahl merkte noch gerade, in was für eine
schlimme Lage sie gekommen waren, und suchte ihre Rettung auf
unehrenhafte und schimpfliche Weise: sie kehrten den Feinden den
Rücken zu und flohen Hals über Kopf, ohne an Gegenwehr und ihre
langjährige Waffengeübtheit zu denken.

15. Als so das Heer zersprengt war, blieb Phulkaris mit seinen
Doryphoren allein zurück und hielt es unter seiner Würde, ebenso
davonzulaufen. Er zog einen ruhmvollen Tod einer schimpflichen
Rettung vor. Ein Grabdenkmal bot ihm eine günstige Rückendek-
kung, und so stand er festen Fußes da und tötete viele Feinde, indem er
bald gewaltig vorsprang, bald mit dem Antlitz gegen den Feind Schritt
für Schritt zurückwich. Er hätte sich auch noch ganz gut durch die
Flucht retten können; als aber seine Leute ihn dazu aufforderten,
sagte er: »Wie könnte ich Narses' scharfer Zunge standhalten, wenn
er mich der Unbesonnenheit beschuldigte?« Er hatte also mehr Furcht
davor, gescholten als getötet zu werden, und blieb, indem er sich aufs
tapferste wehrte und zu kämpfen nicht eher abließ, als bis er, von
Feinden dicht umdrängt, die Brust von vielen Speeren durchbohrt, das
Haupt durch einen Beilhieb gespalten, mit dem Tode ringend vornüber auf sein Schild fiel. Diejenigen, welche bei ihm ausgehalten
hatten, fanden sämtlich über seinem Leichnam den Tod, teils durch
eigene Hand, teils von den Feinden überwältigt. So erfreute sich
Phulkaris nicht lange seiner neuen Würde, sondern sein Glück war
kurz wie ein Traum, und dann verlor er jählings Amt und Leben.
Durch diesen Sieg fühlten sich die Franken mächtig gehoben und
gestärkt. Die Goten aber, welche die Aemilia, Ligurien und die
angrenzenden Landschaften bewohnten und Frieden und Freundschaft gehalten hatten, wenn auch nicht aufrichtig und ehrlich, mehr
aus Furcht als aus gutem Willen, diese faßten frischen Mut, brachen
offen das Bündnis und schlossen sich den Barbaren an, denen sie sich
verwandt fühlten. Die römischen Scharen unter Johannes, Vitalians
Schwestersohn, und Artabanes, von denen schon die Rede war, sowie
diejenigen Heruler, welche sich durch die Flucht gerettet hatten,
zogen sich sofort auf Faventia[1] zurück. Denn die Obersten meinten,

[1] Faënza.

552 von einer Belagerung Parmas absehen zu müssen, da die Menge der
Feinde sich daselbst gesammelt hatte und dieselben den unerwarteten
Glücksfall gehörig auszunutzen sich anschickten. Die Städte der
Goten nämlich öffneten sich ihnen, und sie wollten augenscheinlich
von diesen Stützpunkten aus mit aller Kraft zum Angriff übergehen.
Deshalb also gedachten die Obersten sich so nahe wie möglich an
Ravenna zu ziehen und auf diese Weise den Feinden auszuweichen,
denen sie nicht mehr gewachsen zu sein glaubten. Als Narses hiervon
die Meldung erhielt, zürnte er und war sehr ungehalten über die
Frechheit der Barbaren, zugleich aber auch über den Verlust des
Phulkaris, der nicht ein Krieger gewöhnlichen Schlages gewesen war,
sondern sehr tapfer und durch viele Siege berühmt: er wäre auch
gewiß nicht in die Hände der Feinde gefallen, wenn er ebenso klug wie
tapfer gewesen wäre. Narses war nun freilich sehr betrübt, aber er ließ
sich dadurch nicht, wie die meisten Menschen, in Furcht und Schrek-
ken setzen, sondern beschloß vielmehr, seinen Soldaten, die er durch
den Unglücksfall bestürzt sah, Mut zuzusprechen, um sie wieder
aufzurichten und ihnen alle Besorgnis zu nehmen.

16. Narses war nämlich ebenso klug wie tapfer und besonders
geschickt, sich in alle Verhältnisse zu finden. Seine Bildung war nicht
sehr bedeutend, und auf Beredsamkeit gab er nicht viel. Das alles
ersetzte ihm sein gerader Verstand, der ihn auch befähigte, das, was er
wollte, klar auseinanderzusetzen. Und all das leistete er, obwohl er ein
Verschnittener und in der erschlaffenden Luft des Palastes aufgewachsen war. Er war von kleinem Wuchs und auffallend schlank und
hager. Seine Tatkraft und Tüchtigkeit waren geradezu unglaublich...
Damals nun trat Narses vor sein Heer und sprach folgendes: (»Der
Tod des Phulkaris hat euch über die Maßen erschüttert; man darf sich
aber durch solch ein Ereignis nicht aus der Fassung bringen lassen.
Von diesem Unfall muß vielmehr eine neue Reihe von Siegen anfangen. Die Feinde sind uns zwar an Zahl überlegen, aber wir ihnen an
Mannszucht und Kriegskunst. Wir haben die reichsten Hilfsmittel,
jene nicht. Endlich wird Gott uns beistehen, die wir für unser
Eigentum kämpfen, und nicht jenen Räubern. Diese Lucaner aber
dürfen wir nicht zu Atem kommen lassen, sondern ein jeder von euch
muß mit besonderem Mut zur Fortsetzung der Belagerung und des
Krieges sich rüsten.«)

17. Durch diese Rede hob Narses wiederum den Mut seines Heeres
und setzte noch eifriger die Belagerung von Luca fort. Er zürnte aber
den anderen Obersten, weil sie, statt die günstiger gelegenen Punkte

festzuhalten, auf Faventia sich zurückgezogen und durch diese Vor- 552
sichtsmaßregeln ihn selbst in eine unangenehme Lage gebracht hatten. (Nach seiner Ansicht hätten sie vor Parma bleiben müssen, um die
Feinde an weiterem Vorgehen zu hindern, und dort hätte er sich nach
Unterwerfung Tusciens dann mit ihnen vereinigt. Statt dessen war er
selbst nun dem ersten Angriff der Feinde ausgesetzt. Daher sandte er
einen seiner Vertrauten, Stephanus aus Epidamnus in Illyrien, an jene
ab, um ihnen Vorwürfe wegen ihrer Furchtsamkeit zu machen und zu
befehlen, sofort in die frühere Stellung wieder einzurücken.) Stephanus machte sich mit 200 tapferen und wohlausgerüsteten Reitern auf
den Weg, den er unter vielen Gefahren, ohne sich bei Nacht Ruhe zu
gönnen, zurücklegte. Denn einige Abteilungen der Franken durchstreiften bereits das flache Land, des Futters und der Beute wegen, die
sie dort fanden. Die Römer ritten meist bei Nacht, enggeschlossen und
unter den nötigen Vorsichtsmaßregeln, um im Notfall kampfbereit zu
sein; sie hörten das Wehklagen der Landleute, das Gebrüll der
weggetriebenen Rinder und das Krachen beim Fällen der Bäume. So
kamen sie, während solche Geräusche ihnen beständig in die Ohren
tönten, glücklich durch nach Faventia zu dem Heer. (Stephanus
richtete seinen Auftrag aus, indem er mit dem Zorn des Narses und
der Ungnade des Kaisers drohte.

18. Die Obersten entschuldigten sich, sie hätten in der Gegend von
Parma nicht genug Proviant gehabt; Antiochus, der dafür hätte
sorgen sollen, sei nicht dagewesen; auch sei ihnen der Sold nicht, wie
sich's gehöre, ausgezahlt worden. Stephanus eilte nach Ravenna,
holte Antiochus herbei und brachte die Obersten dahin, wieder nach
Parma vorzugehen. Dann begab er sich zur Narses und meldete ihm
den Erfolg seiner Sendung.) Narses hielt es für unerträglich, daß die
Lucaner durch die schonende Art der Belagerung zu weiterem Widerstand geradezu ermutigt würden, und unternahm einen Sturm auf die
Mauern: das Belagerungsgeschütz begann zu spielen, auf die Türme
wurden Brandgeschosse geschleudert, die Verteidiger der Brustwehren mit Steinen und Pfeilen beschossen. Schon war Bresche gelegt, und
jegliche Art des Verderbens drohte der Stadt. Da sprachen die
früheren Geiseln für die Römer, und wenn es nach ihnen gegangen
wäre, würde sofort die ganze Stadt sich ergeben haben. Aber die
fränkischen Befehlshaber, die zur Bewachung der Stadt dort waren,
trieben zur Fortsetzung des Kampfes und wollten den Sturm durch
einen Ausfall abschlagen. Sofort wurden die Tore geöffnet, und sie
stürzten plötzlich auf die Römer los, in der Hoffnung, sie werfen zu

552 können. Damit taten sie nicht den Feinden, sondern nur sich selbst Schaden, denn die meisten Lucaner waren schon von den früheren Geiseln überredet und kämpften nicht mehr mit dem rechten Ernst. Da aber ihre wiederholten Vorstöße nicht den gehofften Erfolg hatten, mußten sie sich unter starken Verlusten mit Schimpf und Schande zurückziehen und wurden nun innerhalb der Mauern nur noch schärfer bedrängt, so daß sie keinen Ausweg mehr sahen. Nun verzweifelten sie an dem glücklichen Ausgang des Kampfes und wollten gern Frieden machen, um sich aus ihrer schlimmen Lage zu befreien. Sie ließen sich darauf von Narses das Versprechen geben, daß er wegen der früheren Vorfälle ihnen nicht zürne, übergaben die Stadt, ließen bereitwillig das Heer ein, nachdem die Belagerung drei Monate gedauert hatte, und waren fortan wieder Untertanen des römischen Kaisers.

19. Als nach der Einnahme von Luca dem Narses nichts mehr im Wege stand, glaubte er nicht länger verweilen zu dürfen, auch nicht einmal so viel, um von der Anstrengung sich zu erholen. Er ließ daselbst als Kommandanten den Obersten Bonus aus Mösien an der Donau zurück, einen klugen Mann, der in der Verwaltung wie im Kriegswesen gleich erfahren war, mit einer Besatzung, die stark genug war, eine etwaige Erhebung der Barbaren jener Gegend zu überwältigen oder niederzuhalten. Nachdem er dies so angeordnet hatte, drängte es ihn, geradeswegs nach Ravenna zu marschieren, um die dortigen Truppen in die Winterquartiere zu verteilen; denn da der Spätherbst schon zu Ende ging und man sich der Wintersonnenwende näherte, hielt er es für richtig, den Feldzug abzubrechen. Hauptsächlich tat er dies der Franken wegen, welche die Hitze nicht vertragen können und davon stark mitgenommen werden, so daß sie nicht gern im Sommer Krieg führen, während sie in der Winterszeit von Kraft strotzen und alle Anstrengungen mit größter Leichtigkeit ertragen. An die Winterkälte sind sie durch das rauhe Klima ihres Vaterlands gewöhnt. Deshalb wollte Narses die Wiedereröffnung des Krieges bis zum nächsten Frühjahr aufschieben. Er verteilte also das Heer in kleinen Scharen unter Hauptleuten und Rittmeistern über die Festungen und Forts, die in seinen Händen waren, und befahl ihnen, dort zu überwintern, mit Frühlingsanfang aber sämtlich in Rom sich zu sammeln, damit er dort das Heer mustern und ordnen könne. Die Soldaten marschierten demgemäß ab. Narses begab sich nach Ravenna, nur von seiner persönlichen Dienerschaft, den Doryphoren, umgeben (sowie der Kriegskanzlei. Sein ganzes Gefolge bestand aus 400 Mann).

20. Aligern, der Sohn Fredegerns und Bruder des Tejas, dessen ich bei   552
der Belagerung von Cumae Erwähnung getan habe, dieser Aligern
also schien allein zu verstehen, was ihm frommte, und einen Blick in
die Zukunft zu haben, als die Franken nach Italien kamen und sich zu
Herren der gotischen Angelegenheiten aufgeworfen hatten. Indem er
nämlich die Lage überschaute, kam er zu der Erkenntnis, daß die
Franken ihre Bundesgenossenschaft nur als Vorwand und schönes
Aushängeschild benutzten, nämlich auf Andringen der Goten gekommen zu sein, daß aber ihre wahre Absicht, die eine ganz andere war,
sich bald zeigen werde: sie würden nämlich, selbst wenn die Römer
unterlägen, den Goten Italien nicht abtreten wollen, sondern sie, die
sie angeblich hätten befreien wollen, erst unterjochen, dann unter
fränkische Beamte stellen und ihrer väterlichen Gesetze berauben. Als
er dies lange hin und her überlegt hatte und zugleich den Druck der
Belagerung spürte, hielt er es schließlich für das beste, die Stadt und
den Schatz dem Narses zu überliefern, die römische Art und Lebensweise anzunehmen und damit den Gefahren und dem Leben als
Barbar zu entgehen. Es schien ihm nämlich recht und billig, daß, wenn
die Goten Italien nicht besitzen könnten, wenigstens die alten Einwohner und Eingeborenen es beherrschen sollten und nicht für immer
ihrer Heimat beraubt würden. Dies hatte er für seine Person als das
Richtige erkannt und gab damit seinen Volksgenossen ein gutes
Beispiel. Zunächst zeigte er den belagernden Römern an, er wolle zum
Oberfeldherrn gehen. Das wurde ihm gestattet, und er begab sich
nach Classes, wo, wie er wußte, Narses sich aufhielt. Dies Kastell liegt
im Weichbild von Ravenna[1]. Er trat vor Narses, händigte ihm die
Schlüssel von Cumae ein und stellte sich ihm ganz zur Verfügung.
Jener nahm ihn gütig auf und versprach ihm noch größere Belohnun-
gen. Dann befahl er sofort, ein Teil des Belagerungsheeres solle in die
Stadt einziehen, diese wie den Schatz sich übergeben lassen und gut
bewachen. Dem übrigen Heer wurden andere Städte und Kastelle zum
Überwintern angewiesen. Alle diese Befehle wurden ausgeführt. (Um
den erledigten Posten des Obersten über die Heruler bewarben sich
Aruth und Sindual; letzterer wird von Narses ernannt und mit seinen
Leuten ebenfalls ins Winterquartier geschickt.) Den Aligern schickte
er nach Caesena, mit der Verabredung, nach seiner Ankunft auf die
Mauer zu steigen und, allen sichtbar, sich vorzubeugen, so daß jeder
erkennen könne, wer er wäre. Er ordnete das so an, damit die

---

[1] C. ist der Hafen von Ravenna.

552 Franken, die gerade dort vorüberzogen, ihn im Lager ihrer Feinde
sähen und vom Marsch nach Cumae sowie der Hoffnung auf den
Schatz Abstand nähmen, vielleicht auch von dem ganzen Kriege, da
ihnen doch alles vorweggenommen war. Als jener die Franken
vorbeiziehen sah, beschimpfte er sie von der Mauer herab und
verspottete sie, daß sie sich vergeblich anstrengten und nun das
Nachsehen hätten, während die Römer den ganzen Schatz und die
Abzeichen der gotischen Königsherrschaft selbst in Händen hätten, so
daß, selbst wenn noch ein neuer Gotenkönig ernannt werden sollte, er
nicht mehr die ehrenden Abzeichen seiner Würde führte, sondern sich
mit einem einfachen Soldatenkleid und dem Aussehen eines gewöhnlichen Mannes begnügen müßte. Die Franken riefen zu ihm hinauf,
schmähten ihn und nannten ihn einen Verräter an seinem Geschlecht.
Auch wurden sie durch die veränderte Sachlage so schwankend
gemacht, daß sie ganz ernstlich zu Rate gingen, ob der Krieg
fortzusetzen sei; doch siegte schließlich die Ansicht, nicht abzulassen,
sondern den anfänglichen Plan durchzuführen.

21. Narses lernte in Ravenna die dortigen Regimenter kennen und
rüstete sorgfältig. Darauf begab er sich mit dem oben erwähnten
Gefolge nach Ariminum. Da nämlich kurz zuvor der Warne Wakkaris
gestorben war, ein ausgezeichneter Krieger, so hatte sich sein Sohn
Theodebald mit seinem Gefolge von Warnen dem Kaiser zur Verfügung gestellt und war nach Ariminum gekommen, um dort mit Narses
zusammenzutreffen und samt seinen Leuten als zuverlässiger Bundesgenosse Geldgeschenke zu empfangen. Während Narses sich dort
aufhielt, kamen 2000 Franken, Fußvolk und Reiterei durcheinander,
die von ihren Führern auf Raub und Plünderung ausgeschickt waren,
nahe an die Stadt und verwüsteten deren Äcker, nahmen das Zugvieh
weg und raubten nach Herzenslust, so daß Narses selbst es mitansehen mußte: er saß nämlich in einem hochgelegenen Gebäude, von
wo er einen Rundblick auf die Ebene hatte. Weil er es nun für feige
und schimpflich hielt, unter diesen Umständen nicht einzugreifen,
sprengte er aus der Stadt auf einem Rosse, das sehr mutig und doch
vorzüglich zu leiten war; es konnte nämlich nicht nur kunstgerecht
springen und tanzen, sondern war auch auf Angriff der Feinde und
Rückzug trefflich dressiert. Er hatte alle kriegstüchtigen Leute zusam-
mengerafft und befohlen, ihm zu folgen. Sie sprangen auf die Pferde,
etwa 300 an der Zahl, und ritten gerade auf die Feinde los. Bei diesem
Anblick zogen sich dieselben zusammen und vergaßen ihre Beute; sie
bildeten, Reiter und Fußvolk in eins, eine Phalanx, allerdings nur von

geringer Tiefe – wie hätte es auch bei ihrer geringen Anzahl anders 552
sein können –, aber doch ziemlich stark durch die geschlossene
Schildreihe und richtige Deckung auf den Flügeln[1]. Als die Römer auf
Pfeilschußweite herangekommen waren, hielten sie es nicht für
richtig, ein Nahgefecht mit der wohlgeordneten Schar zu beginnen,
sondern sie beschossen dieselbe mit Pfeilen und Wurfspießen, um die
vorderste Reihe zu erschüttern und die Front dann zu durchbrechen.
Aber jene standen Schild an Schild fest und unbeweglich, ohne auf
irgendeinem Punkt nachzugeben, und konnten auch die Bäume eines
dichten Waldes als Deckung benutzen; sie schleuderten nur ihre
Angonen – so heißen nämlich bei ihnen die Wurfspieße.

22. Da ihnen nicht beizukommen war, so verfiel Narses, der alles
sorgfältig erwog, auf eine List, wie sie die Barbaren, vornehmlich die
Hunnen, anzuwenden pflegen. Er befahl nämlich seiner nächsten
Umgebung, umzuwenden und schnell zurückzureiten, als ob sie sich
fürchteten und flöhen, um auf diese Weise die Barbaren aus dem
Dickicht auf das freie Feld zu locken. Das Übrige sei seine Sache. Sie
taten, wie ihnen befohlen, und flohen. Den Franken, durch diese
Flucht getäuscht und sie für echt haltend, lösten sofort guten Mutes
die Phalanx auf, kamen aus dem Walde hervor und machten sich an
die Verfolgung. Auch von ihrem Fußvolk gingen die Stärksten und
Schnellsten mit vor. Alle strengten sich nach Kräften an, um womöglich Narses lebendig zu fangen und so mit einem Schlage dem Krieg
ein günstiges Ende zu bereiten. Ihre Reihen hatten sich vollständig
gelöst, wild und unachtsam strömten sie vorwärts, voll froher Hoffnung. Die Römer ritten gestreckten Laufs vor ihnen her und machten
ihre Sache so gut, daß es fast so aussah, als ob die Flucht echt sei. Wie
nun die Barbaren über das Blachfeld sich zerstreut hatten und von
dem Walde weit entfernt waren, da warfen plötzlich die Römer auf
ein Zeichen des Feldherrn die Pferde herum und standen durch diese
Schwenkung den Feinden nun mit der Front gegenüber. Dieselben
waren durch das Unerwartete der Sache so erschreckt, daß sie auf
Hieb und Stich keinen Widerstand mehr leisteten und sich ihrerseits
zur Flucht wandten. Die Reiter der Barbaren, welche die drohende
Gefahr noch rechtzeitig bemerkt hatten, sprengten eiligst in den Wald
zurück und kamen von da unangefochten in ihr Lager. Die aber zu
Fuß waren, fanden einen ruhmlosen Tod, weil sie keinen Widerstand
zu leisten wagten, durch den unerwarteten Umschwung wie erstarrt

[1] Durch die Reiter.

552 oder von Sinnen. Sie wurden scharenweise niedergestreckt, wie eine
Herde von Schweinen oder Schafen. Da ihre besten Leute, mehr als
900 an der Zahl, gefallen waren, so zogen sich die übrigen zurück zu
ihren Führern, weil sie sich ohne die große Masse nicht mehr sicher
genug fühlten. Narses ging wieder nach Ravenna zurück, wo er alles
aufs beste instand setzte, und begab sich dann nach Rom, um dort den
Winter zuzubringen.

ZWEITES BUCH

1. Als es Frühling geworden war, sammelten sich die Scharen dem gegebenen Befehl gemäß (um Rom), und alle Regimenter stießen zusammen. Narses ließ sie alle Tage tüchtig exerzieren: sie mußten sich im Laufen üben, in voller Rüstung auf die Pferde springen, die Pyrrhicha, eine Art Waffentanz, ausführen. Auch ließ er häufig durch Trompetenschall alarmieren, damit sie nicht, durch die guten Tage der Winterquartiere der kriegerischen Arbeit entwöhnt, nacher im Kampfe selbst sich schlaff zeigten. Unterdessen zogen die Barbaren langsam weiter, ihren Weg mit Raub und Brand zeichnend. Ohne Rom und dessen Umgegend zu berühren, marschierten sie vorwärts, zur Rechten das Tyrrhenische, zur Linken das Ionische Meer. In der Landschaft Samnium trennten sie sich; Butilin zog mit der größeren und besseren Hälfte an der Küste des Tyrrhenischen Meeres entlang, plünderte den größten Teil von Kampanien aus und durchzog Lukanien und Bruttien, bis zur Meeresenge, die Sizilien von der Südspitze Italiens trennt. Mit der kleineren Hälfte verwüstete Leutharis Apulien und Kalabrien bis zur Stadt Hydrus, die am Gestade des Adriatischen Meeres liegt, da wo das Ionische anfängt. Die wirklichen Franken gingen mit den Heiligtümern schonend und ehrerbietig um, da sie, wie ich schon erwähnte, rechtgläubig sind und dieselben kirchlichen Gebräuche wie die Römer haben. Die Alamannen aber, welche andersgläubig sind, plünderten schonungslos die Kirchen und beraubten sie ihres Schmucks. Viele heilige Gefäße und Weihwasserbecken ganz von Gold, viele Kelche und Körbe und was sonst zum Dienst bei den heiligen Sakramenten geweiht ist, nahmen sie weg und machten es zu ihrem Privateigentum. Damit begnügten sie sich aber keineswegs, sondern sie warfen die Dächer von den Gotteshäusern und stürzten ihre Fundamente um. Alle heiligen Stätten wurden besudelt und die Felder befleckt, da überall Tote unbeerdigt liegen blieben. Aber die Strafe des Himmels blieb nicht lange aus: die einen kamen durchs Schwert, die anderen durch Krankheit um, und auch nicht einer wurde seiner ursprünglichen Hoffnung froh, denn Ungerechtigkeit und Frevel gegen Gott ist immer schädlich und verderblich, am meisten aber in Kampf und Streit...[1] So ging es auch damals den Barbaren, die mit Leutharis und Butilin waren.

[1] Weitere rhetorische Ausführung dieses Gedankens.

553 2. Als sie das ausgeführt und eine ungeheure Masse Beute zusammen-
gerafft hatten, war der Frühling schon vorübergegangen und die
Sommerszeit herangekommen. Da wollte Leutharis, der eine der
Führer, nach Hause zurückkehren, um in Ruhe seinen Raub zu
genießen. Auch schickte er Boten an seinen Bruder, um diesen
ebenfalls zu veranlassen, sich baldmöglichst heimwärts zu wenden,
sowie dem Krieg und dessen ungewisser Zukunft Lebewohl zu sagen.
Butilinus hatte aber einerseits den Goten geschworen, mit ihnen
zusammen den Krieg gegen die Römer zu führen, andererseits schmei-
chelten ihm diese, indem sie das Gerede herumtrugen, sie würden ihn
zu ihrem König ausrufen, und daher beschloß er, zu bleiben und den
Vertrag weiter durchzuführen. Deswegen blieb er und rüstete zum
Krieg, Leutharis dagegen zog mit seinem Heerhaufen sogleich ab und
beeilte sich sehr, um die Beute möglichst in Sicherheit zu bringen und,
wenn er zu Hause angelangt wäre, seine Leute dem Bruder zurückzuschicken, damit sie ihm in dem Kampf beiständen. Doch es kam
anders: Er konnte weder für sich seine Absicht durchführen noch
seinem Bruder beistehen. Und das ging so zu. Als er denselben Weg
einschlug, den er gekommen war, geschah ihm bis zum picenischen
Gebiet nichts Böses. Auf dem Durchmarsch durch dasselbe schlug er
bei der Stadt Fanum ein Lager auf. Sofort schickte er, seiner Gewohnheit gemäß, eine Vorhut und Patrouillen aus, zusammen in der Stärke
von 3000 Mann, nicht nur um den Weg weiter aufzuklären, sondern
auch die Feinde, wenn sie sich sehen ließen, zu vertreiben. Nun
standen Artabanes und der Hunne Uldach mit einem Heer von
Römern und Hunnen in der Stadt Pisaurum zur Beobachtung der
Heerstraße. Als sie jene Vorhut hart am Gestade des Adriatischen
Meeres marschieren sahen, verließen sie in aller Stille die Stadt, fielen
in geschlossenen Massen über sie her und töteten viele mit den
Schwertern. Andere, welche auf die Klippen am Gestade sich zurückgezogen hatten, sprangen den Abhang hinunter, fielen kopfüber ins
Meer und kamen in der Brandung um. Das Gestade jener Gegend ist
nämlich nicht eben, sondern hügelig und nicht von allen Seiten
bequem zugänglich, und wenn man oben angekommen ist, kann man
nicht nach dem Meer zu leicht hinuntersteigen, sondern es ist dort
schlüpfrig, zerklüftet, und die Felsen hängen über den Strand. Als auf
solche Weise der größte Teil umgekommen war, wandte sich bei
diesem Anblick der Rest zu regelloser Flucht und fiel mit großem
Geschrei und Wehklagen auf das Lager, als ob ihnen die Römer auf
den Fersen säßen. Leutharis rüstete sich zum Kampf und ging mit

seinem ganzen Heer in langer und tiefer Phalanx vor. Während seine 553
Leute diese Stellung einnahmen und im Drange der Umstände an
weiter nichts anderes dachten, wurden die meisten Gefangenen frei
und benutzten die Verlegenheit ihrer Feinde: sie liefen fort und
nahmen von der Beute, was sie fassen konnten, in die nächstgelegenen
Kastelle mit.

3. Als nun Artabanes und Uldach, die sich nicht stark genug für eine
Schlacht glaubten, ihr Heer nicht weiter vorführten, lösten die
Franken ihre Phalanx, kamen wieder zu sich und ersahen nun, was für
Verlust sie erlitten hatten. Um weiteren und schwereren Schlägen
auszuweichen, hielten sie es für das Beste, schleunigst von Fanum
aufzubrechen und den Marsch fortzusetzen. Dabei ließen sie den Weg
am sandigen Gestade des Adriatischen Meers rechts liegen und zogen
am Fuß des Apennin entlang. Sie gingen also geradeswegs durch die
Aemilia auf das Gebiet der kottischen Alpen los. Nachdem sie nicht
ohne Mühe über den Po gesetzt und nach Venetien gekommen waren,
rasteten sie zu Ceneta, das in ihren Händen war. Als sie sich wieder in
Sicherheit fühlten, ärgerten sie sich sehr und machten aus ihrem Zorn
kein Hehl, daß sie so wenig von der Beute übrig behalten und unnütz
und fruchtlos soviel Strapazen durchgemacht hätten. Aber damit war
ihr Unglück noch keineswegs zu Ende. Bald stellte sich eine Seuche ein
und raffte sie plötzlich haufenweise hinweg. Einige von ihnen meinten, die Krankheit käme von der schlechten Luft her, in der sie leben
müßten; andere klagten die Veränderung der Lebensweise an, weil sie
nämlich nach häufigen Kämpfen und langen Märschen plötzlich ein
bequemes und zügelloses Leben führten. Den wahren Grund und die
eigentliche Ursache ihres Unglücks erkannten sie aber nicht: das war
nämlich ihre Ungerechtigkeit und ihr maßloser Frevel gegen alles
göttliche und menschliche Recht. Besonders deutlich zeigte es sich an
dem Feldherrn, daß ihn das göttliche Strafgericht ereilte. Denn er
wurde verrückt und raste ganz offenbar, wie diejenigen zu tun
pflegen, die den Verstand verloren haben; häufiger Schwindel befiel
ihn und er stieß furchtbares Geheul aus. Bald vorn-, bald hintenüber
fiel er zu Boden, sein Mund floß von Geifer über, gräßlich rollte und
verdrehte er die Augen. Und soweit steigerte sich die Raserei des
Unglücklichen, daß er schließlich seine eigenen Gliedmaßen zu zerflei-
schen begann: mit den Zähnen faßte er seine Arme, riß das Fleisch
herunter und verzehrte es; wie ein wildes Tier leckte er seinen Geifer
auf. Wie er so gegen sein eigenes Fleisch wütete und elend dahin-
siechte, erlöste ihn endlich der Tod. Auch seine Gefährten starben

553 scharenweise, da die Seuche nicht eher nachließ, als bis alle umgekommen waren. Zum Teil erlagen sie bei gesunden Sinnen dem Fieber;
einige befiel ein Schlagfluß; andere wieder Kopfweh oder Raserei.
Mannigfaltig waren die Erscheinungsformen der Krankheit; immer
aber endete sie tödlich. So endete der Zug des Leutharis und seines
Heeres.

4. Während dies in Venetien vorging, marschierte der andere Feldherr, Butilin, nachdem er fast alle Städte und Kastelle bis zur
Meeresenge von Messina ausgeplündert hatte, schnell und geradeswegs auf Kampanien und Rom, weil ihm zu Ohren gekommen war,
daß Narses dort das kaiserliche Heer sammle. Er wollte keinen
Verzug noch Aufschub, sondern eine Entscheidung in der Feldschlacht herbeiführen, da auch er bereits einen bedeutenden Teil
seines Heeres durch Krankheit verloren hatte. Dem Sommer war
nämlich bereits der Herbst gefolgt, und die Weinstöcke hingen voll
Trauben, und da Narses vorsorglich alles hatte verwüsten lassen, so
nahmen die Barbaren in Ermangelung anderer Nahrungsmittel die
Trauben ab, zerquetschten sie mit den Fingern und sättigten sich mit
Most[1]. Infolgedessen hatten sie stark an Durchfall zu leiden; einige
starben daran, andere kamen auch glücklich durch. Butilin glaubte
nun, um jeden Preis schlagen zu müssen, ehe das Übel alle überwältigt
hätte. In Kampanien angekommen, schlug er ein Lager auf, nicht weit
von Kapua, am Casilinusflusse[2], der in dem Apennin entspringt, sich
durch jene Ebene schlängelt und ins Tyrrhenische Meer ergießt. Er
umgab sein Heer mit einer starken Wagenburg und vertraute im
übrigen auf die natürliche Festigkeit des Ortes: er glaubte nämlich
seine rechte Flanke durch den vorbeiströmenden Fluß gedeckt.
Außerdem ließ er die Karren, von denen er eine große Menge mit sich
führte, mit den Vorderrädern ineinander schieben und die Hinterrä-
der bis zu den Naben mit Erde bewerfen, so daß nur die obere Hälfte
aus dem Erdreich hervorsah. Nachdem er hierdurch und mit anderem
Holzwerk das Lager gehörig befestigt hatte, ließ er nur einen schmalen Weg zwischen den Bollwerken frei, um auf diesem leicht Angriff
und Rückzug bewerkstelligen zu können. Damit ferner die Brücke, die
über den Fluß führte, nicht unbewacht bliebe und ihm von dort kein
Schaden zugefügt werde, besetzte er sie und ließ einen hölzernen
Turm aufführen, den er mit den tapfersten und bestbewaffneten

---

[1] »Den die Griechen wegen seines starken Duftes ἀνθοσμίας nennen.« —
[2] Volturno.

seiner Leute besetzte, die aus dieser Deckung die Brücke verteidigen 553
und die Römer am Übergang hindern sollten. Als er all diese Maßregeln getroffen hatte, glaubte er, den Umständen nach aufs beste
gesorgt zu haben, als ob es bei ihm allein stünde, die Feindseligkeiten
zu eröffnen und nicht eher ein Treffen zu liefern, als es ihm paßte. Was
seinem Bruder in Venetien zugestoßen war, wußte er noch nicht; doch
wunderte er sich, daß derselbe ihm nicht sein Heer der Verabredung
gemäß geschickt hatte, und es stieg der Verdacht in ihm auf, daß dies
sich nicht so lange verzögert haben würde, wenn ihnen nicht ein
schweres Unglück zugestoßen wäre. Aber er glaubte, auch ohne jene
mit den Feinden fertig zu werden, da er ihnen an Zahl immer noch
überlegen war; denn von seinem Heer waren immerhin noch 30000
Mann übrig, während die Römer kaum 18000 Mann stark waren.

5. Er selbst war guten Mutes und machte alle seine Leute darauf
aufmerksam, daß es sich in dem bevorstehenden Kampf um eine
wichtige Entscheidung handle. »Entweder« – so sagte er – »werden
wir Italien gewinnen, dessenwegen wir gekommen sind, oder es bleibt
uns nur übrig, hier ruhmlos zu fallen. Natürlich, edle Genossen,
ziehen wir das erstere vor, und bei uns, als tapferen Männern, steht es
zu erreichen, was wir begehren.« So und auf ähnliche Weise feuerte
Butilin seine Leute beständig an. Sie waren auch ganz getrost und
setzten ihre Waffen instand, jeder nach seinem Gutdünken. Da
wurden Äxte, da die eigentümlichen Lanzen geschliffen, die sie
Angonen nennen, dort die zerschlagenen Schilde ausgebessert, und
das alles ging ihnen leicht von der Hand. Denn die Bewaffnung dieses
Volkes ist nur ärmlich und bedarf nicht der Hände verschiedener
Handwerker, sondern wenn etwas verdorben ist, bessern die Besitzer
es selbst aus. Panzer und Beinschienen kennen sie gar nicht; die
meisten gehen barhaupt einher, und nur wenige setzen für die
Schlacht einen Helm auf. Brust und Rücken sind nackt bis an die
Hüften; von da aus gehen bis zum Knie Hosen aus Leinen oder Leder.
Nur wenige sind beritten, weil sie von altersher an den Kampf zu Fuß
gewöhnt und darin geübt sind. Am Schenkel tragen sie das Schwert
und an der linken Seite den Schild. Bogen, Schleuder oder andere
Waffen zum Fernkampf tragen sie nicht, sondern zur zweischneidige
Äxte und die Angonen, die sie mit Vorliebe benutzen. Diese Angonen
sind Speere von mittlerer Größe, zum Schleudern und zum Stoß im
Nahkampf gleich geeignet. Den größten Teil derselben bedeckt der
eiserne Beschlag, so daß das Holz kaum am untersten Ende hervor-
sieht; oben an der Spitze sind an beiden Seiten einige gebogene

553 Spitzen, in der Form von Angelhaken, nach unten gekrümmt.
Im Gefecht schleudert nun der Franke einen solchen Angon. Wenn
er den Menschenleib trifft, dringt natürlich die Spitze ein, und es ist
für einen Getroffenen ebenso wie für einen anderen schwer,
das Geschoß herauszuziehen, denn die Widerhaken, die im Fleisch
stecken, leisten Widerstand und vermehren die Schmerzen, so daß
der Feind, selbst wenn die Wunde an und für sich nicht tödlich
war, doch zugrunde gehen muß. Wenn dagegen der Schild getroffen
ist, so hängt der Speer von demselben herab und bewegt sich gleichzeitig mit demselben, und das unterste Ende schleppt am Boden nach.
Der Betroffene kann den Speer nicht herausziehen wegen der eingedrungenen Haken und auch nicht abhauen, da das Holz durch das
umgelegte Eisen geschützt ist. Sieht das der Franke, so springt er
schnell darauf und tritt auf den Lanzenschaft, so daß der Schild
herabgedrückt wird, die Hand des Eigentümers nachgeben muß
und Kopf wie Brust entblößt werden. Dann ist es ein leichtes, den
unbedeckten Gegner zu töten, entweder durch einen Axthieb auf den
Kopf oder durch einen Stoß mit einem zweiten Speer in die Kehle.
So ist die Bewaffnung der Franken, und dergestalt rüsteten sie sich
zum Kampf.

6. Als Narses hiervon Meldung erhielt, brach er sofort mit seinem
ganzen Heer von Rom auf und schlug ein Lager auf nicht weit vom
Feinde, so daß man ihn hören und seine Verschanzung sehen konnte.
Während sich die Heere so in Sicht gegenüberlagen, wurden auf
beiden Seiten eifrig Vorbereitungen getroffen, Wachen und Posten
ausgesetzt und von den Obersten sorgfältig alles besichtigt. Furcht,
Hoffnung und Zweifel regten sich, und alle die unberechenbaren
Gefühle, die vor einem entscheidenden Kampfe sich einzustellen
pflegten, wogten hin und her. Alle Städte Italiens waren unruhig und
schwankend, wem sie zufallen würden. Mittlerweile plünderten die
Franken die benachbarten Dörfer und holten sich ungestraft Proviant
aus denselben. Dieses mitanzusehen hielt Narses für eine Schande,
und es ärgerte ihn, daß die Troßknechte der Feinde ungestraft unter
seinen Augen vorbeizogen, als ob sich noch kein Feind sehen ließe. Er
beschloß, das nicht länger zu dulden, sondern nachdrücklich zu
verhindern. Unter den römischen Rittmeistern war ein Armenier,
Charanges, ein sehr tapferer, kluger und, wenn es darauf ankam,
verwegener Mann. Diesem Charanges, dessen Zelt an demjenigen
Ende des Lagers stand, das den Feinden zugekehrt war, befahl Narses,
die Fuhrleute anzugreifen und ihnen derart zuzusetzen, daß sie nicht

mehr wagten, Futter einzufahren. Er stieg sogleich mit einigen Leuten
seiner Schwadron zu Pferd, nahm die Wagen fort und tötete die
Fuhrleute. Einen Wagen, der ganz voll recht trockenen Heus war, ließ
er an den Turm heranfahren, den die Franken vor der Brücke
aufgeführt hatten, wie vorher erwähnt. Als der Wagen ganz nahe
heran war, warf er Feuer in das Heu, und da sofort eine mächtige
Flamme emporschlug, ging der ganze Turm, der nur aus Holz
bestand, in Feuer auf. Die Besatzung, welche sich nicht zur Wehr
setzen konnte und beinahe mit verbrannt wäre, zog es vor, den Platz
zu räumen, bewerkstelligte mit Mühe ihren Rückzug und floh in das
Lager. Die Römer aber waren der Brücke Meister. Dies Ereignis
brachte die Franken natürlich in Unruhe, und sie griffen sofort zu den
Waffen. Von Zorn und Wut schäumend, konnten sie sich nicht länger
bezähmen, sondern wollten, über die Maßen frech und verwegen,
nicht mehr still liegen und abwarten, sondern noch an demselben
Tag eine Schlacht liefern, obgleich ihnen die alamannischen Seher
geweissagt hatten, sie dürften an jenem Tag nicht schlagen, wenn
sie nicht alle umkommen wollten. Meine Ansicht nach würden sie,
auch wenn am nächsten oder einem späteren Tag der Kampf statt-
gefunden hätte, dasselbe Schicksal gehabt haben wie an jenem; denn
die Veränderung des Tages hätte nicht genügt, um sie von der Strafe
zu befreien, die sie für ihre Gottlosigkeit verdient hatten. Ob dies
nun sowieso eintraf oder vielleicht die alamannischen Seher wirklich die Zukunft voraussahen – jedenfalls erschien der Menge
jene Weissagung durchaus nicht eitel und nichtig. Wie es nun weiter
alles verlief, will ich sogleich genau, soweit es in meinen Kräften steht,
berichten.

7. Die Franken waren also von Aufregung erfaßt und hatten bereits zu
den Waffen gegriffen. Auch Narses ließ die Römer bewaffnet antreten und führte sie aus dem Lager heraus in den Raum zwischen
beiden Heeren, um sie dort in einer Phalanx aufzustellen. Als sich das
Heer eben in Bewegung gesetzt hatte und der Feldherr bereits zu Pferd
gestiegen war, wird ihm gemeldet, daß ein Heruler, und zwar kein
gewöhnlicher Soldat, sondern ein Mann von adliger Abkunft und
großem Ansehen, einen seiner Sklaven, der irgend etwas verbrochen
haben mochte, ohne weiteres getötet hätte. Sofort zieht er die Zügel
an und bringt sein Pferd zum Stehen. Der Mörder wird vorgeführt,
weil es ein Frevel wäre, in die Schlacht zu gehen, ehe dieser Makel
abgewaschen und gesühnt war. Da der Barbar auf Narses' Befragen
die Tat eingestand und nicht zu leugnen versuchte, sondern im

553 Gegenteil noch behauptete, die Herren könnten mit ihren Sklaven
machen, was sie wollten, und den anderen könnte es ebenso gehen,
wenn sie nicht gut täten, da er also keine Spur von Reue über seine
Gewalttat zeigte, vielmehr frech und hochmütig sich derselben noch
rühmte, befiehlt Narses seinen Doryphoren, den Mann hinzurichten.
Man stieß ihm ein Schwert in die Weichen, daß er starb. Die Heruler
waren darüber nach Barbarenart unwillig und gedachten trotzig, sich
an der Schlacht nicht zu beteiligen. Aber Narses, der auf solche Weise
die Schuld des Mordes abgewälzt hatte, dachte gering von den
Herulern, trat vor das Heer und rief laut, so daß jeder es hören konnte,
wer an dem Sieg Anteil haben wolle, der solle ihm folgen. So sehr
vertraute er augenscheinlich auf die Hilfe des Höchsten und ging in
die Schlacht, als ob der Sieg für ihn vorherbestimmt wäre. Der
Herulerführer Sindual hielt es für schimpflich und schmachvoll, wenn
bei einem so gewaltigen Kampf er und seine Leute der Fahnenflucht
geziehen werden könnten und den Schein erweckten, als fürchteten sie
sich vor den Feinden und schützten als Vorwand für ihre Feigheit ihre
Freundschaft für den Hingerichteten vor. Er konnte nicht länger ruhig
zusehen und ließ dem Narses sagen, er möge verweilen, bis er mit den
Seinen herangekommen wäre. Dieser antwortete ihm, warten wolle er
zwar nicht, aber er werde dafür Sorge tragen, daß sie ihren Platz in der
Schlachtordnung erhielten, auch wenn sie ein wenig später kämen. Da
setzten sich die Heruler, wohlbewaffnet und in guter Ordnung, in
Bewegung.

8. Als Narses an den Ort gekommen war, wo er zu schlagen gedachte,
ordnete er sein Heer sofort in einer Phalanx. Auf beiden Flügeln hielt
die Reiterei mit Wurfspieß und runden Schilden, Bogen und Schwert
umgehängt, einige auch mit langen Lanzen. Der Feldherr selbst war
am rechten Flügel, bei ihm Zandalas, sein Haushofmeister, mit
demjenigen Teil des Hofgesindes, der waffenfähig war. Auf beiden
Flügeln standen Valerian und Artabanes, die den Befehl hatten, sich
am Rande des Walddickichts verborgen zu halten, um unerwartet auf
die Feinde loszustürmen, wenn sie angriffen, und sie von zwei Seiten
zu fassen. Den ganzen Raum in der Mitte nahm das Fußvolk ein. In
der Front standen die Vorkämpfer, von Kopf bis zu Fuß in Eisen
gehüllt, und bildeten den Schildwall, hinter ihnen die anderen Reihen
dicht aufgeschlossen bis zur Queue hin; die Leichtbewaffneten und
Schleuderer schwärmten dahinter umher und warteten auf die Gelegenheit, von ihren ferntragenden Geschossen Gebrauch zu machen.
Mitten in der Phalanx war ein Platz für die Heruler angesetzt und

noch leer, denn sie waren noch nicht eingerückt. Zwei Heruler, die 553
dicht vorher zu den Feinden übergelaufen waren, da sie von dem
späteren Entschluß Sinduals nichts wußten, trieben die Barbaren an,
schleunigst die Römer anzugreifen: »Denn ihr werdet sie in voller
Unordnung und Verwirrung finden«, sprachen sie, »weil das Heruler-
regiment in seinem Trotz sich weigert, am Kampf teilzunehmen, und
die anderen durch diesen Abfall ganz bestürzt sind.« In dem Wunsch,
daß diese Aussage der Wahrheit entspreche, ließ sich Butilin leicht
überreden und führte sein Heer vor. Alle gingen voll Kampfbegier
gerade auf die Römer los, nicht ruhigen Schritts und wohlgeordnet,
sondern als ob sie gar nicht schnell genug vorwärtskommen könnten,
eilfertig und stürmisch, wie wenn sie im ersten Anlauf das feindliche
Heer über den Haufen werfen wollten. Ihre Schlachtordnung hatte die
Form eines Keils, sah also wie ein griechisches Delta (Δ) aus: da, wo
sie spitz zuging, waren die Schilde dachförmig eng ineinander geschoben, so daß es wie ein Eberkopf aussah. Die Schenkel waren staffelför-
mig aus Sektionen und Zügen zusammengesetzt und sehr schräg
gestellt, so daß sie allmählich bis zu großer Breite auseinandergingen
und in der Mitte ein leerer Raum entstand und man die bloßen
Rücken der Feinde reihenweise sehen konnte. Sie hatten nämlich
divergierende Fronten, damit sie nach beiden Seiten gegen die Feinde
gewendet ständen und durch ihre Schilde gedeckt kämpfen könnten,
während durch eben diese Aufstellung die Rückendeckung sich von
selbst machen sollte.

9. Dem Narses, der sowohl vom Glück begünstigt war, als er auch
vortrefflich seine Maßregeln zu treffen verstand, ging alles nach
Wunsch. Denn als die Barbaren mit furchtbarem Feldgeschrei im
ersten Anlauf mit den Römern zusammenstießen, durchbrachen sie
die Mitte der Vorkämpfer und kamen an den leeren Raum, in den die
Heruler noch nicht eingerückt waren; die Spitze ihres Keils durchschnitt die Reihen, ohne großen Verlust zu bringen, bis zu der Queue —
einige von ihnen gingen sogar noch weiter, als ob sie das römische
Lager stürmen wollten. Da bog und dehnte Narses allmählich die
Flügel, so daß sie nach vorn herumgriffen[1], und befahl den Bogenschützen zu Pferd, von beiden Seiten die Feinde im Rücken zu
beschießen, und das geschah sofort ohne Schwierigkeit. Weil nämlich
die Feinde zu Fuß kämpften, war es den Reitern ein leichtes, aus der

---

[1] »Die Taktiker würden dies Manöver einen ἐπικάμπιος. ἐμπρόσθιος nennen«, wörtlich: Biegung nach vorn hinaus.

553 Entfernung die ausgedehnten Linien zu beschießen, die sich nach
rückwärts hin nicht wehren konnten. Und es war, scheint mir, für die
Reiter auf den Flügeln sehr einfach, über die dicht vor ihnen Stehenden hinweg die Reihen auf der gegenüberliegenden Seite in den
Rücken zu schießen. Von allen Seiten wurden die Rücken der Franken
auf diese Weise bestrichen, da die Römer vom rechten Flügel die eine
innere Seite des Keils, die vom linken die andere beschossen. So flogen
die Pfeile kreuz und quer und trafen alles, was in dem Zwischenraum
war, ohne daß die Barbaren merkten, woher eigentlich die Geschosse
kamen, oder sich dagegen schützen konnten. Denn da sie mit der
Front gegen die Römer standen und nur nach dieser einen Richtung
ihre Blicke gewandt waren, da sie ferner mit den Schwerbewaffneten,
die ihnen gegenüberstanden, kämpften und die Bogenschützen zu
Pferd dahinter kaum sehen konnten, endlich nicht in die Brust,
sondern in den Rücken die Schüsse empfingen, so wußten sie gar
nicht, von wo das Verderben kam[1]. Die meisten hatten übrigens gar
nicht Zeit, darüber nachzudenken, weil fast jeder Schuß tödlich war.
Denn da immer die Äußersten fielen, wurden die bloßen Rücken der
Nächsten sichtbar, und weil das sehr häufig geschah, schmolz ihre
Menge schnell dahin. Mittlerweile waren Sindual und die Heruler
eingerückt und traten denjenigen gegenüber, welche die Mitte durch-
brochen hatten und dann weiter vorgedrungen waren. Sofort gingen
sie zum Angriff über; jene aber waren nicht wenig bestürzt, glaubten
in einen Hinterhalt gefallen zu sein und wandten sich zur Flucht,
indem sie die beiden Überläufer des Verrats beschuldigten. Sindual
und seine Leute ließen jedoch nicht los, sondern drängten nach, bis
jene teils niedergestreckt, teils in die Strudel des Flusses hinabgewor-
fen waren[2]. Als so die Heruler ihren Platz eingenommen hatten, die
Lücke ausgefüllt und die Phalanx geschlossen war, wurden die
Franken, wie in ein Netz verstrickt, hingeschlachtet. Ihre Schlachtordnung war gänzlich zertrümmert und sie ballten sich zu einzelnen
Knäueln zusammen, die nicht mehr aus noch ein wußten. Die Römer
streckten sie nicht nur durch Pfeilschüsse nieder, sondern jetzt griffen
auch das schwere Fußvolk und die Leichtbewaffneten ein mit Spießen,
Stangen und Schwertern; die Reiter überflügelten sie vollends, griffen
sie im Rücken an und schnitten ihnen jeden Ausweg ab. Was dem

---

[1] Diese Beschreibung ist etwas unwahrscheinlich; es ist vielmehr anzunehmen,
daß die römischen Reiter bereits im Rücken der feindlichen Aufstellung waren.
— [2] Also waren die Franken über den Fluß gegangen.

Schwerte entrann, sah sich genötigt, auf der Verfolgung in den Fluß zu 553
springen und ertrank. Von allen Seiten ertönte das Wehgeheul der
Barbaren, die aufs elendeste abgeschlachtet wurden. Der Anführer
Butilin und sein ganzes Heer wurden vom Erdboden vertilgt, wobei
auch die kaiserlichen Überläufer umkamen, und kein einziger von den
Germanen sah den heimatlichen Herd wieder, mit Ausnahme von
fünf Mann, die auf irgendeine Weise dem allgemeinen Verderben
entronnen waren. Wie sollte man da nicht sagen, daß sie die Strafe
erlitten für ihre Missetaten und eine höhere Gewalt über sie gekommen war? Jener ganze große Haufen von Franken und Alamannen
und wer sonst noch mit ihnen in den Krieg gezogen war – alles war
vernichtet, und von den Römern waren nur 80 Mann gefallen, die den
ersten Stoß der Feinde hatten aushalten müssen. In dieser Schlacht
kämpften mit Auszeichnung fast alle römischen Regimenter, von den
verbündeten Barbaren taten sich am meisten hervor der Gote Aligern,
denn auch dieser kämpfte mit, und der Heruleroberst Sindual, der
keinem etwas nachgab. Alle aber priesen und bewunderten den
Narses, der durch seine Feldherrnkunst sich so hohen Ruhm erworben hatte.

10. Ein so herrlicher, so glänzender und ganz außerordentlicher Sieg
ist in den früheren Zeiten meiner Ansicht nach niemand zuteil
geworden; und wenn früher andere ein ähnliches Schicksal hatten wie
die Franken, so kann man nachweisen, daß auch sie wegen ihrer
Ungerechtigkeit den Untergang fanden (so z.B. Datis, Xerxes,
die Athener vor Syrakus). Nachdem die Römer ihre Toten
der Sitte gemäß begraben und die Feinde ausgeplündert hatten, sammelten sie eine ungeheure Menge von Waffen. Dann zerstörten sie
die Verschanzung und plünderten auch hier alles aus. Mit Beute
schwer beladen, bekränzt und Siegeslieder singend, in denen sie
ihren Feldherrn priesen, kehrten sie nach Rom zurück. Das ganze
Gefilde von Capua war von Blut durchtränkt und der Fluß so
voll Leichen, daß er über seine Ufer trat. Mir hat auch ein Mann
aus jener Gegend ein Lied mitgeteilt, das am Ufer des Flusses von
irgend jemand auf eine Tafel eingegraben ist und folgendermaßen
lautet:

»Nur mit unendlicher Mühe der Leichen gewaltige Menge
Wälzt Volturnos Flut bis zum Tyrrhenischen Meer;
Sie erlagen dem römischen Speer, die fränkischen Horden,
Und inmitten des Heers fiel auch der Held Butilin!

553   Sei mir gesegnet, o Fluß! Du hast als Zeichen des Sieges
        Mit barbarischem Blut rot deine Wogen gefärbt.«

So lautet das Gedicht – ob es wirklich auf dem Steine stand oder sonst
durch mündliche Überlieferung auf mich gekommen ist – jedenfalls
scheint es mir ganz gut hierherzupassen, denn es ist immerhin kein
übles Denkmal der Dinge, die in dieser Schlacht sich zugetragen
haben[1].

11. Unterdessen wurde den Römern bekannt, was für ein Ende
Leutharis und sein Heer genommen hätten. Das feierten Bürger und
Soldaten mit Tanz und Siegesfesten, als ob ihnen gar nichts Übles
mehr zustoßen könnte und sie fortan in Frieden leben könnten. Denn
da die Feinde, welche in Italien eingefallen waren, überall umgekommen waren, glaubten sie, daß niemand mehr an einen Angriff denken
könne. So urteilte die Menge, welche gewöhnlich nicht sorgfältig
abwägt, sondern leichtfertig sich überhebt und sich alles so zurecht-
legt, wie es ihr am besten gefällt. Narses aber, der scharf beobachtete,
hielt das für Leichtsinn und Torheit, wenn sie glaubten, aller Anstrengungen künftig überhoben zu sein und in Saus und Braus leben zu
können. Es fehlte nur noch, daß sie für ihre Schilde und Helme
Weinkrüge und Leiern eintauschten: für so überflüssig und höchst
unnütz hielten sie alle Waffen. Der Feldherr aber schloß ganz richtig,
daß noch weitere Kriege mit den Franken bevorstünden, und war
besorgt, daß die Tapferkeit der Römer durch das schwelgerische
Leben zugrunde gerichtet würde, und wenn dann die Zeit des
Kampfes wiederkäme, sie aus Feigheit sich den Kriegsgefahren entzö-
gen. Und es wäre auch vielleicht wirklich so gekommen, wenn er nicht
dadurch vorgebeugt hätte, daß er die Soldaten zusammenberief, sie in
vortrefflicher Rede ermahnte und zur Besonnenheit und Tapferkeit
zurückführte, so daß sie ihre allzu große Üppigkeit etwas be-
schnitten[2].

12. Durch diese Rede des Narses fühlte sich das ganze Heer beschämt,
und ihr zügelloses Wesen war den Soldaten leid: sie streiften ihre
Nachlässigkeit und ihren Übermut ab und kehrten zu geordnetem
Leben nach althergebrachter Sitte zurück.

---

[1] Man wird schwerlich fehlgehen, wenn man Agathias selbst, der auch sonst
als Dichter tätig war, für den Verfasser dieser Verse hält. – [2] Die Rede ist nur eine
rhetorische Ausführung der soeben angeführten Gesichtspunkte und ist deshalb
fortgelassen. (Kap. 12.)

13. Eine Schar von 7000 streitbaren Goten, die an vielen Orten mit 553
den Franken zusammen gekämpft hatten, zogen sich in das Kastell
Campsae[1] zurück, in der Erwägung, daß die Römer sie nicht aus dem
Auge verlieren, sondern bald angreifen würden. Jener Platz war sehr
fest und stark, da er auf der Spitze eines hohen Felsens lag, der nach
allen Seiten hin abschüssig war und den Feinden keinen Zugang bot.
Die Goten, die sich dort gesammelt hatten, glaubten in Sicherheit zu
sein und wollten nicht mehr angriffsweise gegen die Römer vorgehen,
sondern sich darauf beschränken, jeden drohenden Angriff mit aller
Macht abzuwehren. Dazu bestimmte sie ihr Anführer namens Ragnaris, ein Barbar, aber nicht von ihrem Stamm oder Volk: er gehörte zu
den sogenannten Vittoren, einem hunnischen Stamme, und war ein
äußerst tapferer und gewandter Mann und wohl imstande, die Menge
an sich zu fesseln. Dieser war der Befehlshaber der Schar und gedachte
Widerstand zu leisten, um dadurch Berühmtheit zu gewinnen. Narses
brach sofort mit seinem ganzen Heer gegen sie auf, und da es nicht
möglich war, im ersten Anlauf nahe an das Kastell heranzukommen,
um auf dem ungünstigen Terrain eine günstige Entscheidung herbeizuführen, sah er sich zur Belagerung genötigt und hielt nach allen
Seiten strenge Wacht, daß nichts zu ihnen hineingebracht werden und
sie selbst nicht mehr ungehindert aus- und eingehen konnten. Doch
daraus machten sich die Barbaren nicht viel, da sie Überfluß an
Lebensmitteln hatten und alle Vorräte und ihre wertvollsten Besitztümer in dies Kastell, weil es uneinnehmbar schien, hineingeschafft
hatten. Nichtsdestoweniger ärgerten sie sich über die Belagerung
durch die Römer und hielten es für schimpflich, sich für längere Zeit
auf einen so geringen Raum eingeschlossen und beschränkt zu sehen.
Daher machten sie häufig Ausfälle auf ihre Gegner, um dieselben
womöglich zur Aufhebung der Belagerung zu zwingen; doch richteten
sie nichts Bemerkenswertes aus.

14. Auf diese Weise ging der Winter hin; als aber der Frühling kam,
glaubte Ragnaris wegen der Sachlage mit Narses in Unterhandlungen
treten zu müssen. Nach Zusicherung freien Geleits stellte er sich mit
wenigen Begleitern an einem Ort zwischen dem Heer und dem Kastell
ein. Dort traf er den Narses, und es begann eine lebhafte Unterhal-
tung. Als aber Narses bemerkte, daß Ragnaris den Mund sehr voll
nahm, das große Wort führte und höhere Forderungen stellte als ihm

[1] Vgl. S. 259 f. Prok. Got. IV, 34.

553 zukam, ja sogar mit seiner Überlegenheit prahlte, brach er sofort das
Gespräch ab, erklärte einen friedlichen Ausgleich für unmöglich und
ließ ihn unverrichteter Sache zu den Seinen zurückkehren. Als Ragnaris schon den Berg hinaufritt und nicht mehr weit von der Mauer
entfernt war, spannt er, aus Ärger über seine fehlgeschlagenen
Hoffnungen, ganz allmählich und unbemerkt seinen Bogen, wendet
sich plötzlich um und schießt auf Narses. Der Pfeil verfehlte sein Ziel,
flog vorbei und fiel zu Boden, ohne jemand zu verletzen. Aber die
Strafe folgte der Freveltat des Barbaren auf dem Fuße nach. Denn
Narses' Doryphoren, welche empört waren über die Frechheit des
Mannes, schossen auf ihn, und getroffen sank der Elende zu Boden —
wie hätte es auch nach einer so schändlichen und gemeinen Tat anders
sein können? Mit Mühe trugen ihn seine Leute in das Kastell hinein.
Nach zwei Tagen starb er eines ruhmlosen Todes, den ihm seine
Treulosigkeit und Verwegenheit bereitet hatte. Nach seinem Ableben
glaubten die Goten nicht mehr in der Lage zu sein, sich länger zu
halten, und baten den Narses um sein Wort, daß er ihnen das Leben
schenken würde. Nachdem er dies beschworen hatte, ergaben sie sich
samt der Festung. Narses blieb seinem Schwur treu und tötete
niemand; er hielt es überhaupt nicht für recht, grausam gegen die
Besiegten zu verfahren. Damit sie aber nicht wieder auf Empörung
sännen, schickte er sie alle nach Byzanz an den Kaiser. Während dies
geschah, ging der junge Theodebald, der, wie bereits erzählt, über die
Franken an der Grenze von Italien herrschte, jämmerlich an der
Krankheit zugrunde, an welcher er von Jugend auf gelitten hatte. Da
das Gesetz Childebert und Chlothar, als seine nächsten Blutsver-
wandten, zur Erbschaft aufrief, entstand zwischen ihnen ein erbitter-
ter Streit, der fast zum Untergang des ganzen Geschlechts geführt
hätte. Childebert war nämlich schon alt und wohlbetagt, dazu
schwach und krank, so daß sein Körper bereits ganz verfallen und
siech war. Er hatte keine erbberechtigten Söhne, sondern nur Töchter.
Chlothar hingegen stand in der Blüte seiner Kraft und Jahre — kaum
daß die ersten Runzeln seine Stirn gefurcht hatten. Er besaß vier
Söhne, die bereits erwachsen und voll Mut und Tatkraft waren. Nun
behauptete er, sein Bruder brauche an der Erbschaft Theodebalds
nicht teilzunehmen, da ja dessen Reich doch auch bald ihm und seinen
Söhnen zufallen müsse. Und diese seine Hoffnung hatte ihn nicht
betrogen, denn der alte Childebert verzichtete auf seinen Anteil an der
Erbschaft, aus Furcht, wie mir scheint, vor der Macht des Mannes und
um sich nicht seine Feindschaft zuzuziehen. Bald darauf starb er, und

Chlothar vereinigte das ganze Frankenreich[1]. So standen die Dinge bei den Italikern und Franken. –

(Agathias wendet sich der Geschichte des Ostens, insbesondere der Kriege mit den Persern zu.)

---

[1] Diese Darstellung ist nicht ganz richtig: der kinderlose Childebert war bereits 534 gestorben, nachdem er seinen Neffen Theodebert an Sohnes Statt angenommen hatte. Richtig dagegen ist, daß Chlothar dessen Sohn Theodebald beerbte und damit das ganze Frankenreich wieder unter einem Zepter vereinigte. Chlothar I. stirbt 561.

FRAGMENT DES JOHANNES VON ANTIOCHIA

F. 148. Als Longinus Konsul war, geschah es, daß Theoderich von neuem auf Abfall sann und die Länder, welche an Thrazien grenzen, verwüstete. Zeno stiftete gegen Odoaker das Volk der Rugier an, da er 487 bemerkte, daß dieser mit Illus[1] im Bündnis stand. Odoaker errang einen glänzenden Sieg, schickte überdies dem Zeno Geschenke aus der eroberten Beute, und dieser gab vor, er habe die Sache nie anders beabsichtigt und freue sich über den Erfolg. Im folgenden Jahr brach 488 Theoderich von Nova[2] auf, schlug vor Rhegium[3] ein Lager auf und überschwemmte die Umgegend. Zeno wollte ihn ablenken und schickte Theoderichs Schwester[4], die am Hofe der Kaiserin (Ariadne) lebte, in sein Lager mit vielen Geschenken, damit er seine gute Gesinnung erkenne aus dem, was er freiwillig gäbe, ehe er noch um seine Freundschaft würbe. Nach Abwendung der Belagerung Theoderichs starb Anthusa, die Tochter des Illus.

F. 149. Theoderich und Odoaker machten einen Vertrag, miteinander 491 über das römische Reich zu regieren, und häufig trafen sie sich, da einer beim anderen aus- und einging. Noch war der zehnte Tag nicht um, da faßten, als Odoaker beim Theoderich eintrat, zwei Mannen desselben seine Hände, wie Bittende zu tun pflegen. Auf dies Zeichen kamen die, welche sich in den Zimmern zu beiden Seiten der Halle verborgen hatten, mit gezückten Schwertern hervor, stutzten aber doch bei dem Anblick und wagten nicht, den ersten Streich zu tun. Da stürzte Theoderich herein und stieß dem Odoaker das Schwert am Schlüsselbein in den Leib. Der rief aus: »Wo ist Gott?«, worauf jener erwiderte: »Ich tue dir, wie du den Meinigen getan hast[5].« Da aber der Stoß tödlich war und das Schwert bis zur Hüfte den Körper des

---

[1] Ein Isaurier, der gegen den Kaiser Zeno eine Verschwörung angestiftet hatte; er fällt bald darauf durch Verrat. – [2] In Niedermösien, drei Meilen westlich vom heutigen Rustschuk. – [3] Station auf der Straße von Sardica nach Konstantinopel, 12 Meilen von letzterem entfernt. (Itin. Hierosol. p. 570.) – [4] Prokop erwähnt eine Schwester Theoderichs, Amalafrida, später die Gemahlin des Vandalenkönigs Thrasamund, vgl. S. 18, 41. – [5] Auf welches Ereignis Th. hier anspielt, wissen wir nicht; auch Ennodius p. 298 gibt an, daß die erste Ursache des Zwistes zwischen Theoderich und Odoaker darin lag, daß dieser »Verwandte« des Gotenkönigs umgebracht hatte.

491 Odoaker durchdrang, soll Theoderich gesagt haben: »Nicht einmal
Knochen scheint das Scheusal im Leib gehabt zu haben.« Er ließ den
Leichnam hinausschaffen und an der Synagoge der Hebräer in einem
steinernen Sarge begraben. Odoaker war 60 Jahre alt geworden und
hatte 14 regiert. Sein Bruder[1] fand auf der Flucht im Fichtenhain
durch Pfeilschüsse den Tod. Theoderich ließ auch die Gattin Odoakers, Sunigilda, und seinen Sohn Oklan[2], den sein Vater zum Cäsar
erhoben hatte, festnehmen, schickte jenen nach Gallien in die Verbannung und ließ ihn umbringen, als er sich heimlich von dort nach Italien
zurückbegeben hatte; die Frau ließ er im Gefängnis Hungers sterben. –

[1] Wahrscheinlich Onulf. – [2] Wohl verschrieben aus Thelan, Acc. von Thelas
oder Thela.

FRAGMENT DES ANONYMUS VALESIANUS
(2. Teil)[1]

VIII. 37. Augustulus, der von seiner Thronbesteigung Romulus von seinen Eltern gerufen worden war, wurde von seinem Vater, dem Patricius Orestes, zum Kaiser gemacht. Odoaker aber überfiel mit dem Volke der Scyren den Patricius Orestes in Placentia[2] und tötete ihn und dann seinen Bruder Paulus im Fichtenwalde am Hafen von Ravenna. Er nahm diese Stadt und setzte den Augustulus ab, hatte aber Mitleid mit seiner Jugend und Schönheit und schenkte ihm das Leben nebst einer Rente von 6000 Goldstücken. Seinen Wohnsitz wies er ihm in Kampanien an, wo er unbehelligt mit den Seinigen lebte. Sein Vater Orestes, aus Pannonien, hatte sich an Attila angeschlossen, als dieser nach Italien kam, war dessen Notar geworden, hatte dann weiter Karriere gemacht und es endlich bis zum Patriciat gebracht. $\qquad$ 476

IX. (39. Zeno, der durch seinen Sohn Leo, den er von der Ariadne, der Tochter Leos, hatte, zum Kaiser gemacht worden war, regierte mit diesem zusammen nur ein Jahr und behielt [nach dessen Tode] die Herrschaft, die er ihm zu verdanken hatte. Nach dem einen Jahr gemeinsamer Herrschaft regierte er noch vierzehn, Isauriens bester Sohn, der wohl würdig war, eine Kaiserstochter zur Gattin zu bekommen, ein erprobter Feldherr.) $\qquad$ 474– 491

42. (Zeno ruft zum Kampf gegen Basiliscus, der ihm den Thron streitig macht, Theoderich, Walamers Sohn, auf, der zu Nova[3] seit 475 residierte.) $\qquad$ 476

X. 45. Odoaker, dessen wir schon Erwähnung getan, macht sich nach Absetzung des Augustulus zum König und behauptete die Herrschaft 13 Jahre lang[4]. Sein Vater hieß Aedico. In dem »Leben des heiligen Severin« findet sich folgende Geschichte, wie ihn dieser pannonische Mönch ermahnt und ihm die Königskrone prophezeit hat. 46. Sie lautet also: »Einige Barbaren kamen zu ihm, die auf dem Wege nach Italien waren, um ihn zu schauen und seinen Segen zu erflehen, unter ihnen Odoaker, der spätere König von Italien, damals ein Jüngling

---

[1] Vgl. die Vorrede. – [2] Piacenza. – [3] s. S. 301, A. 2. – [4] Die Zahlen sind nicht ganz genau.

von hohem Wuchs in ärmlichen Kleidern. Der mußte sein Haupt beugen, da er mit dem Scheitel die niedrige Tür der Klause berührte, und vernahm von dem Manne Gottes, daß er zu Großem berufen sei. Denn dieser sprach zu ihm, als er ihm den Segen gab: »Geh nach Italien, geh, der du jetzt mit ärmlichen Fellen deine Blöße deckst, bald aber so viel haben wirst, daß du anderen reichlich geben kannst.« – 47. Wie der Knecht Gottes geweissagt hatte, betrat er bald den Boden Italiens und wurde König. Als er solches war, erinnerte er sich an das, was ihm der heilige Mann geweissagt hatte, schrieb ihm einen freundschaftlichen Brief und bat ihn, einen Wunsch auszusprechen: er werde ihn gern erfüllen. Der Mann Gottes, durch solche Bitten gedrängt, heischte die Freilassung des Ambrosius, eines Verbannten, die ihm Odoaker gern gewährte. 48. Odoaker führte Krieg gegen die Rugier, besiegte und vernichtete sie gänzlich in einem zweiten Feldzug. Er war ein Mann von guter Gesinnung und begünstigte die Sekte der Arianer. Einst rühmten nun mehrere angesehene Leute besagten König in Gegenwart des heiligen Mannes[1] mit Worten weltlicher Schmeichelei, und da fragte er, welchen König sie denn mit solchen Lobeserhebungen priesen. Sie sagten: »Den Odoaker.« Er aber sprach: »Es wird dauern zwischen 13 und 14 Jahr«, womit er augenscheinlich sein Regiment meinte.

XI. 49. Zeno überhäufte den Theoderich mit Wohltaten, machte ihn zum Patricius und Konsul, gab ihm viel Geschenke und sandte ihn nach Italien. Theoderich machte mit dem Kaiser für den Fall der Besiegung Odoakers ab, er solle an dessen Statt, bis er käme, die Herrschaft führen. So überfiel der Patricius Theoderich mit dem Gotenvolk von Nova aus Italien im Auftrag des Kaisers des Ostens, Zeno, um es unter dessen Botmäßigkeit zu bringen. 50. Ihm trat Odoaker am Isonzofluß entgegen, wurde in einer Feldschlacht besiegt und floh. Er zog sich auf Verona zurück und verschanzte sich auf dem Campus minor bei Verona am 27. September. Auch hierhin folgte ihm Theoderich; es kam zur Schlacht, in dem viel Volks von beiden Heeren fiel; Odoaker ward geschlagen und gelangte auf der Flucht am 30. September nach Ravenna. 51. Theoderich der Patricius nahm eine Stellung bei Mailand, und es ergab sich ihm der größte Teil des Heeres des Odoaker, unter ihnen der Heermeister[2] Tufa, dem Odoaker und seine Edelinge erst am 1. April diese Würde verliehen hatten. Diesen

---

[1] D. h. Severinus. – [2] Magister militum.

Heermeister Tufa schickte Theoderich gegen Odoaker nach Ravenna. 52. Tufa ging bis Faventia[1], wo er dem Odoaker entgegentrat
mit dem Heer, das ihm anvertraut war. Odoaker begab sich von
Ravenna nach Faventia, und Tufa übergab dem Odoaker die Grafen
des Patricius Theoderich, die in Eisen gelegt nach Ravenna gebracht
wurden. 53. Als Faustus und Longinus Konsuln waren, ging der
König Odoaker aus Cremona nach Mailand. Damals kamen die
Westgoten dem Theoderich zu Hilfe, und es geschah eine Schlacht am
Addafluß, in der von beiden Heeren viel Volk umkam, und auch der
Oberst der Leibgarde[2], Pierius, fiel am 11. August. Odoaker floh nach   490
Ravenna, wohin ihm Theoderich folgte, der in dem Fichtenhain ein
Lager aufschlug. Er belagerte den eingeschlossenen Odoaker drei
Jahre lang und kam der Scheffel Weizen bis auf 6 Goldstücke. Auch
schickte er den Faustus, das Haupt des Senats, zum Kaiser Zeno in der
Hoffnung, den Purpur von ihm zu erlangen.

54. Als Olybrius zum 5. Male Konsul war, versuchte Odoaker, bei   491
Nacht aus Ravenna den Patricius Theoderich im Fichtenhain zu
überfallen, und es kam viel Volks um von beiden Heeren: doch
Odoakers Heermeister Levila ward auf der Flucht am Flusse Bedens[3]
erschlagen, und Odoaker mußte wieder nach Ravenna hinein sich
flüchten. Das geschah am 15. Juli. Da sah sich Odoaker zur Übergabe
gezwungen und stellte seinen Sohn Thelane als Geisel, wofür ihm die
Erhaltung seines Lebens zugesichert wurde. 55. Theoderich zog in
Ravenna ein. Nach einigen Tagen begab es sich, daß Odoaker ihm
nach dem Leben trachtete; doch entdeckte man seinen Anschlag und
kam ihm zuvor. Theoderich stieß ihm im [Palast] Lauretum mit
eigener Hand das Schwert durch und durch[4]. 56. Alle seine Soldaten
wurden auf Befehl des Theoderich an demselben Tag niedergemacht,
wo man sie gerade fand, nebst seiner ganzen Sippe. – In demselben
Jahr starb zu Konstantinopel der Kaiser Zeno. Ihm folgte auf dem
Throne Anastasius.   491–

XII. 57. Theoderich hatte an Zeno den Faustus Niger als Gesandten   518
geschickt. Da er nun den Tod jenes erfuhr, und ehe die Gesandtschaft
zurückkam, Ravenna genommen und Odoaker getötet hatte, so riefen
die Goten ihn zum König aus, ohne die Bestätigung des neuen Kaisers
abzuwarten.

58. Theoderich war ein tapferer Mann, im Kriege wohlerfahren. Sein
Vater war der Gotenkönig Walamir, der ihn aber außer der Ehe

[1] Faënza in der Emilia. – [2] Comes domesticorum. – [3] Bedese. – [4] Vgl. S. 301.

454 gezeugt hatte, seine Mutter hieß mit gotischem Namen Ereriliva; als
sie zum katholischen Glauben sich bekannte, erhielt sie in der Taufe
den Namen Eusebia. 59. Er war auch sonst ein vortrefflicher
Herrscher, von leutseliger Gesinnung gegen jedermann und regierte
33 Jahre. Zu seiner Zeit genoß Italien 30 Jahre die Segnungen des
Friedens, der auch unter seinen Nachfolgern noch dauerte. 60. Keine
Unternehmung mißlang ihm. In dieser Weise herrschte er über Goten
und Römer, und während er selbst zur arianischen Sekte sich
bekannte, ließ er doch den Römern, wie zu den Zeiten der Kaiser, ihre
Gesetze. Er verteilte freigebig Geld- und Getreidespenden und füllte
den Staatsschatz, den er völlig leer vorgefunden, durch seine tüchtige
Verwaltung. Er unternahm nichts gegen die katholische Religion;
dem Volke gab er circensische und andere theatralische Spiele, so daß
er selbst von den Römern Trajan oder Valentinian genannt wurde – so
ähnlich war seine Zeit der jener Kaiser. Die Goten aber nannten ihn
wegen des Gesetzbuchs, das er ihnen gegeben, den größten König, den
sie je gehabt hätten. 61. Obgleich er gänzlich ungebildet war, so war
seine Weisheit doch so groß, daß heute noch im Volk einige Worte
seines Mundes sprichwörtlich gebraucht werden, und es gereicht mir
zur Befriedigung, aus vielen wenigstens einiges zum Gedächtnis
mitzuteilen. So sagte er: »Wo Gold oder ein böser Geist wohnt, das
läßt sich nicht verbergen.« Ebenso: »Wer ein schlechter Römer ist,
will gern Gote sein, und ein schlechter Gote gern Römer.« 62. Einst
war ein Mann gestorben, der hinterließ seine Gattin mit einem
Knaben, so klein, daß er seine Mutter noch nicht kennen konnte. Das
Knäblein wurde geraubt und in ein anderes Land gebracht, wo es
aufwuchs. Als nun ein Jüngling daraus geworden war, kam der auf
irgendeine Weise an den Ort, wo seine Mutter lebte, die sich eben
einem anderen Mann verlobt hatte. Kaum sah ihn die Mutter, da
umarmte sie ihn und pries Gott, daß er ihr den verloren geglaubten
Sohn wiedergeschenkt hätte, und lebte mit ihm zusammen 30 Tage.
Da kehrte ihr Bräutigam zurück, sah den Jüngling und fragte, wer er
wäre. Sie sagte: »Das ist mein Sohn.« Kaum hatte er das gehört, da
fing er an, den Mahlschatz zurückzufordern und sprach: »Entweder
sagst du, daß dieser nicht dein Sohn ist, oder ich hebe mich weg von
hier.« Das Weib ward von ihrem Bräutigam hart bedrängt, fing an,
den Sohn abzuleugnen, den sie doch selbst als solchen anerkannt
hatte, und sprach: »Jüngling, gehe von meinem Hause; du bist ein
Fremdling, nur Gastfreundschaft habe ich dir als einem Fremdling
gewährt, den ich für meinen Sohn gehalten.« Denn jener behauptete,

er sei zu seiner Mutter in seines Vaters Haus zurückgekehrt. Wozu bedarf's noch vieler Worte? Da solches geschah, führte der Jüngling wider seine Mutter Klage beim König. Der befahl, sie vor sich zu führen und sprach: »Weib, dein Sohn klagt wider dich; was sagst du? Ist das dein Sohn oder nicht?« Sie aber sprach: »Es ist nicht mein Sohn, sondern ein Fremdling, dem ich Gastfreundschaft gewährte, den ich für meinen Sohn gehalten.« Als nun der Sohn des Weibes alles, wie es richtig war, in der Halle des Königs berichtet hatte, sprach dieser nochmals zu dem Weibe: »Ist das dein Sohn oder nicht?« Sie aber sprach: »Es ist nicht mein Sohn.« Da sprach der König zu ihr: »Und wie hoch beläuft sich dein Vermögen, Weib?« Sie antwortete: »Bis zu tausend Goldstücken.« Und nun gelobte der König mit einem Eidschwur, der Jüngling selbst, kein anderer solle ihr Ehegemahl werden. Da wurde das Weib ganz bestürzt und bekannte, es sei ihr Sohn. – So erzählt man noch viele Geschichten von ihm.

63. In späterer Zeit nahm er eine Frau fränkischen Geschlechts, namens Angoflada. Vor seiner Thronbesteigung hatte er eine Frau gehabt, die ihm zwei Töchter geschenkt hatte: die eine, namens Arevagni, gab er Alarich, dem König der Westgoten in Gallien, die andere, Theodegotha[1], dem Sigismund, Sohn des [Burgunden-]Königs Gundebaudus[2]. 64. Wegen der Vorwegnahme des Königtitels machte er durch Festus seinen Frieden mit dem Kaiser Anastasius, der ihm alle Prachtstücke des Palastes, die Odoaker nach Konstantinopel gesandt hatte, zurückgab. 65. Zu dieser Zeit erhob sich ein großer Streit in der Stadt Rom zwischen Symmachus und Laurentius, die beide die Bischofsweihe erhalten hatten. Gott aber wollte, daß der würdigere Symmachus die Oberhand behielt. Nachdem so der kirchliche Friede wiederhergestellt war, kam der König Theoderich nach Rom, wo er dem heiligen Petrus mit der größten Ehrfurcht begegnete, als ob er Katholik wäre. Der Papst Symmachus, der ganze Senat, ja das ganze Volk zogen ihm unter vielen Freudenbezeugungen vor die Stadt entgegen. 65. Er betrat darauf die Stadt, ging in den Senat und hielt dem Volke eine Rede, in der er versprach, mit Gottes Hilfe alles das unversehrt beizubehalten, was vor ihm die Herrscher über Rom angeordnet hatten. 66. Zur Feier des 30. Jahrestages seiner Regierung 523 zog er im Triumph in die Stadt ein und gab den Römern circensische Spiele. Auch schenkte er dem Volk und den Armen als Getreidespende für jedes Jahr 120000 Modii, und für die Herstellung des Palastes

---

[1] Vgl. S. 41. – [2] Gundobald.

oder die Wiederaufrichtung der Stadtmauer wies er jährlich 200
Pfund [Gold] aus dem Ertrage der Weinsteuer an.

68. Seine Schwester Amalafrigda gab er dem Vandalenkönig Transi-
mund[1] zur Gattin. Den Liberius, den er zu Anfang seiner Regierung
zum Praefectus Praetorio gemacht hatte, bekleidete er mit der Würde
eines Patricius und gab ihm zum Nachfolger in der Präfektur den
Theodorus, Sohn des Basilius. Ein Graf Odoin trachtete ihm nach
dem Leben. 69. Er erhielt Kenntnis davon und ließ ihn in dem
sogenannten sessorischen Saal enthaupten. Die Worte jenes feierli-
chen Versprechens, das er dem Volke gegeben, ließ er auf dessen
Bitten in Erz graben und öffentlich ausstellen. 70. Im sechsten Monat
kehrte er nach Ravenna zurück und gab seine Schwestertochter
Amalabirga dem König der Thüringer, Herminifrid, zur Ehe. So stand
er bei allen Völkern ringsumher in großem Ansehen. Er liebte es, zu
bauen und Städte wiederaufzurichten. 71. Zu Ravenna erneuerte er
die Wasserleitung, die einst Hadrian angelegt hatte, und führte so der
Stadt das lange entbehrte Wasser wieder zu. Den Palast brachte er der
Vollendung nahe, ohne jedoch seine Einweihung zu erleben; die
Säulenhallen rings herum aber vollendete er. Zu Verona baute er
Bäder und einen Palast, den er durch eine Säulenhalle mit dem Tore
verband. Die Wasserleitung, welche lange Zeit in Trümmern gelegen
hatte, besserte er wieder aus und sorgte auch für das nötige Wasser.
Die Stadt selbst umgab er mit neuen Mauern. Zu Ticinum[2] führte er
einen Palast, Bäder, ein Amphitheater und neue Stadtmauern auf.

72. Auch anderen Städten erwies er große Wohltaten. Er stand so
hoch in der Meinung der benachbarten Völker, daß sie sich unter
seine Oberhoheit begaben mit dem Wunsche, er möge über sie
herrschen. Geschäftsleute aus allen Gegenden strömten bei ihm
zusammen. Denn so streng war seine Rechtspflege, daß, wenn jemand
auf seinem Gut Gold oder Silber liegenlassen wollte, es für ebenso
sicher gehalten wurde, als ob es innerhalb der Stadtmauern wäre.

73. Er führte die Sitte in ganz Italien ein, daß er keiner Stadt Tore
machen ließ, und da, wo sie schon waren, wurden sie nicht geschlossen; jeder ging seiner Beschäftigung nach, zu so später Stunde er
wollte, ganz wie am Tage. Zu seiner Zeit zahlte man für 60 Modien
Weizen ein Goldstück und ebenso ein Goldstück für 30 Amphoren
Wein.

(XIII. 74–78. Anastasius erkiest sich einen Nachfolger.)

---

[1] Thrasamund. Vgl. S. 41. 43. – [2] Pavia.

XIV. 79. Der König Theoderich war so rohen und ungebildeten Sinnes, daß er in den ersten 10 Jahren seiner Regierung die vier Buchstaben seiner Unterschrift[1], wie sie für die Edikte nötig war, durchaus nicht erlernen konnte. Daher ließ er sich eine goldene Schablone anfertigen, welche die vier Buchstaben enthielt. Wenn er nun unterschreiben wollte, legte er die Schablone aufs Papier und zog mit der Feder die Schriftzüge nach, so daß dann seine Unterschrift zustande kam.

80. Theoderich gab das Konsulat dem Eutharich und hielt Triumphzüge in Rom und Ravenna. Dieser Eutharich war ein harter Mann und ein Feind des katholischen Glaubens. 81. Als darauf Theoderich sich in Verona aufhielt aus Besorgnis vor einem feindlichen Einfall, entstand ein Streit zwischen den Christen und Juden der Stadt Ravenna. Die Juden hatten sich nicht taufen lassen wollen und öfters geweihtes Brot, um die Christen zu verhöhnen, in das Wasser des Flusses geworfen. Das Volk geriet in Wut, stürmte, ohne sich um den König oder Eutharich oder Petrus, der damals Bischof war, zu kümmern, die Synagogen und steckte sie in Brand. 82. Die Juden eilten nach Verona, wo der König residierte, und wandten sich an den Hofmarschall[2] Triwane, der, selbst ein Ketzer, den Juden freundlich gesinnt war und die Sache dem König in einem den Christen ungünstigen Licht vorstellte. Der befahl sofort, wegen der böswilligen Brandstiftung sollte die ganze römische Bevölkerung von Ravenna die Synagogen, die verbrannt waren, auf eigene Kosten wieder aufbauen; wer aber nicht zahlen könnte, der sollte unter Heroldsruf auf dem Markte gestäupt werden. Solchen Befehl erhielt Eutharich und gab den Befehl weiter an Cilliga und den Bischof Petrus. Es wurde denn auch demgemäß verfahren. 83. Seit der Zeit hatte der Teufel Mittel und Wege gefunden, um einen Mann, der den Staat weise regierte, ohne daß jemand sich beschweren konnte, zu berücken. Denn der König ließ das Bethaus des heiligen Stephanus am Brunnen der Vorstadt von Verona samt dem Altar niederreißen. Auch durfte kein Römer mehr Waffen tragen außer einem kleinen Messerchen. 84. Ein armes gotisches Weib bekam unter einer Säulenhalle nicht weit vom Palast zu Ravenna die Wehen und gebar vier Drachen: zwei davon sah das Volk von Westen nach Osten durch die Wolken fliegen und dann ins Meer stürzen. Die beiden anderen, welche man wegschaffte, hatten nur einen Kopf. Ein Stern mit feurigem Schweif erschien, ein

---

[1] Vermutlich das Wort legi. – [2] Praepositus cubiculi.

sogenannter Komet, und glänzte 15 Tage am Firmament. Auch
524 geschahen häufige Erdbeben. 85. Bald fand der König auch Gelegenheit, die Römer seinen Grimm empfinden zu lassen. Cyprian, damals
Referendar, später Comes sacrarum et magister, denunzierte aus
Mißgunst den Patricius Albinus, er habe in hochverräterischer Korre-
518– spondenz mit dem Kaiser Justin gestanden. Albin wurde zur Verant-
527 wortung gezogen und leugnete. Auch der Patricius Boëthius, damals
Magister officiorum, sagte dem König ins Gesicht: »Falsch ist die
Beschuldigung des Cyprian; wenn Albin etwas getan hat, so bin ich
und ist der ganze Senat seine Mitschuldigen; es ist nicht wahr, o
König!« 86. Cyprian besann sich erst, dann führte er nicht nur gegen
Albin, sondern auch gegen dessen Verteidiger Boëthius falsche Zeugen vor. Der König traute den Römern böse Absichten zu und suchte
nach einem Grund, sie umzubringen, er glaubte den falschen Zeugen
mehr als den Senatoren. 87. Albinus und Boëthius wurden ins
Gefängnis ad Baptisterium ecclesiae gesetzt. Der König berief den
Präfekten von Ticinum, Eusebius, und der sprach das Urteil über
Boëthius, ohne ihn anzuhören. Der König sandte bald nacher nach
dem Calventianischen Gut[1], wo er in Gewahrsam gehalten wurde,
und ließ ihn töten. Man legte ihm einen Strick um den Kopf und
preßte ihn zusammen, bis die Augen aus ihren Höhlen traten, und
erschlug ihn nach den furchtbarsten Folterqualen endlich mit einer
Keule.

88. Der König begab sich nach Ravenna zurück, handelte aber ferner
nicht als ein Freund Gottes, sondern ein Feind seines Gebotes,
uneingedenk der Wohltaten und Gnade, die er empfangen, allein
vertrauend auf die Stärke seines Armes. Um den Kaiser Justin zu
schrecken, ließ er Johannes, der damals auf dem päpstlichen Stuhl
saß, holen und sprach zu ihm: »Geh nach Konstantinopel zum Kaiser
Justin und sage ihm unter anderem, er solle die sogenannten rekonziliierten Ketzer ja nicht in den Schoß der katholischen Kirche aufnehmen.« 89. Ihm antwortete der Papst Johannes also: »Was du tun
willst, o König, tue bald. Siehe, hier stehe ich vor deinem Angesicht.
Ich verspreche dir, daß ich das nicht tun und jenem nicht sagen werde.
Aber wenn in anderer Beziehung du mir etwas auftragen willst, so
werde ich es unter Gottes gnädigem Beistand von ihm erlangen.« 90.
Da ward der König zornig, ließ ein Schiff segelfertig machen, setzte
den Johannes mit anderen Bischöfen, Ecclesius von Ravenna, Euse-

---

[1] In der Nähe von Mailand.

bius von Fanum, Sabinus von Kampanien, noch zwei andere und die Senatoren Theodorus, Importunus und zwei namens Agapitus darauf. Aber Gott, der seine treuen Diener nicht verläßt, führte sie glücklich über das Meer. 91. Der Kaiser Justinus begrüßte den Papst, als ob es der heilige Petrus selbst wäre. Die Botschaft wurde ausgerichtet und der Kaiser versprach, alles tun zu wollen, nur die Rekonziliierten, die den katholischen Glauben angenommen hätten, könne er den Arianern keineswegs wieder ausliefern.

92. Während dies geschah, wurde das Haupt des Senats, Symmachus, dessen Tochter Boëthius zur Gattin gehabt hatte, von Rom nach Ravenna gebracht. Der König fürchtete, der Schmerz um den verlorenen Schwiegersohn werde ihn zu Schritten gegen seine Herrschaft veranlassen, und ließ ihn wegen Hochverrats töten.

93. Der Papst Johannes kam von Justin zurück, wurde zuerst von Theoderich hinterlistigerweise freundlich empfangen, bald aber ließ ihn der König seine Ungnade fühlen, und er starb nach wenigen Tagen. Wie das Volk nun seinem Leichnam das Geleit gab, fiel plötzlich ein Besessener mitten im Volksgewühl um; als aber die Bahre, auf welcher der Körper lag, an den Menschen kam, sprang er gesund auf und schritt dem Leichenzuge voran. Das Volk und die Senatoren sahen das und fingen an, von seinem Kleide Stücke als Reliquien zu nehmen. Die entzückte Menge begleitete den Leichnam bis vor die Stadt. 94. Der Scholasticus Symmachus, ein Jude, erließ im Namen seines tyrannischen Königs ein Edikt, am 4. Tage der Woche, am 26. August, in der 4. Indiction, unter dem Konsulat des Olybrius, daß am nächsten Sonntag die Arianer die katholischen Kirchen in Besitz nehmen sollten. Aber der, welcher nicht duldet, daß seine getreuen Diener von fremden Eindringlingen unterdrückt werden, ließ über Theoderich dasselbe Gericht ergehen wie über Arius, den Stifter seiner Religion: er erkrankte an der Ruhr, und die Entleerungen waren so stark, daß er nach drei Tagen, gerade an dem Tag, wo er sich gefreut hatte, seine Hand auf die Kirchen zu legen, Leben und Krone verlor.

96. Bevor er seinen Geist aufgab, setzte er seinen Enkel Athalarich zum Nachfolger ein. Bei seinen Lebzeiten hatte er sich ein Denkmal aus Quadersteinen erbaut, ein Werk von wunderbarer Größe, und einen ungeheuren Block suchen lassen, um damit das Werk zu krönen.

DER VANDALENKRIEG

1. Das war also der Ausgang des Perserkrieges für den Kaiser Justinian; ich komme nun zu dem, was er gegen die Vandalen und Mauren vollführt hat, und will damit anfangen, zu erzählen, von woher sich das Vandalenheer auf das römische Gebiet gestürzt hat. (Zum weströmischen Reiche gehörte der Teil Afrikas von der Meerenge von Gades[1]) bis Tripolis; zum oströmischen der von der Grenze Kyrenes aus östlich gelegene.)

2. Als Honorius Kaiser des Westens war, drangen die Barbaren in das Reich ein – wie sie waren und wie sie es machten, will ich erzählen. Früher, wie jetzt, waren das meist gotische Stämme; die größten und berühmtesten die Goten, die Vandalen, die Westgoten und die Gepiden. Früher nannte man sie Sarmaten und Melanchlänen; bei einigen heißen diese Völker auch Geten. Sie alle unterscheiden sich von einander, wie schon bemerkt, dem Namen nach, im übrigen aber gar nicht. Alle haben sie eine weiße Hautfarbe, blonde Haare, sind groß von Gestalt und schön von Gesicht. Sie gehorchen denselben Gesetzen und haben dieselbe Religion, nämlich die arianische. Auch haben sie eine Sprache, die gotische, und ich glaube wohl, daß sie ursprünglich einem Volk angehört und sich dann später nach den Namen ihrer Führer unterschieden haben. Von altersher saßen sie jenseit der Donau. Dann nahmen die Gepiden die Gegend um Singedon[2]) und Sirmium[3]) ein, diesseit und jenseit der Donau, wo sie noch zu meinen Zeiten gewohnt haben.

Von den anderen Stämmen zogen von dort zuerst die Westgoten aus und traten in ein Bundesverhältnis zum Kaiser Arkadius; später aber – denn die Bundestreue der Barbaren gegen die Römer pflegt nicht von großer Dauer zu sein – wandten sie sich unter Führung Alarichs feindlich gegen beide Kaiser und behandelten ganz Europa, von Thracien beginnend, als Feindesland. Der Kaiser Honorius hatte zuerst in Rom residiert, friedlichen Sinns und ganz zufrieden, wie ich meine, soweit man ihn in seinem Palast ein beschauliches Dasein

395–
423

seit
395

---

[1] Cadiz, Meerenge von Gibraltar.
[2] Sigindunum oder Singidunum, nicht weit von Belgrad.
[3] Unweit der Mündung des Bosut in die Save.

führen ließ; als aber die Barbaren immer näher rückten – man meldete die Ankunft eines großen Heeres im Gebiet der Taulantier[1] –
402 verließ er Hals über Kopf die Residenz und floh nach Ravenna, einer
festen Stadt, die an einer Bucht des Ionischen Meeres gelegen ist.
Manche behaupten, daß er selbst die Barbaren herbeigerufen habe, da
ihn eine Revolution bedrohte; das scheint mir aber wenig wahrscheinlich, so weit man aus dem Charakter des Menschen einen
Schluß ziehen kann. Die Barbaren fanden keinen Widerstand vor
und hausten furchtbar. Die Städte, welche sie eroberten, zerstörten
sie so gründlich, daß zu meiner Zeit keine Spur mehr von ihnen
vorhanden war, vor allem am Ionischen Meerbusen – nur hie und da
blieb wie durch Zufall ein Turm oder ein Tor stehen; wer ihnen
begegnete, wurde getötet: sie schonten weder jung noch alt, weder
Weiber noch Kinder. Und daher ist noch jetzt Italien so schwach
bevölkert. Sie schleppten aus ganz Europa Schätze zusammen, vor
allem aber nahmen sie, was in Rom an Staats- oder Privateigentum
410 Wert hatte, mit und zogen dann nach Gallien. Wie Alarich aber Rom
nahm, will ich jetzt erzählen.
Als er sich schon geraume Zeit mit der Belagerung abgemüht hatte
und die Stadt weder mit Gewalt noch mit List hatte nehmen können,
ersann er Folgendes. Er las aus seinem Heer dreihundert Jünglinge
aus, die zwar noch bartlos, doch schon kräftig entwickelt waren, von
edler Geburt und trotz ihrer Jugend voll männlicher Tatkraft, und
bedeutete ihnen, er werde sie scheinbar einigen römischen Patriziern
als Sklaven zum Geschenk senden. Sobald sie in deren Häuser aufgenommen wären, sollten sie sich sanft, gehorsam und zu allen Dien-
sten bereit zeigen; dann sollten sie, kurze Zeit darauf, an einem
bestimmten Tage, wenn ihre Herren nach der Mahlzeit in tiefem
Schlafe lägen, alle am Salarischen Tor zusammenkommen, die ahnungslosen Wächter im ersten Anlauf niederschlagen und sofort das
Tor öffnen. Nachdem Alarich den Jünglingen diese Weisung erteilt
hatte, schickte er sogleich Gesandte an den Senat: er bewundere die
Treue der Väter gegen den Kaiser und wollte eben wegen dieser
Tugend und Treue, die sie in hohem Maße auszeichne, jeden von
ihnen mit einigen Sklaven beschenken, damit eine lebendige Erinnerung an ihn selbst bei so ehrenfesten Männern bliebe. Bald nach
dieser Botschaft sandte er die Jünglinge ab und ließ die Barbaren sich
zum Aufbruch rüsten, so daß die Römer es leicht bemerken konnten.

[1] Eine Völkerschaft in Illyrien.

Die hörten solche Reden gern, nahmen die Geschenke an und waren über beides sehr froh, ohne die List der Barbaren auch nur zu ahnen. Die Jünglinge benahmen sich gehorsam gegen ihre neuen Herren und lenkten damit jeden Verdacht von sich ab. – Im Lager aber sah man die einen schon die Zelte abbrechen und die Belagerung aufheben, die andern schienen Anstalt zu machen, dasselbe zu tun. Als nun der bestimmte Tag herankam, ließ Alarich das ganze Heer, dicht am Salarischen Tor unter die Waffen treten als ob er sich zum Abzug rüste; dort hatte er nämlich sein Lager aufgeschlagen und mit der Belagerung angefangen. Sämtliche Jünglinge nun begaben sich zur festgesetzten Stunde an eben jenes Tor, überfielen unversehens die Wächter und töteten sie alle; dann öffneten sie die Tore und ließen Alarich mit seinem Heere ein. Die Goten steckten sofort die Häuser nahe am Tor in Brand, unter diesen auch das des Sallust, des bekannten römischen Geschichtschreibers. Die halbverbrannten Ruinen davon haben sich bis zu meiner Zeit erhalten. Sie plünderten die ganze Stadt, töteten die Mehrzahl der Römer und zogen weiter.

Wie man erzählt, hatte damals der Kaiser Honorius in Ravenna einen Eunuchen, welcher die Aufsicht über den Hühnerhof führte; dieser meldete ihm, daß Rom verloren sei; er aber schrie laut auf und sagte: »Sie hat doch eben erst aus meiner Hand gefressen«. Er hatte nämlich eine sehr große Henne, die Roma hieß. Da begriff erst der Eunuch, was der Kaiser meinte, und sagte, daß die Stadt Rom von Alarich zerstört sei. Darauf soll der Kaiser gesagt haben: »Ach, guter Freund, ich glaubte, die Henne, die Roma, wäre mir gestorben«. So töricht, behauptet man, sei dieser Kaiser gewesen.

Andere erzählen, Alarich habe nicht auf diese Weise Rom genommen, sondern folgendermaßen. Proba, eine Frau senatorischen Standes, hervorragend durch Reichtum und Ansehen, empfand tief die Leiden der Römer, die vor Hunger schon Hand an einander legten; als sie nun sah, daß jede Hoffnung auf Rettung geschwunden war, da der Feind den Fluß und den Hafen beherrschte, befahl sie ihren Sklaven nachts die Tore zu öffnen.

10. 8.

410

Als nun Alarich sich anschickte von Rom aufzubrechen, ernannte er einen Patrizier, namens Attalus, zum römischen Kaiser und schmückte ihn mit dem Diadem, dem Purpurmantel und den übrigen Insignien der kaiserlichen Würde. Das aber tat er in der Absicht, Honorius der Kaiserwürde zu berauben und dem Attalus die Herrschaft über den ganzen Westen zu übergeben. In dieser Absicht zogen dann auch Attalus und Alarich mit großer Heeresmacht gegen Ra-

venna. Es war aber dieser Attalus weder im Stande, selbst einen
vernünftigen Gedanken zu fassen, noch dem guten Rate eines andern
zu folgen. So schickte er, ganz gegen Alarichs Willen, nach Afrika
Feldherrn ohne Heere.

Hier also gingen diese Dinge so vor sich. Die Insel Britannien aber
war von den Römern abgefallen, und das Heer dort hatte Konstantin,
407– einen tüchtigen Mann, zum Kaiser erwählt. Dieser sammelte sogleich
411   eine Flotte und eine ansehnliche Heeresmacht, und fiel damit in
Spanien und Gallien ein, um sich diese Länder zu unterwerfen.
Honorius aber hielt Schiffe ausgerüstet, wartete jedoch den Gang der
Dinge in Afrika ab, um, wenn die vom Attalus abgesandten Anführer
keine Aufnahme fänden, selbst nach Afrika zu fahren und so doch
einen Teil seiner Herrschaft zu behaupten; wenn es aber dort ungünstig gehen würde, zu Theodosius zu fahren und bei ihm zu bleiben.
408   Denn nachdem Arkadius schon vorlängst gestorben war, besaß dessen Sohn Theodosius, der noch ein kleiner Knabe war, die Herrschaft
im Morgenland. Während Honorius so in gespannter Erwartung war
und sein Geschick auf stürmischen Wogen schwankte, wurde ihm ein
außerordentlicher Glücksfall zu Teil. Denn die Gottheit liebt es, den
Unverständigen, die aus sich heraus keinen Ratschlag finden können,
es sei denn schlechte, in ihrer äußersten Not zu Hilfe zu kommen,
und so erging es auch diesem Kaiser. Denn aus Afrika kam plötzlich
die Nachricht, daß die Abgesandten des Attalus erschlagen seien, und
zugleich kam unerwartet eine große Flotte aus Byzanz mit sehr zahlreicher Mannschaft, die ihm zu Hilfe eilte. Zugleich hatte Alarich sich
mit Attalus entzweit und hielt ihn nach Verlust der Kaiserwürde
gefangen.

411   Bald darauf machte eine Krankheit dem Leben Alarichs ein Ende; das
Heer der Westgoten wandte sich, von Athaulf geführt, nach Gallien,
411   Konstantin unterlag in einer Schlacht und kam darauf samt seinen
Söhnen ums Leben. Britannien aber konnten die Römer nicht wiedergewinnen, sondern es stand fortan unter eigenen Herrschern.

Die Goten überschritten die Donau und besetzten zuerst Pannonien,
seit   dann wies ihnen der Kaiser Thracien als Wohnsitz an. Dort blieben
454   sie nicht lange sondern wandten sich nach Westen. Doch davon wird
in der Geschichte des Gotenkrieges die Rede sein.

3. Die Vandalen, welche am Mäotischen See ihre Wohnsitze hatten,
trieb eine Hungersnot gegen die Germanen, die jetzt Franken genannt werden, und an den Rheinstrom vorzudringen; mit ihnen
zogen die Alanen, ebenfalls ein gotischer Volksstamm. Von dort sie-

delten sie unter Godegisel nach Spanien über, dem westlichsten der   seit
Länder römischen Gebiets. Da schloß Honorius mit Godegisel einen   411
Vertrag, daß die Vandalen das Land besetzen sollten, ohne es zu
plündern. Es war nun aber römisches Gesetz, daß, wenn jemand sein
Besitztum nicht in eigenen Händen hatte und 30 Jahre darüber ver-
flossen waren, er nicht mehr Schritte gegen den widerrechtlichen
Besitzer tun dürfe, sondern ihm der Rechtsweg abgeschnitten sei.
Deshalb erließ Honorius ein Gesetz, daß die Zeit, welche die Vandalen im römischen Reiche weilten, in diese dreißigjährige Frist nicht
eingerechnet werden sollte. Als so die Sachen im Westen standen,
raffte eine Krankheit den Honorius hinweg.					423
(Placidia, die Schwester des Honorius und Arkadius, hat vom Kon-
stantius, dem Mitregenten des Honorius, einen Sohn Valentinian[1]),
der am Hof des Theodosius, Arkadius' Sohn und Kaiser des oströmischen Reiches, erzogen wird, während in Rom selbst die Prätorianer
den Johannes zum Kaiser ausrufen. Derselbe kann während seiner   423–
fünfjährigen[2] Herrschaft nichts gegen die Barbaren unternehmen,   425
da man ihn von Byzanz aus mit Krieg überzieht. Er wird schließlich
besiegt, gefangen und getötet. Valentinian wird Kaiser des Westens
unter Leitung seiner Mutter Placidia, die ihn verzieht und verweichlicht. Er gewinnt nicht nur die verlorenen Provinzen nicht wieder,
sondern verliert noch Afrika dazu, kommt ums Leben, und seine
Gattin Eudoxia gerät samt ihren Töchtern in die Gefangenschaft der   455
Barbaren.)
Auf folgende Weise brach das Unglück über Afrika herein.
Damals waren die bedeutendsten römischen Feldherrn Aëtius und   428
Bonifatius, unter ihren Zeitgenossen bei weitem die kriegserfahren-
sten. In der Politik wurden sie Gegner; beide aber waren mit allen
Tugenden so geschmückt, daß jeder von ihnen mit vollem Recht den
Namen des letzten Römers verdient. Den einen von ihnen, Bonifa-
tius, machte Placidia zum Präfekten von ganz Afrika, sehr gegen den
Willen des Aëtius, der jedoch sein Mißfallen sorgfältig verheimlichte.
Denn noch war ihre Feindschaft nicht ans Licht gekommen, sondern
beide verbargen sie unter einer Maske. Als aber Bonifatius fort war,
verleumdete Aëtius ihn bei Placidia, er strebe nach der Herrschaft
und habe sie und den Kaiser bereits der ganzen Provinz Afrika be-

---

[1] Valentinian III wurde 419 geboren, er regierte 425–455.
[2] In Wahrheit sind es nur 3 Jahre.

raubt. Es sei ja leicht, fügte er hinzu, die Wahrheit herauszubekommen: wenn sie den Bonifatius nach Rom beriefe, werde er nicht
kommen. Der Placidia gefielen die Worte des Aëtius und sie handelte
nach seinem Vorschlag. Aëtius aber kam ihr zuvor und schrieb heimlich an Bonifatius, die Kaiserin-Mutter stelle ihm nach und wolle ihn
bei Seite schaffen; von dieser Absicht werde er bald den deutlichsten
Beweis erhalten, denn man werde ihn bald ohne jeden Grund nach
Rom berufen. So der Brief. Bonifatius aber beherzigte diesen Wink,
und als wirklich ihm bald darauf das Schreiben zukam, welches ihn
nach Rom berief, verweigerte er dem Kaiser und dessen Mutter den
Gehorsam, sagte aber von dem Brief des Aëtius gar nichts. Als Placidia das vernahm, glaubte sie nur um so mehr an Aëtius' Ergebenheit
und überlegte, was gegen Bonifatius zu tun sei. Dieser hatte wohl
eingesehen, daß er einerseits allein dem Kaiser nicht Widerstand
würde leisten können, andererseits in Rom seines Lebens nicht sicher
sei, und versuchte deshalb wo möglich ein Bündnis mit den Vandalen
einzuleiten, die, wie vorher berichtet ist, in Spanien, also in nächster
Nähe von Afrika wohnten. Godegisel war damals gestorben, und
seine Söhne traten an seine Stelle, Gunderich, von ehelicher Geburt,
und Geiserich, ein Bastard; jener noch ein Knabe und trägen Sinns,
dieser ein erprobter Kriegsheld von rastloser Tatkraft.
Bonifatius also schickte seine vertrautesten Freunde nach Spanien an
jene beiden, um mit ihnen ein Bündnis auf gleichem Fuße abzuschließen, so daß jeder von ihnen die Herrschaft über ein Drittel von
Afrika haben und über seine Untertanen herrschen sollte: im Fall
eines Angriffs sollte der eine den anderen unterstützen. Nach diesem
429 Vertrage überschritten die Vandalen die Meerenge von Gades und
kamen nach Afrika, und die Westgoten siedelten sich nun in Spanien
an.
(Bonifatius' Freunde in Rom wollen an seinen Abfall nicht glauben
und, einige begeben sich auf Veranlassung der Placidia nach Afrika,
wo sich Bonifatius durch Vorzeigung des Briefes von Aëtius rechtfer-
tigt. Placidia wagt nicht, gegen Aëtius vorzugehen, läßt aber Bonifatius beschwören, er möge doch nicht das Land in die Hände der
Barbaren fallen lassen.)
Als er das hörte, reute ihn seine Tat und der Vertrag mit den Barbaren, und er versuchte, sie mit unzähligen Versprechungen dahin zu
bringen, daß sie Afrika wieder aufgäben. Die Barbaren aber schenkten seinen Vorstellungen kein Gehör, glaubten vielmehr, er treibe
falsches Spiel mit ihnen. So sah er sich gezwungen, mit ihnen zu

kämpfen, und sie schlugen ihn, so daß er sich nach Hippo Regius[1])
zurückziehen mußte, einer festen Stadt an der Küste von Numidien.
Die Vandalen unter Geiserich folgten ihm und schritten zur Belagerung. – Gunderich war nämlich schon gestorben. Wie man sagt, von
seinem Bruder ermordet, davon aber wollen die Vandalen nichts
wissen, sondern behaupten, er sei in Spanien im Kampf mit Germanen gefangen und von ihnen ans Kreuz geschlagen worden, und
Geiserich sei schon als unumschränkter Herrscher der Vandalen nach
Afrika gekommen. So habe ich wenigstens von Vandalen sagen
hören. Als nach langer Zeit Hippo Regius weder mit Güte noch mit		430
Gewalt zu nehmen war und die Vandalen durch Hungersnot schwer		431
litten, gaben sie die Belagerung auf. Bald darauf faßten Bonifatius und
die Römer in Afrika, die von Rom und Byzanz Verstärkung unter
Aspar erhalten hatten, wieder Mut zum Kampfe, wurden aber in
einer gewaltigen Schlacht gänzlich besiegt und zersprengt. Aspar
begab sich in seine Heimat, Bonifatius zur Placidia, bei der er sich von
jedem Verdacht reinigte.

4. So hatten die Vandalen den Römern Afrika weggenommen und
behielten es.

Die Feinde aber, welche sie lebend gefangen nahmen, behandelten sie
als Sklaven und hielten sie unter Bewachung. Unter diesen befand
sich auch Marcianus, welcher später nach dem Tode des Theodosius
Kaiser wurde. Da begab es sich, daß Geiserich die Gefangenen am
Königshofe vorzuführen befahl, um nach ihrem Anblick zu bestimmen, welchem Herrn jeder von ihnen entsprechend seinem Werte
dienen solle. Und da sie sich zur Sommerszeit um Mittag unter
freiem Himmel versammelt hatten, litten sie unter der Sonnenhitze.
Unter ihnen war auch Marcian, der ganz sorglos schlummerte. Über
ihm aber schwebte ein Adler, der, wie man erzählt, die Flügel ausbreitete und immer an derselben Stelle in der Luft blieb, so daß er nur
den Marcian beschattete. Das sah Geiserich vom oberen Stockwerk,
und sehr scharfsinnig vermutete er, daß es ein göttliches Zeichen sei,
ließ den Menschen kommen, und fragte ihn, wer er sei. Er aber sagte,
er sei Aspars Vertrauter; die Römer nennen das in ihrer Sprache
einen domesticus. Als nun Geiserich das gehört hatte und einerseits
die Handlung des Vogels überlegte, andrerseits wohl wußte, welche
Macht Aspar in Byzanz hatte, da wurde es ihm klar, daß dieser ein
bedeutender Mann sei. Töten wollte er ihn nun durchaus nicht, da er

[1] Jetzt Bona.

bedachte, daß, wenn er ihn vernichtete, die Handlung des Vogels
offenbar ohne Bedeutung sei – denn er würde ihm nicht wie einem
Kaiser mit seinem Schatten zu Dienst sein, wenn er auf der Stelle
umkommen sollte – und daß er ihn somit ohne einen vernünftigen
Grund töten würde; wenn es aber bestimmt sei, daß er später zur
Herrschaft kommen solle, so würde es auch vergeblich sein, ihn töten
zu wollen; denn dem göttlichen Ratschluß könne Menschenwitz
nicht wehren. Er verpflichtete ihn daher durch einen Eid, daß er,
wenn es ihm möglich sei, niemals gegen die Vandalen die Waffen
tragen wolle. Darauf wurde Marcian entlassen und kam nach Byzanz, wo er später nach dem Tode des Theodosius die Herrschaft
übernahm. Und in allen übrigen Dingen erwies er sich als ein trefflicher Kaiser, um Afrika aber kümmerte er sich in keiner Weise. Doch
dieses ereignete sich erst in späterer Zeit.

Nachdem also Geiserich damals den Aspar und den Bonifatius besiegt hatte, sorgte er mit bemerkenswerter Vorsicht für die Befestigung seiner Herrschaft. Er fürchtete nämlich, daß wenn wieder einmal von Byzanz oder Rom aus ein Heer gegen ihn ausgesandt würde,
die Vandalen nicht mit solcher Tapferkeit und zugleich mit solchem
Glück kämpfen möchten, da ja menschliche Stärke oft schwindet
oder von der göttlichen Hilfe im Stich gelassen wird. So machte ihn
denn sein Erfolg nicht übermütig, vielmehr veranlaßten ihn seine
Befürchtungen zu weiser Mäßigung: er schloß mit dem Kaiser Valentinian Frieden, versprach die Zahlung eines jährlichen Tributs und
stellte einen seiner Söhne, den Hunerich, als Geisel. In Rom aber
starb zuerst Placidia, dann ihr Sohn Valentinian ohne männlichen
Erben: er hinterließ nur zwei Töchter von der Eudoxia, des Theodosius Tochter.

(Aëtius, der letzte Schutz des weströmischen Reiches, wird auf Valen-
tinians Befehl ermordet – dieser selbst fällt durch Maximus, dessen
Gattin er geschändet. Maximus zwingt Eudoxia zur Ehe. Mittlerwei-
ler wird Aquileja von Attila erobert und zerstört. Eudoxia sinnt auf
Rache und ruft Geiserich herbei, da sie aus Byzanz, wo nach Theodosius' Ableben Marcian regiert, keine Hilfe zu erwarten hat.)

5. Geiserich, den nur die reiche Beute lockte, fuhr mit einer großen
Flotte nach Italien und bemächtigte sich, ohne auf Widerstand zu
stoßen, Roms und des kaiserlichen Palastes. Der Usurpator Maximus
wurde von den Römern auf der Flucht gesteinigt und sein Leichnam
in Stücke gerissen. Geiserich aber führte Eudoxia mit ihren beiden
Töchtern aus der Ehe mit Valentinian, Eudoxia und Placidia, mit sich

435
27. 11.
450
16. 3.
455

454
455
452

450–
457
455

nach Karthago, außerdem eine ungeheure Menge Goldes und Silbers; er ließ aus dem kaiserlichen Palast alles wegschleppen, mochte es aus Erz oder aus anderem Stoffe sein. Auch den Tempel des Jupiter Capitolinus plünderte er und nahm die Hälfte des Daches mit, das aus bester Bronze gefertigt und stark vergoldet war, so daß es gar prächtig aussah und aller Bewunderung wert war. Ein Schiff, auf dem sich die Bildsäulen befanden, soll er unterwegs verloren haben; mit den übrigen kamen die Vandalen glücklich im Hafen von Karthago an. Die Eudoxia nun vermählte Geiserich mit seinem älteren Sohn Hunerich; Placidia, die mit einem angesehenen Senator, Olybrius, verheiratet war, und ihre Mutter Eudoxia schickte er auf Ansuchen des Kaisers nach Byzanz. Schon aber war hier die Herrschaft des Morgenlandes auf Leo übergegangen, den Aspar zu dieser Würde erhoben hatte, nachdem Marcian gestorben war.

Nun ersann Geiserich Folgendes. Er nahm allen afrikanischen Städten außer Karthago ihre Mauern, damit weder die Einwohner selbst im Stande seien, für die Römer Partei zu ergreifen und von einem sichern Stützpunkt aus einen Aufstand zu erregen, noch ein vom Kaiser gesandtes Heer der Hoffnung sich hingeben könne, einer festen Stadt sich zu bemächtigen und durch eine hineingelegte Besatzung den Vandalen zu schaffen zu machen. Das schien damals sehr fein ersonnen und die Sicherheit der Vandalen schien dadurch wesentlich erhöht; später aber, als Belisar mit Leichtigkeit die unbefestigten Städte nahm, da lachte man über Geiserichs Vorsorge, und was einst klug genannt worden war, hieß jetzt töricht – die Menschen lieben es ja, die ursprüngliche Absicht nur nach dem späteren Erfolg zu beurteilen. Wenn aber unter der einheimischen Bevölkerung sich jemand durch Ansehen und Wohlhabenheit auszeichnete, so machte ihn Geiserich zum Sklaven und schenkte ihn samt seinem ganzen Besitz an Land und andern Gütern seinen Söhnen Hunerich und Genzo; sein jüngster Sohn Theodor war bereits ohne jegliche Nachkommenschaft gestorben. Den übrigen Libyern nahm er den größten und besten Teil ihrer Ländereien weg und verteilte sie unter die Vandalen; diese Güter haben bis auf den heutigen Tag den Namen Ackerlose der Vandalen behalten. Die alten Besitzer blieben frei und durften, ganz verarmt, ihren Aufenthalt beliebig wählen. Alle Güter, die Geiserich seinen Söhnen oder andern Vandalen geschenkt hatte, sollten gänzlich steuerfrei bleiben; wo der Boden schlecht war, überließ er ihn den früheren Eigentümern, legte aber so hohe Steuern darauf, daß ihnen vom Ertrag so gut wie nichts übrig blieb. Viele

wurden verbannt oder getötet, da mannigfache schwere Klagen gegen
sie erhoben wurden – als die schwerste aber wurde betrachtet, daß
jemand sein Geld versteckt halte! So blieb den Libyern keine Art von
Mißhandlung erspart.

Die Vandalen und Alanen teilte Geiserich in Tausendschaften ein, an
deren Spitze er nicht weniger als 80 Obersten stellte, Chiliarchen
genannt, damit es den Anschein gewinne, als ob sein Heer aus
80000 Mann bestehe. Die Menge der Vandalen und Alanen soll aber,
in der ersten Zeit wenigstens, nicht mehr als 50000 Mann betragen
haben. Später wurden sie allerdings bedeutend zahlreicher, sowohl
durch eigene Fortpflanzung als auch durch Zuzug anderer Barbaren.
Diese sowie die Alanen gingen vollständig in den Vandalen auf, nicht
allerdings die Mauren. Mit diesen einigte sich Geiserich gütlich und
machte nun, seit Valentinian tot war, jedes Jahr mit Frühlingsanfang
Streifzüge nach Sizilien und Italien, auf denen er alles vor sich her
verwüstete, die Städte zum Teil ganz zerstörte, ihre Einwohner in die
Sklaverei führte; als das Land aber nichts mehr zu rauben und zu
plündern bot, wandte er sich gegen das Ostreich und brandschatzte
Illyrien, den Peloponnes, fast ganz Griechenland und die benachbarten Inseln. Dann landete er wiederum auf Sizilien und Italien und
plünderte die Küsten, soweit sein Arm irgend reichte. Als er einst im
Hafen von Karthago das Schiff bestieg und schon die Anker gelichtet
wurden, soll ihn der Steuermann gefragt haben, gegen wen es diesmal
gehe. »Gegen die, denen Gott zürnt«, antwortete er. So fiel er ohne
jeglichen Grund jeden an, wie es gerade kam.

468   6. Wegen dieser Schandtaten wollte Kaiser Leo die Vandalen strafen
und sammelte ein Heer, das 100000 Mann stark gewesen sein soll. Für
die Flotte hatte die ganze Ostküste Schiffe stellen müssen. Der Kaiser
zeigte sich gegen Soldaten wie Matrosen sehr freigebig, damit ihm
nicht bei seinem eifrigen Bestreben, die Barbaren zu strafen, aus
unzeitiger Sparsamkeit irgend ein Hindernis erwüchse. 130000 Pfund
Goldes soll ihm die Ausrüstung gekostet haben; aber der Erfolg
entsprach nicht dieser Anstrengung; denn da das Schicksal nicht
wollte, daß die Vandalen durch diese Expedition vernichtet würden,
mußte Leo den Basiliskus zum Oberfeldherrn ernennen, den Bruder
seiner Gattin Verina, der mit allen Kräften nach der Kaiserkrone
strebte; er hoffte sogar, sie ohne Kampf zu erlangen, da er sich der
Freundschaft Aspars versichert hatte.

Aspar selbst nämlich war Arianer, und da er diesen seinen Glauben
nicht ändern wollte, konnte er nicht zur Herrschaft gelangen; aber er

war mächtig genug, einen anderen zu erheben, und er war schon dem
Kaiser Leo verdächtig, der auf eine Nachstellung von ihm gestoßen
war. Deshalb sagt man nun, habe Aspar gefürchtet, daß Leo durch
Besiegung der Vandalen seine Herrschaft gar zu sehr befestigen
würde, und darum mit dringenden Zureden dem Basiliskus die Vandalen und Geiserich gar sehr ans Herz gelegt habe.

Leo aber hatte schon vorher den Senator Anthemius, einen Mann
von edlem Geschlecht und großem Reichtum, ebenfalls zum Kaiser
des Abendlandes ernannt und ihn hinausgesandt, damit er ihm im   467–
Vandalenkriege Beistand leiste; das war sehr gegen den Wunsch und   472
Willen Geiserichs, der die Krone dem Olybrius, dem Schwieger-
sohne der Placidia, zuwenden wollte, der ihm durch verwandtschaft-
liche Bande verbunden und auch gewogen war, und hatte deshalb viel
verhandelt und gebeten. Da ihm dieser Plan fehlschlug, zürnte er sehr
und verwüstete alle Küsten des Reichs. – In Dalmatien aber stand
Marcellianus, ein Freund des Aëtius, der nach dessen vorher berich-   seit
tetem Tode dem Kaiser den Gehorsam verweigert und seine Provinz   461
mit sich zur Empörung fortgerissen hatte. Der herrschte nun über
Dalmatien, ohne daß jemand es ihm zu wehren wagte. Diesen Marcellianus gewann Leo damals mit vielen Schmeichelreden und bestimmte ihn, nach Sardinien zu gehen, das in den Händen der Vandalen war. Ohne Mühe vertrieb er sie und besetzte die Insel. Heraklius
aber, der von Byzanz ausgesandt war, segelte nach Tripolis in Afrika,
besiegte die dort ansässigen Vandalen und nahm mit leichter Mühe
die Stadt; dann ließ er die Flotte in Tripolis und marschierte gegen
Karthago.

Das war nun das Vorspiel des Krieges.

Basiliskus aber ankerte mit der ganzen Flotte vor einem Städtchen,   468
280 Stadien von Karthago entfernt, namens Merkurium – es befindet
sich nämlich daselbst ein uralter Tempel Merkurs – und wenn er nicht
aus bösem Willen dort geblieben, sondern gerade auf Karthago losge-
gangen wäre, so hätte er es im ersten Anlauf nehmen und die Vandalen, welche gar nicht zur Verteidigung gerüstet waren, überwältigen
können. Geiserich fürchtete den Leo sehr als einen unbezwinglichen
Kaiser, da ihm gemeldet worden war, daß Sardinien und Tripolis
genommen wären, und da er die Flotte des Basiliskus sah, die –
soweit man wußte – so groß wie noch niemals eine von den Römern
ausgerüstete war. Nun verhinderte dieses das Zaudern des Feldherrn,
mochte es durch Feigheit oder durch Verrat veranlaßt sein. Des Basiliskus Zaudern aber benutzte Geiserich folgendermaßen: er be-

mannte seinen Teil der Schiffe mit seinen besten Leuten; andere,
schnellsegelnde, hielt er unbemannt in Bereitschaft. Dann ordnete er
eine Gesandtschaft an Basiliskus ab und bat um einen fünftägigen
Waffenstillstand, um zu überlegen, wie er am besten dem Kaiser zu
willen sein könne. Man sagt, er habe den Gesandten viel Gold mit auf
den Weg gegeben, ohne daß davon im Heer des Basiliskus etwas laut
wurde, und so den Waffenstillstand erkauft.

Er tat dies aber in der Erwartung, die sich auch erfüllte, daß in diesen
Tagen der Wind für seine Pläne günstig umschlagen werde. Wollte
Basiliskus sich dem Aspar verabredetermaßen gefällig erweisen, oder
war er bestochen, oder glaubte er wirklich das Richtige zu tun –
genug, er bewilligte den Waffenstillstand, blieb untätig und arbeitete
so den Feinden aufs beste in die Hände. Als nun wirklich der Wind
umschlug, gingen die Vandalen, welche nur darauf gewartet hatten,
unter Segel, nahmen die leeren Schiffe ins Schlepptau und steuerten
gegen die Feinde. Als sie nahe genug waren, ließen sie die leeren
Schiffe los und steckten sie in Brand. Vom Winde getrieben, fuhren
diese gerade auf die römische Flotte zu. Da die Schiffe eng zu-
sammenlagen, war es natürlich, daß die Brander, wohin sie getrieben
wurden, zündeten. Je mehr das Feuer um sich griff, desto größer
wurde der Lärm auf der römischen Flotte; doch wurde er fast über-
tönt von dem Heulen des Windes und dem Prasseln der Flammen.
Soldaten und Matrosen wetteiferten, die Brander abzustoßen und
ebenso die römischen Schiffe, welche schon in Brand geraten waren.
Da kamen aber auch schon die Vandalen, um die Feinde zu erlegen
oder zu ertränken, die flüchtenden Soldaten zu erschlagen und ihre
Waffen zu erbeuten. Doch auch heldenhaft benahm sich in dieser Not
mancher Römer, so vor allen Johannes, einer der Generale des Basiliskus, der an dessen Verräterei gar keinen Anteil hatte. Als sein Schiff
von allen Seiten eingeschlossen war, kämpfte er vom Verdeck aus
tapfer fort und erlegte noch viele Feinde; wie er aber sah, daß sein
Schiff sich nicht länger halten konnte, sprang er in vollem Waffen-
schmuck von der Brüstung in die Flut. Genzo, Geiserichs Sohn, bot
ihm mit vielen Bitten bei seinem Worte Sicherheit an – nichtsdestoweniger ließ er sich sinken mit den Worten: »Den Johannes sollen die
Hunde von Vandalen nicht haben.« – So endete dieser Feldzug, und
auch Heraklius zog ab. Marcellian nämlich war schon durch die
Hand eines seiner Obersten getötet worden.

Basiliskus aber setzte sich, nachdem er in Byzanz angekommen war,
als Schutzflehender in das Heiligtum des großen Christus, des Gottes

– die Byzantiner nennen es den Tempel der Weisheit (Sophia), da sie glauben, daß diese Benennung für die Gottheit am schicklichsten sei. Da nun die Kaiserin Verina ihn losbat, entkam er zwar aus dieser Gefahr, konnte jedoch damals nicht zum Thron gelangen, was die Triebfeder aller dieser Handlungen gewesen war. Denn der Kaiser Leo ließ bald darauf den Aspar und den Ardaburius im Palaste töten, da er sie im Verdacht hatte, ihm nach dem Leben zu trachten.

7. Solches also begab sich in diesen Gegenden; Anthemius aber, der Kaiser des Abendlandes, wurde von seinem Eidam Ricimer ums **472** Leben gebracht, und Olybrius, der ihm folgte, verfiel bald darauf demselben Geschick. In Byzanz kam nach dem Tode des Kaisers Leo die Herrschaft an Leo, den Sohn des Zeno und der Ariadne, der Tochter des Leo, der erst wenige Tage alt war; nachdem aber sein Vater Zeno zum Mitherrscher gewählt war, verschwand der Knabe alsbald aus der Gesellschaft der Lebenden. Auch des Majorianus müssen wir gedenken, welcher vorher im Abendland herrschte. Die- **456–** ser Majorianus nämlich übertraf in allen guten Eigenschaften alle, die **461** jemals über die Römer geherrscht haben. Ihm ließen auch die Leiden von Afrika keine Ruhe, sondern er versammelte eine sehr ansehnliche Heeresmacht gegen die Vandalen und begab sich selbst nach Ligurien mit der Absicht, das Heer gegen die Feinde zu führen; gegen alle Strapazen und vorzüglich gegen jede Gefahr war er völlig unempfindlich. Da er es aber für günstig hielt, die Macht der Vandalen und den Charakter des Geiserich vorher auszukundschaften, und wie sich etwa die Mauren und die Libyer in Wohlwollen oder Haß gegen sie verhielten, so beschloß er selbst diese Aufgabe auszuführen. Er machte sich also unter einem fremden Namen auf den Weg als ein Gesandter des Kaisers auf den Weg; da er aber fürchtete, daß man ihn erkennen könnte und er selbst dadurch ins Unglück kommen, die Sache aber vereitelt werden möchte, so wandte er folgende List an. Sein Haupthaar, welches bei allen Menschen berühmt war, weil es blond war, so daß man es mit dem reinsten Golde verglich, färbte er mit einer eigens dazu erfundenen Salbe, so daß er es in dunkles Haar verwandelte. Nachdem er aber vor Geiserich erschienen war, versuchte dieser ihn auf verschiedene Weise mit Furcht zu erfüllen; vorzüglich führte er ihn wie einen guten Freund in das Gemach, wo alle Waffen verwahrt wurden, die in großer Anzahl und überaus trefflich vorhanden waren. Da nun, sagt man, hätten die Waffen sich von selbst geregt und ein starkes und ganz ungewöhnliches Geräusch gemacht. Geiserich habe es für ein Erdbeben gehalten; als er aber

heraustrat und nach dem Erdbeben fragte, niemand jedoch etwas der Art bemerkt hatte, da habe er sich gewaltig verwundert, doch den Vorfall nicht zu deuten vermocht. Nachdem nun also Majorianus ausgerichtet hatte, was er beabsichtigte, fuhr er nach Ligurien zurück und führte das Heer auf dem Landwege bis zu den Säulen des Herkules, in der Absicht, dort die Meerenge zu überschreiten, und von da den weiteren Marsch bis Karthago zu Lande auszuführen. Geiserich merkte das, und auch daß er von Majorianus in der Gesandtschaft getäuscht war; da ergriff ihn große Furcht, und er rüstete sich zum Kriege. Die Römer schöpften aus der Tüchtigkeit des Majorian große Hoffnung, daß sie Libyen wieder für das Reich gewinnen würden. Inzwischen aber erlag Majorian einer Dysenterie, ein Mann, der sich gegen seine Untertanen milde, den Feinden aber furchtbar erwiesen

474 hatte. Nach ihm wurde Nepos Kaiser und starb nach wenigen Tagen an einer Krankheit, und Glycerius, der auf ihn folgte[1]), ereilte ein

475 gleiches Geschick. Nach ihm wurde Augustus Kaiser. Es haben auch vorher noch andere Kaiser das Abendland regiert, deren Namen ich kenne, aber derer ich hier nicht gedenken will. Denn sie haben nur kurze Zeit im Besitz ihrer Würde gelebt und deshalb auch nichts Denkwürdiges ausgerichtet. Solches also geschah im Abendland. In Byzanz aber strebte Basiliskus, da er seine Begierde nach der Krone nicht mehr zu zügeln vermochte, mit Gewalt nach der Herrschaft und erlangte sie ohne Mühe; denn Zeno flüchtete mit seiner Gemahlin nach Isaurien, von wo er stammte. Nachdem er aber ein Jahr und acht Monate geherrscht hatte, waren alle miteinander, auch die Leibwache im Palast, mit ihm unzufrieden wegen seines großen Geizes. Das merkte Zeno, sammelte ein Heer und zog gegen ihn zu Felde. Basiliskus aber sandte sein Heer unter Anführung des Armatus gegen ihn. Als sie nun nahe beieinander lagerten, übergab Armatus dem Zeno sein Heer unter der Bedingung, daß Basiliskus, sein eigener (des Armatus) Sohn, der noch ein Knabe war, Cäsar, und nach Zenos Tod dessen Nachfolger werden sollte. Basiliskus aber, der von allen verlassen war, flüchtete in dasselbe Heiligtum, wo er früher Zuflucht gesucht hatte. Akakios, der Bischof der Stadt, übergab ihn dem Zeno indem er ihm Gottlosigkeit vorwarf, und daß er in der christlichen Lehre viel Verwirrung und Neuerung angestiftet habe, da er sich der Ketzerei des Eutyches zuwandte. Und so verhielt es sich auch. Zeno aber übernahm wieder die Herrschaft und aus Scheu vor dem an

---

[1]   Er war vielmehr sein Vorgänger.

Armatus gegebenen Versprechen ernannte er dessen Sohn Basiliskus
zum Cäsar, nahm ihm aber bald darauf die Würde wieder ab und ließ
den Armatus umbringen. Den anderen Basiliskus schickte er mit
Weib und Kindern nach Kappadocien, zur Winterszeit, und hieß ihn
sich da ohne Nahrung, ohne warme Kleidung und was man sonst
noch braucht, aufhalten. Da flüchteten sie, von Kälte und Hunger
bedrängt zueinander, und starben in der Umarmung ihrer Liebsten.
Solche Strafe traf den Basiliskus für seine Übeltaten.

Geiserich aber, nachdem er, wie beschrieben, durch List und Gewalt
seiner Feinde Meister geworden war, raubte und plünderte nur um so
schlimmer an allen Küsten des römischen Reiches, bis Zeno mit ihm
einen ewigen Frieden schloß. Dieser bestand unter Zeno, wie unter   474
seinen Nachfolgern Anastasius und Justinius. Nachfolger des letzte-   seit
ren aber war sein Schwestersohn Justinian. Unter ihm kam es wieder   527
zum Kriege aus einem Anlaß, von dem weiterhin die Rede sein wird.
Geiserich aber starb nicht lange nachher in hohem Alter und bestimmte in seinem Testament außer vielem andern, daß die Krone
immer der älteste von seinen direkten männlichen Nachkommen
tragen solle. Neununddreißig Jahre hatte er zu Karthago als König
der Vandalen geherrscht.

8. Auf Geiserich folgte sein ältester Sohn Hunerich – Genzo war   477
schon gestorben. So lange er König war, führten die Vandalen gegen
niemand Krieg außer gegen die Mauren, die sich aus Furcht vor
Geiserich bei dessen Lebzeiten ruhig verhalten hatten, sobald er aber
gestorben war, den Vandalen viel Übles antaten und dafür auch
wieder erlitten. Gegen die Christen in Afrika aber benahm sich Hunerich höchst ungerecht und grausam. Er zwang sie, arianisch zu
werden; wer sich weigerte, wurde verbrannt oder auf andere Weise
zum Tode gebracht. Vielen ließ er die Zunge an der Wurzel abschneiden; solche sah ich selbst noch in Byzanz und hörte sie sprechen, da
ihnen die Verstümmelung nichts geschadet hatte. Aber zwei von
ihnen gaben sich mit Buhldirnen ab, und sofort verloren sie wieder
die Sprache. Nach achtjähriger Herrschaft starb Hunerich an einer
Krankheit, als die Mauren auf dem Aurasischen Gebirge schon von
den Vandalen abgefallen waren und sich unabhängig gemacht hatten.
Es liegt aber das Aurasische Gebirge in Numidien, dreizehn Tagereisen von Karthago gen Süden. – Diese Mauren hatten immer ihre
Freiheit behauptet, da ihnen die Vandalen in dem steilen und unweg-
samen Gebirge nicht beikommen konnten.

Nach Hunerichs Tode fiel die Herrschaft an Gundamund, Genzos   486

Sohn, da er der älteste in Geiserichs Nachkommenschaft war. Er
führte mehrere Kriege mit den Mauren und plagte die Christen noch
härter. Eine Krankheit raffte ihn dahin in der Mitte des zwölften
497 Jahres seiner Herrschaft. Ihm folgte sein Bruder Trasamund, gleich
hervorragend durch Schönheit wie Charakter und Verstand. Auch er
zwang die Christen, die Religion ihrer Väter zu verlassen, aber nicht
durch Martern und Todesstrafen, wie seine Vorgänger, sondern er
verlockte sie durch Ämter, Ehrenstellen und reiche Geschenke; die
aber nicht wollten, ließ er völlig unbeachtet. Wenn er jemand in seine
Gewalt bekam, der mit Wissen oder durch einen unglücklichen Zufall
eine schwere Schuld auf sich geladen hatte, so erließ er ihm die Strafe,
wenn er arianisch wurde. Als seine Gemahlin starb, ohne ihm Kinder
geschenkt zu haben, sandte er, um seine Herrschaft desto besser zu
befestigen, zum Gotenkönig Theoderich und begehrte dessen Schwester Amalafrida, die jüngst Witwe geworden war, zur Gattin. Der
Gotenkönig schickte ihm seine Schwester und 1000 edle Goten als
Leibwächter, denen noch ein Haufe von 5000 streitbaren Männern als
Diener folgten. Auch gab er seiner Schwester als Morgengabe eins
von den Vorgebirgen Siziliens, Namens Lilybäum[1]). Seitdem schien
Trasamund ruhmvoller und mächtiger als alle Könige der Vandalen
vor ihm. Auch zum Kaiser Anastasius stand er in sehr freundschaftli-
chem Verhältnis. Aber unter seiner Regierung erlitten die Vandalen
eine Niederlage durch die Mauren wie nie zuvor.
Ein gewisser Kabaon war Häuptling der Mauren in der Gegend von
Tripolis, ein kriegskundiger und verschlagener Mann. Als dieser erfuhr, daß die Vandalen gegen ihn ausgezogen seien, tat er Folgendes.
Zuerst befahl er seinen Untertanen sich jeglicher Untat zu enthalten,
jedes Übermaßes im Essen, vor allem aber des Umgangs mit ihren
Weibern. Dann ließ er zwei verschanzte Lager bauen: in dem einen
hielt er sich auf mit allen Männern, in das andere schloß er alle Weiber
ein und bedrohte jeden mit dem Tode, der sich in die Verschanzung
der Weiber begäbe. Nun schickte er Kundschafter nach Karthago mit
diesem Auftrag: wenn die Vandalen auf ihrem Marsch ein Gebäude
schändeten, das die Christen als Heiligtum verehrten, sollten sie
ruhig beobachten, was geschehe; sobald aber die Vandalen den Platz
verließen, sollten sie gerade das Gegenteil tun von dem, was jene
vollführt hätten. Wie man sagt, gab er als Grund seiner Handlungs-

[1] Heute Marsala.

weise diesen an, er kenne zwar den Gott, den die Christen anbeten, nicht; wenn jedoch der Gott, wie es ja heiße, mächtig sei, müsse er die Frevler strafen, seine Verehrer aber schützen. Die Kundschafter blieben zunächst ruhig in Karthago und sahen sich die Rüstungen der Vandalen an; als aber das Heer gegen Tripolis aufbrach, folgten sie in unscheinbarer Verkleidung. Als nun die Vandalen ihr erstes Lager aufschlugen, stellten sie ihre Pferde und Zugtiere in die Tempel der Christen und verübten auch sonst Frevel jeglicher Art, mißhandelten und prügelten die Priester und brauchten sie zu den niedrigsten Sklavendiensten. Sobald sie fortgezogen waren, taten die Kundschafter Kabaons wie ihnen geheißen: sie säuberten die Tempel von Mist, entfernten alles, was der Heiligkeit des Ortes zuwider war, mit aller Sorgfalt, zündeten alle Lampen wieder an und behandelten die Priester mit Achtung und Ehrerbietung; endlich verteilten sie unter die Bettler, die um das Heiligtum geschaart waren, Silbermünzen, und dann folgten sie dem Vandalenheer. So frevelten auf dem ganzen Wege die Vandalen, und die Kundschafter erwiesen in derselben Weise ihre Ehrerbietung. Als aber das Heer sich dem Standort Kabaons näherte, eilten die Kundschafter voraus und berichteten Kabaon, wie die Vandalen und sie selbst die Heiligtümer der Christen behandelt hatten und daß der Feind sich nahe. Kabaon hörte sie an und traf seine Maßregeln für das Treffen. Er steckte einen Kreis in der Ebene ab, wo er seine Verschanzung anlegen wollte, und stellte als Schutzwehr für dieselbe die Kamele, schräg gestellt, auf, indem er die Tiefe der Front aus etwa zwölf Kamelen bestehen ließ. Weiber und Kinder samt den Kampfunfähigen und den Schätzen nahm er in die Mitte des Kreises; die Bewaffneten ließ er mit vorgehaltenen Schilden, eng aneinander geschlossen, zwischen den Beinen der Kamele niederknien. Gegen diese Phalanx der Mauren fühlten sich die Vandalen vollkommen ratlos, denn sie waren weder gute Speerschleuderer oder Pfeilschützen, noch verstanden sie sich darauf, wohlgeordnet zu Fuß zu kämpfen; vielmehr waren sie ein Reitervolk, nur mit Schwert und Stoßlanze bewaffnet; sie verstanden sich gar nicht auf den Fernkampf, und ihre Pferde scheuten vor den Kamelen, so daß sie nicht vorwärts zu bringen waren. Von ihrer Deckung aus erlegten die Mauren bequem viele Pferde und Reiter, da in dem dichten Haufen kein Geschoß sein Ziel verfehlte; endlich wandten sich die Vandalen zur Flucht, die meisten wurden von den nachsetzenden Feinden getötet, einige zu Gefangenen gemacht, wenige endlich kehrten von diesem Kriegszug heim. Das war die Niederlage, die Trasamund

durch die Mauren erlitt. Er starb einige Jahre später nach einer Regierung von 27 Jahren.

523   9. Auf Trasamund folgte Hilderich, Hunerichs Sohn und Geiserichs
Enkel, seinen Untertanen ein gütiger Herr, von sanfter Gemütsart,
weder den Christen noch sonst wem gefährlich; aber so wenig krie-
gerisch gesinnt, daß er von militärischen Dingen durchaus nichts
hören mochte. Sein Vetter Hoamer dagegen war ein großer Krieger
und führte die Vandalen auf ihren Zügen: man nannte ihn sogar den
vandalischen Achill. Unter diesem Hilderich erlitten die Vandalen
eine Niederlage durch die Byzankenischen Mauren, über welche An-
tallas herrschte, und, was schlimmer war, sie wurden aus Bundesgenossen und Freunden Feinde Theoderichs unter der Goten in Italien.
Sie hielten nämlich Amalafrida gefangen und töteten alle Goten auf
die Beschuldigung hin, sie sännen auf Empörung gegen Hilderich und
die Vandalen. Theoderich konnte nicht Vergeltung üben, da er sich
nicht stark genug fühlte, mit Heeresmacht nach Afrika überzusetzen.
Hilderich hatte sich dagegen mit Justinian eng befreundet, war sogar
dessen Gastfreund geworden, als er zwar noch nicht Kaiser war, aber
doch die kaiserliche Gewalt besaß, da sein Oheim Justin schon hoch-
betagt und auch nicht gerade sehr erfahren in Staatsgeschäften war.
Sie ehrten sich gegenseitig durch große Geschenke.

Nun war aus dem Hause Geiserich nach Hilderich der älteste Gelimer, ein Sohn des Gelaris, ein Enkel Genzos und Geiserichs Urenkel;
er hatte also die nächste Anwartschaft auf den Thron. Unter den
Seinen galt er als trefflicher Krieger. Sonst war er ein gefährlicher
Mensch von schlechtem Charakter, herrschsüchtig und geldgierig.
Dieser Gelimer konnte es nun, da er sah, daß ihm die Herrschaft
zufallen mußte, nicht mehr in seiner bisherigen Lebensweise aushalten; er maßte sich königliche Rechte an und griff nach der Frucht, die
für ihn noch nicht reif war. Da Hilderich sich nachgiebig zeigte,
konnte er sich nicht mehr im Zaum halten, sondern verschwor sich
530   mit den Ersten seines Volkes, Hilderich zu stürzen, weil er unkriege-
risch sei und sich von den Mauren habe schlagen lassen; auch wolle er
das Vandalenreich an Kaiser Justin verraten, damit es nicht ihm,
Gelimer, der aus einem anderen Zweige der Familie sei, zufalle – das
erklärte er für den Zweck einer Gesandtschaft, die nach Byzanz ging
– und dann solle die Krone an Justin fallen. Die Verschworenen
glaubten das alles und handelten demgemäß. So gelangte Gelimer zur
Herrschaft und setzte Hilderich nach siebenjähriger Regierung nebst
Hoamer und dessen Bruder Euagees gefangen.

Als das Justinian vernahm, der mittlerweile[1] Kaiser geworden war, 533
schickte er Gesandte nach Afrika zu Gelimer mit folgender Botschaft: »Du handelst gegen das Recht und Geiserichs Testament,
indem Du den rechtmäßigen König der Vandalen – wenn es nach
Geiserichs letztem Willen geht – der noch dazu ein alter Mann und
Dein Oheim ist, gefangen setzest und ihn der Krone beraubst, die Dir
nach Recht und Gerechtigkeit in kurzer Zeit zufallen mußte. Tu nicht
ferner übel, damit Du nicht Tyrann statt König genannt werdest.
Greife der Zeit nicht vor, sondern laß dem alten Mann, der doch bald
sterben muß, wenigstens den königlichen Namen. Begnüge Dich mit
der Ausübung der königlichen Rechte und warte die Zeit ab, da Du
nach Geiserichs Bestimmung auch den königlichen Titel führen
darfst. Wenn Du so handelst, so wird es dem Höchsten angenehm
und uns lieb sein.« Die Gesandtschaft mußte unverrichteter Sache
heimkehren; Gelimer ließ den Hoamer blenden, Hilderich und Euagees in noch strengere Haft bringen, weil sie angeblich auf Flucht
nach Byzanz sannen. Als Justinian davon Kunde erhielt, schickte er
eine zweite Gesandtschaft mit folgendem Schreiben: »Wir hatten den
ersten Brief geschrieben in der Voraussetzung, Du würdest niemals
gegen unsern ausgesprochenen Willen handeln. Da es Dir jedoch
gefällt, so wie es jetzt ist, König zu sein, so bleib es und freue Dich
dessen, soweit es die Gottheit zuläßt. Sende uns aber Hilderich, den
blinden Hoamer und seinen Bruder, damit wir sie trösten, wenn
anders sie zu trösten sind, die eine Krone oder das Augenlicht verloren haben. Wenn Du Dich weigerst, werden wir das nicht ruhig
hinnehmen; denn uns verpflichtet ihre feste Zuversicht auf unsere
Freundschaft zum Handeln. Daran wird uns der Vertrag mit Geiserich nicht hindern; wir wollen seinen rechtmäßigen Nachfolger nicht
bekriegen, sondern womöglich rächen.«
Auf diesen Brief antwortete Gelimer so: »König Gelimer dem Kaiser
Justinian. Ich habe mich nicht mit Gewalt der Krone bemächtigt, noch
ist meinen Verwandten etwas Unrechtes geschehen. Den Hilderich,
der dem Hause Geiserichs Übles zugedacht hatte, setzte das Volk der
Vandalen ab; mich rief mein Alter auf den Thron und gab mir nach
dem Gesetz das Erbe meiner Väter. Es ist die Pflicht des Herrschers,
seines Amtes zu walten und sich um fremde Sorgen nicht zu beküm-
mern. Deshalb ist es nicht recht, daß Du, im Besitz Deines Kaiser-
tums, Dich anderweitig umschaust. Wenn Du den Vertrag brichst

[1] Im Jahr 527.

533 und gegen uns zu Felde ziehst, werden wir Dir nach unsern Kräften begegnen und berufen uns laut auf die Verträge, die Zeno beschworen hat, aus dessen Händen Du die Krone empfingst.« Als Justinian diese Antwort erhielt, wurde er noch mehr gegen Gelimer aufgebracht und zur Rache angestachelt. Er beschloß, dem Perserkrieg so schnell wie möglich ein Ende zu machen und seine Waffen nach Afrika zu tragen; denn, scharfsinnig in der Erfindung seiner Pläne, war er energisch in der Durchführung seiner Entschlüsse. Er berief sofort den Heermeister des Orients, Belisar, der ebenso wenig wie irgend ein anderer vorher zu wissen bekam, daß er das Kommando in Afrika haben sollte, sondern nur aus jener Stellung abberufen wurde. Sofort wurde mit den Persern Friede geschlossen.

10. Da nun in Byzanz und an der persischen Grenze Ruhe war, beschäftigte sich der Kaiser Justinian eifrig mit den Vorbereitungen zum afrikanischen Feldzug.

(Als dies ruchbar wurde, ergriff fast alle Furcht und Schrecken, im Angedenken an die unglückliche Unternehmung des Kaisers Leo; Beamte, Offiziere und Soldaten scheuten zurück vor dem großen und schwierigen Unternehmen. Aber niemand wagte, dem kaiserlichen Willen gegenüber etwas verlauten zu lassen. Endlich faßte sich der Praefectus Praetorio, Johannes der Kappadocier, ein Herz und setzte dem Kaiser die Gefahren des weittragenden Wagnisses gründlich auseinander. Schon schien dessen Eifer dadurch wesentlich abgekühlt, da kam ein Bischof aus dem Orient und bat um eine Audienz. Er offenbarte Justinian, Gott habe ihm im Traum geboten, den Kaiser wegen seines Zauderns zu ermahnen: er solle die Christen von dem Joche der Ungläubigen befreien, Gott selbst werde ihm beistehen, ihn zum Herrn Afrikas machen.)

Kaum hatte der Kaiser das gehört, so brach seine ursprüngliche Absicht wieder durch, er sammelte Heer und Flotte, sorgte für Ausrüstung und Proviant und gab Belisar den Befehl, sich zur Abfahrt nach Afrika bereit zu halten.

Einem Libyer, Pudentius, gelang es, Tripolis zum Abfall von den Vandalen zu bestimmen. Er bat beim Kaiser um militärische Unterstützung; mit dieser werde es ein leichtes sein, die ganze Gegend zu unterwerfen. Eine kleine Abteilung unter Tattimuth wurde dorthin gesandt. Nun nahm Pudentius das ganze Land ein, das ohne vandalische Besatzung war, und machte es dem Kaiser untertan. Gelimer wollte jenen sofort strafen, da hielt ihn folgendes Unglück ab.

Unter Gelimers Leuten befand sich ein Gote, namens Godas, mutig,

tatkräftig und von großer Körperstärke, den der König für einen ⁵³³
seiner treuesten Diener hielt. Diesem gab er daher den Auftrag, die
Insel Sardinien zu schützen und den jährlichen Tribut dort einzuziehen. Godas konnte sein Glück so zu sagen nicht verdauen und strebte
in seinem Ehrgeiz nach eigener Herrschaft, führte den Tribut nicht
mehr ab, sondern entzog die Insel der Herrschaft der Vandalen und
behielt sie für sich. Als er davon Kunde erhielt, daß der Kaiser Justinian einen Angriff auf Gelimer und Afrika vorbereite, schrieb er ihm
folgenden Brief:

»Weder ohne Überlegung, noch weil ich persönlich Ungunst von
meinem Herrn erfahren, habe ich mich zum Abfall entschlossen,
sondern weil ich sah, wie groß die Grausamkeit des Mannes gegen
seine Angehörigen und gegen seine Untertanen ist, wollte ich nicht
ferner den Schein haben, als ob ich mich aus freien Stücken an seiner
Unmenschlichkeit beteiligte. Denn es ist besser, einem Kaiser zu
gehorchen, als einem Tyrannen, der gottlose Dinge befiehlt. Daher
bitte ich Dich, mir beizustehen und mir Kriegsvolk zu schicken, mit
dem ich mich gegen einen Angriff verteidigen kann.«

Diesen Brief empfing Justinian mit Freuden, schickte den Eulogius als
Gesandten und schrieb eine Antwort, in welcher er den Godas be-
lobte wegen seiner Verständigkeit und seiner Liebe zur Gerechtigkeit,
auch ihm die Bundesgenossenschaft gewährte und ihm die Ankunft
von Kriegsvolk unter einem Anführer in Aussicht stellte, der im
Stande sein werde, mit ihm die Insel zu schützen und ihm auch sonst
beizustehen, so daß er von den Vandalen nichts werde zu befürchten
haben.

Als nun Eulogius nach Sardinien kam, fand er bei seiner Ankunft,
daß Godas sich König nannte, königliche Kleidung angelegt und sich
mit einer Leibwache umgeben hatte. Dieser las den Brief und sagte,
daß Soldaten kämen, wäre ihm sehr lieb, einen General aber brauche
er durchaus nicht. Mit solchem Bescheid schickte er Eulogius heim.

11. Von dieser Botschaft wußte der Kaiser noch nichts, als er
400 Mann unter Cyrillus absandte, um Sardinien zusammen mit
Godas zu bewachen. Auch das Heer für Afrika wurde kriegsfertig
gemacht, 10000 Mann zu Fuß, 5000 zu Pferde, teils Römer, teils Bundesgenossen. Zu den Bundesgenossen (foederati) wurden früher von
den Barbaren nur solche gerechnet, welche nicht von den Römern
unterjocht und geknechtet, sondern zu gleichberechtigter Gemeinschaft in den Staatsverband aufgenommen waren; denn foedus nennen die Römer einen mit den Feinden geschlossenen Vertrag. Jetzt

533 aber hindert niemanden etwas, sich diese Benennung anzumaßen, da
die Zeit die ursprüngliche Bedeutung der Namen nicht festhält, sondern die Menschen in dem ewigen Wechsel der Dinge den Anlaß zu
solchen Bezeichnungen nicht mehr beachten. Anführer der Bundesgenossen nun waren Dorotheus, General der in Armenien stehenden
Truppen, und Salomon, welcher in Belisars Heer die Aufsicht führte
– die Römer nennen ihn einen Domesticus; dieser Salomon aber war
ein Eunuch, nicht absichtlich von Menschen dazu gemacht, sondern
durch einen Unfall, der ihn schon in den Windeln betroffen hatte –
und Cyprian, Valerian, Martin, Althias, Johannes, Marcellus; endlich
noch der vorher schon erwähnte Cyrill. Reiterobersten waren Rufi-
nus und Aigan, beide aus dem Hause des Belisar, nebst Barbatus und
Pappus. Das Fußvolk aber befehligte Theodor mit den Beinamen
Ktenat, Terentius, Zaidus, Marcian und Sarapis. Ein gewisser Johannes aber, der aus Epidamnus stammte, welches jetzt Dyrrhachium
genannt wird, war über alle Befehlshaber der Fußtruppen gesetzt.
Von allen diesen war nur Salomon aus dem Morgenland gebürtig, aus
dem äußersten Winkel, wo jetzt die Stadt Daras liegt. Aigan aber
stammte von den Massageten, die man jetzt Hunnen nennt. Die
übrigen waren fast alle Bewohner der Ortschaften im thrakischen
Küstenland. Ihnen folgten aber 400 Heruler unter Anführung des
Pharas und von den verbündeten Barbaren ungefähr 600 aus dem
Volk der Massageten, unter Sinnion und Balas, Männern von hervorragender Tapferkeit. Diese alle waren Bogenschützen zu Pferde. Das
Heer fuhr auf 500 Transportschiffen, von denen die größten 50000,
die kleinsten 3000 Medimnen[1]) Tragkraft hatten. Die Matrosen,
20000 an der Zahl, waren meist Ägypter, Ionier und Cilicier; Admiral
war Kalonymus von Alexandrien. Kriegsschiffe waren 92, mit einer
Ruderreihe und gedeckt, so daß die Ruderer vor feindlichen Geschossen geschützt waren. Man nennt diese Schiffe Dromonen (Läufer), denn sie sind besonders geschickt zu schneller Fahrt. Sie waren
mit 2000 Byzantiern bemannt, welche alle selbst auch ruderten; es
war keiner darunter, der, ohne zu rudern, mitfuhr. Generalquartier-
meister war Archelaus, von patrizischem Geschlecht, der schon die
Würde eines Präfektus Prätorio in Byzanz und Illyrien bekleidet
hatte, jetzt aber das Geldwesen der Expedition in Händen hatte, was
wir einen Hyparchen nennen. Zum Generalfeldmarschall hatte der

[1] Der griechische Medimnos hatte etwa 52,5 Ltr. Rauminhalt.

Kaiser Belisar ernannt, der schon zum zweiten Mal Heermeister im 533
Orient war; er hatte eine stattliche Leibwache von Doryphoren und
Hypaspisten, Leuten von erprobter Tüchtigkeit. Der Kaiser hatte
Belisar mit unumschränkter Vollmacht versehen; seine Befehle sollten nach der Bestallungsurkunde denen des Kaisers gleichgeachtet
sein. Seiner Abstammung nach kam Belisar aus Germanien, welches
zwischen Thracien und Illyrien liegt.

So also wurden hier die Dinge angeordnet. Gelimer aber, der Tripolis
durch Pudentius und Sardinien durch Godas verloren hatte, konnte
kaum hoffen, ersteres wiederzugewinnen, da es zu weit ablag und die
Empörer sich dort schon mit den Römern vereinigt hatten, mit denen
er nicht sogleich kämpfen wollte. Desto mehr beeilte er sich gegen
Sardinien vorzugehen, ehe auch dorthin kaiserliche Truppen zur
Unterstützung kämen. Er bestimmte also 5000 Vandalen und 120 von
seinen besten Schiffen unter seinem Bruder Tzazo, der voll von
Kampflust und Rachgier gegen Godas und Sardinien unter Segel
ging. – Justinian aber schickte Valerian und Martin voraus, die in den
Hafenplätzen des Peloponnes das übrige Heer erwarten sollten . . .

12. Im siebenten Jahr seiner Regierung, um die Zeit der Sommersonnenwende, ließ Kaiser Justinian das Admiralschiff am Bollwerk des
Palastes anlegen. Hier verrichtete der Erzbischof von Byzanz, Epi-
phanius, die üblichen Gebete und ließ einen Soldaten, der eben ge-
kauft war und den Namen eines Christen erhalten hatte, zuerst das
Schiff besteigen. Nun erst gingen der Feldherr Belisar und Antonina,
seine Gattin, unter Segel. Dazu auch Prokop, der Schreiber dieses,
der sich zuerst vor dieser Fahrt sehr gefürchtet hatte, dann aber durch
einen Traum ermutigt worden war, den Feldzug mitzumachen. Es
schien ihm nämlich in diesem Traume, als sei er in Belisars Hause; es
kämen einige Sklaven und meldeten, daß Männer mit Geschenken
angekommen wären. Belisar nun habe nachzusehen befohlen, was
das für Geschenke wären, und er selbst, Prokop, habe am Eingange
zum innern Hofe Männer gesehen, welche auf den Schultern Erde
trugen mitsamt den Blumen, welche darauf wuchsen; diese habe er in
das Haus geführt und ihnen befohlen, die Erde in der Vorhalle nie-
derzulegen. Dahin sei nun Belisar mit seiner Leibwache gekommen,
habe sich auf jener Erde gelagert und von den Blüten gegessen, dasselbe aber auch die übrigen tun geheißen. Sie hätten sich nun gelagert
und gegessen, und es sei eine überaus liebliche Kost gewesen. So
ungefähr verhielt es sich mit dem Traum.

Die ganze Flotte aber folgte dem Admiralschiff. So fuhr man bis

533 Perinth[1]), das jetzt Heraklea heißt, wo die Flotte fünf Tage vor
Anker lag, um Pferde einzunehmen, die der Kaiser dem Feldherrn in
großer Zahl aus seinem thrakischen Gestüte zum Geschenk machte.
Auf der Weiterfahrt hielt eine Windstille die Flotte vier Tage vor
Abydus[2]) auf.

(Belisar läßt zwei Massageten, die im Trunk einen Kameraden erschlagen hatten, angesichts des Heeres kreuzigen, und da die Soldaten über seine Strenge murren, hält er ihnen eine Rede, in der er
versichert, gegen dergleichen Ausschreitungen mit unerbittlicher
Strenge auftreten zu wollen. Exekution, wie Rede machen einen
heilsamen Eindruck auf sie.)

13. Um die Schiffe zusammenzuhalten, erfindet Belisar Tag- und
Nachtsignale, die an den drei Schiffen angebracht werden, auf denen
er mit seinem Gefolge fährt: das oberste Drittel ihrer Segel wird mit
Mennige rot gefärbt, für die Nacht an Stangen auf dem Hinterdeck
Laternen angebracht. Das Zeichen zum Aufbruch aus dem Hafen
wird durch Blasen gegeben.

Die Fahrt geht weiter über Abydus, Sigeum, Malea[3]), wo die Flotte
die Gefahren des schmalen Fahrwassers, in welchem die Schiffe zusammengedrängt werden, mit Hilfe der Windstille glücklich über-
windet, und Taenarum nach Methone[4]), wohin Valerian und Martin
auch gekommen waren. Eine Windstille zwingt Belisar, hier liegen zu
bleiben. Das Heer wird ausgeschifft und gemustert. Es entsteht eine
bösartige Krankheit unter den Soldaten durch den Genuß verschim-
melten und verfaulten Brotes, woran der schmutzige Geiz des Hof-
zahlmeisters Johannes die Schuld trägt. Etwa 500 Soldaten sterben.
Belisar sorgt für andres Brot aus dem Lande selbst und meldet die
Sache nach Byzanz, aber Johannes kommt diesmal ohne Strafe
davon. Von Zakynthus[5]), wo Wasser eingenommen wird, geht die
Fahrt über das adriatische Meer bei schwachem Winde in 16 Tagen
nach Sizilien in die Nähe des Ätna.)

14. Sobald Belisar auf der Insel gelandet war, geriet er in große Unruhe und quälte sich sehr, daß er nicht wußte, was für Leute die

---

[1] Stadt an der Nordküste des Marmarameeres.
[2] Stadt auf der kleinasiatischen Seite des Hellesponts.
[3] Sigeum, Vorgebirge und Stadt in Kleinasien am Südende des Hellesponts – Malea,
     Kap an der Südostspitze des Peloponnes.
[4] Taenarum, Kap am mittleren Finger des Peloponnes – Methone, Stadt und Kap an
     der Südwestspitze des Peloponnes.
[5] Zakynthus, eine der ionischen Inseln.

Vandalen seien, wie es mit ihrer kriegerischen Tüchtigkeit aussehe, 533
wie und wo ihr Angriff zu erwarten sei.

(Große Sorge machten ihm seine Soldaten, die rund heraus erklärten,
auf dem Lande wollten sie tapfer kämpfen; würden sie aber auf der
See angegriffen, so würden sie ihr Heil nur in der Flucht suchen.)
In dieser Not entsandte er seinen Beirat Prokop nach Syrakus, um
herauszubekommen, ob die Feinde aus einem Hinterhalt von einer
Insel oder vom Festlande aus die Überfahrt hindern würden, welcher
Punkt der afrikanischen Küste für die Landung am günstigsten, und
von wo aus ein Angriff auf die Vandalen am leichtesten zu machen
sei. Prokop sollte, wenn er sich über diese Punkte Gewißheit verschafft hatte, nach Kaukana fahren, ungefähr 200 Stadien von Syrakus entfernt, wo Belisar selbst mit der ganzen Flotte Station machen
wollte. Angeblich aber war Prokop auf Getreidekauf ausgesandt, da
die Goten freien Markt bewilligt hatten auf Grund eines Vertrages
zwischen Kaiser Justinian und Amalasuntha, Athalarichs Mutter –
letzterer war noch klein und regierte unter Vormundschaft seiner
Mutter über die Goten und Italier, wie in meinem Gotenkrieg zu
lesen ist. Als Theodorich nämlich gestorben war und die Krone auf
seinen Tochtersohn Athalarich überging, der schon früh den Vater
verloren hatte, fürchtete Amalasuntha für die Herrschaft des Knaben
und schloß sich so eng als möglich an Justinian an: sie folgte seinen
Wünschen, hatte damals für Belisar freien Markt versprochen und
hielt dies Versprechen auch.

Als Prokop in Syrakus war, begegnete er unvermutet einem Bürger,
mit dem er von Jugend auf befreundet war. Dieser hielt sich des
Seehandels wegen seit langer Zeit in der Stadt auf und teilte Prokop
mit, was er wünschte. Er wies ihn nämlich an einen seiner Sklaven,
der erst vor drei Tagen aus Karthago zurückgekommen war. Dieser
behauptete, es sei gar nicht daran zu denken, daß von den Vandalen
der Flotte aufgelauert werde, denn man wisse dort gar nichts vom
Aufbruch eines Heeres nach Afrika, vielmehr seien die besten Streitkräfte der Vandalen kurz vorher gegen Godas abgegangen. Deshalb
versehe sich Gelimer gar keines Angriffs und halte sich, ohne auf
Karthago und die anderen Küstenplätze besonders zu achten, in Hermione auf, einem Ort in der Byzacenischen Landschaft, vier Tagereisen landeinwärts; man brauche also keinerlei Befürchtungen zu
hegen; sondern könne fahren, wohin der Wind gerade stehe. Kaum
hatte Prokop das gehört, so faßte er den Sklaven bei der Hand und
schritt mit ihm eiligst dem Hafen Arethusa zu, wo sein Schiff lag;

533 unterwegs richtete er mancherlei Fragen an ihn und holte ihn gründ-
lichst aus. Sobald er mit ihm das Schiff betreten hatte, ließ er die
Anker lichten und gerade auf Kaukana halten. Dem Herrn des Sklaven, der starr vor Staunen am Ufer stand und sich diesen Raub nicht
erklären konnte, rief Prokop, als das Schiff schon in Bewegung war
zu, er möge ihm nicht zürnen; der Sklave müsse seine Aussagen vor
Belisar wiederholen und der Flotte den Weg nach Afrika zeigen; dann
werde er mit reicher Belohnung nach Syrakus heimkehren.

In Kaukana herrschte bei ihrer Ankunft große Trauer: Dorotheus,
der Befehlshaber der in Armenien stehenden Truppen, war hier zu
aller Schmerz gestorben. Nachdem aber Belisar den Sklaven gesprochen, der alle seine Aussagen wiederholen mußte, wurde er sehr
vergnügt und spendete Prokop reiches Lob. Sofort ließ er das Trompetensignal zur Abfahrt geben. Schnell wurden alle Segel gesetzt, und
bald kamen Gaulos und Melite[1]) in Sicht, die das adriatische vom
tyrrhenischen Meer trennen. Da erhob sich ein Ostwind und führte
die Schiffe schon am folgenden Tage an die Küste Afrikas bei Caput-
vada[2]), fünf starke Tagereisen von Karthago.

15. Als man nahe ans Ufer kam, ließ der Feldherr die Segel einziehen
und die Anker auswerfen. Dann berief er alle Generale auf sein Schiff
zu einer Beratung über die bevorstehende Landung. Verschiedene
Meinungen wurden laut; (so war Archelaus der Ansicht, man müsse
geradeswegs auf Karthago losgehen und als Stützpunkt den nur 40
Stadien davon entfernten Hafen Stagnum benutzen, denn die Küste
sei sonst hafenlos, wasserarm und biete keinen einzigen Rückhalt, da
Geiserich alle Befestigungen zerstört habe; Karthago aber werde
leicht im ersten Ansturm zu nehmen sein. Dagegen Belisar: »Gott hat
uns diesen günstigen Landungsplatz gegeben, also landen wir, ehe die
Feinde uns erwarten. Sturm und Seeschlacht müssen wir vermeiden –
beides kann uns auf der Weiterfahrt nach Karthago zustoßen. Deshalb sofort ans Land und ein verschanztes Lager hergestellt, das uns
gegen jeden Überfall sichert. Der Sieg kann uns nicht fehlen.« Belisars
Meinung findet allseitigen Beifall, die Generale trennten sich, um die
Landung anzuordnen.)

Dies geschah drei Monate nach der Abfahrt von Byzanz.

(Belisar bezeichnet den Soldaten und Matrosen sogleich einen Punkt
für die Verschanzung. Um jede Furcht zu beseitigen, werden an dem-

---

[1] Gozzo und Malta
[2] Vorgebirge zwischen Thapsus und Thenae.

selben Tage, Graben, Wall und Pallisaden fertiggestellt. Beim Graben   533
stößt man auf eine Quelle, die gutes und reichliches Wasser gibt,
während sonst Byzacium ganz wasserarm ist. Prokop legt das als ein
Vorzeichen des Sieges aus. Die Dromonen umgeben im Kreise die
Transportschiffe, deren jedes fünf Bogenschützen als Wache erhält;
das übrige Heer bringt die Nacht schon im Lager zu.

16. Einige Soldaten werden beim Plündern der Felder abgefaßt; Belisar läßt sie peitschen und ermahnt die andern, sich solchen Tuns zu
enthalten: er ist als Befreier der Afrikaner gekommen, die wieder
römische Bürger werden sollen.)

Nun hörte Belisar, daß sich eine Tagereise weit an der Straße, die am
Strand entlang nach Karthago führt, eine Stadt Syllektus[1]) befinde,
deren Mauern zwar auch vor langer Zeit zerstört, aber wegen der
Einfälle der Mauren von den Bürgern ziemlich vollständig wieder
aufgebaut seien. Dahin schickte er den Doryphoren Voraides und
einige Hypaspisten mit dem Auftrag, einen Versuch zu machen, sich
der Stadt zu bemächtigen, wenn aber ihnen die Einnahme derselben
gelinge, den Einwohnern ja nichts Böses zuzufügen, ihnen vielmehr
alles mögliche Gute zu versprechen und zu versichern, daß sie als
ihre Befreier kämen, damit sie nur das Heer einließen. Bei Einbruch
der Dunkelheit kamen sie bis vor die Stadt, blieben aber die Nacht
über in einer Schlucht verborgen. Am Morgen mischten sie sich unter
die Landleute, die mit ihren Wagen zu Markte fuhren, zogen in aller
Stille mit ihnen hinein und bemächtigten sich ohne Mühe der Stadt.
Als es völlig Tag wurde, riefen sie, ohne Aufsehen zu machen, den
Priester und die angesehenen Bürger zusammen, teilten ihnen ihren
Auftrag mit und erhielten ohne Widerstand die Schlüssel der Stadt,
die sie sogleich an Belisar übermittelten. Am selben Tage kam der
Posthalter und lieferte alle Staatspferde aus. Auch ein königlicher
Kurier – Veredarii heißen sie – geriet in Gefangenschaft. Der Feldherr
behandelte ihn sehr gütig, beschenkte ihn reichlich und händigte ihm,
nachdem er Treue gelobt hatte, den offenen Brief ein, den Kaiser
Justinian an die Vandalen erlassen hatte, mit dem Befehl, ihn an die
vandalischen Behörden weiterzubefördern. Dieses Manifest enthielt
folgendes: »Wir sind weder willens mit den Vandalen Krieg zu führen, noch den mit Geiserich geschlossenen Vertrag zu brechen, sondern wir greifen Euren Tyrannen an, der Geiserichs Testament
schnöde mitachtet, Euren König gefangen hält, von seinen Verwand-

533 ten die, welche er am meisten haßte, sogleich getötet, die übrigen geblendet und in Ketten geworfen hat und sie nicht einmal ruhig sterben läßt. Vereinigt Euch mit uns, Euch selbst von dieser schmählichen Gewaltherrschaft zu befreien, so daß Ihr fortan in Frieden und Freiheit leben könnt. Frieden und Freiheit soll Euch durch uns werden, das schwören wir bei Gott, dem Allmächtigen.« So das kaiserliche Manifest. Der Kurier wagte nicht, es öffentlich bekannt zu machen, sondern zeigte es nur heimlich seinen Freunden. Das nützte natürlich gar nichts.

17. Belisar aber zog mit seinem Heer in Schlachtordnung den Weg nach Karthago. Als Vorhut schickte er 300 auserwählte Hypaspisten, tüchtige Soldaten, unter seinem Oberhofmeister – Optio sagen die Römer – Johannes, einem Armenier von Geburt, ausgezeichnet durch Verstand und Tapferkeit. Er sollte mindestens 20 Stadien dem Heere vorausreiten und jede feindliche Annäherung sofort melden, damit man nicht unvorbereitet zur Schlacht genötigt werden könne. Zur Deckung der linken Flanke detachierte er in derselben oder noch größerer Distanz die Massageten; er selbst folgte mit dem streitbarsten Teil des Heeres, da anzunehmen war, daß Gelimer von Hermione aus folgen und einen Angriff versuchen würde. Auf der rechten Flanke aber hatte er nichts zu besorgen, da er sich mit dieser hart am Gestade hielt. Die Flotte hatte den Befehl, sich möglichst auf gleicher Höhe mit dem Heere zu halten, bei gutem Winde statt der großen die kleinen Segel – Dolonen genannt – zu führen, bei eintretender Windstille aber die Ruder kräftig zu gebrauchen. Nach der Ankunft in Syllektus hielt Belisar die Soldaten in Zucht und duldete nicht die kleinste Unordnung. Die Afrikaner gewann er außerdem durch seine Güte und Liebenswürdigkeit in so hohem Maße, daß von da an der Marsch wie im eigenen Lande war: die Bewohner flohen nicht mehr oder versteckten ihr Eigentum, sondern hielten Markt und waren den Soldaten in jeder Hinsicht gefällig. Jeden Tag bis zur Ankunft in Karthago legten wir 80 Stadien zurück; die Nacht brachten wir, wo sich die Gelegenheit bot, in einer Stadt zu oder einem wohlbefestigten Lager. So kamen wir über Leptis und Adrumetum nach Grasse[1]), noch 350 Stadien von Karthago. Dort befand sich ein königlicher Palast der Vandalen mit einem Garten, wie wir ihn schöner nie gesehen. Viele Quellen sprudelten darin, und Bäume aller Art, mit Früchten bedeckt, spendeten Schatten. Jeder Soldat

[1] Leptis beim heutigen Mokniné – Adrumentum, heute Sousse – Grasse, heute Hammamet.

machte sich eine Hütte unter ihrem Laubdach und aß Obst, so viel er   533
mochte; daß Früchte abgenommen waren, merkte man kaum – so
voll hingen die Zweige. – Sobald nun Gelimer in Hermione von der
Landung der Feinde hörte, sandte er seinem Bruder Ammatas schriftlich den Befehl nach Karthago, Hilderich und sämtliche Verwandte
und Anhänger von ihm, die er in Gewahrsam hielt, zu töten, sich mit
den Vandalen und allen anderen waffenfähigen Mannschaft bereit zu
halten, damit sie den Feind, wenn er in den Engpaß dicht vor der
Stadt, Namens Decimum[1]), eingetreten sei, von beiden Seiten fassen
und ihn, wie in einer Falle gefangen, vernichten könnten. Ammatas
tat wie ihm befohlen. Er tötete seinen Vetter Hilderich und Euagees –
Hoamer weilte schon nicht mehr unter den Lebenden – sowie ihren
afrikanischen Anhang. Mit den Vandalen hielt er sich zum Angriff
bereit. Gelimer aber marschierte hinter uns, ohne daß wir Fühlung
mit ihm hatten. Erst in der Nacht, in welcher wir bei Grasse lagerten,
stießen unsere Patrouillen auf die der Feinde und kehrten nach einem
Scharmützel ins Lager zurück. So merkten wir, daß der Feind nicht
mehr weit sei. Von Grasse an kam uns die Flotte außer Sicht, da
weitvorspringende Klippen und ein Vorgebirge, an dessen anderer
Seite Mercurium[2]) liegt, sie zu einem Umwege nötigten. Der Admiral Archelaus erhielt von Belisar den Befehl, nicht bis Karthago selbst
zu segeln, sondern 200 Stadien davon zu halten, bis er weitere Order
bekomme. Wir aber kamen am vierten Tage nach dem Aufbruch von
Grasse nach Decimum, das noch 70 Stadien von Karthago entfernt
ist.

18. An diesem Tage ließ Gelimer seinen Vetter Gibamund mit 2000
Vandalen dem übrigen Heere voraus in weitem Bogen nach links[3])
vorgehen, so daß Ammatas von Karthago in der Front, er selbst im
Rücken, Gibamund und links auf das feindliche Heer losgingen, um
es so mit leichter Mühe völlig zu umzingeln.
(Dem gegenüber hatte Belisar als Vortrab den Johannes entsandt, zur
Deckung seiner linken Flanke die Massageten. – Prokop sieht diese
strategische Maßregel an als direkt von Gott eingegeben, der die
Vandalen dem Verderben geweiht hat.)
Aber selbst trotz Belisars trefflicher Disposition hätte die Macht der
Vandalen nicht so mit einem Schlage zerschmettert werden können,

---

[1] Vorort Karthagos, vermutlich bei Sidi-Fethalla.
[2] Am heutigen Kap Ra's Addar.
[3] Von den Römern aus gerechnet, also landeinwärts.

533 wenn Ammatas den richtigen Zeitpunkt abgewartet und nicht beinahe sechs Stunden zu früh angegriffen hätte. So kam er jedoch ungefähr um Mittag nach Decimum, als das Hauptheer der Vandalen von uns noch weit entfernt war. Er hatte den weiteren Fehler begangen, daß er sein Gros in Karthago gelassen hatte, allerdings mit dem Befehl, ihm schleunigst zu folgen, während er selbst mit wenigen Begleitern, die nicht einmal auserlesene Soldaten waren, dem Johannes und seinen Tapfern in die Arme lief. Nachdem er von diesen zwölf der besten Krieger in den ersten Reihen getötet hatte, fiel er selbst, kämpfend wie ein Held. Bei seinem Sturz flohen seine Begleiter und brachten auch die in Verwirrung, welche auf dem Marsch von Karthago nach Decimum waren und nicht einmal für nötig befunden hatten, in Reih und Glied vorzugehen, sondern in kleinen Trupps, zu 20 bis 30 Mann daherzogen; als sie aber Ammatas' Begleiter fliehen sahen, glaubten sie, die Verfolger seien in großer Überzahl und wandten sich alle auch zur Flucht. Johannes und die Seinigen erschlugen ihrer viele und kamen bis an die Tore von Karthago. So viele Vandalen verloren auf diesem Wege von 70 Stadien das Leben, daß es aussah, als müßten 20000 Feinde dies Werk vollbracht haben. – Zu derselben Zeit kam Gibamund mit seinen 2000 Mann auf das Salzfeld, 40 Stadien von Decimum, links von der Straße nach Karthago, eine Wüste ohne Menschen, ohne Bäume oder sonst etwas, weil das salzige Wasser nichts als Salz dort entstehen läßt. Dort stießen sie auf die Hunnen und wurden alle niedergemacht.

Es war nun unter den Massageten ein Mann von großer Tapferkeit und Stärke; er war nur der Anführer einer geringen Anzahl, hatte aber von seinen Vätern und Vorfahren her das Vorrecht, bei allen Hunnischen Feldzügen zuerst die Feinde anzugreifen. Kein Massagete durfte im Beginn der Schlacht einen Feind erlegen, bevor nicht ein Abkömmling jenes Hauses den Anfang gemacht hatte. Dieser Mann nun sprengte, als die Heere schon nahe bei einander waren, hervor und hielt ganz allein möglichst nahe am Heer der Vandalen. Diese aber, mochten sie nun über den Mut des Mannes erschrocken sein oder irgend eine Kriegslist der Feinde darin vermuten, wagten weder sich zu rühren noch nach dem Mann zu zielen. Ich glaube, daß sie, da sie noch niemals den Kampf mit den Massageten kennen gelernt, wohl aber gehört hatten, wie streitbar das Volk sei, sich vor der Gefahr fürchteten. Der Mann aber kehrte zu seinen Landsleuten um und sagte, daß Gott ihnen diese Fremdlinge wie eine zugerichtete Mahlzeit vorwerfe. Als sie darauf nun anstürmten, hielten die Vanda-

len nicht Stand, sondern lösten ihre Reihen auf und dachten gar nicht
an Gegenwehr, so daß sie alle elend zu Grunde gingen.

19. Wir aber marschierten ohne jegliche Kenntnis von dem, was vorgefallen war, auf dem Wege nach Decimum. Belisar fand 35 Stadien
davor einen guten Lagerplatz, ließ ihn tüchtig verschanzen, das Fußvolk dort Posto fassen und hielt an das ganze Heer eine Rede, (in der
er sie an die gerechte Sache, an ihren alten Kriegsruhm erinnerte und
sie aufforderte, im Gedenken an die Tapferkeit der Vorfahren und die
Heimat wacker zu streiten. Die Vandalen hätten nach der Eroberung
von Afrika nur noch mit den nackten Afrikanern zu tun gehabt und
alle kriegerische Übung vernachlässigt.)
Nachdem er dann gebetet und seine Gattin und das Lager dem
Schutz des Fußvolks anvertraut hatte, ging er selbst mit der ganzen
Reiterei vor. Denn es schien ihm nach Lage der Dinge nicht richtig,
mit dem gesamten Heer sogleich einen Hauptschlag zu führen; er
wollte vielmehr erst mit den Reitern rekognoszieren und sich über
die Stärke des Feindes Gewißheit verschaffen. Die Föderaten bildeten
die Spitze; er selbst, umgeben von seinen eigenen Doryphoren und
Hypaspisten[1]), folgte mit der Masse. Als aber die Föderaten nach
Decimum kamen, erblickten sie die Leichen, erst die zwölf Gefährten
des Johannes, dicht dabei dann Ammatas nebst einigen Vandalen.
Von Einwohnern des Ortes vernahmen sie dann alles, was geschehen
war, wußten aber nun nicht recht, wohin sie sich zu wenden hätten.
Als sie noch schwankten und von den dortigen Hügeln die Umgegend durchspähten, erblickten sie von Süden her eine Staubwolke,
und gleich darauf wurde eine große Masse vandalischer Reiter sichtbar. Sogleich schickten sie Meldung an Belisar und baten um schleunige Verstärkung, da der Feind schon ganz nahe sei. Die Meinungen
der Generäle gingen auseinander: die einen wollten sofort zum Angriff übergehen; die andern hielten dazu die Streitkräfte nicht für
ausreichend. Während man noch hin und her redete, waren die Barbaren unter Gelimer selbst immer näher gekommen, gerade zwischen Belisar und die Massageten hinein, die soeben Gibamund geschlagen hatten. Da sie aber nach beiden Seiten von Hügeln eingeschlossen waren, konnten sie weder Gibamunds Niederlage sehen,
noch Belisars Verschanzung, noch endlich den Weg, den Belisar selbst
eingeschlagen hatte. Kaum waren die Heere aneinander, so wollte

---

[1] Doryphoren sind die mit Speeren bewaffnete Truppen – Hypaspisten sind Elite-
fußtruppen (eigentlich: Schildträger).

533 jedes einen Hügel besetzen, der die ganze Umgegend beherrschte
und für ein Lager außerordentlich geeignet zu sein schien; beide
gedachten von hier aus den Angriff auf die Feinde zu machen. Die
Vandalen kamen den Römern zuvor, besetzten den Gipfel und warfen ihre Gegner die andere Seite des Hügels hinab, wodurch sie ihnen
schon Schrecken einflößten, so daß sie eiligst weiter zurückgingen,
bis sie 7 Stadien von Decimum auf Uliaris, einen Doryphoren Belisars mit 800 Hypaspisten stießen. Alle meinten nun, Uliaris werde sie
aufnehmen und mit ihnen vereint einen neuen Vorstoß wagen; aber
dem war nicht so, vielmehr flohen alle in gestrecktem Galopp auf
Belisar zu.

(Auch hier sieht Prokop wieder den Finger Gottes: hätte Gelimer die
Panik der Römer ausgenutzt, so hätte er entweder Belisar über den
Haufen rennen oder aber auf dem Wege nach Karthago Johannes mit
den Seinen, die eifrig beim Plündern waren, überfallen, die Stadt
retten und vielleicht sogar die römische Flotte vernichten können.)
Von dem allen tat Gelimer nichts, sondern ritt langsam den Hügel
herab, brach in Tränen aus, als er in der Ebene auf den Leichnam
seines Bruders stieß, verlor die Zeit mit seiner Beerdigung und ließ
die kostbare, unwiederbringliche Gelegenheit entschlüpfen. Belisar
trat den Fliehenden entgegen und brachte sie wieder durch tüchtiges
Schelten in Reih und Glied. Als er nun Ammatas' Ende, Johannes'
glückliche Verfolgung und das Nötige über Stärke und Aufstellung
des Feindes vernommen hatte, sprengte er eiligst auf Gelimer und
seine Vandalen los. Diese hatten sich schon aufgelöst und hielten dem
Ansturm nicht Stand, sondern flohen unter großem Verlust: erst die
Nacht machte der Verfolgung ein Ende. Die Vandalen flohen weder
auf Karthago noch auf Byzacium, woher sie gekommen, sondern in
die Ebene von Bula und auf der Straße nach Numidien. Bei Einbruch
der Dunkelheit fanden sich auch die Massageten unter Johannes
wieder ein und blieben, nachdem sie alles erfahren und ihrerseits
erzählt hatten, was mittlerweile geschehen, mit uns die Nacht in
Decimum.

20. Am nächsten Morgen kamen Belisars Gemahlin und das Fußvolk
nach, und nun marschierte das ganze Heer auf Karthago. Am späten
Abend kamen wir an, übernachteten aber vor den Toren, obgleich
niemand den Eintritt wehrte, die Torflügel vielmehr offen standen
und die ganze Stadt hell erleuchtet war. Die zurückgebliebenen Vandalen hatten sich schutzflehend in die Kirchen zusammengedrängt.
Belisar aber wollte nicht einziehen, einmal weil er einen Hinterhalt

fürchtete, und zweitens weil er einer nächtlichen Plünderung vorbeu- 533
gen wollte. An demselben Tage war die Flotte bei günstigem Winde
auf der Höhe des Vorgebirges erschienen. Kaum erblickten die Karthager die Schiffe, so nahmen sie die eisernen Ketten fort, welche den
Hafen, Mandracium genannt, sperrten, und machten den Eingang
frei. In der Königsburg ist ein finsteres Gefängnis, Ankon von den
Karthagern geheißen, in welches der Tyrann seine Feinde zu werfen
pflegte. Da saßen zu der Zeit viele Kaufleute aus dem Osten, denen
Gelimer schwer zürnte, da er ihnen vorwarf, sie hätten den Kaiser
zum Kriege aufgehetzt. Sie alle sollten sterben; so hatte Gelimer an
dem Tage befohlen, an dem Ammatas bei Decimum fiel.
(Als ihr Wächter vom Treffen bei Decimum hörte und die Flotte um
das Vorgebirge segeln sah, ließ er sie gegen das Versprechen frei, ihn
wiederum den Römern gegenüber in Schutz zu nehmen.)
Auf den Schiffen wußte man noch nichts von den Taten des Heeres,
hielt deshalb still und erfuhr nun durch Boten, die nach Mercurium
ausgesandt wurden, was bei Decimum geschehen war. Nun herrschte
natürlich auch hier große Freude.
(Die Flotte geht bei Stagnum, 40 Stadien von Karthago, vor Anker,
da Mandracium noch als gesperrt gilt, auch für die ganze Flotte zu
klein ist; nur Kalonymus schleicht sich – gegen den ausdrücklichen
Befehl Belisars – nach Mandracium und plündert die fremden und
einheimischen Kaufleute, die am Strande wohnen.)
Am folgenden Tage ließ Belisar die Mannschaften von den Schiffen
landen und zog mit dem ganzen Heere in Schlachtordnung gegen
Karthago, da er immer noch einen Hinterhalt fürchten zu müssen
glaubte. Auch richtete er viele Ermahnungen an die Soldaten und
erinnerte sie daran, welchen Nutzen es ihnen gebracht habe, daß sie
die Afrikaner gut behandelt hatten. Ganz besonders befahl er ihnen,
in Karthago strenge Mannszucht zu halten, denn die Afrikaner seien
alle von Abkunft Römer und wider ihren Willen Untertanen der
Vandalen geworden, von deren barbarischer Herrschaft sie viel Unbill erlitten hätten. Deshalb habe auch der Kaiser den Krieg gegen die
Vandalen unternommen, und es dürfe kein Frevel gegen dieselben
Menschen vorkommen, deren Befreiung der Anlaß ihres Krieges
gegen die Vandalen gewesen sei. Dann hielt er seinen Einzug in Karthago, begab sich, da sich nirgends ein Feind sehen ließ, auf die Burg
und ließ sich auf dem Thron Gelimers nieder.
(Da kommen mit vielem Geschrei jene ausgeplünderten Kaufleute
und klagen ihm ihr Leid. Kalonymus muß eidlich geloben, seinen

533 Raub wieder heraus zu geben, tut es aber dennoch nicht. Für diesen
Meineid wird er später von Gott durch ein schreckliches Ende bestraft.)

21. Als die Essenszeit herankam, ließ Belisar für sich und die Seinen
ein Frühmahl an demselben Platz auftragen, wo Gelimer seine Vanda-
lenfürsten zu bewirten pflegte. Die Römer nennen diesen Ort Delphix nicht in ihrer eigenen Sprache, sondern nach alter Weise mit
griechischem Ausdruck. Denn in dem Palatium in Rom, wo der
Speisesaal des Kaisers war, stand seit alter Zeit ein Dreifuß, auf welchen des Kaisers Schenken die Becher stellten. Den Dreifuß aber
nennen die Römer Delphix, da er zuerst in Delphi gebraucht wurde,
und wo ein kaiserlicher Speisesaal ist, nennen sie das Gemach Delphix, da sie ja auch das Königshaus mit griechischem Ausdruck Palatium nennen. So speiste also Belisar mit seinen Generalen in Gelimers Delphix. Wir aßen Gelimers Gerichte, tranken Gelimers Wein
und ließen uns von Gelimers Dienern aufwarten – die ganze Mahlzeit
war am Tage vorher für jenen bereitet. Ein recht schlagendes Beispiel,
wie das Geschick den Menschen mitspielt, und wie ihr Wille dagegen
gar nichts auszurichten vermag! Belisar aber erntete an jenem Tage
hohen Ruhm, wie er keinem anderen Feldherrn, weder unter seinen
Zeitgenossen noch in alter Zeit zu Teil geworden ist. Denn da sonst
die römischen Soldaten auch in eine untertänige Stadt nicht ohne
Tumult einzuziehen pflegen, selbst wenn es nur 500 Mann sind,
zumal wenn der Einmarsch unerwartet ist, hielt dieser Feldherr seine
Untergebenen in so guter Zucht, daß kein Frevel, nicht einmal eine
Drohung vorkam und der Verkehr in der Stadt keine Störung erlitt.
In dieser Stadt dagegen, die mit Gewalt genommen worden war und
zu einer anderen Herrschaft und Obrigkeit kam, blieben alle Kauflä-
den offen; die Schreiber schrieben, wie gewöhnlich, die Anweisungen
für die Soldaten und führten sie in die Quartiere; ihre Kost aber
holten sie sich ruhig für ihr Geld vom Markt, wie es jedem gefiel.
Den Vandalen, die sich in die Kirchen geflüchtet hatten, gewährte
Belisar Schonung. Sein Hauptaugenmerk richtete er auf die Wieder-
herstellung der Stadtmauer, die so verfallen war, daß sie an vielen
Punkten gar kein Hindernis mehr bot. Ein großer Teil war sogar ganz
eingestürzt, und das war der Grund, behaupteten die Karthager,
warum Gelimer keinen Versuch gemacht hatte, die Stadt zu halten,
denn er wußte sehr wohl, daß er sie mit dieser Ringmauer nicht
einmal für eine kurze Zeit würde verteidigen können. Man erzählte
aber auch, daß in Karthago die Kinder von Alters her einen Spruch

hatten, den kein Mensch zu deuten wußte: »G wird B vertreiben, B 533
wieder G«. Jetzt wurde plötzlich allen die Bedeutung klar: Geiserich
vertrieb den Bonifatius, Belisar den Gelimer. So ging das alte Wort in
Erfüllung.   •

(Noch eine andere wunderbare Begebenheit sei hier erwähnt. Der
größte Heilige der Afrikaner in Karthago ist der heilige Cyprian, der
eine prachtvolle Kirche am Meer hat, wo jedes Jahr ihm zu Ehren ein
großes Fest gefeiert wird. Unter Hunerich wurden die rechtgläubigen
Christen aus dieser Kirche vertrieben, und die Arianer nahmen sie in
Besitz. Darüber waren die Afrikaner sehr traurig. Der Heilige aber
erschien vielen Leuten im Traum und tröstete sie: man solle nur
geduldig warten, er werde selbst die Vandalen strafen. Am Vorabend
des Cypriansfestes nun trafen die arianischen Priester alle nötigen
Vorbereitungen – am Tage selbst war das Treffen bei Decimum: die
arianischen Priester flohen, und die rechtgläubigen fanden für das
Fest alles in schönster Ordnung vor, so daß sie nur zuzugreifen
brauchten. So gingen die Träume in Erfüllung, und der Heilige hatte
getan, was er verheißen.)

22. Das Vandalenvolk besann sich auch auf eine andere alte Geschichte, jetzt, wo es schon an sich selbst erfahren hatte, daß der
Mensch weder an einer Hoffnung verzweifeln noch auf einen sichern
Besitz rechnen darf. Wie diese Geschichte sich zutrug, will ich nun
erzählen. Als die Vandalen einst, von Hunger getrieben, ihr Heimat-
land verlassen wollten, blieb ein Teil von ihnen, der Godegisel nicht
folgen mochte, in den alten Sitzen. Mit der Zeit hatten die Zurückgebliebenen reichliche Ernten, und Geiserich war mit den Seinen in den
Besitz von Afrika gekommen. Jene freuten sich, daß für sie nun das
Land hinlängliche Nahrung bot, konnten sich aber der Besorgnis
nicht erwehren, daß die Eroberer Afrikas oder ihre Nachkommen
dies Land einmal verlassen und in ihre Stammsitze zurückkehren
würden – die Römer konnten ja unmöglich Afrika ganz aus den
Augen verlieren – und schickten daher Gesandte dorthin, die bei
Geiserich erklärten, sie freuten sich herzlich über die günstige Lage
ihrer Brüder, seien aber nicht im Stande, das Land, das jene aufgegeben, ihnen länger aufzuheben. Sie sprachen daher die Bitte aus, man
möge ihnen diese Ländereien, wenn sie nun weiter keinen Wert darauf legten, umsonst überlassen, damit sie als unbestrittene Herren das
Ganze als ihr Vaterland gegen jeden Angriff verteidigen könnten.
Schon wollten Geiserich und die Seinen, welche den Vorschlag ver-
nünftig und gerechtfertigt fanden, so tun, wie die Gesandten wünsch-

533 ten, da erhob sich ein Greis von adliger Abkunft und großer Weisheit und sprach sich dahin aus, man dürfe keineswegs darein willigen, denn auf festem Grunde stehe kein menschlich Werk, für die Zukunft sei von dem Bestehenden nichts sicher, in der Zukunft aber sei nichts unmöglich. Dem stimmte Geiserich bei und ließ die Gesandten unverrichteter Sache heimkehren. Er und jener Alte, die so Unwahrscheinliches mit in Betracht zogen, wurden damals von allen Vandalen verlacht; als aber alles richtig eintraf, lernte dies Volk die Natur der menschlichen Verhältnisse kennen und sah ein, wie weise jener Greis geredet hatte.

Von den Vandalen, die in ihrer Heimat blieben, ist zu meinen Zeiten keine Spur mehr vorhanden. Sie sind, da sie nur wenige waren, entweder von benachbarten Barbaren erdrückt worden, oder haben sich freiwillig unter sie gemischt, und so ist selbst ihr Name verschwunden. Auch den Vandalen, die Belisar damals besiegte, kam nicht der Gedanke, an ihre Stammsitze zurückzukehren. Erstens hatten sie gar keine Schiffe, um ohne weiteres nach Europa überzusetzen, zweitens aber mußten sie ihre gerechte Strafe empfangen für alles, was sie den Römern, und noch mehr, was sie insonderheit der Zakynthiern angetan hatten. Auf einem seiner Streifzüge nach dem Peloponnes versuchte nämlich Geiserich, Taeinarum zu nehmen, wurde aber mit großem Verlust zurückgeschlagen und mußte mit Schanden abziehen. Voller Wut stürmte er nun Zakynthus, richtete dort ein großes Blutbad an und nahm 500 angesehene Bürger als Sklaven mit. Als er dann mitten auf dem adriatischen Meer war, ließ er sie in Stücke hauen und die Stücke über das Meer verstreuen. Aber das geschah schon vor vielen Jahren.

23. Gelimer aber gewann damals durch Freundlichkeit und reiche Geldgeschenke einen großen Teil der Landbevölkerung für sich, und diesen befahl er, jeden Römer, der sich einzeln sehen ließ, zu töten, indem er auf jeden Kopf einen Preis setzte. Die Bauern töteten auch wirklich viele, aber keine Soldaten, sondern Sklaven und Troßknechte, die sich durch Beutegier hatten verleiten lassen, in die Dörfer zu gehen, und dort nun meuchlings abgetan wurden. Die Köpfe brachten sie zu Gelimer und empfingen ihren Lohn; der aber glaubte, es seien wirklich Soldatenköpfe.

Um diese Zeit vollbrachte Diogenes, Belisars Waffenträger, eine tapfere Tat. Er war nämlich in der Stille mit 22 Hypaspisten ausgesandt, um zu rekognoszieren, und kam in einen Ort, der zwei Tagereisen von Karthago entfernt war. Von diesen Männern nun berichteten die

Bauern, welche zu schwach waren, um sie selbst umzubringen, dem Gelimer, daß sie dort wären, und dieser entsandte sogleich 300 ausgewählte vandalische Reiter gegen sie, mit dem Befehl, sie alle lebendig vor ihn zu bringen. Diogenes nun mit den Seinigen war in einem Hause zur Ruhe gegangen, und sie schliefen im oberen Stock, ohne an Gefahr zu denken, da sie erfahren hatten, daß die Feinde weit entfernt wären. Die Vandalen kamen am frühen Morgen an und hielten es nicht für zweckmäßig, die Türen aufzubrechen und in der Dunkelheit in das Haus einzudringen, denn sie fürchteten, daß sie sich im nächtlichen Kampfe gegenseitig ums Leben bringen, die Feinde aber entschlüpfen könnten. Das gab ihnen aber nur ihre Feigheit ein, da sie ja ohne alle Mühe, mit Fackeln oder auch ohne dieselben, die Feinde nicht nur unbewaffnet, sondern ganz nackend auf dem Lager hätten fassen können. Nun aber umzingelten sie das ganze Haus und stellten sich insbesondere vor den Toren in Schlachtordnung auf. Inzwischen stand zufällig einer von den Römern auf, hörte das Geräusch, welches die Vandalen durch ihr Geflüster mit einander und ihre Waffen machten, und vermutete, was da vorging. Er weckte also in aller Stille seine Gefährten und teilte ihnen die Sache mit. Dann zogen sie auf Diogenes' Rat ganz sachte ihre Kriegsröcke an, nahmen ihre Waffen und stiegen hinab. Unten zäumten sie ihre Pferde und bestiegen sie, ohne daß es jemand hörte; dann hielten sie einen Augenblick an der Hoftür, öffneten diese plötzlich und sprengten hinaus. Da griffen nun die Vandalen sie an, aber die Römer schützten sich mit den Schilden und trieben die Gegner mit ihren Lanzen zurück. So entging Diogenes den Feinden und verlor nur zwei Mann von seinem Gefolge; er selbst erhielt eine Wunde am Halse und drei im Gesicht, welche ihn dem Tode nahe brachten; auch eine an der linken Hand, deren kleinen Finger er in Folge davon nicht mehr bewegen konnte. Das also hat sich in solcher Weise zugetragen. Belisar aber ließ durch Bauleute und andere Arbeiter, denen er guten Lohn zahlte, um die Mauer von Karthago einen tiefen Graben ausheben, den er noch durch Pallisaden schützte. Auch die Mauerlücken ließ er in ganz kurzer Zeit ausfüllen, so daß nicht nur die Karthager, sondern auch Gelimer selbst sich später darüber wunderten. Nachdem er nämlich als Gefangener nach Karthago gekommen war, staunte er über diese Werke und äußerte, daß die gänzliche Vernachlässigung der Befestigungen Karthagos die Ursache seines Sturzes gewesen sei.
Solches also tat Belisar zu Karthago.

533 24. Tzazon aber, Gelimers Bruder, war mit seiner Flotte, von der wir
oben berichtet haben, im Hafen von Calaris[1]) gelandet, hatte die
Stadt im ersten Anlauf genommen, Godas und seine Krieger getötet.
Als er vernahm, daß die kaiserliche Flotte in Afrika angelangt sei,
jedoch ohne zu erfahren, was mittlerweile schon geschehen war,
schrieb er so an Gelimer: »Wisse, o König der Vandalen und Alanen,
daß der Usurpator Godas tot, die Insel wieder Dein Eigentum ist; Du
kannst also das Siegesfest feiern. Was jene Feinde betrifft, die es
wagen, unser Land anzugreifen, so hoffe, daß sie dasselbe Schicksal
haben werden, wie die, welche wagten, mit unseren Vorfahren anzu-
binden.« Die Überbringer dieses Briefes fuhren, ohne an etwas Böses
zu denken, nach Karthago. Von der Wache wurden sie zum Feldherrn gebracht, lieferten den Brief aus und beantworteten auch die
Fragen, die an sie gerichtet wurden. Über das, was sie sahen, staunten
sie gewaltig, besonders über das Plötzliche der veränderten Sachlage.
Belisar jedoch entließ sie in Gnaden.

Ungefähr zu derselben Zeit trug sich etwas ganz Ähnliches zu. Gelimer hatte kurz bevor die kaiserliche Flotte landete, Gesandte nach
Spanien geschickt, u. a. Gotthäus und Fuskias, um den Westgotenkönig Theudis zu einem Bündnis zu bewegen. Als diese über die Meerenge von Gades gesetzt waren, fanden sie Theudis nicht an der Küste,
sondern mußten ihm weiter ins Land nachreisen. Als sie ihn erreicht
hatten, wurden sie freundlich aufgenommen und fürstlich bewirtet.
Beim Mahle fragte er, wie es mit Gelimer und den Vandalen stehe. –
Da die Gesandten nur langsam vorwärts gekommen waren, hatte er
nämlich schon Kenntnis von allem, was in Afrika geschehen war,
denn ein Kauffahrteischiff war an dem Tage, wo das kaiserliche Heer
in Karthago einzog, von dort abgesegelt und bei gutem Winde schnell
nach Spanien hinüber gekommen. Als Theudis vernommen, was sich
zugetragen hatte, legte er den Kaufleuten strengstes Stillschweigen
auf, damit die Kunde ja nicht in weitere Kreise dringe. – Als nun
Gotthäus und seine Begleiter versicherten, alles gehe vortrefflich,
fragte er sie, weshalb sie gekommen seien. Sie boten ein Schutz- und
Trutzbündnis an. »Geht ans Meer«, sagte Theudis, »dort werdet Ihr
erfahren, wie es bei Euch zu Hause aussieht«. Die Gesandten glaubten, er rede so, weil er betrunken sei, und antworteten nicht. Da sie

----

[1] Cagliari, im griechischen Texte lautet der Name freilich hier und unten Karnalis.
Dieser Ort läge aber in Kappadokien.

aber am anderen Morgen wieder die Rede auf das Bündnis brachten 533
und Theudis ihnen dieselbe Antwort gab, da merkten sie, daß in
Afrika etwas vorgegangen sein müsse, und fuhren ab – nach Karthago, von dessen Schicksal sie noch immer keine Ahnung hatten. Als
sie dicht davor waren, fielen sie römischen Soldaten in die Hände und
ergaben sich ohne Widerstand. Vor den Feldherrn gebracht, mußten
sie ihre ganze Geschichte erzählen und wurden ungekränkt von ihm
entlassen. Das trug sich nun in solcher Weise zu. Kyrillus aber fuhr,
als er in der Nähe von Sardinien erfahren hatte, wie es Godas ergangen war, nach Karthago, wo er Belisar und sein Heer schon als Sieger
traf, und blieb ruhig da. Mit der Siegesbotschaft an den Kaiser wurde
Salomon betraut.

25. Gelimer aber war nach der Ebene von Bulla abgezogen, vier starke
Tagesreisen von Karthago, hart an der Grenze von Numidien, und
sammelte dort die noch übrigen Vandalen und was ihm von den
Mauren treu geblieben war. Das waren nicht viele, besonders kein
ganzer Stamm unter seinem Häuptling. Denn die Häuptlinge aus
Mauretanien, Numidien und Byzacium hatten Gesandte an Belisar
geschickt, sich des Kaisers Knechte genannte und Heeresfolge versprochen. Viele hatten auch ihre Söhne als Geiseln geschickt und um
Übersendung der Häuptlingsabzeichen, wie das alter Brauch war,
gebeten. Niemand wurde nämlich als Häuptling von den Mauren
anerkannt, der nicht die Insignien seiner Würde vom römischen Kaiser empfangen hatte, selbst wenn er den Römern feindlich war; durch
die von den Vandalen empfangenen hielten sie ihre Herrschaft nicht
für genügend legitimiert. Diese Insignien aber bestehen in einem
silbernen und vergoldeten Stabe, einem silbernen Hut, der nicht den
ganzen Kopf bedeckt, sondern wie eine Kopfbinde gestaltet, ringsumher durch silberne Träger gehalten wird, und einem weißen Mantel, der auf der rechten Schulter nach der Art einer thessalischen
Chlamys mit einer goldenen Spange zusammengehalten wird; ferner
einem weißen, buntgestickten Unterkleid und goldgeschmücktem
Schuhwerk.
Belisar übersandte ihnen das Gewünschte und für jeden außerdem ein
bedeutendes Geldgeschenk. Deshalb aber kamen sie ihm keineswegs
zu Hilfe, doch wagten sie auch nicht den Vandalen beizustehen, sondern hielten sich klug bei Seite und warteten ruhig ab, welches Ende
der Krieg nehmen würde. So standen die Sachen für die Römer.
Gelimer sandte einen Brief nach Sardinien an seinen Bruder Tzazon
durch einen Vandalen, der glücklich ein Kauffahrteischiff am Strande

533 traf, das ihn in den Hafen von Calaris brachte, so daß er seinen
Auftrag erfüllen konnte.

Der Brief aber lautete folgendermaßen: »Es war, glaube ich, nicht
Godas, der die Insel zum Abfall von uns brachte, sondern eine Strafe
vom Himmel, welche die Vandalen getroffen hat. Denn sie hat Dich
und die Blüte der Vandalen uns entzogen und mit einem Schlage alles
Gute aus Geiserichs Haus hinweggenommen. Nicht um die Insel
wieder zu gewinnen, bist Du von hier abgesegelt, sondern damit
Justinian Herr von Afrika werde. Denn was das Geschick beschlossen hatte, können wir jetzt aus dem Erfolge erkennen. Belisar ist mit
geringer Heeresmacht zu uns gekommen, aber die alte Tapferkeit der
Vandalen ist sogleich entschwunden und hat das gute Glück mit sich
genommen. Ammatas und Gibamund sind gefallen, da die Vandalen
den Mut verloren; die Rosse und die Arsenale und ganz Afrika, vor
allem Karthago, sind schon in den Händen der Feinde. Die noch
übrigen Vandalen sitzen müßig da und haben die Befreiung von
Gefahren durch das Opfer ihrer Weiber und Kinder und ihrer ganzen
Habe erkauft: uns ist nur die Ebene von Bulla übrig geblieben, wo
uns allein die Hoffnung auf Euch noch aufrecht hält. Du aber wirf die
Sorgen wegen des Aufstandes und Sardiniens bei Seite und komm
baldmöglichst mit Deiner ganzen Flotte zu uns. Denn wer um seine
Existenz zu kämpfen hat, darf sich um Nebendinge nicht kümmern.
Wenn wir vereint gegen die Feinde kämpfen, werden wir das alte
Glück wieder gewinnen, oder doch das davon haben, daß wir nicht
von einander getrennt die Schläge des Schicksals erleiden.«

Tzazon teilte, was er erfahren, seinen Vandalen mit. Ihr Schmerz war
groß, aber sie durften ihn nicht den Sardiniern gegenüber zeigen;
schweigend und ingrimmig trugen sie ihr Unglück. Sofort war alles
zum Aufbruch bereit, ihre Schiffe segelfertig. Nach dreitägiger Fahrt
landeten sie an der Grenze von Mauretanien und Numidien. Zu Fuß
setzten sie ihren Marsch fort, bis sie auf der Ebene von Bulla den Rest
ihres Volkes trafen. So traurig war das Wiedersehen, daß ich kaum
Worte finden kann, es zu schildern. Wirklich, selbst ein Feind hätte
beim Anblick dieses Auftritts durch den jähen Wechsel im Geschick
der Vandalen erschüttert werden und Mitleid mit ihnen fühlen müssen! Gelimer und Tzazon hielten sich lange Zeit fest umschlungen,
schweigend weinte einer an des andern Brust. Ihrem Beispiel folgten
die andern. So genossen sie in schmerzlicher Umarmung die bitter-
süße Freude gemeinsamer Trauer; keiner wagte zu reden: weder
Gelimers Begleiter fragten nach Godas, noch Tzazons Genossen nach

den letzten Ereignissen in Afrika. Das Jüngstgeschehene hatte keinen 533
Wert mehr für sie; von ihrem Schicksal redete der Ort, wo sie sich
trafen, mit furchtbarer Deutlichkeit. Niemand fragte nach Weib und
Kind; wußte doch jeder, daß wer nicht hier war, gefallen oder sich in
den Händen der Feinde befand. Und so war es wirklich.

ZWEITES BUCH

1. Als Gelimer seine Vandalen alle um sich gesammelt hatte, führte er
sie gegen Karthago. Dort lagerten sie dicht vor der Stadt und zerstörten die berühmte Wasserleitung, welche sie versorgt, zogen aber
wieder ab, da der Feind sich nicht blicken ließ. Ihre Belagerung beschränkte sich hinfort darauf, daß sie die Umgegend durchstreiften
und alle Wege scharf beobachteten; sie plünderten und heerten nicht,
sondern schonten das Land, als ob es noch ihnen gehörte. Außerdem
hofften sie auf Verrat von Seiten der Karthager und der römischen
Soldaten, die Arianer waren. Ferner bemühten sie sich auch, die
Hunnenhäuptlinge durch Versprechungen aller Art zu gewinnen und
zu sich hinüberzuziehen. Diese wollten schon vorher von den Römern nicht viel wissen, denn sie waren, wie sie behaupteten, unter
falschen Vorspiegelungen vom General Petrus nach Byzanz gelockt;
sie gingen auf das Anerbieten der Vandalen ein und verabredeten,
mitten in der Schlacht mit ihnen gegen die Römer gemeinsame Sache
zu machen. Belisar aber erfuhr von diesem Anschlag durch Überläufer und beschloß, vorläufig keinen Ausfall zu machen – noch war der
Ring der Befestigung außerdem nicht geschlossen – vielmehr setzte er
in der Stadt alles in Bereitschaft. Einen Karthager namens Laurus, der
wegen Verrats gefangen gesetzt und durch das Zeugnis seines eigenen
Schreibers überführt worden war, ließ er auf einem Hügel bei der
Stadt kreuzigen und jagte dadurch allen andern solche Furcht ein,
daß sie jeden weiteren Versuch unterließen. Die Hunnen brachte er
durch tägliche Geschenke, Einladungen zur Mahlzeit und ähnliche
Mittel dahin, daß sie ihm mitteilten, was ihnen Gelimer geboten
hatte, wenn sie im Kampf zu ihm übergingen. Diese Barbaren sagten
aber, sie hätten deshalb gar keine Lust, für die Römer zu kämpfen,
weil sie fürchteten, auch nach Niederwerfung der Vandalen nicht
entlassen, sondern bis an ihr Ende in Afrika festgehalten zu werden.
Auch waren sie besorgt, man würde ihnen die gemachte Beute wieder
abnehmen. Belisar schwor ihnen nun, sie sollten sofort nach der
Entscheidung mit all ihrem Raub entlassen werden, worauf sie sich
ihrerseits verpflichteten, mit Mut und Ausdauer den Krieg bis zum
Ende mitzumachen.
(In feuriger Rede ermahnt Belisar seine Soldaten, das sich schon
eroberte Land nicht wieder entreißen zu lassen.)

533 2. Darauf behielt er nur 500 Reiter zurück, die übrigen alle schickte er
mit den Hypaspisten und der Fahne, welche die Römer Bandum
nennen, unter Johannes dem Armenier vor, der den Befehl erhielt,
gegebenen Falles sich in ein Gefecht einzulassen. Am nächsten Tage
folgte er mit dem Fußvolk und den 500 Reitern. Die Hunnen berieten
sich untereinander und beschlossen, damit sie sowohl gegen Gelimer
als gegen Belisar ihr Wort zu halten schienen, weder auf Seiten der
Römer in den Kampf einzutreten, noch vor der Schlacht zu den
Vandalen überzugehen, sondern nach der Entscheidung mit dem Sieger die Besiegten zu verfolgen. Das schien ihnen das Beste. Das
römische Heer aber traf auf das Lager der Vandalen bei Trikamarum,
140 Stadien von Karthago[1]). Dort brachten die Heere, ziemlich weit
von einander, die Nacht zu. Mitten in der Nacht ereignete sich im
römischen Lager ein Wunder: die Lanzenspitzen leuchteten, als ob
sie brennen würden. Nicht viele hatten es gesehen, und die es sahen,
fürchteten sich, da sie es sich nicht erklären konnten. Als es später in
Italien wieder einmal vorkam, wußte man schon, daß es Sieg zu
bedeuten habe. Damals aber, als es zum ersten Mal geschah, erschrak
man und brachte den Rest der Nacht in Furcht und Besorgnis zu.

Dez. Am folgenden Tage ließ Gelimer Weiber, Kinder und alle Habe in die
533   Mitte des Lagers bringen, das übrigens nicht befestigt war, (ermahnte
ebenso wie sein Bruder Tzazon die Seinigen, tapfer zu kämpfen) und
3. führte sie in den Kampf zur Mittagszeit, als die Römer gerade dabei
waren, ihre Mahlzeit zu bereiten. Am Flußufer nahmen sie Stellung.
Dieser Fluß hat zwar das ganze Jahr hindurch Wasser, ist aber so
unbedeutend, daß die Eingeborenen ihm nicht einmal einen bestimmten Namen gegeben haben. Die Römer machten sich so schnell
wie möglich fertig und nahmen auf dem anderen Ufer folgende Aufstellung. Auf dem linken Flügel standen Martin, Valerian, Johannes,
Cyprian, Althias, Marcellus und die anderen Obersten der Föderaten, auf dem rechten Pappus, Barbatus, Aigan und alle Anführer der
Reiterei, in der Mitte Johannes mit dem Bandum, den Hypaspisten
und Doryphoren Belisars. Dahin sprengte auch dieser selbst gerade
noch zur rechten Zeit mit seinen 500 Reitern: das Fußvolk konnte
nicht so schnell nachkommen. Die Hunnen standen alle bei Seite, wie
sie auch sonst schon sich immer von den Römern abgesondert hielten, hier aber noch aus dem oben erwähnten Grund. Bei den Vandalen standen auf jedem Flügel die Chiliarchen, jeder von seiner Tau-

---

[1] Der Ort Trikamarum ist nicht genau identifizierbar.

sendschaft umgeben, die Mitte hatte Gelimers Bruder Tzazon, im
Hintertreffen standen die Mauren. Gelimer ritt umher und sprach
den Seinen Mut zu. Er hatte befohlen, keinen Speer, überhaupt gar
keine andere Waffe, als das Schwert, in diesem Kampfe gegen den
Feind zu gebrauchen.

So standen sich die Truppen lange gegenüber, ohne daß einer wagte,
den Kampf zu beginnen. Endlich überschritt Johannes auf Belisars
Befehl mit wenigen Reitern den Fluß und griff im Centrum an,
wurde aber von Tzazon zurückgeschlagen. Er ging auf das Hauptheer zurück, aber die Vandalen folgten nur bis an den Fluß. Johannes
machte darauf einen zweiten Vorstoß mit einer größeren Anzahl von
Belisars Hypaspisten, wurde abermals abgewiesen und ging ebenso-
weit zurück. Das dritte Mal machte er den Angriff mit fast allen
Doryphoren und Hypaspisten Belisars unter lautem Geschrei und
Getöse und nahm auch das Feldzeichen mit. Da aber die Barbaren
tapferen Widerstand leisteten und wirklich nur mit den Schwertern
kämpften, so ward das Gefecht sehr heiß: es fielen die wackersten
Helden der Vandalen, an ihrer Spitze Gelimers Bruder Tzazon. Sofort rückten die Römer auf der ganzen Linie vor, setzten über den
Fluß und griffen an. In der Mitte gerieten die Feinde zuerst ins
Wanken, bald war die Flucht allgemein, niemand hielt mehr Stand.
Als das die Massageten sahen, beteiligten sie sich nach ihrer Abrede
an der Verfolgung, die aber bald ein Ende hatte, denn die Vandalen
zogen sich schleunigst in ihr Lager zurück – und die Römer glaubten
nicht stark genug zu sein, am Lager den Kampf fortzusetzen; sie
begnügten sich damit, die gefallenen Feinde ihres Goldschmucks zu
berauben, und kehrten dann ebenfalls in ihr Lager zurück. Es fielen
in dieser Schlacht von den Römern weniger als fünfzig, von den
Vandalen ungefähr achthundert.

Nachdem aber gegen Abend das Fußvolk herangekommen war,
brach Belisar sofort das Lager ab und ging mit seinem ganzen Heer
gegen das Vandalenlager vor. Kaum bemerkte Gelimer, daß Belisar
mit seiner ganzen Macht zum Angriff schritt, so warf er sich, ohne ein
Wort zu sagen oder einen Befehl zu hinterlassen, aufs Pferd und jagte
auf dem Wege nach Numidien davon. Ihm folgten seine Verwandten
und wenige Diener, die ihm tief erschüttert und schweigend nachrit-
ten. Die Vandalen merkten zunächst Gelimers Flucht gar nicht; als sie
aber davon erfuhren und zugleich die Feinde in nächster Nähe anrük-
ken sahen, entstand eine unbeschreibliche Verwirrung: die Männer
lärmten, die Weiber und Kinder schrieen und weinten; jede Sorge um

533 Eigentum oder jammernde Familie hörte auf, nach allen Seiten ergoß sich die wilde Flucht. Die Römer bemächtigten sich des von Verteidigern entblößten Lagers mit all seinen Schätzen; die Verfolgung dauerte die ganze Nacht hindurch: die Männer wurden getötet, Weiber und Kinder mitgeschleppt. An Schätzen wurde im Lager eine solche Menge vorgefunden, wie schwerlich jemals auf einem Platz zusammen gewesen ist. Denn die Vandalen hatten seit vielen Jahren das römische Gebiet geplündert und alle Kostbarkeiten nach Afrika hinübergeführt. Außerdem hatten sie die Einkünfte des überaus reichen und fruchtbaren Landes, welches alle Lebensbedürfnisse in größter Fülle hervorbringt, niemals zum Ankauf von Lebensmitteln aus anderen Gegenden benutzen müssen, sondern sie während der 95 Jahre, in welchen sie sich im Besitz von Afrika befanden, sorgsam aufgehäuft. Dieser ganze Reichtum, der zu einer ungeheuren Größe angeschwollen war, fiel nun wieder in die Hände der Römer. – Diese Schlacht, die Eroberung des Lagers und Verfolgung der Vandalen fand drei Monate nach dem Einzug des römischen Heeres in Karthago statt, um die Mitte des letzten Monats, den die Römer Dezember nennen.

4. Belisar war sehr ungehalten, als er das römische Heer sich sorglos und völlig aufgelöst zerstreuen sah, denn ihn verließ die ganze Nacht hindurch nicht die Furcht, der Feind möchte sich aufraffen, wieder sammeln und ihnen eine schwere Niederlage beibringen. Wenn dies auf irgend eine Weise geschehen wäre, so hätte sich schwerlich auch nur ein Römer ferner seiner Beute freuen können. Denn die römischen Soldaten, die bettelarme Leute waren und sich nun plötzlich im Besitz ungeheurer Schätze und wunderbar schöner Weiber sahen, blieben ihrer Sinne nicht mehr mächtig und schienen im Stillen ihrer Lüste unersättlich: des ungeahnten Glückes voll, taumelten sie wie trunken daher, als ob jeder nur daran dächte, seine Schätze auf dem nächsten Wege nach Karthago in Sicherheit zu bringen. Jede militärische Ordnung war gelöst; einzeln oder zu zweien, wie sie die Hoffnung auf Beute trieb, suchten sie alles ringsum ab in Schluchten und Höhlen und an anderen gefährlichen Orten. Furcht vor dem Feind und Scheu vor Belisar gab es nicht mehr; die Beutegier allein beherrschte sie, als deren Sklaven sie sich um nichts mehr kümmerten. Dem gegenüber war Belisar zunächst rat- und machtlos; als der Tag anbrach, faßte er endlich auf einer Anhöhe Posten und bemühte sich, von da aus einige Ordnung herzustellen, indem er auf Soldaten, wie Offiziere gleichmäßig fluchte. Die in seiner Nähe waren, hörten all-

mählich auf ihn, besonders seine Haustruppen, die ihren Raub und ihre Sklaven durch ihre Zelt- und Trinkgenossen nach Karthago bringen ließen, begaben sich selbst zum Feldherrn und achteten nun auf seine Befehle. – Er sandte Johannes den Armenier und 200 Reiter aus, mit dem Befehle, Gelimer bei Tag und bei Nacht zu verfolgen und nicht eher abzulassen, bis sie ihn lebendig oder tot hätten. Seine Vertrauten in Karthago wies er an, den Vandalen, die sich noch als Schutzflehende in den Kirchen der Ortschaften um die Stadt befänden, Sicherheit zu gewähren, ihnen die Waffen abzunehmen, um jedem Aufstandsversuch vorzubeugen, und sie in der Stadt selbst bis zu seiner Ankunft festzuhalten. Er selbst aber streifte mit denen, welche bei ihm geblieben waren, umher, sammelte sorgsam die Soldaten und gewährte den Vandalen, auf welche er stieß, Schutz. Denn außer Schutzflehenden in den Heiligtümern gab es keinen Vandalen mehr zu fangen. Diesen nahm er die Waffen ab und schickte sie, von Soldaten begleitet, nach Karthago, so daß sie keine Zeit hatten, sich gegen die Römer zu sammeln. Nachdem alles so in schönste Ordnung gebracht war, machte er sich mit dem größten Teil des Heeres ebenfalls auf, Gelimer zu verfolgen. Johannes war ihm fünf Tage und fünf Nächte nachgejagt, war nicht mehr weit hinter Gelimer zurück und wollte ihn am nächsten Tage angreifen. Das Schicksal wollte aber nicht, daß Gelimer von Johannes gefangen wurde, bereitete ihm vielmehr folgendes trauriges Ende. (Unter den Verfolgern Gelimers befand sich auch ein Doryphore Belisars namens Uliaris, ein tapferer Mann, aber ein Trunkenbold. Am sechsten Tage der Verfolgung schießt er Morgens im Rausch nach einem Vogel; der Pfeil trifft statt dessen den Johannes in den Nacken, so daß dieser in wenigen Augenblicken tot ist. Uliaris flüchtet sich in die nächste Kirche; die andern bestatten Johannes und warten auf Belisar, der durch den Unglücksfall in tiefe Trauer versetzt wird. Uliaris wird nicht zur Verantwortung gezogen, da der sterbende Johannes ausdrücklich für ihn gebeten hat.)

So entging Gelimer an diesem Tage seiner Gefangennahme. Belisar, der nun selbst die Verfolgung übernahm, kam in eine feste Stadt Numidiens, die am Meer, zehn Tagereisen von Karthago entfernt liegt, namens Hippo Regius[1]). Dort erfuhr er, daß Gelimer sich in das Gebirge Pappuas geworfen habe und deshalb den Römern unerreichbar sei. Dieses Gebirge befindet sich nämlich auf der äußersten

---

[1] Bei Annaba in Algerien.

533 Grenze von Numidien und ist fast überall schroff abgeschnitten und
kaum zugänglich, da sich ringsumher unzugängliche, starrende Fels-
klippen erheben. Mauren hausten dort, die zu Gelimer in einem
Freundschaftsverhältnis standen; auf dem Gipfel war eine alte Stadt,
namens Medeus¹). Dort blieb Gelimer mit seinem Gefolge. Belisar
konnte, besonders jetzt im Winter, nicht daran denken, in das Gebirge einzudringen, auch wollte er, da sich noch alles in der Schwebe
befand, sich nicht von Karthago entfernen. Daher beauftragte er den
Oberst Pharas und eine auserlesene Schar mit der Belagerung des
Berges. Das war ein tapferer, tüchtiger und braver Mann, obgleich er
ein Heruler war. Es ist nämlich ein wahres Wunder und verdient
großes Lob, wenn ein Heruler nicht treulos und dem Trunke ergeben, sondern tugendhaft ist. Pharas war es übrigens nicht nur für
seine Person, sondern hatte auch seine Landsleute, die mit ihm
waren, gut gezogen. Diesem Pharas also befahl Belisar, am Fuß des
Berges Standquartier für den Winter zu beziehen und sorgfältig
Wache zu halten, so daß Gelimer weder entschlüpfen noch Proviant
zu ihm gelangen könne. Pharas kam seinem Auftrage nach. Belisar
aber begnadigte die Vandalen, die, meist von vornehmer Abkunft,
sich in großer Zahl in die Kirchen von Hippo Regius geflüchtet
hatten, und schickte sie unter Bedeckung nach Karthago. In Hippo
begegnete Belisar noch Folgendes.

Zu Gelimers Hofstaate gehörte auch der Schreiber Bonifatius, ein
Afrikaner aus Byzacium, dem der König unbedingtes Vertrauen
schenkte. Diesen setzte Gelimer bei Beginn des Krieges mit dem
ganzen königlichen Hausschatz auf einen Schnellsegler und schickte
ihn nach Hippo Regius mit dem Auftrag, wenn der Krieg eine Wendung zum Schlimmern nehmen sollte, sofort mit dem Schatz nach
Spanien unter Segel zu gehen und sich unter den Schutz des Westgo-
tenkönigs Theudis zu stellen, bei dem er selbst auch Aufnahme zu
finden hoffte, falls das Schicksal sich gegen ihn entscheiden würde. So
lange nun die Vandalen noch Hoffnung hatten, blieb Bonifatius dort;
als jedoch die Schlacht bei Trikamarum und das Weitere ruchbar
wurde, fuhr er ab, wie ihm Gelimer befohlen hatte. Aber widrige
Winde trieben ihn gegen seinen Willen wieder nach Hippo Regius
zurück. Als er dort vernahm, daß der Feind schon ganz nahe war,
beschwor er die Schiffer unter vielen Versprechungen, ihn mit Anstrengung aller Kräfte in ein andres Land oder auf eine andre Insel zu

¹ Heute Midiya in der Gegend von Algier.

bringen. Das war aber unmöglich, denn es stürmte gewaltig, und die 533
Wogen des Tyrrhenischen Meeres erhoben sich, wie es diesem Meere
eigen ist, zu ungeheurer Höhe. Da kamen die Schiffer und Bonifatius
zu der Einsicht, daß Gott den Schatz den Römern geben wolle und
deshalb das Schiff am Auslaufen hindere. Mit vieler Mühe waren sie
jedoch aus dem Hafen gekommen und gingen dann unter großer
Gefahr mit dem Schiff vor Anker. Als Belisar nun nach Hippo Regius
kam, schickte Bonifatius einige seiner Leute zu ihm. Sie sollten sich in
eine Kirche flüchten und dann aussagen, Bonifatius, der Gelimers
Schatz hüte, habe sie geschickt, aber sie sollten nicht eher angeben,
wo er sei, bis sie die eidliche Zusicherung erhalten hätten, er werde
nach Auslieferung des Schatzes mit seinem Privateigentum unbehelligt entlassen werden. Jene taten, wie ihnen befohlen; Belisar aber war
über diese Botschaft nicht wenig froh und leistete bereitwillig den
gewünschten Eid. Durch einige Vertraute nahm er Gelimers Schatz in
Empfang und entließ Bonifatius mit dem, was er sein eigen nannte –
er hatte aber ganz bedeutend von Gelimers Schatz gestohlen.

5. Nachdem Belisar nach Karthago zurückgekehrt war, ließ er die 534
Vorbereitungen dazu treffen, daß alle Vandalen mit Frühlingsanbruch
nach Byzanz eingeschifft würden; dann rüstete er sich, um alles für
die Römer wieder zu gewinnen, was die Vandalen beherrscht hatten.
Kyrillus also schickte er mit starker Heeresmacht nach Sardinien und
gab ihm den Kopf des Tzazon mit, weil die Bewohner dieser Insel am
wenigsten geneigt waren, sich den Römern zu unterwerfen. Sie fürchteten nämlich die Vandalen und hielten nicht für wahr, was man ihnen
von den Ereignissen bei Trikamarum berichtete. Diesem Kyrill aber
trug Belisar auf, eine Abteilung seines Heeres nach Korsika zu schik-
ken, um auch diese Insel wieder für das Reich zu gewinnen, da sie bis
dahin den Vandalen gehorcht hatte. In alten Zeiten hieß diese Insel
Kyrnos; sie liegt nicht weit von Sardinien. Kyrill also kam nach
Sardinien, zeigte den Bewohnern den Kopf des Tzazon und gewann
beide Inseln den Römern zurück mit der Verpflichtung zur Tribut-
zahlung. Nach Cäsarea[1]) in Mauretanien aber schickte Belisar den
Johannes mit der Kohorte von Fußtruppen, welche er befehligte; die
Stadt liegt auf dem Wege nach Gades und zu den Säulen des Herkules
und ist für einen rüstigen Fußgänger dreißig Tagereisen von Karthago
entfernt. Sie liegt am Meere und ist seit alter Zeit groß und volkreich.
Einen andern Johannes, einen Offizier von seinen Haustruppen,

[1] Heute Cherchel.

534 schickte er nach der Meerenge von Gades und der anderen von den
     Säulen des Herkules, um die dort gelegene Feste zu besetzen, welche
     Septum[1]) heißt. Zu den Inseln aber, welche nahe an der Einfahrt in
     den Ocean gelegen sind, Ebusa, Majorika und Minorika[2]), wie die
     Einwohner sie nennen, schickte er Apollinarius, aus Italien, der
     schon als Kind nach Libyen gekommen war. Hilderich, damals König
     der Vandalen, hatte ihn reich beschenkt; nachdem aber Hilderich
     entsetzt war und, wie wir oben berichtet haben, in Haft gehalten
     wurde, kam er mit den übrigen Libyern, welche sich für Hilderich
     bemüht hatten, zum Kaiser Justinian. Dann machte er den Feldzug
     der Römer gegen Gelimer und die Vandalen mit und erwies sich in
     dem Kriege als ein tapferer Mann, ganz besonders bei Trikamarum;
     unmittelbar nach dieser Schlacht übergab ihm Belisar jene Inseln.
     Darnach schickte er auch Truppen an Pudentius und Tattimuth nach
     Tripolis, die von den umwohnenden Mauren hart bedrängt wurden,
     und verstärkte daselbst wieder die römische Herrschaft.
     Nach Sizilien sandte Belisar ebenfalls Boten, um die Festung auf
     Lilybäum[3]), als zum Vandalenreich gehörig, in Anspruch zu neh-
     men, aber ohne Erfolg, da die Goten auch nicht den kleinsten Teil
     Siziliens missen mochten und behaupteten, daß die Vandalen kein
     Recht daran hätten.
     Als Belisar das erfuhr, richtete er an die dort befindlichen Befehlsha-
     ber folgendes Schreiben:
     »Ihr entzieht uns Lilybäum, die Feste der Vandalen, welche jetzt dem
     Kaiser unterworfen sind, und tut daran nicht wohl und nicht das, was
     Euch selbst zum Besten gereicht, indem Ihr Eurem Könige, der das
     nicht will und gar nicht mit diesen Dingen einverstanden ist, den
     Kaiser zum Feinde machen wollt, dessen Wohlwollen jener mit
     großer Anstrengung sich erworben hat. Wie sollte es nicht so ausse-
     hen, als ob Ihr töricht handelt, wenn Ihr dem Gelimer noch vor
     kurzer Zeit den Besitz jener Feste überließet, jetzt aber dem Kaiser,
     dem Herren des Gelimer, entreißen wollt, was seinem Knecht gehört
     hat? Nicht also, Ihr guten Leute! Bedenket, daß die Freundschaft
     mancherlei Anstoß zu verdecken pflegt, die Feindschaft aber auch das
     kleinste Unrecht nicht ungerächt läßt, sondern vielmehr alles, auch
     schon Vergangenes durchforscht und nicht gestattet, daß der Feind

[1] Ceuta.
[2] Ibiza, Mallorca, Menorca.
[3] Heute Marsala.

sich durch fremdes Gut bereichere (usw.). Ihr nun solltet uns nicht   534
ferner Übles zufügen, noch auch Euch selbst und nicht unsern großen
Kaiser, dessen Gnade wir Euch aufrichtig wünschen, zum Feinde des
Gotenvolkes machen, (da wir doch Gott bitten müssen, daß er Euch
wohlgeneigt bleibe). Denn Ihr wißt sehr wohl, daß, wenn Ihr Euch
diese Feste aneignen wollt, der Krieg vor der Türe steht, nicht wegen
Lilybäum allein, sondern wegen alles dessen, was Ihr besitzt, ohne
daß es Euch von Rechts wegen gehört.«
So war der Inhalt des Briefes. Die Goten aber berichteten darüber an
die Mutter des Athalarich und antworteten in ihrem Auftrage folgendermaßen:
»Dein Schreiben, trefflicher Belisar, enthält sehr richtige Ermahnungen, die jedoch irgend welche andere Menschen, nicht aber uns, die
Goten, angehen. Denn wir besitzen nichts, was wir dem Kaiser Justinian entzogen haben, und hoffen auch, nie auf so törichte Gedanken
zu kommen. Ganz Sizilien aber nehmen wir in Anspruch als unser
Eigentum, und davon ist ein Vorsprung die Feste auf dem Lilybäum.
Wenn aber Theoderich seiner Schwester, der Gemahlin des Vanda-
lenkönigs, einen von den Hafenplätzen Siziliens für ihren Gebrauch
angewiesen hat, so hat das gar nichts zu bedeuten, denn es könnte für
Euch in keiner Weise einen Rechtsanspruch begründen. – Du, o
Feldherr, würdest der Billigkeit gemäß gegen uns verfahren, wenn Du
die Lösung der vorhandenen Differenzen nicht als Feind, sondern als
Freund betreiben wolltest. Der Unterschied aber besteht darin, daß
Freunde ihre Zwistigkeiten auf dem Rechtswege, Feinde mit den
Waffen zu entscheiden pflegen. Wir nun werden es dem Kaiser Justi-
nian überlassen, über diese Dinge zu entscheiden, wie es ihm gerecht
und billig erscheinen wird. Wir wünschen, daß Du weise Überlegung
einem raschen Entschlusse vorziehest und die Entscheidung Deines
Kaisers abwartest.«
So lautete die Antwort der Goten.
Belisar legte alles dem Kaiser vor und verhielt sich ruhig, bis ihm der
Kaiser selbst seinen Willen kundtun würde. –
6. Pharas fand die langwierige Belagerung, noch dazu mitten im
Winter, gar nicht nach seinem Sinn; dazu glaubte er, die Mauren
würden erheblichen Widerstand nicht leisten können, und beschloß
daher, einen Sturm zu wagen: er rüstete seine Schar auf das Beste aus
und begann den Aufstieg. Da aber die Mauren das schwierige Terrain
des steilen Berges geschickt ausnutzten, so hatten die Angreifer einen
schweren Stand. Nichtsdestoweniger suchte Pharas den Zugang zu

534 erstürmen, verlor aber 110 Mann und mußte selbst mit dem Rest
umkehren und von seinem Vorhaben abstehen. Von Sturm war nie
wieder die Rede: er begnügte sich, wie vorher, scharfe Wache zu
halten, so daß niemand von Pappuas aus- noch einkonnte, und hoffte,
der Hunger werde zur Übergabe treiben. Gelimer mit seinen Verwandten und Edlen geriet in eine Not, die jeder Beschreibung spottet.
Von allen Volksstämmen, die wir kennen, ist nämlich der vandalische
am meisten verweichlicht, der maurische aber am härtesten gewöhnt.
Seit jene im Besitz von Afrika waren, nahmen sie täglich warme
Bäder und ließen ihre Tafel mit dem Schönsten und Besten besetzen,
was nur Erde und Meer hervorbringen. Sie trugen viel Goldschmuck
und kleideten sich in medische, oder wie sie jetzt heißen, serische[1])
Gewänder. Mit Theater, Wettrennen und ähnlichem Zeitvertreib, vor
allem aber mit der Jagd brachten sie ihre Tage hin. Tänzer und
Mimen, Musik und Schauspiel, kurz, was nur Auge und Ohr er-
freuen mag, war bei ihnen wie zu Hause. Sie wohnten in prachtvollen, wasserreichen Gärten, in denen die schönsten Bäume standen.
Den Freuden der Trinkgelage waren sie nicht minder ergeben, als
denen des Liebesgenusses. (Die Mauren dagegen sind außerordentlich abgehärtet gegen Wind und Wetter, Hunger und Durst; Bequem-
lichkeiten kennen sie nicht.) Lange Zeit lebten Gelimer und die Seinigen gerade wie die Mauren nur von rohem Getreide, und alle trugen
willig ihr Schicksal; als aber selbst dies Nahrungsmittel knapp zu
werden anfing, da hielten sie es nicht mehr aus: der Tod schien ihnen
das Süßeste, die Knechtschaft nicht mehr das Schimpflichste zu sein.
Dem Pharas blieb diese Gesinnung nicht verborgen; daher schrieb er
folgenden Brief an Gelimer:

»Auch ich bin ein Barbar; Schreiberei und viele Worte bin ich von
Jugend auf nicht gewöhnt, noch habe ich sie später nachgelernt. Wie
nun der einfache Menschenverstand mir zu tun gebietet, schreibe ich
Dir, indem ich mich auf die Lage der Dinge berufe. Was hast Du nur,
lieber Gelimer, daß Du nicht nur Dich, sondern auch Deine ganze
Familie in diese verzweifelte Lage gebracht hast, nur um nicht Untertan zu werden? Du handelst sehr unüberlegt, wenn Du die Freiheit
für ein so hohes Gut hältst, daß Du ihretwegen all das Traurige
Deiner jetzigen Lage auf Dich nimmst. Du glaubst wohl gar nicht,
jetzt den Armseligsten der Mauren untertan zu sein, indem Du die
Hoffnung frei zu bleiben – im günstigsten Fall – auf sie setzest! Wäre

---

[1] seidene.

es nun nicht in jeder Beziehung immer noch besser als Untertan 534
unter den Römern zu betteln, als auf Pappuas und über Mauren Herr
zu sein? Mit Belisar zusammen demselben Herrn untertan zu sein,
das scheint Dir natürlich als eine Schande, die alles Maß übersteigt! –
Weg mit solchen Gedanken, mein bester Gelimer! Rühmen nicht
etwa auch wir, die wir gleichfalls adliger Abkunft sind, uns jetzt, dem
Kaiser zu dienen? Auch meint man, der Kaiser Justinian habe vor,
Dir den höchsten Rang, das sogenannte Patriziat zu verleihen und
Dich in die Liste der Senatoren eintragen zu lassen, auch Dir ein
großes und schönes Besitztum nebst reichlichen Einkünften zu verleihen, und Belisar wolle sich dafür verbürgen, daß Dir dies alles
wirklich zufalle. – Was Dir das Schicksal Übles angetan hat, kannst
Du mit edlem Anstande ertragen, wenn Du meinst, daß Du als
Mensch das, was von dort kommt, als notwendig hinnehmen mußt.
Wenn nun das Schicksal bestimmt hat, Dir in dies große Unglück
einiges Gute hineinzumischen, würdest Du etwa glauben, es nicht
ohne Besinnen annehmen zu dürfen? Oder sollen wir etwa nicht
denken, daß das Schicksal ebenso wie das Böse so auch das Gute uns
beschert? Das muß ja selbst der Unverständigste einsehen. Du bist
natürlich jetzt, wo Du im tiefsten Unglück sitzest, verwirrten Sinns.
Denn wenn Mutlosigkeit den Geist geschlagen hat, weiß er sich keinen Rat. Wenn Du es aber über Dich gewinnst, Deiner Stimmung
Herr zu werden und dem Geschick wegen seiner Launen nicht zu
zürnen, dann wird es Dir sofort gelingen, die richtigen Maßregeln zu
ergreifen und Dich aus Deiner drückenden Lage zu befreien.«
Als Gelimer diesen Brief gelesen hatte, weinte er heftig und antwortete Folgendes:
»Für den Rat, den Du mir gegeben, danke ich Dir vielmals; einem
unredlichen Feinde aber untertan zu sein, scheint mir unerträglich.
Wenn mir Gott gnädig wäre, möchte ich mich wohl an dem rächen,
der ohne von mir je das geringste Böse durch Wort oder Tat erfahren
zu haben, da er keinen Grund zum Kriege hatte, sich einen Vorwand
suchte und mich in dies Unglück gestürzt hat, indem er den Belisar,
ich weiß nicht woher, auf mich losgelassen hat. Auch ihm, da er ein
Mensch ist und auf einem Throne sitzt, kann einmal zustoßen, was er
sich nicht wünscht. – Weiter habe ich nichts zu schreiben, denn das
Unglück, in dem ich mich befinde, hat mir die Klarheit des Geistes
getrübt. Lebe wohl, lieber Pharas, und sende nur auf diese meine
Bitte eine Zither, ein einziges Brot und einen Schwamm.«
Als der diese Antwort erhielt, blieb ihm zunächst der Schluß des

534 Briefes unverständlich, bis der Überbringer ihm erklärte: »Um ein
Brot hat er Gelimer gebeten, weil er kein gebacken Brot gesehen noch
genossen, seit er auf Pappuas sitzt. Den Schwamm will er brauchen,
weil ihm ein Auge vom Weinen und Schmutz geschwollen ist. Der
König versteht sich auf Gesang und Saitenspiel; da hat er ein Lied
gedichtet von seinem eignen Unglück; wenn er nun das unter Weinen
und Wehklagen vorträgt, braucht er die Zither, sich zu begleiten.«
Wie Pharas das vernommen, zeigte er sich sehr gerührt und fühlte
Mitleid mit dem Geschick des Königs. Er tat nach dem Briefe Gelimers und schickte ihm, was er wünschte. Seine Wachsamkeit aber
verschärfte er womöglich noch mehr.

7. Schon hatte die Belagerung drei Monate gedauert, und der Winter
nahte sich seinem Ende. Gelimer mußte befürchten, daß die Belagerer nächstens wieder einen Sturm wagen würden, [und ihn abzuwehren, fehlte bereits allen die Kraft!] Die meisten Kinder seiner Verwandten litten bei der schlechten Ernährung an einer Wurmkrank-
heit. Aber obgleich er sich sonst leicht dem Schmerz hingab, blieb er
unbewegt – allerdings vor dem Tode fürchtete er sich – und hielt sich
wider aller Erwarten aufrecht in der furchtbaren Bedrängnis, bis er
Folgendes eines Tages mitansehen mußte. Ein maurisches Weib hatte
irgendwoher eine Handvoll Getreide zusammengekratzt, gemahlen,
einen kleinen Kuchen daraus gemacht und wollte ihn nun in der
heißen Asche auf dem Herde rösten. So machen nämlich die Mauren
ihr Brot. An dem Herde saßen zwei halbverhungerte Knaben, der
eine der Sohn des Weibes, die eben den Kuchen bereitet hatte, der
andere ein Brudersohn Gelimers. Jeder wartete gierig darauf, daß der
Kuchen gar würde, um ihn dann sofort zu verschlingen. Der Vanda-
lenknabe griff zuerst zu und schob den heißen, aschebedeckten Kuchen in den Mund, da er sich vor Hunger nicht mehr zu lassen
wußte; der andre aber faßte ihn bei den Haaren ud schlug ihn so
lange auf den Kopf, bis er den bereits halbverschlungenen Kuchen
wieder fahren ließ. Gelimer hatte den ganzen Vorgang mit angesehen
und war davon so ergriffen, daß sein starrer Sinn sich erweichte und
er sogleich an Pharas schrieb, (er wolle sich mit den Seinigen auf die
vorgeschlagenen Bedingungen ergeben, wenn Belisar sich für deren
Erfüllung verbürge.)

Pharas sandte sofort diesen Brief und die vorher gewechselten an
Belisar ein und bat um Verhaltungsbefehle. Belisar wollte gar zu gern
den König lebend in seine Hände bekommen und freute sich daher
nicht wenig über diese Botschaft. Sofort ließ er den Obersten der

Foederati, Cyprian, und einige andere nach Pappuas abgehen mit der   534
eidlichen Versicherung, daß Gelimer und den Seinen kein Leid geschehen solle, vielmehr werde der Kaiser sich ihm gnädig erweisen
und ihn keinen Mangel leiden lassen. Als diese bei Pharas angekommen waren, begaben sie sich mit ihm an den Fuß des Berges, wo
Gelimer sich ebenfalls einstellte. Er empfing die gewünschten Garan-
tien und wurde von den Gesandten nach Karthago gebracht. Belisar
war gerade in der Vorstadt namens Aklas, beschäftigt, als Gelimer
ankam. Der König brach in ein lautes, langandauerndes Gelächter
aus, so daß einige bei diesem Anblick glaubten, das Übermaß von
Leiden habe ihn um seinen Verstand gebracht und das Lachen sei das
Zeichen des ausbrechenden Irrsinns. Seine Freunde aber behaupteten, er sei völlig bei Sinnen und meine, daß die Schicksale der Menschen nichts anderes wert seien, als vielen Lachens, da er, aus königlichem Geschlecht entsprossen, auf den Thron gelangt sei, eine stattliche Macht und viele Schätze von seiner Jugend bis zum Alter sein
eigen genannt, dann die Leiden der Flucht und Furcht kennen gelernt
und endlich die böse Zeit auf Pappuas habe aushalten müssen, nun in
Gefangenschaft geraten sei und somit wohl in jeder Beziehung des
Schicksals gute und böse Gaben gründlich kennen gelernt habe. Über
dies Gelächter nun, welches Gelimer ausstieß, mag jeder reden nach
seiner Meinung, ob er sein Freund oder Feind sei.
Belisar berichtete dem Kaiser, daß Gelimer sich gefangen in Karthago
aufhalte und bat, mit ihm nach Byzanz kommen zu dürfen. Zugleich
hielt er auch die anderen Vandalen in milder Haft und bereitete alles
zur Abfahrt vor.
So lange es Menschenschicksal gibt, werden zu aller Zeit Unternehmungen über Hoffen und Erwarten gelingen. Was in Wirklichkeit
unmöglich erschien, wird vollbracht, und was uns zunächst unmöglich vorkam, wird uns, wenn es doch geschehen ist, immer noch ein
Wunder dünken. Aber ob je Wunderbareres geschehen, als was ich
eben erzählt habe, ist mir zweifelhaft: Geiserichs Reich, das der
Urenkel in blühendem Zustande, beschützt von einem stattlichen
Heer, empfangen hatte, wurde von 5000 Reitern – mehr hatte Belisar
nicht, und sie haben eigentlich den ganzen Krieg gegen die Vandalen
geführt – die nicht einmal wußten, wo sie landen sollten, in so kurzer
Zeit von Grund aus zerstört. Ob Glück, ob Tapferkeit das zu Wege
brachte, jedenfalls muß man es bewundern.
8. So endete der Vandalenkrieg.
(Belisar sollte sich nicht ungestört seines Sieges freuen: er wurde von

534 einigen seiner Offiziere beim Kaiser verleumdet. Justinian legte kein
Gewicht auf die Anklage, sondern stellte seinem Feldherrn frei, ob er
mit den Vandalen nach Byzanz kommen oder in Afrika bleiben
wolle. Da Belisar aber einen Boten der Verräter abgefangen hatte und
um die Anklage wegen Hochverrats wußte, zog er es vor, sich persönlich vor Justinian zu rechtfertigen. Kaum war er aber unter Segel
gegangen mit seinen Doryphoren und Hypaspisten sowie den Gefangenen, da erhoben sich die Mauren gegen das römische Steuersystem
und töteten alle Römer, deren sie habhaft werden konnten. Belisar
wollte nicht umkehren, ließ jedoch den größten Teil seiner Leibwache
zurück und übergab den Oberbefehl an Salomon, welcher außerdem
bald Verstärkung von Byzanz aus erhielt.)

9. Als Belisar mit Gelimer und den Vandalen nach Byzanz kam,
wurden ihm die höchsten Ehrenbezeugungen zu Teil, wie sie in alten
Zeiten den siegreichen Feldherren erwiesen wurden. Sechshundert
Jahre war es schon her, daß jemand dieser Auszeichnung gewürdigt
war – Titus, Trajan und die übrigen Kaiser abgerechnet, die siegreich
aus einem Barbarenkrieg heimgekehrt waren[1]). Die ganze Beute
samt den Kriegsgefangenen mit sich führend, zog er im Triumph, wie
die Römer sagen, mitten durch die Stadt, allerdings nicht ganz nach
alter Sitte, sondern zu Fuß einherschreitend, von seinem Palast bis
zum Hippodrom an den Ort, wo der kaiserliche Thron stand. Zu der
Beute gehörte alles königliche Gerät, als da sind: goldne Thronsessel
und Sänften, deren die Königin sich zu bedienen pflegte, viel edelsteinbesetzte Kleinodien, goldene Trinkgefäße, das ganze Tischgerät,
außerdem viele Tausend Talente Silbers und der ganze Schatz kaiserlicher Gefäße, die von der Plünderung des Kaiserpalastes zu Rom
durch Geiserich herrührten, darunter das jüdische Tempelgerät, das
einst Titus aus Jerusalem nach Rom gebracht hatte. Als dies einer von
den jüdischen Leuten sah, trat er an einen von Justinians Edlen heran
und sprach: »Meiner Meinung nach ist es nicht gut, wenn diese
Schätze in den Kaiserpalast von Byzanz gebracht werden. Sie dürfen nämlich nirgend anders sein, als wo sie dereinst Salomo, der
Judenkönig, aufgestellt hat. Denn ihretwegen nahm Geiserich den
Kaiserpalast von Rom und jetzt das Römerheer den des Vandalenkönigs.« Als diese Äußerung dem Kaiser gemeldet ward, fürchtete er

---

[1] Seit Augustus war der Triumphzug ein Vorrecht der Kaiser gewesen.

sich und ließ schleunigst alles in das Heiligtum der Christen[1]) zu
Jerusalem schaffen.

Als Gefangene schritten im Triumphzug einher Gelimer, mit einem
Purpurgewand bekleidet, und seine ganze Sippe, ferner die schönsten
und größten von allen Vandalen. Als Gelimer in den Hippodrom
eintrat, den Kaiser auf hohem Throne sitzen sah und das dichtge-
drängte Volk zu beiden Seiten und unwillkürlich sein Schicksal damit
in Vergleich bringen mußte, weinte oder seufzte er nicht, sondern
murmelte nur fortwährend vor sich hin: »Eitelkeit der Eitelkeiten,
alles ist Eitelkeit!«, wie es in der heiligen Schrift der Hebräer[2])
geschrieben steht. Als er vor dem Thron des Kaisers stand, nahm
man ihm das Purpurgewand ab und zwang ihn, sich vor der kaiserlichen Majestät in den Staub zu werfen. Übrigens mußte Belisar dasselbe tun, da er ebenso wie jener, vor dem Kaiser als Schutzflehender
erschien. Der Kaiser Justinian und die Kaiserin Theodora beschenk-
ten die Töchter Hilderichs und alle, die noch vom Kaiser Valentinian
abstammten, reichlich; auch an Gelimer gaben sie ein sehr anständi-
ges Gut in Galatien, wo er mit den Seinen künftig wohnen sollte.
Unter die Partrizier wurde er aber nicht aufgenommen, da er seiner
arianischen Ketzerei nicht entsagen wollte.

Kurze Zeit darauf feierte Belisar nochmals den Triumph nach alter
Sitte. Als er Konsul geworden war, trugen ihn vandalische Kriegsgefangene, und vom kurulischen Sessel herab warf er vandalische Beu-
testücke unter das Volk. Um silberne Gefäße, goldene Gürtel und
viele andre Kostbarkeiten der Vandalen balgte man sich, und so
feierte eine alte Sitte ihre Erneuerung.

(10–13. Die Römer wurden des neuen Besitzes nicht recht froh. Wie
schon erwähnt, hatten die Mauren sich gegen sie erhoben, indem sie
erklärten, man habe die von Belisar gegebenen Versprechungen nicht
eingelöst, und so hielten sie sich auch nicht mehr durch die Verträge
für gebunden. In zwei Schlachten gelang es zwar Salomon, die Mauren niederzuwerfen; aber kaum war er mit diesen fertig, so ent-
brannte unter seinen eignen Soldaten ein gefährlicher Aufstand.)

14. In Italien geschah zu eben derselben Zeit Folgendes:
Belisar, welcher gegen Theodat und das Volk der Goten vom Kaiser
Justinian gesandt war, fuhr nach Sizilien und nahm diese Insel ohne
Schwertstreich ein. Auf welche Weise, werde ich in den späteren

---

[1]　Dies letztere hatte der Jude schwerlich beabsichtigt.
[2]　Nach Pred. Sal. 1, 2.

534 Büchern erzählen, wenn mich der Zusammenhang zur Geschichte
der italischen Ereignisse führt ... Belisar blieb diesen Winter in Syrakus, Salomon in Karthago ...

534 Mit Frühlingsanfang aber, als die Christen das Fest feierten, welches
sie Ostern nennen, erhob sich in Afrika ein Soldatenaufstand. Wie er
entstand und wie er endigte, will ich erzählen. Als die Vandalen in der
Schlacht (bei Trikamarum), wie ich schon berichtet habe, geschlagen
waren, gingen die römischen Soldaten mit deren Töchtern und Weibern Ehen ein. Von diesen trieb nun jede ihren Gatten an, auf den
Besitz der Ländereien Anspruch zu machen, die sie selbst einst zu
eigen gehabt hatten, indem sie behaupteten, es sei nicht recht, daß,
während sie als Gattinnen der Vandalen jene besessen hätten, jetzt,
wo sie mit den Siegern verheiratet wären, sie ihres Eigentums beraubt
werden sollten. Die Soldaten, welche sich diese Gedanken zu eigen
gemacht hatten, glaubten dem Salomon nicht nachgeben zu brauchen, welcher die Vandalengüter dem Fiskus und der kaiserlichen
Schatulle zuschreiben wollte. Er behauptete nämlich, Sklaven und
alle anderen Schätze kämen natürlich den Soldaten als Beute zu, das
Land aber gehöre an den Kaiser und an das Reich, welches sie er-
nähre und erst zu Soldaten gemacht habe, nicht damit sie für sich das
Land erobern sollten, welches sie den Barbaren abgenommen hätten,
die es wiederum vom römischen Reich abgerissen, sondern um es
zum Staatseigentum zu machen, als welches es ihnen und allen andern für den Unterhalt zu Gute käme. Das war der eine Grund für
den Aufstand. Es kam aber noch ein andrer dazu, der nicht weniger,
ja eher noch mehr dazu beitrug, alle Verhältnisse in Afrika in Unordnung zu bringen. In dem römischen Heer hingen nicht weniger als
tausend Mann der Lehre des Arius an, von denen die meisten Barbaren, und unter diesen einige Heruler waren. Diese zumeist wurden
von den vandalischen Priestern aufgereizt: sie waren nämlich nicht im
Stande, Gott in gewohnter Weise zu dienen, waren vielmehr von den
Sakramenten und allen andern heiligen Handlungen ausgeschlossen.
Denn der Kaiser Justinian ließ einen Christenmenschen, der nicht
rechtgläubig war, weder zur Taufe noch zu einem andern Sakrament
zu. Am meisten aber brachte sie das Osterfest auf, an welchem sie
ihre Kinder nicht mit dem göttlichen Wasserbade taufen noch irgend
etwas tun durften, das sonst bei dem Feste üblich war. Als ob das aber
dem Dämon, welcher das römische Reich zu verderben im Sinn
hatte, noch nicht genug wäre, kam noch ein Drittes denen zu Statten,
welche auf Empörung sannen. Aus den Vandalen, welche Belisar

nach Byzanz gebracht hatte, waren nämlich vom Kaiser fünf Reiter- 535
regimenter errichtet worden, die in den Städten des Ostens ihr Standquartier haben sollten. Die meisten von diesen Vandalenkriegern
kamen nun im Orient an und wurden in die Regimenter, wie bestimmt war, eingestellt und kämpfen bis auf den heutigen Tag gegen
die Perser; der Rest aber, ungefähr vierhundert Mann, zwang bei der
Ankunft in Lesbos, als ein günstiger Wind die Segel schwellte, die
Schiffer, nach dem Peloponnes zu fahren. Von dort setzten sie ihre
Reise fort, landeten an einem unbewachten Punkt der afrikanischen
Küste, wo sie die Schiffe zurückließen, und begaben sich mit ihrem
Geräte auf das Aurasische Gebirge und nach Mauretanien. Dadurch
bekamen die Soldaten, welche auf Empörung sannen, noch mehr
Mut und schlossen sich enger aneinander. Schon redete man viel
davon im Lager und verpflichtete sich gegenseitig durch Eidschwüre.
Und da das Fest nahe bevorstand, hetzten die Arianer, aus Wut über
die Untersagung der heiligen Handlungen, nur noch mehr.
(Es wird verabredet, am ersten Osterfeiertage den Salomon beim
Gottesdienste zu töten; der Beschluß wird aber weder an diesem
noch dem folgenden Tag ausgeführt. Der größte Teil der Verschworenen zerstreut sich plündernd und mordend in die Umgegend Karthagos. Die Stadt selbst bleibt zunächst ruhig; als aber Salomon mit den
Meuterern in Unterhandlungen tritt, brechen sie auch in Karthago
selbst los. Salomon muß fliehen und besteigt ein kleines Schiff.) Mit
ihm gingen außer Prokop, der dies geschrieben hat, nur fünf von
seinen Leuten. Nach einer Fahrt von 300 Stadien gelangten sie nach
Missua[1]), einem Ankerplatz der Karthager, (von wo aus Salomon
sofort Boten nach allen Seiten aussendet); er selbst fuhr mit Prokop
zu Belisar nach Syrakus. Er teilte ihm alles mit, was in Afrika geschehen war, und beschwor ihn, so schnell wie möglich nach Karthago zu
kommen und das Interesse des Kaisers wahrzunehmen, gegen den
seine Soldaten sich in ruchloser Weise erhoben hatten. So handelte
Salomon.

15. Die Aufrührer plünderten Karthago aus und begaben sich dann
alle auf die Ebene von Bulla, wo sie den Stotzas, einen von Martins
Leibwächtern, zum Herrscher wählten, einen Mann voll Mut und
Tatkraft unter der Bedingung, daß sie nach Vertreibung der kaiserlichen Befehlshaber sich ganz Afrikas bemächtigten. Stotzas stellte
sein ganzes Heer unter Waffen, ungefähr 8000 Mann, und führte es

[1] Das griechische Megalopolis bei dem heutigen Ort Sidi Daud.

535 gegen Karthago, als ob er sich sogleich ohne ernstliche Anstrengung der Stadt bemächtigen könnte. Er sandte auch zu den Vandalen, welche von Byzanz mit den Schiffen durchgegangen waren, und zu denen, welche anfangs nicht mit Belisar gegangen waren, sondern entweder unbemerkt geblieben oder der Geleitsmannschaft, die nicht auf sie achtete, entkommen waren. Das waren nicht weniger als tausend, die sich im Lager des Stotzas bereitwillig binnen kurzer Frist einfanden. Hinzu kam ein großer Haufen von Sklaven. (Mit diesem Heer zieht Stotzas gegen Karthago und fordert die Stadt zur Übergabe auf. Schon bereitet man sich darauf vor – da erscheint Belisar, der mit einem einzigen Schiff und 100 Leibwächtern zugleich mit Salomon herbeigeeilt ist, um seinem Kaiser Afrika zum zweiten Mal zu erobern. Als die Empörer hören, daß Belisar da ist, ziehen sie sich eiligst zurück; Belisar folgt ihnen mit 2000 Mann, die er noch hat sammeln können, und erreicht sie am Bagradasfluß. Sie werden geschlagen und ziehen sich »mit Verlust weniger Leute, von denen die meisten Vandalen waren«, nach Numidien zurück. In die Hände der Sieger fällt das Lager mit vielen Schätzen und »vielen von jenen Weibern, welche die Hauptursache der Empörung gewesen waren«. Belisar muß sich wieder nach Sizilien begeben, wo ebenfalls ein Soldatenaufstand ausgebrochen ist.

16. 17. Nachdem Stotzas auch in Numidien alle Soldaten auf seine Seite gebracht, ihre Führer in einen Hinterhalt gelockt und getötet
535 hat, schickt endlich Justinian seinen Neffen Germanus nach Afrika, der durch kluge Nachgiebigkeit, reichliche Geschenke und Versprechungen einen Teil der Soldaten zu sich hinüberzieht und nach sorgfältiger Vorbereitung gegen Stotzas vorgeht. Bei Scalae Veteres
536 kommt es zur Schlacht, die sich nach blutigem Ringen zu Gunsten des Prinzen entscheidet. Stotzas entkommt mit einigen Vandalen nach Mauretanien. Damit war dieser Aufstand zu Ende.

18. Eine neue Meuterei, die ein gewisser Maximin zu erregen sucht, wird durch die Klugheit und Energie des Germanus im Keim erstickt, der Anführer gefangen und ans Kreuz geschlagen.

19. Germanus wird abberufen, Salomon kehrt zurück. Er reinigt das Heer von unruhigen Elementen, indem er alle Verdächtigen nach
537 Byzanz oder zu Belisar schickt und dafür neue Soldaten einstellt. »Die übriggebliebenen Vandalen und nicht minder die Vandalenfrauen schickte er sämtlich aus Afrika fort«. Dann umgibt er die Städte mit neuen Mauern und führt durch Gerechtigkeit und strenge Beobachtung der Gesetze wieder geordnete Zustände herbei. So

lange er am Ruder war, hat das römische Afrika, das ja an natürlichen Hilfsmitteln so reich ist, glückliche Zeiten, und

20. nachdem Salomon noch den Maurenhäuptling Jabdas geschlagen und Mauretanien von Neuem der römischen Herrschaft unterworfen hatte, genießt es einen dreijährigen Frieden.

21.–28. Aber das unglückliche Land sollte zu dauernder Ruhe nicht gelangen. Salomon fällt im Kampfe gegen die Mauren; sein Neffe Sergius, der zu seinem Nachfolger ernannt wird, macht sich allgemein verhaßt und kann sich nicht behaupten. Justinian schickt seinen eigenen Neffen Areobindus, um Ordnung zu schaffen. Dieser Prinz ist aber ganz und gar kein Kriegsmann; er fällt einer Militärverschwörung zum Opfer, an deren Spitze ein gewisser Gontharis steht, der sich zum Gewaltherrscher aufwirft. Nun beginnt ein wüstes Durcheinander: jeder beliebige Offizier glaubt, Herrscher Afrikas werden zu können; Meuchelmord, Verwüstung und Plünderung sind an der Tagesordnung. Endlich fällt Gontharis, um den sich die letzten Vandalen geschart haben, mit diesen durch den Armenier Artabanes, der von Justinian das Magisterium militare über ganz Afrika erhält. Sein Nachfolger Johannes zertritt die letzten Funken des Aufstandes, an dem die Mauren, wie immer, tätigsten Anteil genommen haben – endlich verlassen die letzten Aufrührer das römische Gebiet und ziehen sich in die unzugänglichen Schlupfwinkel des Gebirges zurück. 539 543 545 546 547

So schließt Prokop seinen Bericht:) Wenige waren übrig geblieben von der Bevölkerung Afrikas; nach so großer Drangsal hatten sie endlich Frieden. Aber um welchen Preis! Sie alle waren Bettler.

ANHANG

KARTE
DES
OSTGOTISCHEN
REICHES

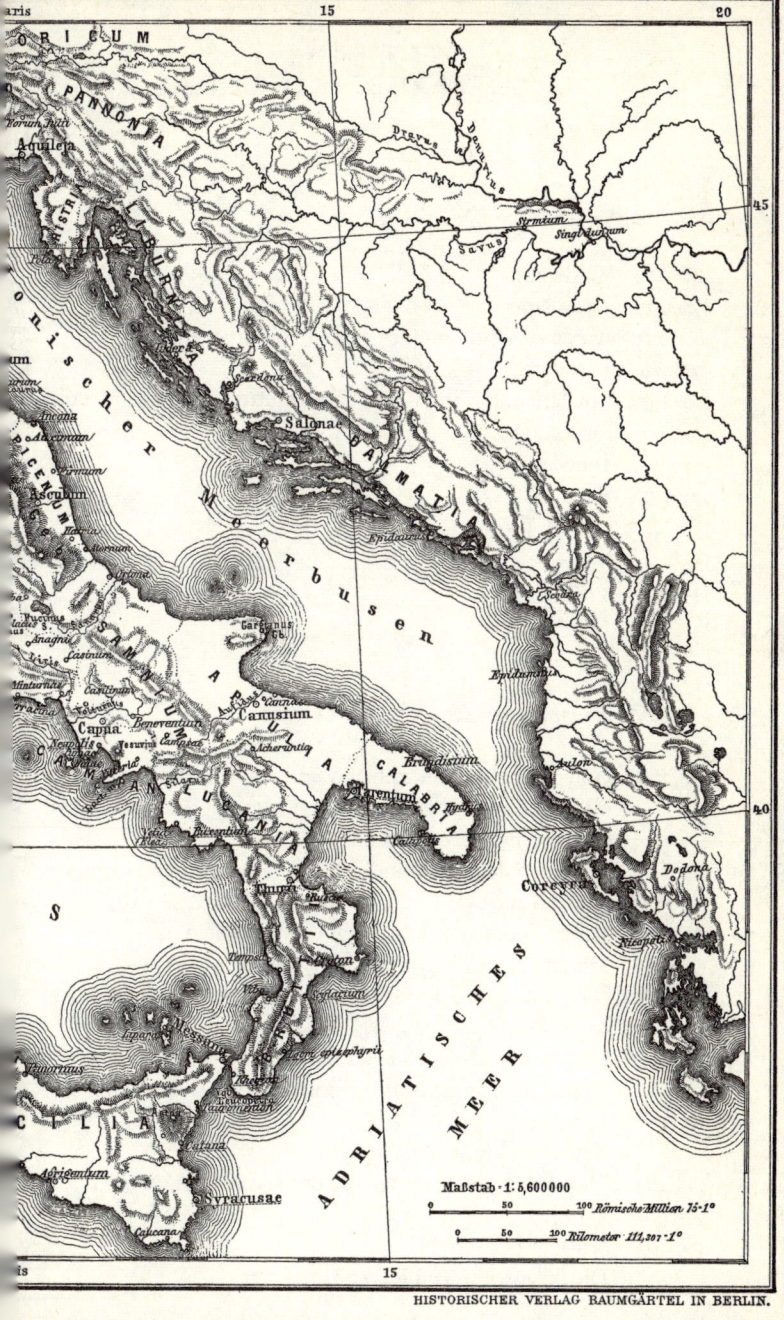

ZEITTAFELN
ZUR GESCHICHTE DER OSTGOTEN

Regierungszeiten der Ostgotenkönige

440–470 Waldemar
470–475 Theodemer
   –473 Widemer (Mitkönig der beiden vorhergehenden)
475–526 Theoderich
526–534 Athalarich. Für ihn führte seine Mutter Amalaswintha die
         Regierung.
534–536 Theodahad
536–539 Witigis
539–541 Ildibad
541   Erarich
541–552 Totila
552   Teja

Einige Zeitangaben zur Geschichte der Ostgoten

um 200   Goten siedeln in Südrußland und am Schwarzen Meer.
251   Sieg der Goten über Kaiser Decius in der Süddobruschda.
271   Die Goten besetzen Dakien.
um 280   Trennung der Goten in Westgoten (Dakien) und Ostgoten
–300   (Südrußland).
332   Kaiser Konstantin beauftragt die Westgoten mit dem
         Schutz der Reichsgrenze.
um 370   Die Donau wird als Grenze zwischen den Goten und dem
         römischen Reich festgelegt.
476   Odoaker wird als König in Italien ausgerufen.
         Der weströmische Kaiser Romulus Augustulus wird
         abgesetzt.
         Ostrom erkennt Odoaker an.
488/489 Theoderich zieht im Auftrag des Kaisers Zenon nach
         Italien.
489   Schlacht bei Verona.
         Die Belagerung von Ravenna beginnt.

493	Ravenna fällt.
	Odoaker wird von Theoderich umgebracht.
	Das ostgotische Reich wird von Theoderich begründet.
	Die Ostgoten erobern Sizilien, das sie bis 535 halten.
494	Die Ostgoten erobern Malta, das sie bis 534 halten.
497	Ostrom erkennt Theoderich als Herrscher Italiens an.
507–510	Die Ostgoten führen Krieg in Südfrankreich.
507/508	Kaiser Anastasius I. bekriegt Theoderich in Italien.
510	Die Ostgoten erobern endgültig die Provence, die sie bis 536 halten.
524	Theoderich läßt den Boethius hinrichten.
526	Theoderich stirbt. Seine Tochter Amalaswintha übernimmt die Regentschaft für Theoderichs Enkel Athalarich.
534	Athalarich stirbt. Amalaswintha wird umgebracht.
535–539	Belisar erobert Italien.
541–544	Totila erobert Italien wieder für die Ostgoten zurück.
544–548	Zweiter Feldzug Belisars in Italien.
546/547	Rom wird mehrmals von den gegnerischen Parteien erobert.
550	Totila erobert nochmals Rom.
551–554	Feldzug des Narses gegen die Ostgoten in Italien.
552	Untergang der Ostgoten in der Schlacht am Vesuv.
553	Wiederherstellung der oströmischen Herrschaft über Italien.
554	Narses schlägt die letzten Reste der Ostgoten.

STAMMBAUM DES OSTGOTISCHEN KÖNIGSGESCHLECHTES DER AMALER

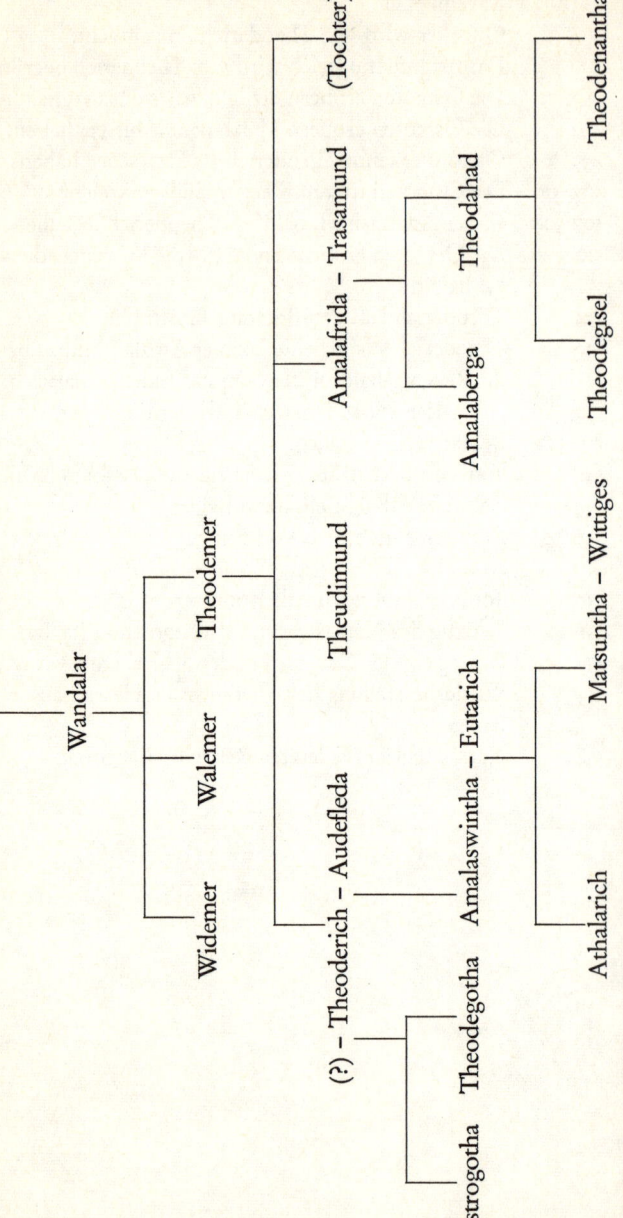

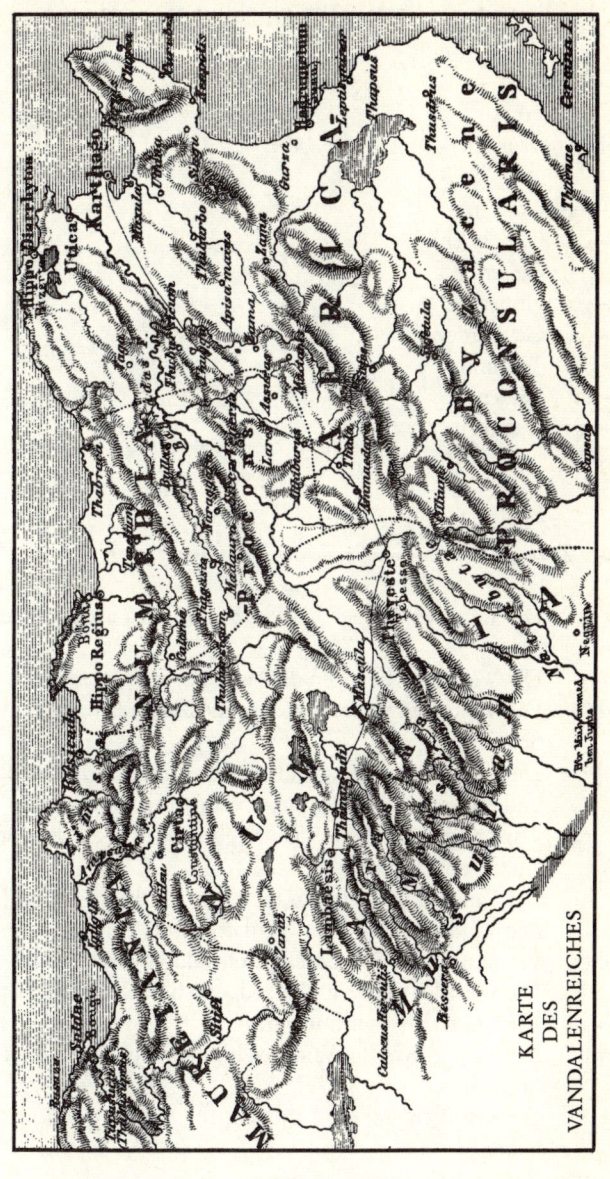

KARTE
DES
VANDALENREICHES

ZEITTAFELN
ZUR GESCHICHTE DER VANDALEN

Regierungszeiten der Vandalenkönige

-406	Godegisel
406–428	Gunderich
428–477	Geiserich
477–484	Hunerich
484–496	Gundamund
496–523	Trasamund
523–530	Hilderich
530–534	Gelimer

Einige Zeitangaben zur Geschichte der Vandalen

409	Die Vandalen, Alanen und Sueben dringen nach Spanien ein.
415	Die Westgoten besiegen die Vandalen in Spanien.
429	Die Westgoten vertreiben die Vandalen endgültig aus Spanien. Diese setzen im Mai 429 unter Geiserich nach Afrika über und erobern die afrikanischen römischen Provinzen.
435	Ostrom bestätigt Geiserichs Eroberungen in Afrika durch einen Föderatenvertrag.
439	Die Vandalen erobern am 19. 10. 439 Karthago.
442	Die Vandalen werden in Nordafrika souverän.
453	Eroberung und Plünderung Roms durch die Vandalen.
454	Die Vandalen erobern Malta, das sie bis 494 besetzt halten.
457–474	Leon I., Kaiser von Ostrom.
457	Leon I. versucht die Vandalen erfolglos aus Nordafrika zu vertreiben.
458	Die Vandalen erobern Sardinien, das sie bis 533 besetzt halten.
474–491	Zenon, Kaiser von Ostrom.
475	Die Vandalen erobern Nikopolis in Griechenland.

491–518	Anastasius I., Kaiser von Byzanz.
493	Die Ostgoten erobern Sizilien von den Vandalen.
494	Die Ostgoten erobern Malta von den Vandalen.
500	Trasamund heiratet Theoderichs Schwester Amalafrida.
um 500	Belisars Geburt.
519–527	Justinus I., Kaiser von Byzanz.
527–565	Justinianus I., Kaiser von Byzanz.
533–534	Kriegszug Belisars gegen die Vandalen in Afrika.
533	Belisar verläßt Mitte Juni Byzanz.
533	Entscheidungsschlacht im Dezember 533 bei Trikamarum.
534	Belisar kehrt im Mai 534 nach Byzanz zurück.
	Das Vandalenreich ist erobert und oströmische Provinz.

STAMMTAFEL DER VANDALENKÖNIGE

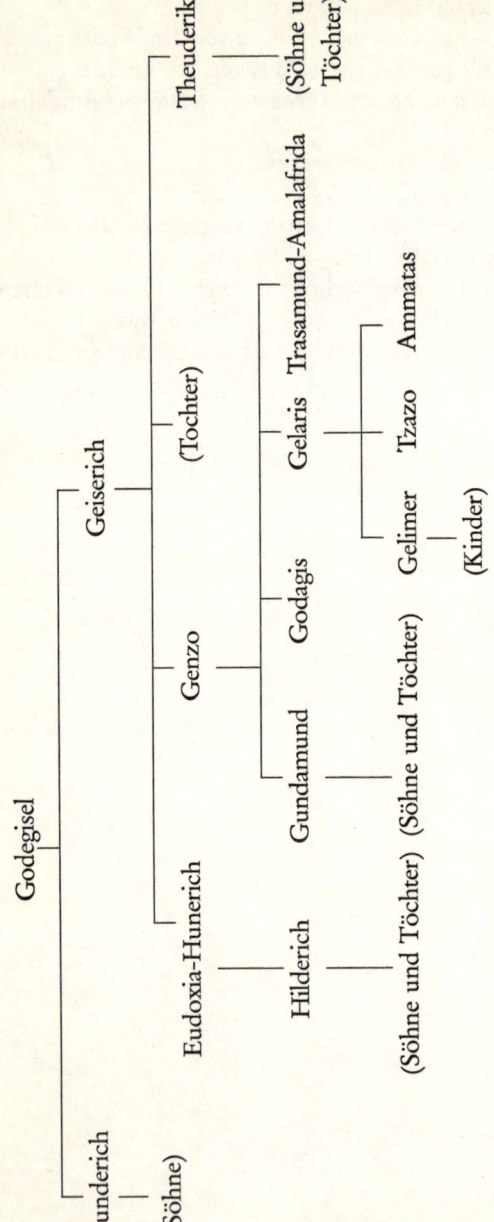

Verwandte in nicht näher nachweisbarem Verhältnis:
Hoamer – Vetter von Hilderich (Kap. 9) oder Vetter von Ammatas (Kap. 17)
Euages – Bruder von Hoamer (Kap. 9)
Gibamund – Vetter von Gelimer (Kap. 18)
Verschiedene weitere Hilderichs und Gelimers

ANZEIGEN DES VERLAGES

Historiker des deutschen Altertums

Jordanis Gotengeschichte

168 Seiten, ISBN 3-88851-076-7

Die im Jahre 551 verfaßte »Gotengeschichte« von Jordanis stellt eine der wichtigsten Quellen für unsere ohnehin mangelhafte Kenntnis der Geschichte der Völkerwanderung dar und bleibt als eine Zusammenfassung der bekanntesten zeitgenössischen Geschichtsschreibungen von unschätzbarem Wert.

Die »Gotengeschichte« ist für die wissenschaftliche Erforschung unserer Frühgeschichte unentbehrlich, weil die bedeutendsten der Vorlagen über die Goten, die Jordanis benutzte (Die Schriften des Ablabius und des Kassiodorus), verlorengegangen sind. Es ist Jordanis zu verdanken, daß ihr Inhalt für die Nachwelt gesichert ist. Der Text für diese Ausgabe ist Theodor Mommsens Sammlung der »Monumenta Germaniae Historica« von 1882 entnommen.

Phaidon

Historiker des deutschen Altertums

Die Chronik Fredegars und der Frankenkönige

240 Seiten, ISBN 3-88851-075-9

Als einzige erhaltene Quelle einer Zeit, wo es noch kein französisches, sondern ein deutsches Frankreich gab, ist Fredegars Chronik der Franken von unschätzbarem Wert. Das Geschichtswerk wurde wahrscheinlich in Burgund geschrieben und im Jahre 658 abgeschlossen – so viel ist sicher, da die Chronik die langobardische und westgotische Geschichte häufig berücksichtigt und sich in ihrer Zeitrechnung nach den Regierungsjahren der burgundischen Könige orientiert.
Die Chronik zeichnet eine Weltgeschichte von den Anfängen bis zur Mitte des 7. Jahrhunderts. Das Grundwerk und seine Fortsetzung bis zum Jahre 768 bilden nicht nur eine einzigartige Geschichtsquelle, sondern haben zugleich die Chronik des Mittelalters weitgehend mitbestimmt und geprägt.

Phaidon